LES ŒUVRES COMPLETES DE VOLTAIRE

30A

VOLTAIRE FOUNDATION
OXFORD
2003

ISBN 0 7294 0800 0

Voltaire Foundation Ltd
99 Banbury Road
Oxford OX2 6JX

PRINTED IN ENGLAND
AT THE ALDEN PRESS
OXFORD

1746-1748

I

CONTENTS

ILLUSTRATIONS

ABBREVIATIONS AND ACRONYMS

Barbier   *Chronique de la régence et du règne de Louis XV*,
             [1857]-1866
Bengesco   *Voltaire: bibliographie de ses œuvres*, 1882-1890
Bh   Bibliothèque historique de la ville de Paris
BnC   BnF, *Catalogue général des livres imprimés*, Auteurs,
             ccxiv [Voltaire]
Br   Bibliothèque royale, Brussels
Brenner   *A bibliographical list of plays in the French language*,
             1947
BV   *Bibliothèque de Voltaire: catalogue des livres*, 1961
D   Voltaire, *Correspondence and related documents*, *OC*
             85-135, 1968-1977
IMV   Institut et Musée Voltaire, Geneva
Kehl   *Œuvres complètes de Voltaire*, 1784-1789
M   *Œuvres complètes de Voltaire*, ed. Louis Moland,
             1877-1885
OC   *Œuvres complètes de Voltaire* / *Complete works of
             Voltaire*, 1968- [the present edition]
OH   Voltaire, *Œuvres historiques*, ed. R. Pomeau (Paris
             1957)
Registres   H. C. Lancaster, *The Comédie française, 1701-1774*,
             1951
Rhlf   *Revue d'histoire littéraire de la France*
SVEC   *Studies on Voltaire and the eighteenth century*
Trapnell   William H. Trapnell, 'Survey and analysis of
             Voltaire's collective editions', *SVEC* 77 (1970),
             p.103-99

KEY TO THE CRITICAL APPARATUS

The critical apparatus, printed at the foot of the page, gives variant readings from the manuscripts and editions discussed in the introductions to the texts.

Each variant consists of some or all of the following elements:

– The number of the text line or lines to which the variant relates.

– The sigla of the sources of the variant as given in the bibliography. Simple numbers, or numbers followed by letters, generally stand for separate editions of the work in question; letters followed by numbers are normally collections of one sort or another, w being reserved for collected editions of Voltaire's works and т for collected editions of his theatre.

– A colon, indicating the start of the variant; any editorial remarks after the colon are enclosed within square brackets.

– The text of the variant itself, preceded and followed by one or more words from the base text, to indicate its position.

The following signs and typographic conventions are employed:

– Angle brackets < > encompass deleted matter.

– Beta β stands for the base text.

– The forward arrow → means 'replaced by'.

– A superior V precedes text in Voltaire's hand.

– Up ↑ and down ↓ arrows precede text added above or below the line. + terminates such an addition.

– A pair of slashes // indicates the end of a paragraph or other section of text.

ACKNOWLEDGEMENTS

The *Œuvres complètes de Voltaire* rely on the competence and patience of the personnel of many research libraries around the world. We wish to thank them for their generous assistance, in particular the personnel of the Bibliothèque nationale de France and the Bibliothèque de l'Arsenal, Paris; the Institut et musée Voltaire, Geneva; the Taylor Institution Library, Oxford; and the National Library of Russia, St Petersburg. We are grateful to Madeline Barber for her work on this volume.

Robert Niklaus, editor of *Sémiramis*, died in 2001. We are particularly grateful to Haydn Mason for his assistance in preparing this text for press and for checking the printed proofs.

PREFACE

On 25 April 1746 Voltaire achieved his long-desired ambition, in being elected to the Académie française. Received there on 9 May, he read to the assembled Immortals his *Discours de réception*, an ambitious excursus into French language and literature that broke with tradition by considerably extending the range of the Academic genre. Elections to several other Academies, both home and abroad, followed. By way of thanks, the *philosophe* composed for the Academy of Bologna a treatise on palaeontology in Italian, *Saggio intorno ai cambiamenti avvenuti su'l globo della terra*, which he would subsequently translate into English for the Royal Society.

On 22 December 1746 Louis XV appointed Voltaire to the prestigious and lucrative post of *Gentilhomme de la chambre du roi*. It was to be the high-water mark of his career as a courtier. His previous appointment in 1745 as *Historiographe du roi* had given him much gratification, inspiring him to pursue studies that were worthy of that title. He writes to the d'Argentals that he is not so much a courtier as 'un vrai commis au bureau de la guerre, dépouillant des registres, examinant des lettres des généraux, et travaillant à cette histoire dont vous avez approuvé le commencement' (D3327, *c.*February 1746).

The courtly routine itself, however, quickly palled. While at Fontainebleau, Voltaire tells Cideville that every evening he firmly resolves to attend the *lever du roi* on the morrow, but that next morning finds him still 'en robe de chambre avec Semiramis' (D3469, 9 November [1746]). Temperamentally, Voltaire could not abide the need for the constantly renewed discretions that were an essential element of the courtier's existence. The outcome was inevitable, in one shape or another. It occurred in October 1747 at

Fontainebleau when Mme Du Châtelet, an obsessive gambler, was losing large sums of money at cards. Voltaire, greatly concerned at her losses, quietly remarked to her in English that she was playing with cheats. When it later became clear that the use of the foreign language had not prevented its being understood by onlookers, the couple realised that the only safe recourse was to flee the château that very night. Thus ended Voltaire's days as a member of the French court: an expense of spirit in a waste of shame. His sojourn at the court of Frederick II, in a few years' time, was to prove no more successful.

The years 1746-1748, and in particular the later stages, are amongst the unhappiest in Voltaire's life. Persistent ill-health culminated in a serious breakdown at Châlons in September 1748 when a journey from Paris to Lunéville had to be interrupted for six days before he could continue. This low physical state was accompanied by sporadic depression. Many things contributed to his dejected state. His experience of court life had for years been filling him with a sense of futility at 'la ridicule vie que je mène' in his role as a 'baladin des rois' (D3015, to Mme Denis, 13 August [1744]). In addition, his relationship with Mme Du Châtelet had lost its unique quality, the more so as Voltaire had fallen passionately in love with his niece Mme Denis. His emotional letters to her, the most private of them invariably in Italian, are, however, shot through with deep sadness, when it transpires that his sentiments are not reciprocated and that she is contemplating remarriage.

Despite, however, the cooling of the romantic attachment with Mme Du Châtelet, Voltaire continued to be her constant companion, and would do so right to the end of her days. Nevertheless, an emotional void existed in her life, that would be filled when early in 1748 she conceived an intense passion for the elegant Guards officer Saint-Lambert, at the court of Stanislas at Lunéville. This affair, as ardent on her part as it was unrequited on his, would last until her death in September 1749 from a puerperal infection following the birth of Saint-Lambert's child. For Voltaire, too, the consequences were grave. At some point he discovered the affair, and at first was furiously jealous, though eventually coming to terms with it. But, more persistently, it meant that Mme Du Châtelet now wished to spend all her days near her lover at Lunéville, whereas Voltaire wanted to return to Paris, to see friends like the d'Argentals, to attend the Comédie-Française, and to call upon Mme Denis. The result of this tug of war was a continuously peripatetic existence, wearisome and dispiriting. As Voltaire wrote to Mme Denis in October 1748, 'Nous voyageons continuellement' (D3774). Yet he remained attached to Mme Du Châtelet and concerned about her situation, especially when he learnt of her pregnancy.

As ever, Voltaire sought an escape in his work – in which, during these years, *Sémiramis* figured prominently. No other play gave greater trouble. If one considers, like René Vaillot,[1] that the genesis of this tragedy lies in the original *canevas* for *Eriphyle*, then its evolution occupied no fewer than fifteen years. During the period which concerns us here, Voltaire was actively concerned with *Sémiramis* from May 1746 until well into 1749. He attended rehearsals in Paris and, although missing the *première* on 29 August 1748, was present for performances on following days. Later amendments which he made to the play reveal his total devotion to *Sémiramis*: 'Je l'aime plus que je croyais' (D3766, to d'Argental, 26 September [1748]); 'Je travaille tous les jours à Semiramis' (D3794, to Mme Denis, 21 October [1748]).

Nevertheless, as is not uncommon in Voltaire's literary career, the work which now seems to us to be the jewel of these years makes its appearance in his correspondence almost incidentally. *Zadig* was first announced to the comte d'Argenson under its original title *Memnon* (D3550, 4 [July 1747]). After its first publication in Amsterdam, Voltaire had hoped for an intervention by the influential comte to import the tale into France; but in this he

---

[1] R. Vaillot, *Avec Mme Du Châtelet, Voltaire en son temps*, ed. R. Pomeau, 2nd edn, 2 vols (Oxford and Paris 1995), i.556.

was to be disappointed. Thereafter he reworked the tale, *inter alia* adding three new chapters, for its republication in September 1748. Characteristically, he at first denied authorship, twice over, to d'Argental (D3759, D3783), but these read like typically face-saving statements that would deceive no-one, and besides he was at the same time admitting the truth to the cardinal de Bernis, as he had apparently done already to Stanislas (D3784). Doubtless he feared a scandal on account of the philosophical views in the *conte*, as, too, its satirical account of court life, which could so easily have been read as an attack on Versailles. In the event, the tale aroused little controversy when it appeared in France. The fact that the reviewers generally did not know the author's identity may have helped him.

Certain aspects of *Zadig* seem to echo the author's low spirits of the late 1740s, as the hero encounters judicial venality, sectarian dogmatism, envy, jealousy, inconstancy and deceit. The misogynistic portrayal of female characters (with the notable exception of the heroine Astarté) would seem to find its source in Voltaire's disillusionments with Mme Du Châtelet and Mme Denis. That said, it would be imprudent to trace everything back to personal experience. Besides, *Zadig* is far from being a purely pessimistic work. The subtitle 'La Destinée' is not to be read as simply ironic. Human liberty can still appear to be compatible with cosmic necessity by way of a universal Providence. Even so, the *conte* by no means paints a cheerful picture of the world. The dual vision which characterises the Voltairean world-view is already evident in this, his first major *conte philosophique*.

In February 1748 Voltaire wrote from Lunéville to the Benedictine scholar Dom Calmet: 'J'aurais la plus grande envie de venir passer quelques semaines avec vous et vos livres; il ne me faudrait qu'une cellule chaude [...] j'aimerais mieux cette heureuse et saine frugalité, qu'une chère royale' (D3618). This visit was, however, postponed until 1754, when Voltaire spent a winter in Colmar hard at work and never leaving his room. One might have expected to find him frustrated and despairing at such seclusion. But no:

withdrawal and work act as a salvation for him. As he informs Mme Denis: 'Je crois que j'ai manqué ma vocation; c'était d'être moine, car j'aime la cellule' (D5821, 19 May [1754]). This is not the whole truth about the protean Voltaire; but it is an important element, often underestimated by his biographers. Withdrawal and work, wherever possible, play a redeeming part in this dark period.

HTM

Discours de M. de Voltaire à sa réception à l'Académie française. Prononcé le lundi 9 mai 1746

Critical edition

by

Karlis Racevskis

CONTENTS

INTRODUCTION

On 25 April 1746 the French Academy elected Voltaire to the seat recently left vacant following the death of academician Jean Bouhier. The Academy's choice was approved by the king and the election was confirmed on 2 May.[1] These two events represented a considerable victory for Voltaire, marking the successful outcome of a campaign that had been waged intermittently for some fifteen years. The possibility of Voltaire's candidacy had already been considered on four occasions, in 1731, 1736, 1742 and 1743. Each time, the controlling faction of the *dévots* had succeeded in frustrating the efforts of the *coryphée du déisme*. The poet finally disarmed his enemies in 1745 by obtaining the blessing of the pope, Benedict XIV, who had (apparently) consented to accept the dedication of *Mahomet*. A year later Voltaire wrote a long letter of submission to Père La Tour (D3348). The pope subsequently justified his action to the cardinal de Tencin,[2] thus revealing an attitude he shared with some of the leading French Jesuits: Voltaire's former teachers were eager to salvage whatever good will the writer still harboured towards the Church. In addition, they valued the anti-Jansenistic tone of some of Voltaire's works and, as a consequence, accepted his assurances of devotion and submission at their face value.

Any remaining obstacles were swept aside by the exceptionally high favour Voltaire enjoyed at the Court in 1746, and on 1 May Voltaire was announcing to Maupertuis: 'Me voici enfin votre confrère dans cette académie française où ils m'ont élu tout d'une

[1] *Les Registres de l'Académie française*, ed. Camille Doucet (Paris 1895-1906), ii.586. See also *Voltaire en son temps*, 2nd edn, ed. R. Pomeau *et al.* (Oxford and Paris 1995), i.482-92.

[2] See *Le Lettere di Benedetto XIV al Card. de Tencin*, ed. Emilia Morelli (Rome 1955), p.314-15, 331.

voix, sans même que l'évêq. de Mirepoix s'y soit opposé le moins du monde' (D3373). [3]

Following the election, Voltaire turned to composing the reception discourse. In a letter that he wrote to Vauvenargues on 30 April 1746, Voltaire speaks of his intention to work on the speech: we may therefore assume that he completed it shortly before his reception, which took place on Monday 9 May. The day promised to be a memorable event in the history of the Academy, and the occasion had attracted an unusually large audience. The reception was afterwards described at length in the principal newspapers of the time. The *Journal de Trévoux* observed that 'cela doit faire une époque dans l'histoire de cette compagnie' (June 1746, p.1339). The *Mercure de France* reported: 'Le public qui court toujours en foule aux assemblées de l'Académie sembloit avoir redoublé d'empressement pour celle-ci' (June 1746, p.48). According to the *Mercure* the audience had not been disappointed in its expectation of hearing a brilliant discourse and the new academician 'fut souvent interrompu par les applaudissements du public frappé des traits brillants dont ce discours est semé' (p.61). Voltaire's address was answered by his friend and former teacher, the abbé d'Olivet, who was then the Director of the Academy. The *Journal de Trévoux* predicted that 'les discours de l'un et de l'autre seront des monuments' (June 1746, p.1339). The meeting ended with Voltaire's reading of the introduction to his *Histoire des campagnes du Roi*, a project he was carrying out as the royal historiographer.

Voltaire's discourse was appreciated most of all for its originality. The *philosophe* himself underlined this particular aspect of his speech some thirty years later in the *Commentaire historique*: 'Il fut le premier qui dérogea à l'usage fastidieux de ne remplir un discours de réception que des louanges rebattues du cardinal de Richelieu. Il releva sa harangue par des remarques nouvelles sur la

[3] Boyer, bishop of Mirepoix, was the leader of the *dévots* inside the Academy and had been Voltaire's principal opponent. He was absent from the two meetings that elected the *philosophe*.

langue française et sur le goût. Ceux qui ont été reçus après lui ont, pour la plupart, suivi et perfectionné cette méthode utile' (M.i.91). In reality, Voltaire was not the first to break the mold of the traditional acceptance speech. Bossuet, La Bruyère and Fénelon had, before him, supplemented the standard model of the inaugural discourse with literary digressions. Nevertheless, Voltaire's example did have the importance of a precedent because, following his reception, literary and philosophic themes became common subjects of Academic *harangues*.

Before his election, Voltaire had always been aware of the ridicule with which the Academy's rhetoric had become associated. He himself had occasionally contributed to the barbs that continuously assailed the Institution.[4] The twenty-fourth *Lettre philosophique*, 'Sur les Académies', contains a passage that is probably the most famous of his sallies against the Academy: 'Tout ce que j'entrevois dans ces beaux discours [...] c'est que le récipiendaire ayant assuré que son prédécesseur était un grand homme, que le cardinal de Richelieu était un très grand homme, le chancelier Séguier un assez grand homme, Louis XIV un plus que grand homme, le directeur lui répond la même chose, et ajoute que le récipiendaire pourrait bien aussi être une espèce de grand homme, et que pour lui directeur, il n'en quitte pas sa part'.[5] It is understandable that Voltaire wished to write a discourse that could

[4] On Voltaire's ambivalent relationship to the French Academy, see Ute van Runset, 'Voltaire et l'Académie: émulation et instrument socio-politique', in *Voltaire en Europe. Hommage à Christiane Mervaud* (Oxford 2000), p.217-29.

[5] *Lettres philosophiques*, ed. Gustave Lanson (Paris 1915-1917), ii.173-74. To complete this satirical description of a typical reception discourse, we should add the following thematic enumeration by La Bruyère: 'Etre au comble de ses vœux de se voir Académicien: protester que ce jour où l'on jouit pour la première fois d'un si rare bonheur, est le plus beau de sa vie: douter si cet honneur qu'on vient de recevoir est une chose vraie ou qu'on ait songée: espérer de puiser désormais, à la source des plus pures eaux de l'éloquence française: n'avoir accepté, n'avoir désiré une telle place que pour profiter des lumières de tant de personnes si éclairées: promettre que tout indigne de leur choix qu'on se reconnaît, on s'efforcera de s'en rendre digne' (*Recueil des Harangues prononcées par Messieurs de l'Académie Française*, Amsterdam 1709, ii.263-64).

withstand comparisons with his earlier definition. Yet this was not his only reason for giving his address a new and unusual substance. He sincerely believed that the Academy could fulfil the purpose for which it had been established, that it could successfully function as a defender of high standards in French language and as a promoter of good taste in French literature. [6] We find these views expressed earlier in the 'Lettre sur les Académies' and in the *Lettre sur les inconvénients attachés à la littérature*. Voltaire was to maintain this attitude throughout his life. [7] In light of these convictions, it is possible to view certain passages of his inaugural discourse as recommendations meant to remind the institution of its responsibilities. [8]

Critical reactions to Voltaire's innovation were generally favourable. The *Journal de Trévoux* found Voltaire's warning against literary decadence pertinent and supported his views on the importance of the Academy's role by pointing out that 'la qualité d'Académicien est une sorte de Magistrature par rapport au goût et à la langue [...] la première Académie de ce Royaume doit empêcher la barbarie de s'introduire dans nos manières de penser, de parler & d'écrire' (p.1243, 1344). [9] As soon as printed copies of

---

[6] Later, in his dispute with Deodati de' Torazzi, Voltaire would express a more conventional view about the excellence of the French language: see John R. Iverson, 'Voltaire's militant defense of the French language', *Romance notes* 40 (2000), p.313-24.

[7] See, for example, the 1748 and 1752 additions to the 'Lettre sur les Académies', the *Précis du siècle de Louis XV* (M.xv.439), and the Preface to *Irène*. Also D9952, D13951, D19668, D20877. In addition, Voltaire's *Commentaire sur Corneille* (1764), his letter on Shakespeare (1776) and his project for a new dictionary (1778) are proof that he was willing to back his words with deeds.

[8] John Leigh similarly emphasises the unconventionality of the *discours*: 'Crossing the frontiers: Voltaire's *Discours de réception à l'Académie française*', *Das Achtzehnte Jahrhundert* 25 (2001), p.36-42.

[9] The *Mercure de France* found, however, that Voltaire had been too pessimistic in denouncing the age for its lack of great talents and excused this exaggeration, observing that 'M. de Voltaire [...] duquel on pourroit faire plusieurs grans hommes, est le seul des Français qui par modestie puisse ainsi dépriser son siècle' (June 1746 p.57).

the discourse reached the provinces, the merits of Voltaire's academic harangue were discussed outside Paris as well. [10] The following assessment was offered by the président de Brosses, member of the *parlement* of Dijon: 'Je ne sais ce qu'on aura dit et pensé à Paris du discours de Voltaire; pour moi, je vous avouerai naturellement qu'il m'a fait un très grand plaisir.' And while de Brosses was critical of the last part of the discourse, 'dont il faudrait retrancher un bon tiers contenant le poème de Fontenoy en prose', he was especially impressed by the sections that departed from the customary academic rhetoric:

Toute la partie de son discours qui roule sur les causes du progrès de la langue et de la décadence actuelle du goût, m'a paru également vraie, juste, sensée, bien écrite. On dit que ce n'était pas sa place, mais moi je trouverais, au contraire, que rien n'est mieux placé dans un discours académique, et que cela vaut mieux qu'une perpétuelle monotonie d'éloges rebattus. Enfin, il me semble que ce discours est un des meilleurs que j'aie lus. [11]

Voltaire found it impossible, of course, to avoid completely the traditional themes of a reception speech. But even here, he succeeded in infusing a certain amount of freshness and life in his speech. The *Mercure de France* complimented the orator on this achievement: 'Cette matière épuisée par tant de grands génies sembloit un champ entièrement moissonné, et cependant M. de Voltaire y a trouvé de nouvelles fleurs dont l'éclat ne le cède point

[10] On 12 June La Montaigne informed Jean-Pierre d'Acarq that the discourse 'vient de se répendre en province' and that 'on l'a admiré' (D3416). In the eighteenth century, the Academy's activities were followed with considerable interest in the provinces as well as in Paris, and the society's discourses were read by a wide and appreciative audience. In 1767 d'Alembert explained the phenomenon to Voltaire: 'Vous croyez donc qu'on ne vend que cent exemplaires d'un discours de l'académie? Détrompez-vous; ces sortes d'ouvrages sont plus achetés que vous ne pensez; tous les prédicateurs, avocats, et autres gens de La ville et de la province, qui font métier de paroles, se jettent à corps perdu sur cette marchandise' (D13883).

[11] D3411. De Brosses, who owned the property of Tournay, became Voltaire's landlord some ten years later. The relationship was marred by quarrels and litigations that had one notable result: the *président* never became a member of the French Academy, his candidacy being persistently opposed by Voltaire in 1770 and 1771.

aux anciennes' (p.57). In addition, Voltaire had expanded the section dealing with the customary *éloges* by including several illustrious friends and well-wishers. It appears that this portion of the speech had originally included a few more names, but a committee composed of the three officers and several other academicians had heard his discourse before the day of the reception and, according to Voltaire, the members of the committee 'exigèrent absolument que je me renfermasse dans les objets de littérature qui sont du ressort de L'académie, et retranchèrent tout ce qui paroissoit s'en écarter' (D3436). Voltaire was thus explaining to Maupertuis why the discourse did not mention him. In an earlier letter (D3401) Voltaire had provided Maupertuis with a description of the passage he had been forced to leave out: 'Vous étiez dans le même cadre avec votre auguste monarque. Je n'avois point séparé le souverain et le philosofe. Et vous étiez le Platon qui avoit quitté Athenes pour un roy supérieur assurément à Denis.' [12] Another passage to be removed may have been that concerning Destouches, to whom Voltaire had written a few days before the election and had promised a place in the discourse (D3366).

The tribute to Louis XV, which ended the oration, gave Voltaire an occasion to review some events of the recently concluded military campaign and to bring up the subject of peace. The speech was thus serving as a vehicle for political lobbying, as he pointed out to the marquis d'Argenson a few days after the reception: 'Voicy monseigneur ma bavarderie académique. Je foure partout mes vœux pour la paix' (D3390).

Voltaire's election and inauguration inevitably attracted a good number of satirical tracts. First to appear was a defamatory pamphlet which the poet Roy had written on the occasion of Voltaire's candidacy of 1743. It was the *Discours prononcé à la porte de l'Académie par M. le Directeur A Mxxx* that had been brought up

[12] Maupertuis had left Paris to go to Prussia, where Frederick II had made him the director of his Academy in Berlin.

to date and began circulating the moment Voltaire presented himself for the new vacancy in 1746. This was the first of a string of satires which were to embitter Voltaire's existence for the remainder of 1746. [13] Following his reception, there appeared a *Discours prononcé à l'académie française par M. de Voltaire* by Baillet de Saint-Julien as well as two anonymous pieces: a *Lettre d'un académicien de Villefranche à M. de Voltaire, au sujet de son remerciement à l'académie française*, and the *Réflexions sur le remerciement de M. de V*** à l'académie française*. In a letter to Marville, Voltaire also mentions a pamphlet 'intitulé *Discours de réception etc.* [...] composé par un gascon nommé L'abbé Renal' (D3391).

Voltaire's *Discours de réception* thus attracted an amount of attention uncommon for this sort of work. The oration was original, showing the author to be a rather unusual academician, one who would perhaps have difficulty fitting in with his thirty-nine *confrères*. Having read the speech, one contemporary observer admitted: 'J'y admire le profond littérateur [...] j'y trouve et j'admire *l'historien de l'esprit humain*; mais je ne saurais y reconnoître le récipiendaire académicien, l'homme qui court une carrière, où se sont signalés tant de brillants génies' (D3416). This commentary of La Montaigne was perhaps the most perceptive of all.

The text

The *Discours* was published soon after the inauguration by the official printer of the French Academy, and appeared in at least three different editions. [14] This is highly unusual for an academic

[13] For an account of the legal pursuits which Voltaire initiated against the authors and distributors of these pamphlets, see D.app.73. A few of the satires and some of the documents relating to the litigations were assembled by Travenol and Mannory in 1748 and appeared in a volume entitled *Voltairiana ou éloges amphigouriques de Fr. Marie Arrouet Sr. de Voltaire*.

[14] Judging from library catalogues, academic discourses normally appeared in one quarto edition.

discourse and attests to the popularity of Voltaire's speech. All three editions include the *Réponse de M. l'abbé d'Olivet, Directeur de l'Académie Française, au Discours prononcé par M. de Voltaire*. Except for a few printer's errors, the text is identical in all three versions. We use the siglum 46A for the standard first quarto edition.

The text of the discourse underwent very few changes as it appeared in the various editions of Voltaire's works. On the other hand, two notable additions were made. In w48D, the first edition of Voltaire's works to include the *Discours* (viii.109-28), Voltaire added a set of notes, printed in double column at the foot of the page, and designated by the letters *a* to *n* (omitting *j*); d'Olivet's 'Réponse' is now omitted. In w50, an Avertissement precedes the text of the *Discours* (iii.328). This introductory notice is absent from w51, but reappears, substantially changed, in w52. Thereafter, it precedes the *Discours* in every edition of Voltaire's works, up to and including Kehl.

A number of indications lead us to believe that the Avertissement was composed by Voltaire himself.[15] We have suggested earlier, by quoting a passage from the *Commentaire historique*, that Voltaire derived a certain amount of satisfaction from his academic oration: former discourses had merely been 'des louanges rebattues', whereas he had achieved something 'utile'. It is significant that the same words reappear in the introductory notice, and that both versions of the Avertissement express the same pride and conviction later found in the *Commentaire*. Voltaire also states his intention of pronouncing 'un discours utile' at the beginning of his address. Finally, it is possible that w51 does not have the introductory notice because Lambert was not aware of its authorship in 1751; he did include it in the 1757 edition.

Voltaire's *Discours* also appeared in various other publications. Excerpts were printed in the *Mercure de France* (June 1746, p.48-

---

[15] Beuchot suggests that the Avertissement 'est peut-être de Voltaire lui-même' (M.xxiii.206n).

65). The complete text was reproduced in vol.xxxvi of the *Bibliothèque raisonnée des ouvrages des savants de l'Europe* (April, May, and June 1746, p.454-70). Th. Besterman notes (*SVEC* 18, 1961, p.263, 280) that an Italian version appeared in vol.xxxviii (specially dedicated to Voltaire) of the *Raccolta d'opuscoli scientifici e filologici* (Venice 1747), and in a collection entitled *Discorsi sopra diversi soggetti del Signor di Voltaire* (Florence 1746). Finally, an edition bearing the notation 'Suivant la copie de Paris' was published in Göttingen in 1746, by J. P. Schmid, Libraire-Imprimeur de l'Académie.

Editions

46A

DISCOURS / *PRONONCEZ* / DANS L'ACADÉMIE / FRANÇOISE, / Le Lundi 9. Mai MDCCXLVI. / *A LA RÉCEPTION* / DE M. DE VOLTAIRE. / [*woodcut, motto* L'IMMORTALITE] / A PARIS, / DE L'IMPRIMERIE DE JEAN-BAPTISTE COIGNARD, / IMPRIMEUR DU ROI, ET DE L'ACADÉMIE FRANÇOISE. / [*double rule*] / MDCCXLVI.

In-4°, pp.[i].[i bl.].[i].35.[i bl.]
Discours, p.3-23; 'Réponse', p.24-35.
Bengesco 1593.
Chicago, Newberry Library. London, BL. New Haven, Yale University Library. Paris, BnF: Rés Z Beuchot 1928, 1929, 1930, and Z 5053 (95).

46B

DISCOURS / *PRONONCEZ* / DANS L'ACADÉMIE / FRANÇOISE, / Le Lundi 9. Mai MDCCXLVI. / *A LA RÉCEPTION* / DE M. DE VOLTAIRE. / [*woodcut, motto* L'IMMORTALITÉ] / A PARIS, / DE L'IMPRIMERIE DE

JEAN-BAPTISTE / COIGNARD, IMPRIMEUR DU ROI ET DE L'ACADÉMIE FRANÇOISE. / [*double rule*] / MDCCXLVI.
Small in-4°, pp.[i].[i bl.].[i].33.[i bl.]
The only copy we know of is at Harvard University. It is 17 x 9 cm. with trimmed margins. D'Olivet's discourse is on p.23-33.

46c

DISCOURS / *PRONONCEZ* / DANS L'ACADÉMIE / FRANÇOISE, / Le Lundi 9. Mai MDCCXLVI. / *A LA RECEPTION* / DE M. DE VOLTAIRE. [*ornament*] / A PARIS, / DE L'IMPRIMERIE DE J. B. COIGNARD, / Imprimeur du Roi, & de l'Académie Françoise. / [*double rule*] / MDCCXLVI.
In-12, pp.[i].[i bl.].47.[i bl.]
D'Olivet's discourse is on p.33-47.
Bengesco 1593. BN Z Beuchot 222.

w48d

Œuvres de M. de Voltaire. Dresde, Walther, 1748-1754. 10 vol. 8°.
Bengesco iv.31-38; Trapnell 48D; BnC 28-35.
Volume viii, p.109-128.
Oxford, Taylor: V1 1748 (2). Paris, BnF: Rés. Z Beuchot 10 (3).

w50

La Henriade et autres ouvrages. Londres [Rouen], Société, 1750-1752. 10 vol. 12°.
Bengesco iv.38-42; Trapnell 50R; BnC 39.
Volume iii, p.329-352; Avertissement des éditeurs: p.328.
Grenoble, Bibliothèque municipale.

w51

Œuvres de M. de Voltaire. [Paris, Lambert], 1751. 11 vol. 12°.
Bengesco iv.42-46; Trapnell 51P; BnC 40-41.

Volume ii, p.115-133.
Oxford, Taylor: VF. Paris, BnF: Rés. Z Beuchot 13 (3).

w52

Œuvres de M. de Voltaire. Dresde, Walther, 1752. 9 vol. 8°.
Bengesco iv.46-50; Trapnell 52 (vol.1-8), 70x (vol.9); BnC 36-38.
Volume iv, p.111-126; Avertissement des éditeurs: p.110.
Paris, BnF: Rés. Z Beuchot 14 (3).

w56

Collection complette des œuvres de M. de Voltaire. [Genève,
Cramer], 1756. 17 vol. 8°.
Bengesco iv.50-63; Trapnell 56, 57G; BnC 55-66.
Volume v, p.177-198; Avertissement des éditeurs: p.176.
Oxford, Taylor: VF.

w57g1

Collection complette des œuvres de M. de Voltaire. [Genève,
Cramer], 1757. 10 vol. 8°.
Bengesco iv.63; Trapnell 56, 57G; BnC 67-69.
Volume v, p.177-198; Avertissement des éditeurs: p.176.
Paris, BnF: Rés. Z Beuchot 21 (2).

w57g2

Collection complette des œuvres de M. de Voltaire. [Genève,
Cramer], 1757. 10 vol. 8°.
Bengesco iv.63; Trapnell 56, 57G; BnC 67-69.
Volume v, p.177-198; Avertissement des éditeurs: v.176.
StP: 11-74.

w57p

Œuvres de M. de Voltaire. [Paris, Lambert], 1757. 22 vol. 12°.
Bengesco iv.63-68; Trapnell 57P; BnC 45-54.

Volume viii, p.487-514; Avertissement des éditeurs: p.486.
Oxford, Taylor: VF. Paris, BnF: Rés. Z Beuchot 23 (6).

TS61

Troisième suite des mélanges de poésie, de littérature, d'histoire et de philosophie. [Paris, Prault], 1761. 1 vol. 8°.
Bengesco iv.60, 227-229; Trapnell 61G and/or 61P; BnC 84-85.
Pages 177-198; Avertissement des éditeurs: p.176.
Paris, BnF: Z 24594.

W64G

Collection complette des œuvres de M. de Voltaire. [Genève, Cramer], 1764. 10 vol. 8°.
Bengesco iv.60-63; Trapnell 64, 70G; BnC 89.
Volume v [Pt.1], p.179-200; Avertissement des éditeurs: p.178.
Oxford, Taylor: VF.

W70G

Collection complette des œuvres de M. de Voltaire. [Genève, Cramer], 1770. 10 vol. 8°.
Bengesco iv.60-63; Trapnell 64, 70G; BnC 90-91.
Volume v [Pt.1], p.179-200; Avertissement des éditeurs: p.178.
Oxford, Taylor: V1 1770/1 (2).

W68 (1771)

Collection complette des œuvres de M. de Voltaire. [Genève, Cramer; Paris, Panckoucke], 1768-1777. 30 vol. 4°.
Bengesco iv.73-83; Trapnell 68; BnC 141-144.
Volume xv, p.498-511; Avertissement des éditeurs: p.498.
Oxford, Taylor: VF.

W71

Collection complète des œuvres de M. de Voltaire. Genève [Liège, Plomteux], 1771-1777. 32 vol. 8°.

Bengesco iv.89-91; Trapnell 71; BnC 151.
Volume xiv, p.546-561; Avertissement des éditeurs: p.546.
Oxford, Taylor: VF.

w72x

Collection complette des œuvres de M. de Voltaire. [Genève,
Cramer?], 1772. 10 vol. 8°.
Bengesco iv.60-63; Trapnell 72x; BnC 92-110.
Volume v [Pt.1.], p.179-200; Avertissement des éditeurs: p.178.
Paris, BnF: 16° Z 15081 (4).

w70l (1773)

Collection complette des œuvres de M. de Voltaire. Lausanne,
Grasset, 1770-1781. 57 vol. 8°.
Bengesco iv.83-89; Trapnell 70L; BnC 149-150.
Volume xxxi (1773), p.310-331; Avertissement des éditeurs: p.310.
Oxford, Taylor: V1 1770/2 (22).

w72p (1773)

Œuvres de M. de V.... Neufchatel [Paris, Panckoucke], 1771-1777.
34 or 40 vol. 8° and 12°.
Bengesco iv.91-94; Trapnell 72P; BnC 152-157.
Volume xvi (1773), p.3-28; Avertissement des éditeurs: p.2.
Paris, BnF: Z 24809.

w75g

*La Henriade, divers autres poèmes et toutes les pièces relatives à
l'épopée.* [Genève, Cramer & Bardin], 1775. 37 vol. (40 vol. with
the *Pièces détachées*) 8°.
Bengesco iv.94-105; Trapnell 75G; BnC 158-161.
Volume xxxiv, p.411-426; Avertissement des éditeurs: p.411.
Oxford, Taylor: VF.

K84

Œuvres complètes de Voltaire. [Kehl], Société littéraire-typographique, 1784-1789. 70 vol. 8°.
Bengesco 2142; Trapnell K; BnC 164-193.
Volume xlvii, p.3-21; Avertissement des éditeurs: p.2.
Oxford, Taylor: VF.

Principles of this edition

The base text is w75G. Variants are drawn from: 46A, w48D, w50, w51, w52, w64G and K.

Modernisation of the base text

The original punctuation has been retained. Italics have been preserved except for proper names. The spelling of the names of persons has been respected, except for the following: the acute accent has been added to Ciceron and the final *e* to Shakespear, Lopès de Vega has been changed to Lope de Vega. In n.(*e*), line 14, *raste* has been changed to *reste*. In line 214 the *t* has been suppressed in *ont*. In line 303 we have silently suppressed the *à* in 'c'est à dire'. In line 392 we have modernised 'aux pieds de sa statue'. The notes are given in an unbroken sequence *a* to *m*.

The following orthographical aspects of the text have been modified to conform to modern usage:

1. Consonants
   - *p* was not used in: tems, longtems
   - *t* was not used in: touchans, présens, charmans, instrumens, agrémens, excellens, élégans, talens, brillans, événemens, encouragemens, différens, momens
   - *ʒ* was used in: hazard
   - a single consonant was used in: pourais
   - archaic forms were used, as in: guères, solemnités, graces à, ceux-mêmes

16

2. Vowels

- *y* was used in place of *i* in: croyent, satyre, bisayeul
- *i* was used in place of *y* in: stile
- archaic forms were used, as in: encor, puissai-je

3. Accents

The grave accent

- was not used in: siécle, entiérement, briéveté, séchement

The circumflex accent

- was used in: toûjours, plûpart, chûte
- was not used in: ame, théatre, grace, plait, eutes, O

The dieresis

- was used in: poëme, poëte, poësie, poëtique

4. Capitalisation

- initial capitals were not attributed to: académie
- initial capitals were attributed to: Dieux, Rois, the adjectives Italien, Romain

5. Various

- the ampersand was used
- monsieur was abbreviated: Mr.
- the hyphen was used in: grands-hommes, si-tôt
- entre was elided: entr'eux

DISCOURS DE M. DE VOLTAIRE

à sa réception à l'académie française, avec des notes.
Prononcé le lundi 9 Mai 1746

AVERTISSEMENT DES ÉDITEURS

Quoiqu'un discours à l'académie ne soit d'ordinaire qu'un compliment plein de louanges rebattues, et surchargées de l'éloge d'un prédécesseur qui se trouve souvent un homme très médiocre: cependant, ce discours dont plusieurs personnes nous ont demandé la réimpresssion, doit être excepté de la loi commune, qui $\quad$ 5 condamne à l'oubli la plupart de ces pièces d'appareil où l'on ne trouve rien. Il y a ici quelque chose, et les notes sont utiles.

a-7   w51: [*absent*]

46A-46C: M. de Voltaire, Historiographe de France, ayant été élu par Messieurs de l'Académie Française à la place de feu M. le Président Bouhier, y vint prendre séance le Lundi 9. Mai 1746 et prononça le Discours qui suit.

a   w50: AVERTISSEMENT//

1-7   w50: On s'est déterminé à mettre dans ce Recueil, ce Discours: parce qu'on y trouve des choses utiles, et surtout dans les Notes, et que ce n'est pas un simple Compliment

w57G, w64G: qu'un vain compliment

DISCOURS DE M. DE VOLTAIRE

à sa réception à l'académie française, avec des notes.
Prononcé le lundi 9 Mai 1746

Messieurs,

Votre fondateur mit dans votre établissement toute la noblesse et la grandeur de son âme: il voulut que vous fussiez toujours libres et égaux. En effet, il dut élever au-dessus de la dépendance, des hommes qui étaient au-dessus de l'intérêt, et qui, aussi généreux que lui, faisaient aux lettres l'honneur qu'elles méritent, de les cultiver pour elles-mêmes. (a) Il était peut-être à craindre qu'un jour des travaux si honorables ne se ralentissent. Ce fut pour les conserver dans leur vigueur que vous vous fîtes une règle de n'admettre aucun académicien qui ne résidât dans Paris. Vous vous êtes écartés sagement de cette loi, quand vous avez reçu de ces génies rares que leurs dignités appelaient ailleurs, mais que leurs ouvrages touchants ou sublimes rendaient toujours présents parmi vous: car ce serait violer l'esprit d'une loi que de n'en pas transgresser la lettre en faveur des grands hommes. Si feu M. le président Bouhier, après s'être flatté de vous consacrer ses jours, fut obligé de les passer loin de vous, l'Académie et lui se consolèrent, parce qu'il n'en cultivait pas moins vos sciences

(a) L'Académie française est la plus ancienne de France; elle fut d'abord composée de quelques gens de lettres, qui s'assemblaient pour conférer ensemble. Elle n'est point partagée en honoraires et pensionnaires. Elle n'a que des droits honorifiques, comme celui des commensaux de la maison du roi, de ne point plaider hors de Paris, celui de haranguer le roi en corps avec les cours supérieures, et de ne rendre compte directement qu'au roi.

n.*a-m*   46A-46C: [*absent*]

21

dans la ville de Dijon, qui a produit tant d'hommes de lettres, (*b*) et
où le mérite de l'esprit semble être un des caractères des citoyens.

Il faisait ressouvenir la France de ces temps où les plus austères
magistrats, consommés comme lui dans l'étude des lois, se délas-
saient des fatigues de leur état dans les travaux de la littérature. Que   30
ceux qui méprisent ces travaux aimables, que ceux qui mettent je ne
sais quelle misérable grandeur à se renfermer dans le cercle étroit de
leurs emplois, sont à plaindre! Ignorent-ils que Cicéron, après avoir
rempli la première place du monde, plaidait encore les causes des
citoyens, écrivait sur la nature des dieux, conférait avec des   35
philosophes; qu'il allait au théâtre; qu'il daignait cultiver l'amitié
d'Esopus et de Roscius, et laissait aux petits esprits leur constante
gravité, qui n'est que le masque de la médiocrité?

Monsieur le président Bouhier était très-savant; mais il ne
ressemblait pas à ces savants insociables et inutiles, qui négligent   40
l'étude de leur propre langue, pour savoir imparfaitement des
langues anciennes; qui se croient en droit de mépriser leur siècle,
parce qu'ils se flattent d'avoir quelques connaissances des siècles
passés; qui se récrient sur un passage d'Eschyle, et n'ont jamais eu
le plaisir de verser des larmes à nos spectacles. Il traduisit le poème   45
de Pétrone sur la guerre civile, non qu'il pensât que cette
déclamation, pleine de pensées fausses, approchât de la sage et
élégante noblesse de Virgile: il savait que la satire de Pétrone, (*c*)

(*b*) MM. de La Monnoye, Bouhier, Lantin, et surtout l'éloquent
Bossuet, évêque de Meaux, regardé comme le dernier Père de l'Eglise.

(*c*) Saint-Evremont admire Pétrone, parcequ'il le prend pour un grand
homme de cour, et que Saint-Evremont croyait en être un: c'était la manie du
temps. Saint-Evremont et beaucoup d'autres décident que Néron est peint
sous le nom de Trimalcion; mais en vérité, quel rapport d'un vieux financier
grossier et ridicule, et de sa vieille femme qui n'est qu'une bourgeoise   5
impertinente, qui fait mal au cœur, avec un jeune empereur et son épouse la
jeune Octavie, ou la jeune Poppée? Quel rapport des débauches et des larcins
de quelques écoliers fripons avec les plaisirs du maître du monde? Le
Pétrone, auteur de la satire, est visiblement un jeune homme d'esprit, élevé
parmi des débauchés obscurs, et n'est pas le consul Pétrone.   10

quoique semée de traits charmants, n'est que le caprice d'un jeune homme obscur, qui n'eut de frein ni dans ses mœurs, ni dans son style. Des hommes qui se sont donnés pour des maîtres de goût et de volupté, estiment tout dans Pétrone; et M. Bouhier plus éclairé, n'estime pas même tout ce qu'il a traduit: c'est un des progrès de la raison humaine dans ce siècle, qu'un traducteur ne soit plus idolâtre de son auteur, et qu'il sache lui rendre justice comme à un contemporain. Il exerça ses talents sur ce poème, sur l'hymne à Vénus, sur Anacréon, pour montrer que les poètes doivent être traduits en vers: c'était une opinion qu'il défendait avec chaleur, et on ne sera pas étonné que je me range à son sentiment.

Qu'il me soit permis, messieurs, d'entrer ici avec vous dans ces discussions littéraires; mes doutes me vaudront de vous des décisions. C'est ainsi que je pourrai contribuer au progrès des arts; et j'aimerais mieux prononcer devant vous un discours utile, qu'un discours éloquent.

Pourquoi Homère, Théocrite, Lucrèce, Virgile, Horace, sont-ils heureusement traduits chez les Italiens et chez les Anglais; (d) pourquoi ces nations n'ont-elles aucun grand poète de l'antiquité en prose, et pourquoi n'en avons-nous encore eu aucun en vers? Je vais tâcher d'en démêler la raison.

La difficulté surmontée dans quelque genre que ce puisse être, fait une grande partie du mérite. Point de grandes choses sans de grandes peines: et il n'y a point de nation au monde, chez laquelle il soit plus difficile que chez la nôtre de rendre une véritable vie à la poésie ancienne. Les premiers poètes formèrent le génie de leur langue; les Grecs et les Latins employèrent d'abord la poésie à peindre les objets sensibles de toute la nature. Homère exprime

(d) Horace est traduit en vers italiens par Palavicini; Virgile, par Hannibal Caro, Ovide, par Anguillara, Théocrite, par Ricolotti. Les Italiens ont cinq bonnes traductions d'Anacréon. A l'égard des Anglais, Dryden a traduit Virgile et Juvénal, Pope, Homère, Creech, Lucrèce, etc.

68   46A-46C: et que nous n'en avons encore

tout ce qui frappe les yeux: les Français, qui n'ont guère commencé
à perfectionner la grande poésie qu'au théâtre, n'ont pu et n'ont dû
exprimer alors que ce qui peut toucher l'âme. Nous nous sommes
interdit nous-mêmes insensiblement presque tous les objets que   80
d'autres nations ont osé peindre. Il n'est rien que le Dante
n'exprimât, à l'exemple des anciens: il accoutuma les Italiens à
tout dire; mais nous, comment pourrions-nous aujourd'hui imiter
l'auteur des *Géorgiques*, qui nomme sans détour tous les instruments de l'agriculture? À peine les connaissons-nous, et notre   85
mollesse orgueilleuse dans le sein du repos et du luxe de nos villes,
attache malheureusement une idée basse à ces travaux champêtres,
et au détail de ces arts utiles, que les maîtres et les législateurs de la
terre cultivaient de leurs mains victorieuses. Si nos bons poètes
avaient su exprimer heureusement les petites choses, notre langue   90
ajouterait aujourd'hui ce mérite, qui est très-grand, à l'avantage
d'être devenue la première langue du monde pour les charmes de
la conversation, et pour l'expression du sentiment. Le langage du
cœur et le style du théâtre ont entièrement prévalu: ils ont embelli
la langue française; mais ils en ont resserré les agréments dans des 95
bornes un peu trop étroites.

Et quand je dis ici, messieurs, que ce sont les grands poètes qui
ont déterminé le génie des langues, (*e*) je n'avance rien qui ne soit

---

(*e*) On n'a pu dans un discours d'appareil entrer dans les raisons de
cette difficulté attachée à notre poésie; elle vient du génie de la langue; car
quoique M. de Lamotte, et beaucoup d'autres après lui, aient dit en pleine
Académie que les langues n'ont point de génie, il paraît démontré que
chacune a le sien bien marqué.   5
Ce génie est l'aptitude à rendre heureusement certaines idées, et
l'impossibilité d'en exprimer d'autres avec succès. Ces secours et ces
obstacles naissent: 1. De la désinence des termes. 2. Des verbes auxiliaires
et des participes. 3. Du nombre plus ou moins grand des rimes. 4. De la

---

80   editions preceding K: interdits

longueur et de la brièveté des mots. 5. Des cas plus ou moins variés. 6. Des   10
articles et pronoms. 7. Des élisions. 8. De l'inversion. 9. De la quantité dans
les syllabes. Et enfin d'une infinité de finesses, qui ne sont senties que par
ceux qui ont fait une étude approfondie d'une langue.

1. *La désinence des mots*, comme *perdre, vaincre, un coin, sucre, reste,
crotte, perdu, sourdre, fief, coffre*, ces syllabes dures révoltent l'oreille, et   15
c'est le partage de toutes les langues du Nord.

2. *Les verbes auxiliaires et les participes. Victis hostibus*, les ennemis
ayant été vaincus. Voilà quatre mots pour deux. *Lœso et invicto militi.*
C'est l'inscription des Invalides de Berlin. Si on va traduire, *pour les
soldats qui ont été blessés et qui n'ont pas été vaincus*, quelle langueur! Voilà   20
pourquoi la langue latine est plus propre aux inscriptions que la française.

3. *Le nombre des rimes*. Ouvrez un dictionnaire de rimes italiennes, et
un de rimes françaises, vous trouvez toujours une fois plus de termes dans
l'italien, et vous remarquerez encore, que dans les français il y a toujours
vingt rimes burlesques et basses pour deux qui peuvent entrer dans le   25
style noble.

4. *La longueur et la brièveté des mots*. C'est ce qui rend la langue plus ou
moins propre à l'expression de certaines maximes, et à la mesure de
certains vers.

On n'a jamais pu rendre en français dans un beau vers: 30
> *Quanto si mostra men, tanto è più bella.*

On n'a jamais pu traduire en beaux vers italiens:
> *Tel brille au second rang qui s'éclipse au premier.*
> *C'est un poids bien pesant qu'un nom trop tôt fameux.* [1]

5. *Les cas plus ou moins variés*. Mon père, de mon père, à mon père;   35
meus pater, mei patris, meo patri; cela est sensible.

6. *Les articles et pronoms. De ipsius negotio ei loquebatur*. Con ello
parlava dell' affare di lui; *il lui parlait de son affaire*. Point d'amphibologie
dans le latin. Elle est presque inévitable dans le français. On ne sait si
son affaire est celle de l'homme qui parle, ou de celui auquel on parle; le   40
pronom *il* se retranche en latin, et fait languir l'italien et le français.

7. *Les élisions.*
> *Canto l'arme pietose, e il capitano.*

n.*e*, 14-15   W51P: sucre, rate, crotte
n.*e*, 15   W48D: crotte, pere, sourdre

[1] *La Henriade*, chant I, 31 and III, 41 (*OC*, vol.2, p.368 and 416).

connu de vous. Les Grecs n'écrivirent l'histoire que quatre cents ans après Homère. La langue grecque reçut de ce grand peintre de la nature la supériorité qu'elle prit chez tous les peuples de l'Asie et de l'Europe: c'est Térence qui chez les Romains parla le premier avec une pureté toujours élégante; c'est Pétrarque qui après le Dante, donna à la langue italienne cette aménité et cette grâce qu'elle a toujours conservées. C'est à Lope de Vega, que l'espagnol doit sa noblesse et sa pompe; c'est Shakespeare, qui tout barbare qu'il était, mit dans l'anglais cette force et cette énergie qu'on n'a jamais pu augmenter depuis, sans l'outrer, et par conséquent sans l'affaiblir. D'où vient ce grand effet de la poésie, de former et fixer enfin le génie des peuples et de leurs langues? La cause en est bien sensible: les premiers bons vers, ceux même qui n'en ont que l'apparence, s'impriment dans la mémoire à l'aide de l'harmonie. Leurs tours naturels et hardis deviennent familiers; les hommes, qui sont tous nés imitateurs, prennent insensiblement la manière de s'exprimer, et même de penser, des premiers dont l'imagination a subjugué celle des autres. Me désavouerez-vous donc, messieurs,

₁₀₀

₁₀₅

₁₁₀

₁₁₅

Nous ne pouvons dire:

Chantons la piété et la vertu heureuse. 45

8. *Les inversions. César cultiva tous les arts utiles*; on ne peut tourner cette phrase que de cette seule façon. On peut dire en latin de cent vingt façons différentes:

Cæsar omnes utiles artes coluit.

Quelle incroyable différence! 50

9. *La quantité dans les syllabes.* C'est de là que naît l'harmonie. Les brèves et les longues des Latins forment une vraie musique. Plus une langue approche de ce mérite, plus elle est harmonieuse. Voyez les vers italiens, la pénultième est toujours longue:

Capitâno, mâno, sêno, chrîsto, acquîsto. 55

Chaque langue a donc son génie, que des hommes supérieurs sentent les premiers, et font sentir aux autres. Ils font éclore ce génie caché de la langue.

109   46A-46C: et de fixer

quand je dirai, que le vrai mérite et la réputation de notre langue
ont commencé à l'auteur du *Cid* et de *Cinna*?

Montaigne avant lui était le seul livre qui attirât l'attention du
petit nombre d'étrangers qui pouvaient savoir le français; mais le   120
style de Montaigne n'est ni pur, ni correct, ni précis, ni noble. Il est
énergique et familier; il exprime naïvement de grandes choses:
c'est cette naïveté qui plaît; on aime le caractère de l'auteur; on se
plaît à se retrouver dans ce qu'il dit de lui-même, à converser, à
changer de discours et d'opinion avec lui. J'entends souvent   125
regretter le langage de Montaigne, c'est son imagination qu'il
faut regretter: elle était forte et hardie; mais sa langue était bien
loin de l'être.

Marot qui avait formé le langage de Montaigne, n'a presque
jamais été connu hors de sa patrie; il a été goûté parmi nous pour   130
quelques contes naïfs, pour quelques épigrammes licencieuses,
dont le succès est presque toujours dans le sujet; mais c'est par ce
petit mérite même que la langue fut longtemps avilie: on écrivit
dans ce style les tragédies, les poèmes, l'histoire, les livres de
morale. Le judicieux Despréaux a dit: '*Imitez* de Marot *l'élégant*   135
badinage.'[2] J'ose croire qu'il aurait dit le '*naïf*' badinage, si ce mot
plus vrai n'eût rendu son vers moins coulant. Il n'y a de
véritablement bons ouvrages, que ceux qui passent chez les nations
étrangères, qu'on y apprend, qu'on y traduit; et chez quel peuple a-
t-on jamais traduit Marot?   140

Notre langue ne fut longtemps après lui qu'un jargon familier,
dans lequel on réussissait quelquefois à faire d'heureuses plaisanteries; mais quand on n'est que plaisant, on n'est point admiré des
autres nations.

> Enfin Malherbe vint, et le premier en France   145
> Fit sentir dans les vers une juste cadence,
> D'un mot mis en sa place enseigna le pouvoir.[3]

Si Malherbe montra le premier ce que peut le grand art des

[2] Boileau, *Art poétique*, I, 96: 'Imitons de Marot [...]'.
[3] Boileau, *Art poétique*, I, 131-33.

27

expressions placées, il est donc le premier qui fut *élégant*. Mais
quelques stances harmonieuses suffisaient-elles pour engager les   150
étrangers à cultiver notre langage? Ils lisaient le poème admirable
de la *Jérusalem*, l'*Orlando*, le *Pastor Fido*, les beaux morceaux de
Pétrarque. Pouvait-on associer à ces chefs-d'œuvre un très petit
nombre de vers français, bien écrits à la vérité, mais faibles et
presque sans imagination.   155

La langue française restait donc à jamais dans la médiocrité,
sans un de ces génies faits pour changer et pour élever l'esprit de
toute une nation: c'est le plus grand de vos premiers académiciens,
c'est Corneille seul qui commença à faire respecter notre langue
des étrangers,[4] précisément dans le temps que le cardinal de   160
Richelieu commençait à faire respecter la couronne. L'un et l'autre
portèrent notre gloire dans l'Europe. Après Corneille sont venus,
je ne dis pas de plus grands génies, mais de meilleurs écrivains. Un
homme s'éleva,[5] qui fut à la fois plus passionné et plus correct;
moins varié, mais moins inégal; aussi sublime quelquefois, et   16
toujours noble sans enflure; jamais déclamateur, parlant au cœur
avec plus de vérité, et plus de charmes.

Un de leurs contemporains, incapable peut-être du sublime qui
élève l'âme,[6] et du sentiment qui l'attendrit, mais fait pour éclairer
ceux à qui la nature accorda l'un et l'autre, laborieux, sévère,   17
précis, pur, harmonieux, qui devint enfin le poète de la raison,
commença malheureusement par écrire des satires; mais bientôt
après il égala et surpassa peut-être Horace dans la morale et dans
l'art poétique: il donna les préceptes et les exemples; il vit qu'à la
longue l'art d'instruire, quand il est parfait, réussit mieux que l'art 17

---

[4] This passage and a few others already contain the germ of the idea that was to
produce the *Commentaires sur Corneille* some fifteen years later. Voltaire's conviction
in this regard did not waver with the passage of time. Compare: 'Nous autres
barbares qui existons d'hier [...] nous n'avons été que des polissons en tout genre,
jusqu'à l'établissement de L'académie, et au phénomène du Cid' (D9952).

[5] Racine.

[6] Boileau, remembered also as the translator of Longinus's *Traité du sublime*;
Boileau and Racine were known by their contemporaries as the 'Messieurs du
sublime'.

28

de médire, parce que la satire meurt avec ceux qui en sont les victimes, et que la raison et la vertu sont éternelles. Vous eûtes en tous les genres cette foule de grands hommes, que la nature fit naître, comme dans le siècle de Léon X et d'Auguste. C'est alors que les autres peuples ont cherché avidement dans vos auteurs de quoi s'instruire: et grâce en partie aux soins du cardinal de Richelieu, ils ont adopté votre langue, comme ils se sont empressés de se parer des travaux de nos ingénieux artistes, grâce aux soins du grand Colbert.

Un monarque illustre [7] chez tous les hommes par cinq victoires; et plus encore chez les sages par ses vastes connaissances, fait de notre langue la sienne propre, celle de sa cour et de ses Etats; il la parle avec cette force et cette finesse que la seule étude ne donne jamais, et qui est le caractère du génie, non-seulement il la cultive, mais il l'embellit quelquefois, parce que les âmes supérieures saisissent toujours ces tours et ces expressions dignes d'elles, qui ne se présentent point aux âmes faibles. Il est dans Stockholm une nouvelle Christine, [8] égale à la première en esprit, supérieure dans le reste; elle fait le même honneur à notre langue. Le français est cultivé dans Rome, où il était dédaigné autrefois; il est aussi familier au souverain pontife, que les langues savantes dans lesquelles il écrivit, quand il instruisit le monde chrétien qu'il gouverne: plus d'un cardinal italien écrit en français dans le Vatican, comme s'il était né à Versailles. Vos ouvrages, messieurs, ont pénétré jusqu'à cette capitale de l'empire le plus reculé de l'Europe et de l'Asie, et le plus vaste de l'univers; dans cette ville, qui n'était, il y a quarante ans, qu'un désert (f) habité par des bêtes

180

185

190

195

200

(f) L'endroit où est Pétersbourg n'était qu'un désert marécageux et inhabité.

[7] Frederick II, king of Prussia; Voltaire's epistolary relationship with Frederick dates back to 1736, so he speaks with first-hand knowledge of the quality of the king's French.

[8] Princess Ulrika of Prussia, queen of Sweden, to whom Voltaire had addressed a well known madrigal (M.x.549).

sauvages: on y représente vos pièces dramatiques; et le même goût naturel qui fait recevoir dans la ville de Pierre le Grand, et de sa digne fille, la musique des Italiens, y fait aimer votre éloquence.

Cet honneur qu'ont fait tant de peuples à nos excellents écrivains est un avertissement que l'Europe nous donne de ne pas dégénérer. Je ne dirai pas que tout se précipite vers une honteuse décadence, comme le crient si souvent des satiriques qui prétendent en secret justifier leur propre faiblesse, par celle qu'ils imputent en public à leur siècle. J'avoue que la gloire de nos armes se soutient mieux que celle de nos lettres: mais le feu qui nous éclairait, n'est pas encore éteint. Ces dernières années n'ont-elles pas produit le seul livre de chronologie, dans lequel on ait jamais peint les mœurs des hommes, le caractère des cours et des siècles? Ouvrage, qui s'il était sèchement instructif, comme tant d'autres, serait le meilleur de tous, et dans lequel l'auteur (g) a trouvé encore le secret de plaire; partage réservé au très petit nombre d'hommes qui sont supérieurs à leurs ouvrages.

On a montré la cause du progrès et de la chute de l'empire romain dans un livre encore plus court, écrit par un génie mâle et rapide (h) qui approfondit tout en paraissant tout effleurer. Jamais nous n'avons eu de traducteurs plus élégants et plus fidèles. De vrais philosophes ont enfin écrit l'histoire. Un homme éloquent et profond (i) s'est formé dans le tumulte des armes. Il est plus d'un de ces esprits aimables, que Tibulle et Ovide eussent regardés comme leurs disciples, et dont ils eussent voulu être les amis. Le théâtre, je l'avoue, est menacé d'une chute prochaine; mais au moins je vois ici ce génie véritablement tragique (j) qui m'a servi de maître,

(g) C'est le président Hénault. Dans quelques traductions de ce discours, on a mis en note l'abbé Langlet, au lieu de M. Hénault; c'est une étrange méprise.

(h) Le président de Montesquieu.

(i) Le marquis de Vauvenargues, jeune homme de la plus grande espérance mort à vingt-sept ans.

(j) M. Crébillon, auteur d'*Electre* et *Rhadamiste*. Ces pièces remplies de traits vraiment tragiques, sont souvent jouées.

quand j'ai fait quelques pas dans la même carrière; je le regarde   230
avec une satisfaction mélée de douleur, comme on voit sur les
débris de sa patrie un héros qui l'a défendue. Je compte parmi vous
ceux qui ont après le grand Molière achevé de rendre la comédie
une école de mœurs et de bienséance: école qui méritait chez les
Français la considération qu'un théâtre moins épuré eut dans   235
Athènes. Si l'homme célèbre, qui le premier orna la philosophie
des grâces de l'imagination, appartient à un temps plus reculé, il est
encore l'honneur et la consolation du vôtre. [9]

Les grands talents sont toujours nécessairement rares; surtout
quand le goût et l'esprit d'une nation sont formés. Il en est alors   240
des esprits cultivés, comme de ces forêts, où les arbres pressés et
élevés ne souffrent pas qu'aucun porte sa tête trop au-dessus des
autres. Quand le commerce est en peu de mains, on voit quelques
fortunes prodigieuses, et beaucoup de misère; lorsqu'enfin il est
plus étendu, l'opulence est générale, les grandes fortunes rares.   245
C'est précisément, messieurs, parce qu'il y a beaucoup d'esprit en
France qu'on y trouvera dorénavant moins de génies supérieurs.

Mais enfin, malgré cette culture universelle de la nation, je ne
nierai pas que cette langue devenue si belle, et qui doit être fixée
par tant de bons ouvrages, peut se corrompre aisément. On doit   250
avertir les étrangers, qu'elle perd déjà beaucoup de sa pureté dans
presque tous les livres composés dans cette célèbre république, [10] si
longtemps notre alliée, où le français est la langue dominante, au
milieu des factions contraires à la France. Mais si elle s'altère dans
ces pays par le mélange des idiomes, elle est prête à se gâter parmi   255
nous par le mélange des styles. Ce qui déprave le goût, déprave
enfin le langage. Souvent on affecte d'égayer des ouvrages sérieux
et instructifs par les expressions familières de la conversation.
Souvent on introduit le style marotique dans les sujets les plus
nobles; c'est revêtir un prince des habits d'un farceur. On se sert de   260
termes nouveaux, qui sont inutiles, et qu'on ne doit hasarder que

[9] Beuchot identifies the allusion to Fontenelle, which he attributes to Decroix.
[10] The editors of the *Voltairiana* (Paris 1748, p.286) identify the country as Holland.

quand ils sont nécessaires. Il est d'autres défauts dont, je suis encore plus frappé, parce que j'y suis tombé plus d'une fois. Je trouverai parmi vous, messieurs, pour m'en garantir, les secours que l'homme éclairé à qui je succède, s'était donnés par ses études. 265 Plein de la lecture de Cicéron, il en avait tiré ce fruit de s'étudier à parler sa langue, comme ce consul parlait la sienne. Mais c'est surtout à celui[11] qui a fait son étude particulière des ouvrages de ce grand orateur, et qui était l'ami de M. le président Bouhier, à faire revivre ici l'éloquence de l'un, et à vous parler du mérite de l'autre. 270 Il a aujourd'hui à la fois un ami à regretter et à célébrer, un ami à recevoir et à encourager. Il peut vous dire avec plus d'éloquence, mais non avec plus de sensibilité que moi, quels charmes l'amitié répand sur les travaux des hommes consacrés aux lettres, combien elle sert à les conduire, à les corriger, à les exciter, à les consoler; 275 combien elle inspire à l'âme cette joie douce et recueillie, sans laquelle on n'est jamais le maître de ses idées.

C'est ainsi que cette Académie fut d'abord formée. Elle a une origine encore plus noble que celle qu'elle reçut du cardinal de Richelieu même; c'est dans le sein de l'amitié qu'elle prit 280 naissance. Des hommes unis entre eux par ce lien respectable et par le goût des beaux-arts, s'assemblaient sans se montrer à la renommée; ils furent moins brillants que leurs successeurs, et non moins heureux. La bienséance, l'union, la candeur, la saine critique si opposée à la satire, formèrent leurs assemblées. Elles animeront 285 toujours les vôtres, elles seront l'éternel exemple des gens de lettres, et serviront peut-être à corriger ceux qui se rendent indignes de ce nom. Les vrais amateurs des arts sont amis. Qui est plus que moi en droit de le dire? J'oserais m'étendre, messieurs, sur les bontés dont la plupart d'entre vous m'honorent, si je ne 290 devais m'oublier pour ne vous parler que du grand objet de vos

---

[11] The abbé d'Olivet, who, as director of the Académie at the time of Voltaire's induction, replied to his *discours*. His reply was included in the early editions of this work.

travaux, des intérêts devant qui tous les autres s'évanouissent, de la
gloire de la nation.

Je sais combien l'esprit se dégoûte aisément des éloges; je sais
que le public, toujours avide de nouveautés, pense que tout est   295
épuisé sur votre fondateur et sur vos protecteurs; mais pourrais-je
refuser le tribut que je dois, parce que ceux qui l'ont payé avant
moi, ne m'ont laissé rien de nouveau à vous dire? Il en est de ces
éloges qu'on répète, comme de ces solennités qui sont toujours les
mêmes, et qui réveillent la mémoire des événements chers à un   300
peuple entier; elles sont nécessaires. Célébrer des hommes tels que
le cardinal de Richelieu, et Louis XIV, un Séguier, un Colbert, un
Turenne, un Condé: c'est dire à haute voix, *rois, ministres,*
généraux à venir, imitez ces grands hommes. Ignore-t-on que le
panégyrique de Trajan anima Antonin à la vertu? et Marc-Aurèle,   305
le premier des empereurs et des hommes, n'avoue-t-il pas dans ses
écrits, l'émulation que lui inspirèrent les vertus d'Antonin?
Lorsque Henri IV entendit dans le parlement nommer Louis XII
le père du peuple, il se sentit pénétré du désir de l'imiter, et il le
surpassa.   310

Pensez-vous, messieurs, que les honneurs rendus par tant de
bouches à la mémoire de Louis XIV, ne se soient pas fait entendre
au cœur de son successeur, dès sa première enfance? On dira un
jour que tous deux ont été à l'immortalité, tantôt par les mêmes
chemins, tantôt par des routes différentes. L'un et l'autre seront   315
semblables, en ce qu'ils n'ont differé à se charger du poids des
affaires que par reconnaissance; et peut-être c'est en cela qu'ils ont
été les plus grands. La postérité dira que tous deux ont aimé la
justice, et ont commandé leurs armées. L'un recherchait avec éclat
la gloire qu'il méritait; il l'appelait à lui du haut de son trône; il en 320
était suivi dans ses conquêtes, dans ses entreprises; il en remplissait
le monde; il déployait une âme sublime dans le bonheur, et dans
l'adversité, dans ses camps, dans ses palais, dans les cours de

293-294   46A-46C: [*inserts space to separate the two parts of the discours*]
308   46A-46C: Lorsqu'Henri

33

l'Europe et de l'Asie: les terres et les mers rendaient témoignage à sa magnificence, et les plus petits objets, sitôt qu'ils avaient à lui quelque rapport, prenaient un nouveau caractère, et recevaient l'empreinte de sa grandeur. L'autre protège des empereurs et des rois, subjugue des provinces, interrompt le cours de ses conquêtes pour aller secourir ses sujets, et y vole du sein de la mort, dont il est à peine échappé. Il remporte des victoires; il fait les plus grandes choses avec une simplicité, qui ferait penser que ce qui étonne le reste des hommes, est pour lui dans l'ordre le plus commun et le plus ordinaire. Il cache la hauteur de son âme, sans s'étudier même à la cacher; et il ne peut en affaiblir les rayons, qui en perçant malgré lui le voile de sa modestie, y prennent un éclat plus durable.

Louis XIV se signala par des monuments admirables, par l'amour de tous les arts, par les encouragements qu'il leur prodiguait: Ô vous son auguste successeur, vous l'avez déjà imité, et vous n'attendez que cette paix que vous cherchez par des victoires, pour remplir tous vos projets bienfaisants, qui demandent des jours tranquilles.

Vous avez commencé vos triomphes dans la même province, où commencèrent ceux de votre bisaïeul, et vous les avez étendus plus loin. Il regretta de n'avoir pu dans le cours de ses glorieuses campagnes forcer un ennemi digne de lui, à mesurer ses armes avec les siennes en bataille rangée. Cette gloire qu'il désira, vous en avez joui. Plus heureux que le grand Henri, qui ne remporta presque de victoires que sur sa propre nation, vous avez vaincu les éternels et intrépides ennemis de la vôtre. Votre fils, après vous l'objet de nos vœux et de notre crainte, apprit à vos côtés à voir le danger et le malheur même sans être troublé, et le plus beau triomphe sans être ébloui. Lorsque nous tremblions pour vous dans Paris, vous étiez au milieu d'un champ de carnage, tranquille dans les moments d'horreur et de confusion, tranquille dans la joie tumultueuse de vos soldats victorieux: vous embrassiez ce général[12] qui n'avait souhaité de vivre que pour vous voir triompher;

[12] Maréchal de Saxe; see *Précis du siècle de Louis XV*, ch.15.

34

cet homme que vos vertus et les siennes ont fait votre sujet, que la France comptera toujours parmi ses enfants les plus chers et les plus illustres. Vous récompensiez déjà par votre témoignage et par vos éloges tous ceux qui avaient contribué à la victoire; et cette récompense est la plus belle pour des Français.

Mais ce qui sera conservé à jamais dans les fastes de l'Académie, ce qui est précieux à chacun de vous, messieurs, ce fut l'un de vos confrères qui servit le plus votre protecteur et la France dans cette journée: ce fut lui, qui, après avoir volé de brigade en brigade, après avoir combattu en tant d'endroits différents, courut donner et exécuter ce conseil si prompt, si salutaire, si avidement reçu par le roi, dont la vue discernait tout dans des moments où elle peut s'égarer si aisément. Jouissez, messieurs, du plaisir d'entendre dans cette assemblée ces propres paroles, que votre protecteur dit au neveu (k) de votre fondateur sur le champ de bataille: *Je n'oublierai jamais le service important que vous m'avez rendu.* Mais si cette gloire particulière vous est chère, combien sont chères à toute la France, combien le seront un jour à l'Europe, ces démarches pacifiques que fit Louis XV après ses victoires! Il les fait encore, il ne court à ses ennemis que pour les désarmer, il ne veut les vaincre que pour les fléchir. S'ils pouvaient connaître le fond de son cœur, ils le feraient leur arbitre au lieu de le combattre, et ce serait peut-être le seul moyen d'obtenir sur lui des avantages. (l) Les vertus qui le font craindre, leur ont été connues, dès qu'il a commandé: celles qui doivent ramener leur confiance, qui doivent être le lien des nations, demandent plus de temps pour être approfondies par des ennemis.

360

365

370

375

380

(k) M. le maréchal duc de Richelieu.
(l) L'événement a justifié en 1748 ce que disait M. de V. en 1746.[13]

n.k   w48D: le duc

[13] The reference is to the Treaty of Aix-la-Chapelle.

Nous, plus heureux, nous avons connu son âme dès qu'il a
régné. Nous avons pensé, comme penseront tous les peuples et tous   385
les siècles: jamais amour ne fut ni plus vrai, ni mieux exprimé: tous
nos cœurs le sentent, et vos bouches éloquentes en sont les
interprètes. Des médailles dignes des plus beaux temps de la
Grèce, (*m*) éternisent ses triomphes et notre bonheur. Puissé-je
voir dans nos places publiques, ce monarque humain, sculpté des   390
mains de nos Praxitèles, environné de tous les symboles de la
félicité publique! Puissé-je lire au pied de sa statue ces mots qui
sont dans nos cœurs: AU PÈRE DE LA PATRIE!

(*m*) Les médailles frappées au Louvre sont au-dessus des plus belles de
l'antiquité; non pas pour les légendes, mais pour le dessin et la beauté des
coins.

388   K: Les médailles

Sémiramis, tragédie

Critical edition

by

Robert Niklaus

CONTENTS

INTRODUCTION

1. *Composition of the play and early performance*

The unhappy origins of Voltaire's tragedy of *Sémiramis* are told in
his letter to Cideville of 19 August 1746:

Mon cher ami, pardonerez-vous à un homme qui a été accablé de
maladies, et d'une tragédie? Figurez-vous qu'on m'avait ordonné une
grande pièce de théâtre pour les relevailles de madame la dauphine, et que
j'en étais au quatrième acte quand madame la dauphine mourut et que
moi chétif j'ai été sur le point de mourir pour avoir voulu lui plaire. [1]
Voilà comme la destinée se joue des têtes couronnées, des premiers
gentilhommes de la chambre et de ceux qui font des vers pour la cour. [...]
Il y a deux mois que je ne vois personne, et que je n'ai pu répondre à une
lettre. Mon âme était au Babylone. [2]

[1] In the spring of 1744 Voltaire had been asked to provide a *comédie-ballet* to
celebrate the marriage of the dauphin to Marie-Thérèse-Raphaële of Spain,
daughter of Philip V and Elisabeth Farnese, who was then seventeen years old.
This second commission followed in due course. The dauphine died in child-birth
on 22 July 1746. In a letter to the comte de Tressan of 21 August 1746 (D3453)
Voltaire claimed that he finished his task on the very day of her death.

[2] D3400. A detailed account of the plot of *Sémiramis* is to be found in H. C.
Lancaster, *French tragedy in the time of Louis XV and Voltaire* (Baltimore, Md
1950), ii.334; see also D.app.76, p.492. Some years after murdering her husband
Ninus, with the help of Assur, Sémiramis finds her conscience troubling her since
she has heard the voice of Ninus's ghost emanating from his tomb. She confides in,
and becomes enamoured of, the young Arzace, head of her army and thought to be
the son of Phradate. Assur wishes to become king by marrying either Sémiramis or
Azéma, a princess of royal blood. He warns Arzace not to marry Azéma, who as a
child had been betrothed to Ninias the son of Ninus, now thought to be dead.
Sémiramis learns from an oracle that the ghost of Ninus will be appeased if she
remarries and strengthens the succession. She calls for an assembly of the magi and
princes in order to tell them of her intention. Assur assumes that her choice will fall
on him, but she declares that she has decided to marry Arzace. Thunder rolls, the
tomb opens, the ghost appears. The ghost orders Arzace to harken to the High
Priest, who has known all along that he is the son of Ninus, presumed dead. When
Sémiramis learns this she is horrified, renounces the throne in favour of Arzace and

The story of the Assyrian queen Sémiramis may not seem an
obvious choice for such an occasion, and Voltaire's reasons for
wanting to write a tragedy on this subject will become clear later.
In any case the play could no longer be put on at court, and was not
performed for a further two years.

May 1748 found Voltaire in Paris busily casting his play as was
his right once it had been accepted by the *sociétaires*. Voltaire
courted the actors, praising their zeal and showering them with
good advice.[3] He attended rehearsals and these were seen to go
well, particularly the second (D3678). On leaving Paris for the
court of Lorraine he continued to admonish the actors and asked
d'Argental to act as supervisor. His letters from Commercy to the
actor La Noue (D3727; 27 July 1748), to the d'Argentals (D3730;
2 August 1748) and to the abbé de Chauvelin (D3731; 12 August
1748), who sometimes took d'Argental's place at rehearsals, show
his concern for his play, the text of which he had continued to
touch up until June 1748. As late as 15 August 1748 he wrote from
Lunéville to d'Argental with a request that the *Ombre de Ninus*
should appear in white and not in black, with a golden *cuirasse*, a
sceptre in his hand and a crown on his head (D3732; see also
D3733), and on the same day he also wrote to Mme Denis about
the attire of his ghost (D3733; 15 August 1748): 'Le crêpe noir est
ridicule. Il faut un guerrier tout blanc, une cuirasse bronzée, une
couronne d'or, un sceptre d'or et un masque tout blanc, comme
dans la statue du festin de Pierre.'

The delay in presenting the play was due not only to the death

---

asks him to kill her. She orders the arrest of Assur. The High Priest orders Arzace to
enter the tomb and kill the victim he will find there. Azéma tells Sémiramis that Assur
is intending to murder Arzace in the tomb; she rushes in to warn him. Arzace goes
into the tomb, expecting to find Assur, and stabs Sémiramis by mistake. Arzace
emerges from the tomb to find Assur under arrest. He gives orders for his execution.
Sémiramis in turn emerges from the tomb; as she lies dying she pardons her son and
blesses his marriage to Azéma.

[3] See Longchamp and Wagnière, *Mémoires sur Voltaire et sur ses ouvrages* (Paris
1826), ii.209.

of the dauphine, but also to the attitude of the *comédiens*, who
feared a failure, and to Voltaire's misgivings over the fate of the
décor for his play at the hands of *décorateurs*, who had not
previously worked for the Comédie-Française, the brothers P.-
A. and A.-S. Slodtz. [4] He had requested a lavish production (see
his letter to d'Argental of 27 June 1748, D3678) and enlisted the
help of the duc de Fleury and Mme de Pompadour in obtaining a
subsidy from the king, who made a grant of at least 5000 *livres* to
ensure a worthy staging. [5]

Sémiramis was staged for the first time on 29 August 1748 at the
Comédie-Française, where it was performed with *L'Epreuve
réciproque*, a one-act comedy in prose by Legrand and Alain.
For the first performance the *loges* had been booked some six
weeks in advance and there were queues for the remaining seats
which were taken up in a quarter of an hour. [6] People lined the rue
de la Comédie to find out how the performance was being received
and many waited in the entrances after each act to discover the
reaction of the spectators. Voltaire was present, as was his
secretary Longchamps and his own *claque* of some 400 persons

[4] Members of a family of gifted artists. Their father was a distinguished sculptor
of Antwerp. One of the Slodtz's most remarkable works, in an ornate, rococo style,
is to be found in the church of Saint Méran, close to the present Centre Pompidou;
see François Souchal, *Les Slodtz. Sculpteurs et décorateurs du roi (1665-1764)* (Paris
1967), and J. Haeringer, *L'Esthétique de l'opéra en France au temps de Jean-Philippe
Rameau*, *SVEC* 279 (1990), p.117, 118, 121. The Comédie-Française was then
housed at the Fossés-Saint-Germain-des-Prés. The Slodtz brothers and the painter
Perrot had previously decorated the stage in the covered riding-school of the
Grande Ecurie of the Château de Versailles so that it could be readily converted into
a ballroom. This riding school, which had seen the performance of *La Princesse de
Navarre*, fell into disuse towards the end of 1749 and was dismantled in 1752.

[5] According to the *Registre* 'frais extraordinaires' of 1200 fr. were set against
receipts, for eight Greek costumes, diamonds for la Clairon (probably an error for la
Dumesnil), a mantle and helmet for the ghost, a black plume, six long rods, a
thunderbolt, a pound of *arcanson* (for the making of lightning) and two persons to
throw it, eight other supernumeraries, and nine wigs (Lancaster, *French Tragedy in
the time of Louis XV and Voltaire, 1715-1774*, ii.336, n.13).

[6] See *Mercure de France*, September 1748, p.284; and [Desforges], *Lettre critique
sur la tragédie de Sémiramis* (n.d.), p.5.

led by Thiriot, Dumolard, Lambert, Mouhy and the redoubtable chevalier de La Morlière. It seems unlikely, however, that Voltaire went so far as to purchase 400 tickets in the *parterre* for distribution among his chief partisans.[7]

The commotion in the theatre was great and was punctuated by yawns and catcalls, but despite this *Sémiramis* had a run of 15 performances which was considered good in view of the summer exodus of Parisians. It was performed on Wednesdays and Saturdays which, together with Mondays, were reserved for the best plays and on which understudies were debarred from appearing. A total of 1117 spectators attended the first performance which netted 4033 *livres* of which the author's share was 296. The last performance of this first run, on 5 October 1748, netted 1836 *livres*, according to the *registres*. It appears that some fine acting ultimately ensured the success of the play; Mlle Dumesnil evidently excelled herself in the title role,[8] and only Dubreuil, in the role of Mitrane, a rather poor actor at the best of times, was judged inadequate.[9]

Unfortunately the tragedy could not make its full impact, because the stage was still encumbered on either side with spectators who sat on *gradins* separated by a balustrade. In practice they cut off the wings, taking up a quarter of the available space. Consequently scenery changes were difficult to effect and,

[7] As alleged by Charles Collé, *Journal et mémoires*, ed. H. Bonhomme (Paris 1868), i.2. See *Sémiramis*, ed. J.-J. Olivier (Paris and Geneva 1946), p.xviii, n.3. J. Lough has questioned the figure of 2000 given by Lancaster as the seating capacity of the Comédie-Française at the time (Lough, *Paris theatre audiences in the seventeenth and eighteenth centuries*, London 1957, p.179). The largest attendance on any given day was 1586. It can therefore be estimated that *Sémiramis* would have been seen by 18,000 spectators. It must be borne in mind that the *registres* record the number of paying spectators, excluding complimentary tickets.

[8] See the Preface to *Les Scythes* (M.vi.268); and Mlle Clairon's *Essai sur les connaissances du théâtre françaises* which singles out for particular praise the scene between Sémiramis and the high priest in act III.

[9] See Olivier, p.xii-xxi, for further details and brief notes on the lives of the actors.

although the décor was lavish, the arrangements had to remain simple. Instead of the four changes in scenery envisaged by Voltaire the public had to be content with one. Restrictions of space also limited the number of magi, slaves and soldiers who could appear on stage. The moaning from the tomb in act I, scene ii soon had to be dispensed with because of sarcastic comments. On the first night Legrand, playing the ghost of Ninus, was unable to make his entrance because the 'petits-maîtres' seated on the stage blocked the way. An attendant guarding the tomb cried out 'Messieurs, place à l'Ombre'. [10] Laughter ensued, so Voltaire requested that two *exempts* be posted on the floor of the stage to restrict the number of spectators, complaining that tickets had been sold for more seats than could be accommodated (D3747; see also D3741). After the second performance Voltaire allegedly donned the habit of the abbé de Villevieille, complete with wig and three-cornered hat, and set out for the café Procope to listen to the comments of the theatre-goers. As a result he proceeded to make further textual changes. [11]

Voltaire shortly returned to Cirey where he modified some hundred lines for a revival of the play already planned for the following spring: 'A l'égard de la pièce, je vous jure que je la travaillerai pour la reprise, avec le peu de génie que je peux avoir, et avec beaucoup de soin', he wrote to d'Argental (D3772). In October a complete copy of the play was sent to Minet, prompter of the Comédie-Française, and copies of the various roles were distributed to the actors (D3775).

Sémiramis was meanwhile performed at Fontainebleau on 24 October 1748, to Voltaire's concern. He asked d'Argental to intervene on various matters with the duc d'Aumont, who had proved helpful in securing the lavish décor of the Slodtz brothers (D3772):

[10] See G. Desnoiresterres, *Voltaire et la société au XVIIIᵉ siècle, 1871-1876*, iii.204, and *Paris, Versailles et les provinces au XVIIIᵉ siècle* (Paris 1817), i.9.

[11] Longchamp and Wagnière, *Mémoires*, ii.212-21.

Il est triste qu'on la joue à Fontainebleau parce que le théâtre est impracticable. Mais si on la joue je vous supplie d'engager M. le duc Daumont à ne pas faire mettre de lustres sur le théâtre. Nous avons ici l'expérience que le théâtre peut être très bien éclairé avec des bougies en grand nombre et des reflets dans les coulisses. Il ne s'agirait pour exécuter la nuit absolument nécessaire au troisième acte que d'avoir quatre hommes chargés d'éteindre les bougies dans les coulisses tandis qu'on abaisse les lampions du devant du théâtre.

Tenaciously Voltaire held on to his much ridiculed ghost. He asked d'Argental to invoke once more the help of the duc d'Aumont: 'Je le supplie d'ordonner que si on y joue *Sémiramis* nous ayons une nuit profonde pour l'ombre, que cette ombre ne soit plus un gros garçon joufflu à visage découvert, mais qu'on imite la statue du festin de Pierre avec une cuirasse. Comptez que cela fera un effet terrible' (D3766). And he urged again, 'Je compte sur une nuit, et sur une ombre en blanc avec cuirasse brunie. Je crois vous avoir déjà dit que tout le parterre la souhaitait ainsi. Allons, courage' (D3779). [12]

Despite still being presented on too small a stage, and despite Voltaire's concerns, the tragedy was well received at Fontaine-bleau.

Voltaire continued to revise his play in response to comments from critics. To d'Argental on 9 November 1748 (D3804) he speaks of emending 150 lines, and to Baculard d'Arnaud on 25 October 1748 (D3798), he claims to have changed 200 lines in order to render his text worthier of being sent to Frederick.

[12] In 1758 Voltaire sums up his intentions with regard to the staging of the ghost in a letter to the marquis Francesco Albergati Capacelli (D7963): 'Quand j'ai fait jouer Sémiramis, j'ai fait placer l'ombre dans un coin, au fond du théâtre; elle montait par une estrade, sans qu'on la vit monter; elle était entourée d'une gaze noire. Tout dépend de la manière dont sont placées les lumières. Cela fait un terrible effet, quand tout est bien disposé. Vous me demandez, monsieur, si on doit entendre, au premier acte, les gémissements de l'ombre de Ninus; je vous répondrai que, sans doute, on les entendrait sur un théâtre grec ou romain, mais je n'ai pas osé le risquer sur la scène de Paris, qui est plus remplie de petits-maîtres français, à talons rouges, que de héros antiques.'

At around the same time a further change to act V – eventually adopted – was proposed by Mme d'Argental, who felt that the original game of blind man's buff enacted by three people in and around the tomb was excessive. She suggested that Assur should not enter the tomb at all, but be arrested by order of Sémiramis and appear before Arzace in chains shortly after the accidental killing. Voltaire was unconvinced and defended his original version, which has not come down to us (D3826).

On voit bien nettement qu'Assur est entré dans ce mausolée [...] par une issue secrète [...]. On voit par là pourquoi cet Assur n'est pas parvenu plutôt à l'endroit du sacrifice. Ninias [Arzace] dit qu'il vient d'entendre quelqu'un qui précipitait ses pas derrière lui dans ce tombeau. Autre degré de lumière. Azéma répond, c'est peut-être *votre mère qui a été assez hardie pour envoyer à votre secours dans cet azile inabordable et sacré*. Ces mots préparent ce me semble la terreur et fortifient le tragique de la catastrophe loin de le diminuer, puisqu'il se trouve enfin que c'est la reine elle-même qui est venue au secours de son fils. Assur est donc tout naturellement amené du tombeau sur la scène, et Azéma se jetant au devant du coup qu'Assur veut porter à Ninias augmente la force de l'action et rend le jeu noble et naturel. Il est absolument nécessaire que cette action se passe sous les yeux et non en récit.

Voltaire was still making changes after publication of the play in 1749. He took note of three flaws in his work which the abbé d'Olivet had pointed out (D3914; to Frederick II, 25 April 1749), and in particular he sought improvements in the *mise en scène* (D3654, D3779, D3828).

With various emendations, and especially changes in act V, the play was revived at the Théâtre Français on 10 March 1749, the performance having been brought forward on account of the failure of Nivelle de La Chaussée's *L'Ecole de la jeunesse* (D3883). It was presented with *L'Epreuve réciproque* and was well received, running to nine performances between 10 and 22 March and further performances between 24 and 29 November. As late as 29 July 1749, however, Voltaire was agitated over the revived production. He wrote to the d'Argentals (D3970):

Mais Sémiramis? Sémiramis? c'est là l'objet de mon ambition. Ninus sera-t-il toujours si mesquinement enterré? J'écris à Monsieur le maréchal duc de Richelieu, premier gentilhomme de la chambre du roy. J'envoye à M. de Curi, intendant des menus tombeaux, un petit mémoire pour avoir une grande diable de porte qui se brise avec fracas aux coups du tonnerre, et une trappe qui fasse sortir l'ombre du fond des abîmes. Notre ami le Grand avait trop l'air du portier du mausolée. Ce coquin-là sera t'il toujours gros comme un moine?

The first performance of the second run took place before 881 spectators who paid 2308 *livres*, 24 *livres* going to the actors, 156 to the authors. It was followed by eight performances; the last on 22 March 1749, had 1038 paying spectators, receipts amounting to 2878 *livres*, the actors' share being 30 *livres* and the authors' 208. There were further performances on 24, 26 and 29 November 1749. For the first twenty-four performances in Paris Voltaire received in all 3415 *francs*.

Sémiramis was then dropped from the répertoire until 1756 when it was given twelve performances, being put on with *Le Temps passé*, a one-act play in prose by M.-A. Legrand. This revival was not an immediate success, however, since on 26 July 1756, the date of Lekain's first appearance, receipts amounted only to 1,567 *livres*. Henri Lekain, who owed much to Voltaire and who had joined the Comédie-Française on 14 September 1750, distinguished himself in the role of Arzace where he was such a good foil for Mlle Dumesnil that he altered the balance of the play. He excelled in the scene in which he is recognised by Sémiramis as her son and in the by now famous scenes around the tomb in the fifth act.[13] Voltaire knew how easy it was to move from the sublime to the ridiculous and from the terrible to the disgusting. He seems, however, to have accepted Lekain's performance since he had to acknowledge its popular appeal.[14]

---

[13] See P.-L. Dubus, *dit* Préville, *Mémoires* (1812), p.227; and J.-G. Noverre, *Lettres sur la danse et sur les ballets*, 1760 (Vienna 1767), p.174-75.
[14] See *Les Scythes*, 'Préface de l'édition de Paris' (M.vi.268).

By this time the comte de Lauraguais, together with the combined help and influence of Voltaire and Lekain, had secured by payment the removal of all seats on the *plateau*. This not only allowed the actors more freedom of movement but also rendered possible the presence on stage of the full complement of characters, magi, satraps, soldiers, attendants, etc. which Lekain has listed in *Matériaux pour le travail de mon répertoire tragique*.[15] For the first time forty-eight actors were accommodated on the stage. The overdue change ensured that characters would not stand trapped on stage when they should be out of the sight of those speaking.

In 1759 the Slodtz setting was replaced by the fine décor of Paolo Brunetti. This came closer to Voltaire's conception and allowed for scenery changes.

The play met with increased success. According to Clément and La Porte (ii.161) *Sémiramis* was one of Voltaire's tragedies that drew the largest audiences. It had twelve performances in 1755, and between 1755 and 1808 it was staged every year. Between 1748 and 1834 there were 263 performances at the Comédie-Française, the largest number being between 1801 and 1810.[16] On any given night two plays were performed, a one-act playlet beside a five-act play. *Sémiramis* was staged with *L'Epreuve réciproque*, *Colin Maillard*, *L'Esprit de contradiction*, *Le Legs*, *Le Florentin*, and *Le Double Veuvage*, among others.

The tragedy was performed at the court of Frederick II in 1750, and in Vienna, Naples, Copenhagen and Brussels. On 19 December 1750 it was played before the margrave in Bayreuth where, with verse in German by Angelo Cori, it was turned into an opera (D4302). A *Sémiramis* in the rendering of G. E. Ayscouth was put on at the Theatre Royal, Drury Lane, in 1776. To Voltaire's chagrin, but surely not really to his surprise, the tragedy was not performed in Moscow. He wrote to the duc de Choiseul on 1 April

---

[15] BnF, fonds français, 12.534.

[16] A. Joannidès, *La Comédie Française de 1680 à 1900* (Paris 1901; Geneva 1970), p.xviii-xix.

1768: 'Elle [Catherine the Great] n'a pas même fait jouer Sémiramis une seule fois à Moscou. Cependant je ne la crois pas si coupable qu'on le dit' (D14906).

The subject of the play, involving the murder of a husband by a usurping queen, may well have seemed disturbing even to an enlightened monarch whom Voltaire was pleased to call 'la Sémiramis du Nord'.

2. *Reception*

Despite the fact that many contemporary critics praised the quality of the verse and rated *Sémiramis* among Voltaire's best tragedies, it was the subject of more attacks and criticism than any other of his plays.[17]

---

[17] These include, *Parallèle de la Sémiramis de M. de Voltaire et celle de M. Crébillon par M. D**** (Amsterdam and Paris 1748), attributed to Jean-Baptiste Dupuy-Demportes; *Lettre sur la Sémiramis de M. de Voltaire* (Paris 1748), also by Dupuy-Demportes (though sometimes attributed to S. M. M. Gazon d'Ourxigne) and mostly favourable apart from criticism of act V; *Epître chagrinée du chevalier Pompon à la Babiole, contre le bon goût, ou apologie de Sémiramis, tragédie de M. de Voltaire* (n.p. 1748), attributed to Louis Travenol, but occasionally to L. Mannory (Pompon and Babiole are to be found in *L'Ecumoire* by Crébillon fils); *Lettre à M. B*** sur la tragédie de Sémiramis, pièce nouvelle de M. de Voltaire* (Paris 1748), attributed to L. Mannory; *Lettre de Mme Sémiramis à M. Catilina mise en vaudeville par un chansonnier de Paris* (Au Parnasse n.d. [1748]), attributed to C.-A. Lieudé de Sepmanville; *Le Poète reformé, ou apologie pour la Sémiramis de M. de V**** (Amsterdam 1748), attributed to J.-L. Favier (this work presents Sémiramis as an edifying play which shows 'le crime puni, la vertu récompensée, la religion triomphante). *Critique scène par scène sur Sémiramis, tragédie nouvelle de M. de Voltaire* (Paris 1748), (sometimes attributed to Desforges, sometimes to the abbé Marchadier, this work is by the bookseller A.-C. Cailleau); *Epître à Pilon, sur la tragédie de Sémiramis* (anonymous, n.p., n.d.: the Epître is favourable to the play and concerned over the cabale); *Lettre critique sur la tragédie de Sémiramis* (n.p., n.d.), attributed to Desforges; *Observations sur la Sémiramis de M. de Voltaire* (Aléthololis 1749), the author is probably L. Mannory. These are grouped for the most part in a special collection housed in the Réserve of the Bibliothèque nationale, and conveniently studied in *Voltairiana*, ed. J. Vercruysse, 2nd series: *Voltaire jugé par les siens 1719-1749* (repr. New York 1983), vol.vii.

Critics from the first seized on the many forms of *invraisemblance*. Why, for instance, had Sémiramis required an accomplice to the murder of Ninus and why had she found it necessary to confide in an underling? Was her purpose ever clear? Why had not the unlocked *coffre* been opened earlier and why was the secret of Arzace's birth held back until the end of the play? The misunderstanding which led to the final catastrophe was an insult to common sense. Might not Sémiramis have been killed by Assur as plausibly as by Arzace? Why had she ventured into the mausoleum unattended and without a light? How was it that Arzace did not recognise his mother's voice, or realise that he had killed a woman?[18]

Critics were also at one in condemning the ghost. Frederick put his finger on the flaw of the play as he saw it when he wrote to Voltaire in December 1749 (D4073):

Quelque détour que vous preniez pour cacher le nœud de *Sémiramis*, ce n'en est pas moins l'ombre de Ninus; c'est l'ombre qui permet galamment à sa veuve de convoler en secondes noces. L'ombre fait entendre de son tombeau, une voix gémissante à son fils; il fait mieux, il vient en personne effrayer le conseil de la reine, et atterrer la ville de Babylone; il arme enfin son fils du poignard dont Ninias assassine sa mère. Il est si vrai que défunt Ninus fait le nœud de votre tragédie que, sans les rêves et les apparitions différentes de cette âme errante, la pièce ne pourrait pas se jouer. Si j'avais un rôle à choisir dans cette tragédie, je prendrais celui du revenant; il fait tout. Voilà ce que vous dit la critique [...] J'aime mieux cependant lire cette tragédie que de la voir représenté, parce que le spectre me paraîtrait risible, et que cela serait contraire au devoir que je me suis proposé de remplir exactement, de pleurer à la tragédie, et de rire à la comédie.

Some eighteen years later Lessing, who saw *Sémiramis* performed at the Court of Frederick II as well as in Hamburg, also endeavoured to explain why the ghost of Ninus, unlike the ghost in

---

[18] *Mercure*, August 1748; Clément, i.125; Grimm, *Correspondance littéraire, philosophique et critique par Grimm, Diderot, Raynal, Meister, etc.*, ed. M. Tourneux (Paris 1877-1882), i.207. See also Paul O. Le Clerc, *Voltaire and Crébillon père: history of an enmity*, *SVEC* 115 (1973), p.67.

Hamlet, failed to move the spectators. [19] Lessing criticised not only the ghost but also the recourse to the supernatural, on the historical grounds put forward by Voltaire himself in the *Dissertation sur la tragédie ancienne et moderne.* He saw the ghost as nothing more than 'eine poetische Maschine die nur des Knotens wegen da ist'. [20]

In the autumn of 1748 Voltaire went to exceptional trouble to prevent the performance at Fontainebleau of a parody of *Sémiramis* by J.-C.-F. Bidault de Montigny[21] which had been approved by Crébillon, who had no reason to give his rival any quarter. Crébillon's decision not to withhold his approbation of the parody was seen by Voltaire as an insidious counter-attack, though with a side acknowledgement that a parody is ultimately a testimonial to originality and success: 'Crébillon s'est conduit d'une manière indigne dans tout ceci, ou plutôt d'une manière très digne de sa mauvaise pièce de *Sémiramis* qui n'a pu même être honorée d'une parodie' (D3804). Voltaire wrote to the queen, Marie Leszcinska, on 10 October 1748, asking her to prevent the performance of 'une satire odieuse qu'on veut faire contre moi à Fontainebleau sous vos yeux' (D3777), but she declined to act, as Voltaire complained to d'Argental: 'La reine m'a fait écrire par mad[e] de Luines que les parodies étaient d'usage, et qu'on avait travesti Virgile. Je réponds que ce n'est pas un compatriote de Virgile qui a fait l'Enéide travesti;[22] que les Romains en étaient incapables; que si on avait

[19] In the performances seen by Lessing the ghost appeared in the bright light of day, but, as we have seen, this was not true of the performances in France.
[20] *Hamburgische Dramaturgie*, Stück XI-XII, in Lessing, *Werke*, ed. H. G. Göpfert *et al.*, vol.iv, ed. Karl Eibl (Munich 1985), p.238-40; see also J. G. Robertson, *Lessing's dramatic theory* (Cambridge 1965), p.222-25. M. C. Curtius, *Critische Abhandlungen und Gedichte* (Hanover 1760), also criticised the ghost. See also Mendelssohn, *Literaturbriefe*, no.lxxiv, 14 February 1760, in *Gesammelte Schriften* (Leipzig 1843-1845), iv.2, p.16f.
[21] *Sémiramis, tragédie en cinq actes*, published by Pierre Mortier in 1749, with an Amsterdam imprint, and reprinted in 1750 under the title *La Petite Sémiramis*. On parody generally see V. B. Grannis, *Dramatic parody in eighteenth-century France* (New York 1931), p.322-37.
[22] *Le Virgile travesti* is by Scarron; on its first publication it was dedicated to Queen Anne of Austria.

récité une Enéide burlesque à Auguste, et à Octavie, Virgile en aurait été indigné' (D3796). Voltaire then made contact with the duc de Luynes himself,[23] with Berryer (D3797), and with Maurepas. All three responded that there was no reason why the parody should not be performed, despite Voltaire's claim that parodies had been banned from the stage of the Théâtre Italien for the preceding five years and that in any case parodies could not be performed before the end of the first run of a play. He also sought support, directly or indirectly, from the duchesse d'Aiguillon, the duchesse de Luynes, the duchesse de Villars, the comte de Maurepas, le président Hénault, le duc d'Aumont (twice), the duc de Gesvres, the duc de Fleury, and Mme de Pompadour who was favourably disposed towards him (D3778).[24] He sought to have the parody banned in Paris as well as at Court (D3780). He asked the abbé de Bernis to write against parodies in general. He even went to the length of withdrawing all roles under the pretext of revising some hundred lines so as to defer, indefinitely if necessary, performances of his tragedy (D3779). It was finally thanks to Mme de Pompadour, the duc de Fleury and the maréchal de Richelieu, *surintendant du théâtre*, and always Voltaire's protector, that the parody was not performed at Fontainebleau and probably never on the Parisian stage.

Clément and La Porte quote an anonymous parody, *Zoramis ou le spectacle manqué*, a copy of which had been in their hands.[25] This parody was written for the Théâtre de la Foire, but its performance and publication were forbidden. Both *Zoramis* and the *Sémiramis* of Bidault de Montigny caused a stir. This can hardly be said of a third parody, *Persiflés*, which had two distinct editions

[23] Duc de Luynes, *Mémoires* [...] *sur la cour de Louis XV, 1735-1758*, ed. L. Dussieux and E. Soulié (Paris 1860-1865), p.116.
[24] Numerous letters on the subject of the parody gives some idea of the importance Voltaire attached to the matter: D3763, D3765, D3775, D3776, D3777, D3778, D3779, D3780, D3783, D3785, D3790, D3791, D3793, D3796, D3797, D3799, D3800, D3801, D3804, D3805, D3806, D3812, D3826, D3846.
[25] See Olivier, p.xxxv-xviii.

and was attributed to Nicolas Ragot de Grandval, father of the actor who played the role of Arzace. [26]

The best of many of these efforts was the following lampoon by Piron, to be sung to the tune of: 'Laissons-nous charmer du plaisir d'aimer', taken from the opera *Pyrame et Thisbé* with words by la Serre and music by Rebel *fils* and Francœur:

> Que n'a-t-on pas mis
> Dans *Sémiramis?*
> Que dites-vous, amis,
> De ce beau salmis!!!!
> Que n'a-t-on pas mis
> Dans Sémiramis?

It ends with the following *strophe*:

> Reconnaissons au bout,
> Amphigouris partout,
> Inceste, mort aux rats, homicide,
> Parricide,
> Matricide,
> Beaux imbroglios,
> Charmants quiprocos,
> Que n'a-t-on pas mis
> Dans *Sémiramis?*

3. *The plot and its sources*

Voltaire drew on history and legend to give Sémiramis majesty and importance. Archaeology and recorded history were then as now, however, at variance on salient facts and dates. Legend and history are difficult to disentangle. Sémiramis was remembered by all as a great queen, her reign marking the zenith of the Assyrian monarchy. She had built, or at least rebuilt, the walled city of

---

[26] This parody exists in two editions, one dated La Haye 1748, the other without place or date of publication and beginning, *Persiflés, tragédie en 60 vers et IV actes par personne*. On the BnF copy of this version is written in ink 'Par Grandval père'.

Babylon with its palaces and its hanging gardens. The tale of her being abandoned by her mother, her survival thanks to doves that brought her food and to shepherds who raised her, have the familiar ring of similar tales surrounding Œdipus and Romulus. She married an officer named Ninus, son of Belus, who rose to be king and whom she eventually had murdered. She was succeeded by her long-lost son with whom she had committed incest, and was said to have ascended to heaven in the form of a dove. During her reign Persia, Armenia, Arabia, Egypt, Libya, Ethiopia and Western Asia as far as the Indus, were said to have been subjugated.

Voltaire would have been familiar from his schooldays with the legend surrounding Semiramis, whose story is told by Aeschylus and by Diodorus Siculus. His knowledge of Greek was adequate and he could turn to the original when existing translations seemed unsatisfactory. Although Aeschylus was not available in translation before 1770, useful summaries of the Greek plays were to be found in P. Brumoy, *Le Théâtre des Grecs* (Paris 1730; BV556), and the tragedies of Sophocles could be read in Dacier's translation (Amsterdam 1692). [27] Furthermore for practical purposes Voltaire had only to turn to Moréri's dictionary for all he needed to know about Sémiramis if not the Babylonians.

As early as 1730 we find a reference to Zoroaster in *La Henriade*, Voltaire's information on Persian monotheism being doubtless derived from Bayle, according to whom Zoroaster was a contemporary of King Ninus who died 826 years before the fall of Troy. Voltaire's interest in Zoroaster and his disciples the Gaurs – known today in India as the Parsees – was long-lasting. [28] *Sémiramis* has a Zoroastrian priest, Oroès, which in itself implies that Zoroaster lived at an earlier date. Oroès is presented as the mouthpiece of the gods and he holds the secret of Arzace's birth

---

[27] See M. Mat-Hasquin, *Voltaire et l'antiquité grecque*, SVEC 197 (1981).
[28] See, for example, *Le Philosophe ignorant* (1766), xxxix, *OC*, vol.62, p.89-90; and the article 'Zoroastre' in the *Questions sur l'Encyclopédie* (M.xx.616-20).

and destiny. He wields considerable power and in Voltaire's conception he becomes a kind of 'dieu rémunérateur et vengeur'. There is nothing specifically Persian about the magi in *Sémiramis*, although the conflict between good and evil may have undertones of Zoroastrian dualism. Zoroastrianism serves merely as a prop to Voltaire's own brand of deism and as a backcloth to an exotic Orient, resplendent with a panoply of priests, magi and satraps in procession or standing by the temple. Voltaire later more accurately portrayed the magi as intolerant, although he continued to express sympathy for the Gaurs.

Voltaire's interest in Babylon seems to have been stimulated in 1745 by the reading of Thomas Hyde's *Historia religionis veterum Persarum* (1700) which he is known to have borrowed from the Bibliothèque royale on 27 July 1746,[29] and to which he appears to refer in a letter to Thiriot of 10 August (D3444): 'Je vous renvoye vos livres italiens, je ne lis plus que la religion des anciens mages, mon cher ami. Je suis à Babylone entre Semiramis et Ninias.' Yet he preferred Bayle's account of Zoroastrian belief in 'deux causes éternelles' to Hyde's stress on Zoroastrian monotheism. The text of *Sémiramis*, however, owes only trappings to the doctrine of Zoroaster and it is not until the *Essai sur les mœurs* that we find a full-length evaluation of the history and civilisation of Persia:

Qui a bâti cette ville [Babylone]? je n'en sais rien. Est-ce Sémiramis? Est-ce Bélus? est-ce Nabonassar? Il n'y a peut-être jamais eu dans l'Asie ni de femme appelée Sémiramis ni d'homme appelé Bélus (Bel est le nom de Dieu) [...] l'histoire de Sémiramis ressemble en tout aux contes orientaux [...] Il n'y a pas eu probablement plus de Ninus fondateur de Ninvah, nommée par nous Ninive, que de Bélus, fondateur de Babylone.[30]

Voltaire remained fascinated by the legendary Sémiramis as by other great queens in history, such as Elizabeth I, Christina of Sweden and Catherine the Great.

[29] Ira O. Wade, *The Search for a new Voltaire* (1958), p.651.
[30] *Essai sur les mœurs*, Introduction, 'Des Chaldéens', ed. R. Pomeau (Paris 1963), i.36.

There is no evidence that Voltaire read *La Vie de Sémiramis* by Etienne-Jean Danet (London 1748), a booklet of 61 pages from which he would in any case have gleaned nothing that he did not already know.

Although Voltaire may not have known Mugio Manfredi's *Semiramide* of 1594,[31] he would have been aware of Desfontaines's *La Véritable Sémiramis, tragédie* (1647), Gilbert's *Sémiramis, tragédie* (1647) and Mme de Gomez's *Sémiramis*, performed at the Comédie-Française in February 1716.[32] This last is a poor play, but seems to have inspired Crébillon *père* to write his own *Sémiramis* a year later. Mme de Gomez's plot is largely of her own invention.[33] Its most interesting lines, which find an echo in Voltaire's work, occur in act III, scene v:

> Les crimes des mortels firent naître les lois,
> Et c'est pour les punir que le Ciel fit les rois.

Following Crébillon's *Sémiramis*, which was performed on 10 April 1717 and on seven further occasions, Pierre-Charles Roy wrote a *Sémiramis, tragédie-opéra, avec un prologue*, with music by A.-C. Destouches (1718) which adheres closely to the text of Crébillon's play and was performed at the Académie royale de musique on 4 December 1718. Years later Roy joined the partisans of Crébillon and lampooned Voltaire in verse.[34]

Voltaire would probably have known that Metastasio's *La Semiramide riconosciuta* (1729) was used as a libretto for an Italian

---

[31] Bergama, *Ventura in Teatro Italiano*, II.

[32] Gomez, *Œuvres mêlées* (Paris, G. Saugrain, Leclerc and Mazuel, 1724).

[33] Sémiramis is portrayed as an Arabian princess carried off in infancy by Menon and brought up as his daughter. She is not responsible for her husband's death. The subject of the play is her identification as queen and her marriage to Ninus, whereas her predecessors had dramatised her accession to power through the execution of Ninus, son of Belus. There is a suggestion of incest, the evocation of supernatural powers through an oracle and prophecies, and the inevitable *cri du sang* in scenes of recognition. See Lancaster, *French Tragedy in the time of Louis XV and Voltaire*, i.34-37.

[34] Clément and La Porte, ii.161.

opera with music by Gluck which was produced in Vienna in 1748.[35] Charles de Brosses refers to a play about Sémiramis which he himself had adapted from the Italian text of Metastasio. 'C'est le comble de la bizarrerie', he writes, 'mais ma Sémiramis n'est point amoureuse de son fils. L'action est le moment où son déguisement et son usurpation sont découverts' (to baron de Gemeaux, 20 September 1748, D3760). All these works on more or less similar themes served to keep Sémiramis in the public eye.

For a precise source of Voltaire's play there is no need to go further than Crébillon's tragedy Sémiramis of 1717. This play had enjoyed a run of eight performances but had proved a failure and was soon judged as one of the dramatist's weakest works.[36] Many of Voltaire's strictures seem to be warranted, but few critics would go so far as Voltaire's outburst in a letter to Mme Denis on 24 December 1748: 'Cette Sémiramis est l'ouvrage d'un fou écrit par un sot' (D3830). Sémiramis is the first of five tragedies by Crébillon to be re-written by Voltaire in a spirit of rivalry and with the aim of eclipsing him. It is likely that Voltaire was seeking some sort of revenge for Crébillon's malice in refusing to grant an approbation to Mahomet and in trying to block the performance of La Mort de César (1743), for his general ill-will and various malpractices.[37]

[35] This work is chiefly remembered for a change in Gluck's style attributed to the influence of Rameau during his stay in Paris some twenty years earlier.

[36] See Maurice Dutrait, Etude sur la vie et le théâtre de Crébillon, 1674-1762 (Bordeaux 1895; repr. Geneva 1970), p.41-43.

[37] It would be wrong, however, to ascribe Voltaire's action to resentment at Crébillon's increased favour at court around 1748 and any fear that Crébillon's Catilina (1748) might prove a success. This would be to confuse date of performance with date of composition, as Paul Leclerc has pointed out (Voltaire and Crébillon père, p.58-60). Leclerc compares the two plays in detail. Voltaire's relationship to Crébillon père is also discussed by Dutrait (p.435-38) and by Henri Lion, Les Tragédies et les théories dramatiques de Voltaire (Paris 1895; repr. Geneva 1970), p.174-78. The plot of Crébillon's play is closer to the legend than Voltaire's is. It bears some resemblance to that of Racine's Athalie, but the scheming of a brother against his sister and the emphasis on revenge as opposed to religious fanaticism flouted the susceptibilities of the French audience.

The mainspring of Crébillon's play is the same as that of Voltaire's: Sémiramis's wish to marry a man who is in fact her son and to crown him king. Voltaire borrowed from Crébillon the early story of Arzace and his betrothal to a princess of royal blood. In Crébillon's fourth act the true identity of the son is revealed as in Voltaire's play, but although Crébillon avoided the consummation of incest, he allowed Sémiramis to persist in her passionate attachment. Voltaire, whose views on incest were those of a rationalist and who knew that in certain cultures incest was normally practised, held firmly to the tradition of Sémiramis's attachment to her son, but took care to avoid alienating his audience and turned to other, more acceptable, devices to inspire horror. He was not going to commit the error for which he reproached Crébillon in in a letter to Frederick of 17 March 1749 (D3893):

Apparemment votre majesté ne l'a pas lue. Cette pièce tomba absolument. Elle mourut dans sa naissance, et n'est jamais ressuscitée. Elle est mal écrite, mal conduite, et sans intérêt. Il me sied mal peut-être de parler ainsi, et je ne prendrais pas cette liberté s'il y avait deux avis différents sur cet ouvrage proscrit au théâtre. C'est même parce que cette Sémiramis était absolument abandonnée, que j'ai osé en composer une.

He used much the same words in the *Eloge de M. de Crébillon* (1762):

Le défaut le plus intolérable de cette pièce est que Sémiramis, après avoir reconnu Ninias pour son fils, en est encore amoureuse; et ce qu'il y a d'étrange, c'est que cet amour est sans terreur et sans intérêt. Les vers de cette pièce sont très mal faits, la conduite insensée, et nulle beauté n'en rachète les défauts. Les maximes n'en sont pas moins abominables que celles de Xerxes. [38]

Voltaire retained Sémiramis's love for her son, albeit in a modified form. As she expreses it: 'Arzace me tient lieu d'un époux et d'un fils' (III.i.59). He borrowed from Crébillon the engagement of Arzace to Azéma, a young princess of royal blood, the

---

[38] *OC*, vol.56A, p.317.

upbringing in secret of the young Arzace and his re-appearance under a new name and covered with military glory. He suppressed Bélus, replacing him by Assur, the villain of the play, and thereby providing Sémiramis with some redeeming features. Her guilt is now shared, making her appear less criminal. The introduction of Assur was a happy one for he acts as a suitable foil for Arzace whose rival he becomes through his love for Azéma as well as through his desire to usurp the throne. The mutual love of Arzace and Azéma provides an interesting secondary action which renders more plausible Arzace's final expression of filial love.

Another significant source for Voltaire's tragedy is his own *Eriphyle*.[39] Performed in 1738 without much success, *Eriphyle* had been withdrawn from the theatre and its text remained unpublished. Close on 80 lines of *Eriphyle* reappear in *Sémiramis*, and its comparatively simple plot is revived with complications: Sémiramis, like Eriphyle, has killed her husband with the help of another and is in turn killed by her own son. The same Greek ethic is implemented and a ghost appears in both plays. The chief scenes in *Eriphyle* have their counterpart in *Sémiramis*.[40] The changes in the scenario, however, add a different dimension to the play since they allow for greater humanity and expressions of sensibility. As Sémiramis lies dying she forgives Arzace, who has mistaken her for his rival. Voltaire now leaves it to Arzace to condemn Assur to death.

The comparison between the two plays was recognised by de Brosses, who before he had even seen *Sémiramis* wrote to the baron de Gemeaux:

Combien voulez-vous parier qu'il y a un spectre et un tombeau de Ninus? [...] J'aime les spectres. Aura-t-il habillé une de ses anciennes pièces?

[39] *Eriphyle, tragédie* (1731), ed. R. Niklaus, *OC*, vol.5 (1998).

[40] For a detailed comparison between the two plays, see R. Niklaus, 'Eriphyle et Sémiramis', in *Essays on the age of Enlightenment, in honor of Ira O. Wade* (Geneva and Paris 1977), p.247-54. Charles de Brosses banteringly linked the two tragedies from his recollection of having been present at a performance of *Eriphyle* (D3760, 20 September 1748).

C'était une Eriphile que j'ai vue jadis; il y avait mis un tombeau, des revenants, des âmes de purgatoire pour faire mourir de frayeur le parterre, qui, de malice, ne voulut mourir que de rire. Une telle contrariété piqua tellement Voltaire qu'il supprima sa pièce où il y avait cependant de belles choses, comme il y en a toujours dans les moindres ouvrages de cet auteur. [...] il est impossible qu'il n'y ait au moins quelques fort belles tirades et quelques situations singulières, dont vous me ferez part, entendant l'impression qu'on n'aura probablement que cet hiver. [...] De la manière dont on parle de la magnificence des décorations, cela seul suffirait pour la faire suivre. [...] Avant que de quitter Sémiramis, avez-vous relu à cette occasion celle de Crébillon? Ce n'est pas une des bonnes pièces de ce grand tragique. Nous verrons ce qu'elles ont de commun ou de différent. [41]

Compared with *Eriphyle* the plot of *Sémiramis* is well-knit and well-sustained and the secondary love story is closely integrated into the main action. The confrontation between Arzace and Assur is more natural than that between Alcméon and Hermogide. The recognition scene and its consequences are more acceptable. Sémiramis's attempt to save her son, her forgiveness of Arzace and her blessing of the coming nuptials of Arzace and Azéma, while basically rather improbable, form a more natural dénouement than that in *Eriphyle*. The scene in which Arzace condemns Assur to death has beauty, and the game of blind man's buff around the tomb which Voltaire had ultimately to abandon was not without excitement. The first act is a clear exposition of the subject, act II and the first scenes of act III mark time, while act IV is the most dramatic with the revelation of Arzace's true identity and its *coups de théâtre*, such as the appearance of the ghost. Act V keeps the drama alive through the appearance of Arzace covered in the blood of his mother and that of his mother pierced mortally by his sword.

Sémiramis has affinities with Mérope, Clytemnestre, Jocaste and other characters in Voltaire's tragedies. There are Racinian echoes of *Mithridate*, of Théramène's soliloquy in *Phèdre*, and of

[41] D3760, 20 September 1748; to Charles-Catherine Loppin, baron de Gemeaux.

lines in *Esther*; and the closing lines recall those of *Athalie*. Joad has been seen as the prototype of Oroès and the appearance on stage of a person thought to have been slain may be found in Rotrou's *Venceslas*. Resemblances between the plot of *Sémiramis* and that of *Hamlet* have also been pointed out. The subject is highly dramatic and was to be used again by Victor Hugo in *Lucrèce Borgia*.

Analyses of the plot and its sources fail to do justice to the many *coups de théâtre* that stimulated the interest of the spectators and, as de Brosses predicted, ensured the continued success of the play after an initial somewhat mixed reception. Weaknesses in the plot and even lapses in style may be forgiven; a true evaluation of the tragedy must rest on characterisation.

4. *Characterisation*

Voltaire sought to soften the atrocity of the Greek prototypes of his play. Arzace (like Alcméon in *Eriphyle*) kills his mother by accident; Sémiramis has many redeeming qualities unknown to history and lacking in Eriphyle; Azéma is fundamentally good; and Assur, the villain of the piece, is only a mild replica of his Babylonian counterpart.

Voltaire was drawn to the character of Sémiramis as he portrayed her, full of energy and courage, an exemplar of the female despot whose femininity allows for interesting variations on the traditional masculine equivalent. She had ruthlessly sought power and had met with success in wielding it. Her long reign had given her a stature that her tragic yet necessary death could not take away from her. She had dignity. Compared with Crébillon's Sémiramis, who was both immoral and odious, she was endowed with humanity and sensibility. From the beginning of the play she feels remorse and experiences fear, and her life has become a burden. The transformation of her essentially muted love for Arzace, which is the penalty she pays for her crime, into a deep maternal feeling in act III, scene i, was sufficiently well prepared to appear convincing and was calculated to appeal to the spectators.

Her death is the more moving because of her previous efforts to save Arzace, and there is even a touch of greatness in her sacrifice and in the bestowing of her blessing on the union of Arzace and Azéma. To the Greek myth adumbrated in *Eriphyle* is now added a complexity born of remorse and repentance and of a woman's natural instincts. Sémiramis is at once a glorious queen whom the seventeenth century would have recognised and an eighteenth-century *femme sensible* whose fate awakens pity in the heart of the most hardened. [42] She is a ruthless tyrant enjoying the fruits of power and a sensitive woman capable of love. The anguish in which this contradiction leaves her explains in part her hysterical outbursts and her hallucinations over her former husband's ghost. Voltaire thus captured the spirit of a new and growing taste, of which the *comédie larmoyante* and more particularly the *drame* were to prove the clearest manifestation on the stage. While holding on to the framework of *Eriphyle* he has played down the political self-interest of a queen who harkens to 'la voix du peuple' (II.vii.346) and has to some extent answered the most serious criticism of Eriphyle as a cold character and therefore devoid of interest. Some of her simplest words given in context are the most moving of the play. The remarkable moment in act III scene vi, where she whispers 'Je l'aime' after a pregnant silence, produced an astonishing effect which was attributed to the sense of timing of the leading actress, but also to Voltaire's great understanding of the theatre.

But whereas Sémiramis is more arresting than Eriphyle, there is no true development in her character, only the unfolding of

---

[42] See act II, lines 387-88: 'Croyez-moi; les remords, à vos yeux méprisables, / Sont la seule vertu qui reste à des coupables.' Palissot (p.406) was greatly struck by Sémiramis's expressions of remorse: 'Plus coupable que Phèdre, ses remords ne la rendent pas moins intéressante: l'auteur n'a pas mis sur la scène de personnage plus tragique et plus imposant.' See also p.481: 'Tel est sur les âmes sensibles l'ascendant des remords que l'on plaint Sémiramis; rien de plus touchant que la vue de cette reine infortunée, rien de plus pathétique que ce triste retour sur elle-même qui est le but moral de tout l'ouvrage.'

dormant or repressed aspects. While there is intensity of feeling, she has few nuances in her make-up, and she talks too much about herself to leave much to our imagination.

Arzace is like Alcméon and all Voltaire's Greek heroes, but he gains in humanity and stature through his love for Azéma, his behaviour to his mother, and even in his rivalry with Assur. He is brave and successful, and he impresses with his dramatic entrances. He may be a stereotype but the situations in which he finds himself determine his behaviour and character and make him dramatically significant. It was indeed possible for Lekain when playing Arzace to alter the balance of the play and render his character as arresting as that of Sémiramis herself.

Assur derives his name from Asshur, the lord of all the gods, creator of heaven and earth and of the underworld, and also of mankind whose fate he has ordained. He is always represented as a warrior god who shares the bellicose instincts of his people and accompanies them on their way to victory. He is often represented in the form of a winged disc or as riding a bull. In Voltaire's play he is as unscrupulous as he is ambitious. He is resolute and courageous and at one level an appropriate foil for Arzace. He is arrogant and clings to what he imagines to be his hereditary rights. His predictable demise is welcomed by the spectators as a victory of good over evil, and virtue over the morally sick. Yet it is he who is made to deride the oracles and superstitions that are appropriate in a classical drama, but hardly in an eighteenth-century play with philosophical undertones.

Azéma has charm, sincerity, generosity, and her simplicity of feeling is matched by the simplicity of her words. On the other hand she is an incarnation of unswerving love, and as such the axis of the plot when the action of the play is focused on the mausoleum around which the main events take place. The role is rewarding, but it cannot be said to tax the talent of an actress.

Oroès is more than 'un grand prêtre qui est un honnête homme' (D3444). The dialogue between him and Arzace recalls that of Joad with Abner in *Athalie*. He is chiefly significant as an intermediary between man and the gods, whose spokesman he becomes when he is not the spokesman of Zoroaster or of the deist Voltaire. He should be subordinate to the ghost, who speaks for the dead Ninus but is also a kind of oracle who speaks for the gods whose part he sometimes usurps. This leads to some ambiguity in the representation of the deity. Otane is both a minister attached to Sémiramis and a confidant. Mitrane is the corresponding friend of Arzace, while Cédar is close to Assur. The army of guards, magi, satraps, slaves, female attendants and other followers need not detain us. The ghost of Ninus – although frequently but mistakenly omitted from the list of members of the cast – warrants special consideration.

Voltaire introduced a ghost in *Sémiramis* because he wished to renew his unsuccessful experiment in *Eriphyle* of repeating a precedent set by Aeschylus in *The Persians* and by Shakespeare in *Hamlet* in order to demonstrate his ability to equal the great dramatists of the past and to add a new dimension to French eighteenth-century tragedy. He sought originality within the classical tradition, incorporating elements derived from his personal experience of seeing a performance of *Hamlet*. At the same time he dissociated himself from the crude barbarity of Shakespeare, as he makes clear in the *Dissertation sur la tragédie ancienne et moderne*. In his eyes the ghost brought home visibly the principle of the retribution of the gods and led Sémiramis to a true appreciation of the enormity of her crime. It served to underline the principle of fatality as governing our destiny, a principle without which there can be no tragedy; yet as a supernatural and implausible element fate was personalised in an arbitrary manner, thereby weakening the concept of a moral god or Providence. The ghost does, however, provide an element of surprise. It is certainly the key to the *dénouement*, and the effect was enhanced when spectators were removed from the stage. The real objection to Voltaire's ghost lies in the general disbelief of the theatre-going public in ghosts and oracles and indeed in the voice of conscience as opposed to the voice of nature. The eighteenth-century spectator was convinced that man was free to make his destiny regardless of the gods.

5. *The actors*

Voltaire was fortunate in his casting of the play.[43] Mlle Marie-Anne-Françoise Dumesnil (1713-1803), who joined the Comédie-Française in 1737, ensured its success in the title-role. She was a great actress whom the Prince de Ligne as well as Diderot admired and called 'la tragédienne des coups de foudre'. She admirably conveyed passion, anger and every nuance of sentiment. She played with intelligence and subtlety and invariably struck the right note. Mlle Clairon made the following comment on her performance:

On distinguait dans le même instant et sa cruauté et sa joie; ces deux mouvements si différents se sont fait sentir dans l'intervalle de ces mots: *je le crois*; ses yeux annonçaient cette satisfaction qui ne peut naître que du contentement de l'âme. Qu'il est avantageux d'être sensible quand on doit inspirer de la sensibilité aux autres.[44]

In the *Appel à toutes les nations* (1761) Voltaire wrote: 'Le grand pathétique de l'action nous le vîmes pour la première fois dans Mlle Dumesnil.' In his *Préface de l'édition de Paris des Scythes* he singled out her performance in the scene of recognition and in the final scene as she lay dying, which in his eyes conjured up a painting by Michelangelo (M.vi.268). Sémiramis and Mérope were Mlle Dumesnil's star roles, but she also shone in the role of Clytemnestre in *Oreste* (1750), holding her own until 1763.

[43] For more information on the actors see Lancaster, *French tragedy in the time of Louis XV and Voltaire*, p.4-26, and P. M. Conlon, *Voltaire's literary career from 1728 to 1750*, *SVEC* 14 (1961). The *Mémoires* of Lekain (Paris 1888), of Mlle Dumesnil (Paris 1823) and Mlle Clairon (Paris 1822) are a main source of information, together with the *Registres de la Comédie-Française*.

[44] Mlle Clairon, *Essai sur la connaissance des théâtres français* (Paris, Prault père, 1751), Bibliothèque de la Ville de Paris, Musée Carnavalet, no.11305, 98-99. Quoted by J.-J. Olivier, *Voltaire et les comédiens interprètes de son théâtre* (Paris 1900), p.98-99; and Olivier, *ed. cit.*, p.xix, n.8.

Mlle Clairon, a relative newcomer to the Comédie-Française, had to be content with the role of Azéma, which enabled her to cut a fine figure and deliver soliloquies and other speeches with a fine flourish. Although she longed to prove herself the equal of Mlle Dumesnil, she had to settle for a long peal of thunder 'comme Mlle Dumesnil' in her last monologue (act III, scene vi). [45]

Voltaire had no complaints about the acting of Grandval (Arzace), Paulin (Oroès for the first five performances, but not for the sixth and seventh), Dubreuil (Mitrane), and Dubois (Cédar), but expressed reservations about Legrand de Belleville (Ombre de Ninus) who looked more like 'le portier du monument' than a ghost. [46] In a letter to d'Argental of 27 June 1749 (D3678), he expressed his general appreciation of the actors' performances: 'Ils m'ont fait pleurer, ils m'ont fait frissonner, Sarrazin a joué mieux que Baron, mad^elle Dumesnil s'est surpassée, etc. Si La Noue n'est pas froid, la pièce sera bien chaude. Elle demande un très grand appareil.'

Voltaire later complained of La Noue (Assur) and Sarrazin (Otane), largely because they would not listen to his advice and so were branded insolent and ungrateful. Garrick said of La Noue that he was a good but not an excellent actor. Nothing more was required of his role. Voltaire's letter to him, dated 27 July 1749 (D3727), shows his persistence in seeking to improve his text and a certain deference towards the opinion of the actor:

Permettez-moi de vous demander si vous n'aimeriez pas mieux
    Quand sa puissante main la ferme sous mes pas
que
    Quand son adroite main
Il me semble que ce terme d'adroite n'est pas assez noble et sent la comédie. Je vous prie d'y avoir égard, si vous êtes de mon avis.

---

[45] *Les Cinq années littéraires*, i.128-29. See also Clément and La Porte, ii.163; and L. Mannory, *Observations sur la Sémiramis de M. de Voltaire*, p.3-5.

[46] Cf. *Journal encyclopédique*, vi (September 1756), p.102, where Belville is said to have looked like the ghost of Ninus's *chef de cuisine*.

According to the *registres* of the Comédie-Française the other members of the cast were Baron, Rosély, Ribou, the younger Dangeville and la Lavoy. [47]

When Lekain took over the role of Arzace in August 1756 he so transfigured it that from being second in importance it became the equal of that of the title-role, at least in the latter scenes of the play. According to the *Mercure* women fainted during the recognition scene, but this was nothing compared to the effect that Lekain made when he sallied forth from behind the mausoleum, his arms bespattered with blood, to the accompaniment of rolls of thunder. Momentarily he paused in his course as if held back by some secret terror and seemed to offer a challenge to the very lightning that struck. As one contemporary put it:

la réflexion et l'esprit de critique succédèrent un instant après l'émotion, mais il était trop tard, l'impression était faite, le trait lancé; l'acteur avait touché le but, et les applaudissements furent la récompense d'une action heureuse, mais hardie, qui sans doute aurait échoué si un acteur subalterne et moins accueilli eût tenté de l'entreprendre. [48]

Voltaire noted with dismay, but also some complacency: 'On dit que le Kain s'est avisé de paraître au sortir du tombeau de sa mère avec des bras qui avaient l'air d'être ensanglantés. Cela est un tant soit peu anglais' (D6958, to d'Argental, 4 August 1756). There is no doubt that Lekain showed boldness in introducing on the French stage a brutality in realism that was to pave the way for the future successes and excesses of romantic drama, but he also introduced the *jeu muet*, the silent pauses, pregnant with meaning which his talent as a mime conveyed very well.

The cast for 1756 was not the same as for the first performances. Mlle Hus took the role of Azéma and Debellecourt that of Assur, while Dubois was cast as Otane, Dubreuil as Cédar and Debonneval as Mitrane. The role of Oroès was taken by Grandval and Brizard.

---

[47] Lancaster, *French tragedy in the time of Louis XV and Voltaire*, ii.338, n.12.
[48] Noverre, *Lettres sur la danse*, p.174-75.

Later Mlle Saint-Val, 'faite pour le grand pathétique' and at home in the role of *mère tragique*, took over the role of Sémiramis from Mlle Dumesnil. She too shone in act IV scene iv, to the point that Voltaire professed to prefer her performance to that of Mlle Dumesnil. She was undoubtedly a great if not a superlatively great actress. The *Mercure* (October 1778) commented on her performance: 'Son agonie était déchirante et terrible. Sa voix était vraiment funèbre et marquait par degrés les approches de la mort; et l'expression de la douleur, du remords et de la tendresse s'échappait d'un cœur coupable et d'une âme maternelle.' Mlle Saint-Val, however, was soon replaced by the beautiful Mme Vestris, a most conscientious actress, though devoid of originality in interpretation.[49]

From Mlle Dumesnil, and indeed from Adrienne Lecouvreur before her, to Mlle Clairon, Mlle Saint-Val and Mme Vestris, from Grandval to Lekain, we can trace a remarkable evolution towards a more natural diction and style of acting, matched by an increasing realism in matters of dress and stage design. Although the French did not progress so far as Mrs Siddons and Garrick, this evolution was in line with Voltaire's own taste and led to the demise of the classical stage and of pompous declamation. There can be no doubt that Lekain's allegedly English style of acting and his taste for melodrama were steps towards greater verisimilitude in the presentation of events; together with many scene changes in an appropriate neo-classical setting, far removed from the simple staging required by Racine, which were seen as heralding new and exciting techniques all tending towards greater realism in the theatre.

On 14 July 1770 the celebrations of the marriage of the dauphin to Marie-Antoinette included a command performance of *Sémiramis*, in spite of some understandable coolness towards the idea on the part of the queen. Changes were made in the cast. Arzace was played by Molé. Azéma was played by Mlle Dubois instead of

[49] See Olivier, *Voltaire et les comédiens*, p.290.

Mlle Clairon, d'Auberval took the role of Assur instead of La
Noue and Delainval that of the ghost instead of Legrand *fils*.
D'Argental recalls the original grandiose setting of the Slodtz
brothers for the old riding-school and finds the new theatre at
Versailles even finer: 'A propos de Sémiramis, mr d'Aumont a
résolu de la donner pour le mariage sur le grand théâtre de
Versailles et j'ai fort approuvé cette pensée, vous savez que c'était
pour une semblable occasion qu'elle vous avait eté demandée et
qu'elle devait etre representée sur le théâtre du manège, moins
beau, moins vaste que celui qui vient d'etre construit.'[50]

Spire Pitou has described the brilliant spectacle in some detail.[51]
The catalogue of costumes and fine silk gowns, gems, glistening
armour and other adornments worn by the actors is staggering.

This revival in 1770, with Molé at last in a role he had long
coveted and Mlle Saint-Val *l'aînée* in that of Sémiramis, was a
success. In the favourable notice in the *Mercure* of October 1770
the actors Larive and Mlle Raucourt were also highly commended.
Under the Consulate and the Empire Talma and Lafon distinguished themselves, while Mlle George in the title-role scored a
personal triumph in 1802 and again in St Petersburg six years later.
Sémiramis was frequently put on at the Odéon theatre up to 1822,
with the acting of Mlle George providing a great attraction. The
last performance at the Comédie-Française took place on 13 August
1834,[52] and the last on any Parisian stage on 23 November 1837 at
the Porte Saint-Martin in a benefit performance for Mlle George
who naturally took the title-role. Théophile Gautier, who was
somewhat critical of the production nevertheless singled out Mlle
George for special praise in *La Presse*, 27 November 1837.[53]

[50] Letter to Voltaire dated 13 March 1770 (ImV, Acquisitions de 1985).
[51] 'Voltaire's *Sémiramis* at Versailles in 1770', *Zeitschrift für französische Sprache und Literatur* 84, p.148-55.
[52] See Olivier, p.xlviii, for details of the cast.
[53] J.-J. Olivier, who refers to this performance and Gautier's notice, also records that the crown that Mlle George wore in her favourite rôle was among her effects sold by auction at the Hôtel Drouot on 31 January 1903.

Between 1748 and 1834 *Sémiramis* was performed 263 times at the Comédie-Française; 33 times between 1748 and 1750, 36 times between 1771 and 1780, 33 times between 1781 and 1790, 39 times between 1801 and 1810, 31 times between 1811 and 1820.[54]

There were many performances in theatres outside France. Lekain took the company of the Comédie-Française to Brussels. Perhaps more noteworthy are the performances at Potsdam (1750) and at Bayreuth, where J.-A.-P. Hasse, composer at the court of the margrave of Bayreuth, set *Sémiramis* to music. In a letter to d'Argental of 29 October 1754 (D5970) Voltaire refers to 'Mme Bayreuth' having turned his play into an Italian opera which was performed both at Bayreuth and in Berlin. In a letter to Albergatti Capacelli of 31 March 1763 (D11138) he expresses his regret at not having enough strength left to cross the Alps and thank his correspondent personally for staging *Sémiramis* in collaboration with the abbé Fabri. There were also performances in Vienna, but special mention needs to be made of those in J. F. Löwen's translation in alexandrines which was put on at the National Theatre in Hamburg and in Hanover on 29 April 1767, 11 June, 2 September 1767, 11 March, 20 April 1768, 13 September 1768 and 2 February 1769.[55] It was these performances which provided the occasion for Lessing's detailed criticism in the *Hamburgische Dramaturgie*.[56]

[54] See A. Joannidès, *La Comédie Française de 1680 à 1900* (Paris 1921).

[55] The play was first produced in German by J. F. Schönemann as early as 1755, the date given on the copy of Löwe's translation in the British Library. See also H. Dervient, 'J. F. Schönemann und seine Schauspielergesellschaft', in *Theater geschichtliche Forschungen*, vol.xi (Hamburg 1895), p.276. *Sémiramis* was included in Schönemann's *Neue Sammlung von Schauspielen*, vol.ii (1757).

[56] J. G. Robertson (*Lessing's dramatic theory*, p.62) gives the cast. Azéma was played by Mme Mecoure, who had played the rôle in Vienna, and the title-rôle was taken by Mlle Henzel who, according to Lessing, was one of the best actresses the German stage had known (*Werke*, iv.108). She had an imposing stage presence and could declaim impressively. She was at her best in scenes of pathos and of tragedy (Robertson, p.36). At the first performance *Sémiramis* was followed by 'ein pantomimisches Ballet: *Die Verwandelt – Zittern* (p.62). J. F. Agricola, a pupil of Johann Sebastian Bach and Court composer to the theatre at Potsdam, was responsible for the incidental music specially composed for the performance.

In November 1767 *Sémiramis* was performed in Copenhagen, as stated on the title-page of the edition of the play printed and published by Cl. Philibert. The edition, printed in Naples in 1777 by Jean Gravier (77C), gives the cast of a performance presumably staged in Italy.

6. *The staging*

As we have already seen, Voltaire took endless trouble over the production of his play. His practical stage experience and his attention to technical detail cannot be questioned. Lighting, costume, jewellery, scenery are examined, stage directions indicated and much advice tendered to the actors. In his search for greater realism associated with splendour he sacrificed history and logic to dramatic effect and in the *Dissertation sur la tragédie ancienne et moderne* he enlarges on the importance of *décor*. He envisaged scenery changes, one, without precedent, taking place within an act (act III, scene vi). For the first two acts the stage is a vast peristyle or row of columns round an open inner court, or temple. The palace is at the back with its hanging gardens, the temple is on the right and the mausoleum on the left. The first five scenes of the third act take place in a private room of the palace. In scene vi the action moves to a fine reception hall with a throne in the middle of a *grand salon* surrounded by satraps, magi, women and guards. The High Priest opens proceedings while Sémiramis remains standing until she begins to speak. For the latter part of scene vi, for acts IV and V (although the scenery in act V has not been indicated), we return to the first set. These changes (necessary unless the stage designer has recourse to *décors simultanés*) and other stage directions are clearly indicated in the editions.

An autograph manuscript in the Bibliothèque nationale may be taken to illustrate Voltaire's ideal setting.[57] He had, however, to compromise owing to the difficulty of effecting quick scene

[57] BnF, n.a.fr. 24342, f.69.

changes. In the original production the scene designers provided only one costly and lavish set, the other locations being provided in different parts of the stage. The stage was decorated as Voltaire had requested, but many changes had to be made which involved curtailing the number of magi, guards, and others in processions or standing by.

The drawings by Michel-Ange Slodtz of the wings for the performance at Fontainebleau in 1748, which have been preserved in the Bibliothèque et Musée de l'Opéra, give some idea of the scenery. Voltaire was not really satisfied with their decor and in a letter of 11 October 1748, after referring to his further emendations of the text, he adds 'et les Sloth qui sont prêts de réparer leur honneur en rajustant leurs décorations donneraient un nouveau cours et un nouveau prix à notre guenille qui aurait un plein triomphe' (D3779). For the performance of 1756 in which 48 actors appeared on the stage there was a new setting described by Lekain,[58] which still corresponds closely to that of the Slodtz brothers, whose drawings for this revival survive.[59]

In 1759 the stage was cleared of spectators. The old intimacy was lost but new possibilities were opened up which were heralded by the *Mercure* as enormous improvements. In the case of *Sémiramis* it led to less gesticulation and individual declamation, more *jeux muets*, greater scope for the deployment of actors and for scenic stage effects, all changes contributing to greater realism. Real as opposed to simulated gateways and trestles carrying scenery could be placed in position and startling effects of perspective achieved, breaking the old conception of symmetry on stage. The 'Mémoires de frais', 1759-1760 (Bibliothèque de la Comédie-Française) include a detailed invoice of the cost of the scenery and effects

---

[58] BnF, fonds français, 12.534, f.93r. Reproduced by Per Bjurström, 'Mises en scène de *Sémiramis* de Voltaire en 1748 et 1759', *Revue de la Société d'histoire du théâtre* 8.4 (1956), p.299-320.

[59] See Plate 68b in Souchal, *Les Slodtz. Sculpteurs et décorateurs du roi (1685-1784)*. The accounts for the Menus Plaisirs for 1756 are exactly right for the Slodtz's drawings as we know them.

required to produce the play and give an idea of the nature and cost of production. Of equal moment is the fact that Paolo-Antonio Brunetti, a great stage designer and innovator, made his first recognised attempt at *décors successifs* with *Sémiramis* in 1759 (although he may well have carried out early experiments from 1753). The setting has been described by Lekain:

Sur les parties les plus proches de l'avant-scène [se trouvaient] à droite, le tombeau de Ninus, auquel on montait par des gradins et, parallèle-ment, sur la gauche, le Temple de Zoroastre auquel on montait de même par des gradins. Sur un plan plus reculé [on voyait] le profil d'une partie du palais de Sémiramis, et sur la gauche, en parallèle, le profil d'une partie du palais d'Assur. Le fond représentait la ville de Babylone traversée par l'Euphrate. [On découvrait] dans le lointain, des fortes arcades, sur lesquelles étaient construites les fameux jardins suspendus de Sémiramis. [On apercevait] encore, à droite et à gauche, des obélisques antiques qui (étaient) ainsi que les autres bâtiments d'une architecture égyptienne. [60]

The *Observateur littéraire* (1759, t.iii) stresses the fine architec-ture of the *décor* which the author praises without reserve and which is in his eyes an expression of perfect good taste.

This new type of scenery was an important step towards the *décor pittoresque* and destined to replace the *décors simultanés* as exemplified by the Slodtz brothers. Brunetti's design in 1759 marks an important date in the history of theatre production in that it reflects a new conception of *décor* in line with the thinking of Voltaire and his friends. It provided a new interest for the spectators who in the span of eleven years were in a position to compare two remarkable and distinctive *mises en scène*.

Voltaire had the sense of a *practicien du théâtre*, born of hard work and careful observation, a wealth of experience at the service of a real gift and an ever alert mind and eye for anything relating to the stage.

[60] Quoted from Olivier's transcription of BnF, fonds français, 12.534 (p.xlv).

7. *The dramatic significance of Sémiramis*

In spite of its Babylonian trappings *Sémiramis* is a classical tragedy based on the ideals of Greek drama and its underlying dramatic theory as evolved by the great French dramatists of the seventeenth century. As Voltaire put it in a letter to Frederick II of March 1749: 'J'ai tâché d'y répandre toute la terreur du théâtre des Grecs et de changer les Français en Athéniens [...] Sans la crainte et sans la pitié, point de tragédie' (D3893).

Voltaire had already expressed his purpose clearly in a letter to Fawkener of November 1748: 'This Sémiramis is quite another kind [than *Zaïre*]. I have try'd, though it was a hard task, to change our petits maîtres into athenian hearers. The transformation is not quite perform'd; but the piece has met with great applause. It has the fate of moral books that please many, without mending anybody' (D3803).

In *Eriphyle* Voltaire had stuck close to the Greek myth as expressed by Aeschylus. We still find these myths enshrined in *Sémiramis*. We have the forbidden but sacred tomb (IV.ii.81f.) which holds dark secrets 'au fond du labyrinthe à Ninus consacré' (V.ii.66) and the box which holds the key to the identity of Arzace, the invocation of 'ce fer sacré' and the letter (IV.ii.80), the 'bandeau' of Ninus (IV.ii.79, 93), the 'dieux vengeurs' (I.iii.294, 889) and the need for a sacrifice (IV.ii.86, 179). Arzace wishes to see lifted 'le voile affreux dont mes yeux sont chargés' (IV.ii.82). The ghost of Ninus comes to rupture 'des nœuds tissus par les furies.' 'Il vient montrer au jour des crimes impunis; / Des horreurs de l'inceste il vient sauver son fils' (IV.ii.125-126). There is the 'offrande réservée à ses mânes trahis' (IV.ii.86). Arzace would like to keep the horrible mystery secret (IV.iv.311-312), but the gods decree otherwise. Even Arzace declares: 'Les dieux seuls ont tout fait' (V.iv.147); 'Ils choisissent souvent une victime pure; / Le sang de l'innocence a coulé sous leurs coups.' (V.iv.156-157). The religious element is there at least in essence, and so is the political aspect; there is the vicious circle of blood calling for the shedding of more blood, the question of rightful succession to the throne amid that of justice. But as Voltaire made clear in the *Dissertation sur la tragédie ancienne et moderne*, he realised full well that a genre such as tragedy is explicable only in terms of the circumstances which gave it birth; and although he was tempted to adopt an authoritarian stance in matters of dramatic writing and taste in view of his admiration for the Greeks, he knew that change was permissible, even essential. His problem was to find out how far he could go while remaining within the classical tradition and proving acceptable to his public. In this he may claim to have succeeded. He was sufficiently novel to shock his spectators, and even just a little ahead of his time in certain important respects, and his success testifies to his good judgement. His work may be seen as essentially one of transition, and his adaptations of the old models were directed to social and psychological realities that were, sadly for him, to prove ephemeral. The original substance of his work was not sufficient to turn his brilliant tragedies as enacted at the time into universal masterpieces of all time.

On the basis of Greek tragedy Voltaire thought that he could do for his age what Corneille and Racine had done for theirs. The god of the Babylonians comes close to the 'Dieu rémunérateur et vengeur', that necessary brake on the wickedness of man, and Zoroastrianism is close to his own deism. He has not baulked at the religious issue fundamental to the Greek dramatists; he has merely transposed it into a contemporary context and perhaps minimised it. In a letter to Frederick II of March 1749 he wrote: 'La religion, combattue par les passions, est un ressort que j'ai employé, et c'est un des plus grands pour remuer les cœurs des hommes' (D3893).

An early critic endorsed this view, claiming that 'Le crime puni, la vertu récompensée, la religion triomphante, voilà le sujet. [...] ce divin poète, consacré désormais à l'édification publique, nous a donné *Sémiramis* comme son chef-d'œuvre en ce genre.'[61]

---

[61] J.-L. Favier, *Le Poète réformé ou apologie pour la Sémiramis de M. de Voltaire* (Amsterdam 1748).

It is not difficult to see in *Sémiramis* an allegory or a fable, a moral tale in which an effort has been made to reconcile the human moral code with that of divine justice. The recurrence of such words as fear and remorse side by side with justice and vengeance shows that moral issues are never far from Voltaire's mind. For the manifest injustice of our tragic world Voltaire seeks to substitute the myth of a well-regulated universe, and to the terror inspired by the inevitable shedding of blood (IV.ii.95-99) he opposes recognition scenes of mother and son, scenes founded on sentiment rather than tolerance. We find Sémiramis moving because Voltaire has minimised her guilt and, in a way, the very justice of her punishment. Her inability to act decisively and her emotionalism which R. S. Ridgway has emphasised,[62] together with her awareness of an inner voice or conscience, mark her as the creation of a *philosophe sensible* who was not averse to drawing on romanesque elements and who may have believed that tyrants had uneasy consciences.

At times Voltaire allowed the voice of nature to take over from the implacable voice of the gods associated with intolerance, fanaticism and social injustice. We sense that round the corner there was a *touchante moralité* reflecting some *bienfaisance universelle*. Yet the overall impression is one of pessimism, for there is no Christian message of hope, redemption or clemency. It is hardly possible to see the tragedy as a melodrama founded on philosophical optimism as Ridgway has suggested.[63] The group of magi replaces the Greek chorus, serving in this play as a kind of jury of onlookers whose very presence and moral views, whether expressed or not, carry weight. The guilty conscience of the tyrant faced with the spectacle of virtue is moved to repentance for the great benefit of the nation.

There is much truth in such an analysis, but it needs to be

---

[62] R. S. Ridgway, *Voltaire and sensibility* (Montreal and London 1973), p.187-89.
[63] *La Propagande philosophique dans les tragédies de Voltaire*, *SVEC* 15 (1961), p.158; see also p.148-57.

qualified. *Sémiramis* in modern dress cannot be made to function, for Voltaire has blurred his message, just as he has somewhat blurred the good and bad sides of his chief character. The god invoked is implacable and not wholly good (I.iii.261, 294; V.v.166) and the identification of Voltaire's personal god with that of the Greeks is far from complete. The political shafts against tyrants are prudently placed in the mouth of Assur no doubt to disarm censorship, but also perhaps to cloud the absolute nature of his condemnation of the character.

The final words of the play are words of exhortation. Anti-clericalism has been muted. The effect on the Babylonians of the death of Sémiramis and the accession of her son to the throne has not even been adumbrated. The magi as onlookers are not the commentators of a Greek chorus. The recognition scenes spring from a superficial preconception of blood relationships far removed from their mythic origins and are too accidental to have deep significance, just as horrific scenes strike the spectator as too gratuitous to carry any message. The full horror of the call of blood is obscured by vague hints of reasons of state being involved. [64] The voice of Ninus (V.iv.147), that of the gods (I.ii.124), that of the oracle (I.iii.174; III.ii.113; IV.ii.175-179) and that of the High Priest (III.ii.109-112; III.vi.247; IV.ii.79-80) overlap and confuse the religious issue. The gods, 'impéné-trables dieux' (V.v.166), are at times moral gods and at others vengeful (I.v.294; II.vii.311; V.viii.261-262), hostile, almost evil. [65] The voice of nature jars with what some have regarded as a Jansenist voice, and the portrayal of the High Priest as the mouthpiece of the deity but also as an 'honnête homme' leads to some confusion. Sémiramis cannot be viewed as a woman who struggles on without the grace of God, and the Jansenist

[64] See C. Cherpack, *The Call of blood in French classical tragedy* (Baltimore, Md 1958).

[65] There is a certain ambiguity in Sémiramis's statement: 'Eternelle justice / Qui lisez dans mon âme avec des yeux vengeurs / Ne la remplissez plus de nouvelles horreurs!' (III, 114-16).

interpretation does not hold when chance as well as fate is always taking a hand, although there may be occasional Jansenist undertones (I.ii.124). The problem of the individual resisting the pressures of society is indicated, but remains unresolved.

Perhaps there went into the make-up of this play more elements than could readily be absorbed. They helped to get the play accepted in many foreign countries as well as in France, but these were self-conscious grafts, as were the minor emendations of the text, and they cannot be classed as improvements. The style of the tragedy has the qualities of fluency, clarity and simplicity at critical moments. It is mellifluous and harmonious, yet there are jarring notes. There is poetry without a doubt, but overall the dramatic writing is not particularly distinguished. The language, which is uneven and lacks originality, will not alone ensure the survival of the tragedy; nor will the spectacle as such, nor the conception of tragedy as an 'école de vertu'.

Voltaire's place in history cannot be gainsaid, but the theatre has moved on; the *drame* he envisaged achieved its peak later on and then declined catastrophically.[66] This applies too to the *tragédies opéra* which he liked, in particular those of Quinault of whom he speaks in the *Dissertation sur la tragédie ancienne et moderne*, and which loom more importantly in his mind than the plays of Nivelle de La Chaussée. 'Les *tragédies opéra* sont la copie et la ruine de la tragédie d'Athènes', he wrote, yet he was drawn to the genre.[67] It was in opera that he scored a merited and lasting triumph. For Voltaire this would be an ultimate paradox, for he was at pains to establish a distinction between *tragédie lyrique* or opera and pure tragedy. By blurring this distinction through insistence on spectacle, melodramatic effects, slow acting and exchange of emotionally charged conversation, he opened the

[66] On Voltaire as a forerunner of nineteenth-century melodrama, see V. E. Bowen, 'Voltaire and tragedy: theory and practice', *L'Esprit créateur*, 1967.

[67] See R. Trousson, 'Trois opéras de Voltaire', *Bulletin de l'Institut Voltaire de Belgique* 6 (1962), p.41-46.

door to a host of composers who drew on his play.[68] It is curious that Voltaire, who was so attached to tradition in so many ways and in fact disliked his tragedies being turned into operas,[69] was one of the chief initiators of a change in taste which the early nineteenth century reflected clearly. Besides melodrama and romantic drama Voltaire heralded Italian opera as the nineteenth century was to know it.[70]

Sémiramis, therefore, is no more than a significant step in Voltaire's evolution as a dramatist, an exemplar of some of his ideas at the time of composition, and, as we have seen, a highly important milestone in the history of theatre. The spectacle it offered, together with the excellence of the actors, ensured its success. It would be interesting to see it revived to-day as a museum-piece.[71] It would be costly to produce on the appropriate scale, however, and would, moreover, tax the ability of a great actress, unless she had a special aptitude for the part.

[68] There are the operas of C. H. Braun (whose work was composed by order of Frederick II), J. Hasse, A. Prati, S. Nasolini, G. R. Borghi and Portogallo, Catel, Bianchi, Rossini and V. Garcia. The libretto of Rossini's *Semiramide* (first performed in Venice on 3 February 1823) is particularly close to the text of Voltaire, and the sets devised for it bear a close resemblance to those actually used in the eighteenth century for performances of *Sémiramis*. Gaetano Rossi, the librettist, did, however, add the part of Idreno, an Italian prince who is in love with Azéma, a part originally sung by a castrato, and he later changed the ending of the opera by making Arzace wound Assur instead of accidentally killing his mother. He presents Sémiramis primarily as a woman in love, and the opera's most famous aria 'Bel raggio lusingher' is a love song.

[69] See D4237 where he considers the attempt by Frederick and Graun diabolical.

[70] See Ridgway, *Voltaire and sensibility*, p.194.

[71] In *Voltaire, a critical study of his minor works* (New York 1967) Virgil Topazio urged a modern staging of Voltaire's tragedies. His pages 86-124 are particularly useful as a general background to *Sémiramis*. Karoui Abdeljelil also makes out a strong case for a revival of Voltaire's tragedies: *La Dramaturgie de Voltaire* (Tunis 1992), with a preface by J. Ehrard.

8. *The development of the text and its publication*

No manuscript or early draft of *Sémiramis* has survived, which is surprising in view of the number of copies made at different times for Voltaire's personal use, for the prompter and the actors and for the publishers. As we have seen, Voltaire claimed in August 1746 that he had finished composing his play on the day of the dauphine's death in July. In September he undertook to send Frederick a copy of his tragedy 'que j'avais faite pour la dauphine qui nous a été enlevée' (D3462). On 9 February 1747 he again wrote to Frederick: 'Eh bien vous aurez Sémiramis. Elle n'est pas à l'eau de rose, c'est ce qui fait que je ne la donne pas à notre peuple de sibarites, mais à un roy qui pense comme on pensait en France du temps du grand Corneille et du grand Condé, et qui veut qu'une tragédie soit tragique et une comédie comique' (D3508).

Despite Voltaire's explanation in D3462, Frederick imagined that the tragedy had been composed for his Berlin theatre (D3511). On 24 April 1747 he acknowledged safe receipt of the manuscript (D3525). The text as forwarded must have been substantially different from that which we now have, in view of the countless revisions to which we know it was subjected.

By 27 June 1748 Voltaire was in a position to send Berryer a copy for permission to have the play performed (D3679):

Permettez qu'en partant je remette la tragédie de Sémiramis entre vos mains, et que je vous demande votre protection pour elle; on la représentera pendant mon absence [...] M.Crébillon commis par vous à l'examen des ouvrages de théâtre a fait autrefois une tragédie de Sémiramis et peutêtre ai-je le malheur qu'il soit mécontent que j'aie travaillé sur le même sujet. Je lui en ai pourtant demandé la permission.

Berryer acknowledged receipt de 'la copie manuscrite de votre tragédie de Sémiramis' (D3681) and undertook to have seized any illicit copies of an edition of Voltaire's works in twelve volumes to which the publishers were hoping to add *Sémiramis* as soon as the play had been performed.[72] Voltaire's letters speak of 100, 150, 300 lines having been modified in October / November 1748, after the first run of the play. Were these changes substantial? Writing to the d'Argentals on 9 December 1748 Voltaire informs them that 'Le père Delatour est chargé de vous envoyer Semiramis. Mais j'en ai depuis ce temps là une nouvelle édition. Je veux que cela soit à la fin digne de vous' (D3820). Voltaire had, however, the gift for making statements that met the changing circumstances. On or about 2 March 1749, and certainly before the revival of 10 March 1749, he wrote to Mme Denis: 'J'allai sémiramiser chez m. Dargental... On débite dans Paris que j'ai fait un cinquième acte nouveau à Sémiramis et que j'y ai corrigé 800 vers. On vous cite pour l'avoir dit. Je vous conjure de bien assurer qu'il n'en est rien, de crier adroitement que je n'ai pas changé en tout plus de cinquante vers. On s'attendrait à une espèce de pièce nouvelle, et rien ne me feroit plus de tort' (D3881). Mme Denis cannot be wholly to blame, for Voltaire speaks of corrections to his text in a great number of letters. On 1 January 1749 he had written to Mme Denis of his work of emendation, of his wish to modify the Slodtz's design and of providing a sketch for the new setting of the play (D3844), and seven days later he declares: 'Je rapetasse actuellement Semiramis dont j'espère que vous serez plus contente que des premières leçons' (D3851).

The only traces of a prodigious effort to improve the text are to be found in the relatively few emendations put forward in Voltaire's letters, some of which are not retained in the definitive version while others are difficult to place. Textual changes or reference to textual changes are recorded in D3619, D3727, D3732, D3790, D3805, D3827. These were made between 27 July 1748 and 16 December 1748.

On 10 November 1748 Voltaire wrote to d'Argental: 'Je vais

---

[72] This is no doubt the edition published with an Amsterdam imprint (Bengesco 2128) of which only one volume, *La Henriade*, is known; see D3662, D3663, D3666. Voltaire was certain that the edition had been printed in Rouen.

faire une nouvelle copie. Il faut aussi absolument que je fasse transcrire les roles, ainsi mon cher et respectable ami daignez encore recommander à mad^elle Dumesnil qu'elle les fasse tous rendre et qu'elle vous les remette avec la pièce. Elle ne sera assurément rejouée que quand vous le voudrez' (D3805).

Of all these copies, as of Voltaire's original text, there is no trace. We must therefore rely on the first authorised edition of the work for our starting point and on the last edition published in Voltaire's lifetime (w75G, the *édition encadrée*) for our definitive text. Variants are provided by an examination of the editions which appeared during Voltaire's lifetime, with special regard to those in the publication of which he is known, or is thought, to have had a say.

It needs to be re-emphasised that the text as first performed remains unknown to us and the story of the publication of *Sémiramis* is still obscure. It is obvious that Voltaire envisaged publication from the first. He expressed distrust of Prault who had published the first part of *Zadig* in September 1748 and who seems to have been angling for a copy of the play in 1748. He wrote to the d'Argentals, 12 September (D3757):

Prault le fils me persécute pour imprimer Sémiramis mais il y a encore quelque chose à corriger et une préface à faire et tout cela ne se fait pas avec une fièvre assez forte. Il viendra sans doute chez vous. Je vous supplie de lui promettre Sémiramis de ma part et de lui dire qu'il l'aura incessamment. Il faut même répandre dans le public qu'on commence à l'imprimer afin d'empêcher les éditions clandestines.

And again on 21 September 1748 (D3761):

Je suis très inquiet de ce que le petit Praut n'est pas venu chez vous. Il s'était empressé la veille de mon départ de m'apporter des billets, des écrits, des marchés. Je l'avais renvoyé à vous. J'ai tout lieu de craindre que depuis il ne lui soit tombé entre les mains quelque mauvaise copie de la pièce, et qu'il ne me joue le tour qu'il m'a déjà joué pour l'impression de Mahomet qu'il débite clandestinement sur une copie très informe. Il faut se défier de tous les libraires, et en particulier de celui-là. Je vous demande instamment en grâce de l'envoyer chercher, et de lui proposer la

pièce comme prête à être imprimée et beaucoup corrigée. Cela le tiendra
en haleine. Il est absolument nécessaire que le bruit se répande qu'on
l'imprime avec privilège. Cela seul peut prévenir les éditions subrep-
trices, et sans ce préalable toute la volonté et toute la bonté de Mr. Berrier
ne pourraient prévenir l'avidité d'un imprimeur. Vous avez protégé les
représentations, sauvez nous de l'impression. Parlez à Praut je vous en
conjure!

In the upshot Voltaire failed to reach an agreement with Prault *fils*
over *Sémiramis* (or indeed *Nanine*). On 29 September, 22 October
and 19 November 1748 (D3769, D3795, D3809) he promised the
Dresden publisher Walther a copy of his play. His letter to
Walther of 27 December (D3834) apologises for his being
unable to send his manuscript in time for the Leipzig fair, and
as late as 25 February 1748 (D3878) he promises to let Walther
have *Sémiramis*. Finally he clinched a deal with Le Mercier and
Lambert, the latter receiving his printer's licence in 1749 and going
into partnership with Le Mercier until 1752 when he set up his own
publishing house.

The *privilège* of *La Tragédie de Sémiramis* was granted on
14 April 1749 on inspection of the manuscript and registered on
18 April,[73] the document being signed by G. Cavalier, Syndic.,
while the *privilège du roi* is signed by Sainson who was then Keeper
of the Seals. After the work had been passed by the censor, the
permission to print was usually granted to the author but also to
the printer acting on the author's behalf. The *privilège* could apply
only to publication in Paris and was normally for three years,
although renewable. The *approbation*, signed Jolly, is dated 28
March 1740 (for 1749). It is generally thought that the book
appeared in May 1749, although a first issue without the *approbation* or the *privilège* (which in any case was printed on a separate
unpaginated folio) may have come out a little earlier. From a letter
to Michel Lambert, 'chez m. le Mercier rue St. Jacques', in which
Voltaire ordered a number of books adding: 'Je payerai argent

[73] Chambre Royale des Libraires et Imprimeurs de Paris, registre XII, no.133,
f.125.

comptant ce qui excédera la somme de 400 ff. J'ai besoin de
24 exemplaires de Sémiramis' (D3926) we can assume that Le
Mercier and Lambert were to pay him 400 *francs* for *Sémiramis*.

Le Mercier and Lambert published the first edition, 49A, [74] in its
several issues without any indication of the author's name. 49B, the
first to carry Voltaire's name on the title-page according to
Bengesco 183, is a pirate edition without the *approbation* or the
privilège. 49C may or may not have been published by Le Mercier
et Lambert. It does not carry Voltaire's name, nor does it have the
approbation and *privilège*. 49D has them both, but lacks the
Dissertation sur la tragédie ancienne et moderne. It carries Voltaire's
name on the title-page, but claims that *Sémiramis* was performed
for the first time by the 'Comédiens ordinaires du Roy' on
16 July 1749, which is manifestly wrong. 49A-D are all allegedly
published by Le Mercier and Lambert 'A Paris rue St Jacques Au
Livre d'or'. Only 49A – *Sémiramis et quelques autres pièces de
littérature* – seems to be genuine.

Despite a probable publication date of May 1749, it is not until
November 1749 that Voltaire sends off complimentary copies. On
15 November 1749 he wrote to Sir Edward Fawkener (D4061): 'I
send you my dear friend the two first exemplaries of Semiramis
just coming from the press. I have not sent yet any one to the
cardinal Quirini, to whom the work is dedicated. But I pray you to
give one to yr friend mr Yorke who seems to be as good a judge of
these matters as the whole sacred college.' A copy was presumably
sent to cardinal Quirini at about the same time since the dedicatory
Dissertation is printed in 49A. On 17 November 1749 Voltaire
wrote to Frederick: 'Voilà Sémiramis en attendant *Rome sauvée*'
(D4055).

Why the delay? Th. Besterman assumed that the copy sent to
Fawkener 'must have been the second Paris edition of 1749' (D4061
commentary), the first to bear Voltaire's name. But is it likely that

[74] For a key to the sigla, see the bibliography below which provides further
information on the several editions.

Voltaire would have waited for the publication of a pirate edition with his name but without *approbation* or *privilège*? Why do the publishers of these illicit editions venture to carry the names of Le Mercier and Lambert together with a fictitious address, without daring to print the *approbation* and *privilège*, although this would have led to worse trouble with the authorities? One clandestine edition (49E) states misleadingly that it was published at The Hague. P. M. Conlon deduced from the correspondence and Besterman's notes that the editions have their origin in a stolen manuscript, [75] but would such a manuscript have received the necessary *approbation* and be granted the *privilège du roi* which we know that Voltaire was particularly anxious to secure? In the absence of any firm evidence it seems reasonable to surmise that there was some hold-up after the first issue of the first edition, which has neither *approbation* nor *privilège*, and that Lambert delayed despatching copies until the latter had been bound in. He knew the importance that Voltaire attached to such matters. Furthermore, Lambert may have seen fit to hold back the despatch of copies after the death of Mme Du Châtelet on 10 September 1749, so it is possible Voltaire did not receive them until November.

Lambert is also the publisher of w51 and w57P, the text of both reproducing that of 49A.

Voltaire had kept in touch with Georg Conrad Walther of Dresden, publishers to the king, whom Algarotti had recommended to him in 1746 (D3483). [76] He had promised to send

[75] Conlon, p.84.

[76] Voltaire accepted Walther's proposal to publish an edition of his works (D3490) and on 10 January 1747 Walther applied for a Saxon licence to publish. On 7 March 1747 Voltaire sent Walther a first batch of copy (D3513). On 15 June 1747 he begged Walther to disregard the Trévoux edition given as published 'à Londres chez Nourse, 1746' (D3528, also D3669), in six volumes; the Geneva edition in five volumes (1742); the Rouen edition of *La Henriade*, 1748 (also D3667); and above all that of Ledet in six volumes, 1738-1745, about which he had already complained to Frederick II in September 1746 (D3462), singling out volume vi as being particularly defective; and also that of Arkstée et Merkus, 1743-1745, in six volumes, the first five of which were merely reissues of the Ledet edition (also D3669, D3861, D3863).

Walther *Sémiramis*, specifically mentioning it in a letter dated 29 September 1748: 'Vous aurez incessamment cette tragédie de Sémiramis qu'on joue depuis un mois à Paris avec un très grand succès. Votre interêt doit être d'en tirer des exemplaires à part avant de faire paraître l'édition totale. Vous en vendrez considérablement. Il y aura un petit avertissement dans lequel on annoncera les huit tomes et on désavouera les autres éditions antérieures' (D3769). On 22 October 1748 he wrote again to Walther: 'Cela[77] ne vous empêchera peutêtre pas de donner la tragédie de Sémiramis séparément avec une dissertation assez intéressante que j'adresse en français et en italien[78] à m. le cardinal Quirini. Mais cela ne pourra être que vers le mois de janvier, et peut être en février, car il vaut bien mieux donner ses ouvrages un peu tard, que de trop se presser.'

Increasingly Voltaire demurs. On 19 November 1748 he writes: 'Vous aurez Sémiramis certainement mais je ne peux vous dire dans quel temps' (D3809). On 27 December he implies further delay: 'J'ai reçu votre lettre du 11 du présent mois. Je suis encore retenu à la campagne pour tout le mois de janvier. Ainsi il sera bien difficile que je vous fasse tenir Semiramis pour votre première foire de Leipsic, ce sera probablement pour la seconde, et vous ne perdrez rien pour attendre' (D3834). He goes on to point out the errors in the eight volumes of his work published to date and the need to come to some arrangement with a French bookseller if Walther wishes to enter the French market. On 25 February 1749 he undertakes to send him 'Sémiramis et le reste' and begs him 'd'avoir plus de soin de ce volume que des précédents qui sont pleins de fautes insupportables, et qui font un tort prodigieux à votre édition.' (D3878). On 26 August 1749 Voltaire writes to Walther informing him that he has read in the *Gazette d'Amsterdam* that volume vii of Ledet's edition is on sale and that volume viii is shortly to appear. 'Je présume', he writes, 'que ces

[77] Walther's intention to produce a new edition of Voltaire's works.
[78] We have not seen an Italian translation of the *Dissertation*.

deux nouveaux tomes sont tirez de votre édition. Je ne conçois pas comment ces gens là s'obstinent à vouloir ajouter de nouveaux volumes à une édition si mal faite et si décriée' (D3994).

We can assume therefore that the text of *Sémiramis* published by Ledet (50B and w38A vol.viii) has no authority. Further on in the same letter Voltaire writes: 'Je n'ai pu encore vous envoyer la tragédie de Sémiramis parce qu'on doit en reprendre les représentations sur le théâtre de Paris à la fin de l'automne. [79] Je suis obligé d'attendre cette saison pour vous donner cet ouvrage avec les autres que je vous destine.'

We may have here one reason for the late despatch of copies of the Paris edition and also perhaps for the omission of Voltaire's name from the title-page even on an authorised, but prematurely published, edition. But the delay may also have been due to Voltaire's commitment to Le Mercier and Lambert. As for the *privilège*, it could be expected to hold for three years within French jurisdiction. In spite of Voltaire's late reservations, w48D offers us a text worthy of special consideration. *Sémiramis* is in the ninth volume which is dated 1750. A further edition by Walther, w52, provides a first important change in the text of the play as first published.

Voltaire was always fearful of publishers bringing out clandestine editions of his works. For instance he writes to Berryer, 8 September 1748, asking him to request the 'Chambre syndicale des libraires' to prevent any illicit edition of his play: 'J'ai tout lieu de craindre l'abus que l'on veut faire des copies informes répandues dans Paris' (D3754). By way of response, on 9 September 1748 (D3755), Berryer wrote to the Chambre syndicale, asking this body to make sure that *Sémiramis* was not being clandestinely printed, pointing out that permission to publish had not been sought or obtained.

The history of the text would not be complete without reference to the theft of some of Voltaire's manuscripts including *Sémiramis*, generally thought to have occurred at Lunéville in October 1749.

---

[79] There were three performances in November.

The first intimation is a letter to Berryer of 31 October 1749, in which Voltaire claims that the texts have been printed, and at the end of which he proposes a reward for the identification of the culprit (D4048):

Je vous prie monsieur d'avoir la bonté de donner vos ordres à la chambre sindicale et à ceux que vous jugerez à propos pour supprimer autant qu'il se pourra le cours de cette infidélité. Voulez-vous bien permettre que je fasse afficher le papier ci-joint? Vos bontez dans cette occasion préviendront la ruine du libraire qui m'imprime avec privilège, et les chagrins cruels que cette insigne friponerie m'attire [...]
            cent écus à gagner
    On a volé plusieurs manuscrits, contenant la tragédie de Semiramis, la comédie intitulée Nanine, etc., l'histoire de la dernière guerre depuis 1741 jusqu'en 1747. On les a imprimés remplis de fautes et d'interpolations. On les vend publiquement à Fontainebleau. Le premier qui donnera des indices sûrs, de l'imprimeur et de l'éditeur recevra la somme de 300 ff. de Mr de Voltaire, gentilhomme ordinaire du roi, historiographe de France, rue Traversiere.

There may have been an edition of *Sémiramis* based on the lost manuscript, and if this is so the theft may have occurred in September 1749 at about the time of the death of Mme Du Châtelet if time is allowed for the printing of the work. Berryer replied on 4 November 1749 (D4056):

Je suis très fâché monsieur de l'infidélité qui vous a été faite par rapport à vos manuscrits. J'ai donné comme vous le souhaitez des ordres très précis pour qu'on tâche de découvrir l'imprimeur qui les a imprimés furtive-ment et les colporteurs qui les vendent, et quand je saurai quelque chose sur cela je vous en informerai promptement et je sévirai contre eux de même; si de votre côté vous apprenez quelque chose, faites m'en part pour que j'agisse en conséquence. A l'égard du papier joint à votre lettre je pense que je ne puis y mettre ma permission d'imprimer et afficher, le[s] cas de cette espèce ne demandant point de publicité en cette forme. Outre que cela ferait tenir des propos à tous les désœuvrés, qui vous assurera que ceux qui rapporteraient les manuscrits sous l'espoir de la récompense n'en auraient pas tiré un double? Ces gens-là ayant fait une première friponnerie n'hésiteraient pas d'en faire une seconde.

The point is taken. But who could have committed the theft? No doubt someone in Voltaire's entourage who hoped to sell the manuscript to a publisher unable to secure a copy of the text and without access to the Le Mercier and Lambert edition, whether because it had not yet appeared or because he did not know of its existence or because he hoped to have a better text. The name of Longchamp, Voltaire's secretary, immediately springs to mind. He is known to have been in Voltaire's employ between 1744 or 1745 and 1751, and to have passed on some of Voltaire's manuscripts to Ledet for the latter's sixth volume of Voltaire's works (D3462 and commentary 6) and to have stolen and sold manuscripts later. He may have repeated the offence, although Voltaire believed that Ledet had confined himself to copying the text provided by Walther.[80] In fact at the relevant time Walther did not have the manuscript of *Sémiramis* or that of the other texts listed. Ledet's *Sémiramis* appeared only in 1750. Longchamps may even have sold to more than one publisher after making a second copy on the lines suggested by Berryer. Another candidate is Mme de Vignes, whom Mr. de Sechelles, 'intendant d'armée', had arrested in Brussels, 'laquelle était encore saisie de tous les papiers qu'elle avait volez à madame Du Chatelet et dont elle avait fait déjà marché avec le coquins de libraires d'Amsterdam' (D3856), as Voltaire put it in a letter to Frederick II of 6 January 1749. In any case Voltaire seems to have obtained some precise information about the clandestine editions themselves. On 1 November 1749 he writes to Mme Denis: 'Dites à votre frère qu'il prêche contre ceux qui m'ont volé à Lunéville Sémiramis, Nanine, les mémoires de la guerre de 1741, qui ont fait imprimer tout cela, qui le vendent à Fontainebleau et qui me font courir dans ce maudit pays' (D4052; see also D4051 concerning *Nanine*). He also believed

---

[80] Ledet of Amsterdam had known since 1743 that he would not be allowed to publish works by Voltaire that had not already been published in France. This did not prevent him from buying and printing copies of letters by Voltaire. See Conlon, p.74f.

that the culprits were known to the police. On 2 November 1749 he wrote to the duchesse du Maine (D4055):

On m'a volé à Lunéville la tragédie de Sémiramis, la petite comédie de Nanine, plusieurs autres manuscrits, et ce qui est cent fois plus cruel l'histoire de la dernière guerre que j'avais écrite avec vérité quoique par ordre du roi. Tout cela est imprimé en province, plein de fautes absurdes, d'omissions, d'additions, de tout ce qui peut déshonorer les lettres et un pauvre auteur. Je suis forcé d'être à Fontainebleau pour tâcher d'arrêter le cours de ces misères.

In a letter to Frederick of 10 November 1748 (D4059) Voltaire again referred to the theft and the printing of both *Sémiramis* and *Nanine* to his own detriment. The matter of the theft is then dropped from his correspondence, perhaps because he now received from Lambert copies of his play which he could send out to his friends.

The distribution of 49A must have been extensive, for copies are available in a large number of libraries. The theft of his manuscript may have prompted Voltaire to send his friends an authorised edition of his play, and certainly not a pirate edition the content of which he had not seen. It seems highly unlikely that Voltaire would have given such circumstantial and detailed information about an illicit edition had none in fact existed. 49E is the most likely candidate for the offending edition, although the text itself is the same as that of 49A and the others of that year. The stolen manuscript was probably a copy of the one sent for *approbation*. 49E in any case is an edition without the *Dissertation* as well as without *approbation* or *privilège*, nor has it the short additional pieces. The text is correct, as one would expect of a publisher anxious to provide a good text based on a clean manuscript.

9. *The text after 1749*

A total of 37 editions and impressions of *Sémiramis* appeared between 1749 and 1818, apart from the text to be found in the collective editions of Voltaire's works or of his plays. Hardly a year passed without one or more fresh editions, evidence which, in itself, testifies to the success of the work. *Sémiramis* was printed in Paris, Rouen, Lyons, Amsterdam, The Hague, Dublin, Vienna, Naples and elsewhere as recorded in the bibliography. That an edition as early as 1750 should hail from Dublin is curious, and it would be interesting to know more about the printer S. Powell and his role as publisher. This edition (50c) has only recently come to light, although a copy is to be found in the British Library, buried in a collection of eighteenth-century plays bound into one volume. The Taylor Institution has recently acquired a copy of this rare and unlisted edition. 67, printed and published by Cl. Philibert at Copenhagen, was certainly prompted by the performance of *Sémiramis* at the Court Theatre in Copenhagen, on 30 November 1767; and 68B, printed by de Ghelen and published in Vienna, was no doubt similarly prompted by a performance of the play by a French company. As we have seen, 77C, printed in Naples by Jean Gravier in conjunction with a performance, actually provides the list of French actors in their respective roles.

The *editio princeps*, 49A, is undoubtedly the first of the five separate editions published in 1749. The number of pages and of blank folios varies somewhat according to the copies handled. Sometimes the *privilège* and the *approbation* are lacking; on one copy the *privilège* is printed twice. The Bibliothèque nationale has separate copies of *Sémiramis* and the *Dissertation*. The first issue as recorded in the catalogue prints the *privilège* twice, but fails to provide the *approbation* mentioned on the title-page. Did the publishers and printers do a rushed job to get the book out? The text of 49A is sound and apart from typographical errors as reliable as any of the early editions. There are misprints and blemishes in all the editions, 49D being particularly prone to slips such as 'Que dis' for 'Que dis-je' and 'Un ombre'. 49C is rather better as is 50C. Later editions are not necessarily improvements and most make various trivial mistakes. 73A harks back to the first edition, ignoring Voltaire's later changes. 73B comes close to w75G with the same *cul de lampe* on p.49 and p.99 as the *édition encadrée* on p.59, but the printing is different and there are many slips. 77 is also close to the *encadrée*. 74A was reproduced by J.-J. Olivier as being the last to be published in Voltaire's lifetime, but he had overlooked the text provided by the collective editions and in particular the *édition encadrée*. The text of 74A, however, is wholly reliable and after w70L and w72P is the first to give the correct reading 'Attire' rather than 'Attirent' (II.ii.131). Even after Kehl, printing often remains bad.

Of the two undated editions described at the end of the bibliography ND1 must be early, possibly printed in or around 1749 to judge by the typography. The watermarks are too indistinct to prove helpful. There is no sub-title, no *approbation* or *privilège* and the typographical ornament at the end of the work is a fairly common basket of fruit. We only know that it was printed at The Hague and sold at Ghent by the bookseller/publisher E. G. Le Maire. Nothing is known about ND2, a copy of which is housed in the Royal Library, Brussels. It was probably published in the Low Countries.

Variants recorded in the collective editions of Voltaire are few and minor, apart from the changes Voltaire effected in w52 in act II, scenes ii and iv. The change in scene ii was no doubt prompted by a desire to make the confrontation between Assur and Arzace more dramatic. The dialogue at the beginning of the scene is an improvement on the long-winded tirade in 49A yet still provides the spectator with the necessary background information for the understanding of the play. As for the change in scene iv, the original length of Assur's speech stultified dramatic action and would have been judged excessive by the actors themselves who may well have suggested the cut.

The Avertissement first appeared in w52 and is repeated in all the Cramer editions.

Study of the variants offered by the text of the collective editions of Voltaire's work is more rewarding than that of the separate editions, for it is in the editions published by Walther and by Cramer that we find significant changes. There are many slips in w38A, which is none other than 50A, and in w50/w51R, in which we find a running line SUR LE TRAGEDIE and 'que' appears for 'qui', 'qu'e' for 'que, and 'celle' for 'celles', the latter mistake shared with w75G which in spite of blemishes offers the best text.

The text of w75G, followed by Kehl, has been chosen as the base text, although there is no textual emendation to which we can point as suggesting authorial intervention. In spelling, punctuation and use of italics it follows closely w56, though it does correct blemishes such as 'Premiérement' (*Dissertation*, line 329) and 'soutien-moi' (IV.iv.284). The text and pagination of w72X is so close to that of w70G that we may consider w72X a pirate edition of w70G. Copies of both these editions have been frequently mixed as in the copy in the BnF. w75G is no doubt superior to these earlier collective editions, but proof-correcting cannot have been done conscientiously, for it is not free from blemishes, one or two warranting to be placed on record. The pirate edition w75X corrects some of the slips of w75G, but makes some new ones. The silly slip in III.i.131, 'Attirent' for 'Attire' was first corrected in w70L and w72P and in subsequent editions, including w75G, but strangely enough it recurs in Kehl.

The important change in act II, scene ii is first recorded in w52 (and not 63 as suggested in BnC). This edition by G. C. Walther had the benefit of Voltaire's participation as can be inferred from Voltaire's letters to Walther, 30 May, 28 December 1751, and 18 November 1752, and there is every likelihood that the new and better version was supplied by Voltaire himself. The other significant change in act II, that in scene iv, was made later, appearing first in the Cramer editions w56/w57G and then in w64 and w70G. 63, which has the correct new reading for II.ii, no doubt borrowed from w52, fails to make the change for II.iv. The publisher Duchesne printed on the title-page: 'Avec approbation et privilège', but neither is to be found in the text. T64B by the Veuve Duchesne must have offered the same text. It is the one of which Voltaire complained. As a result the Duchesne edition T67 claims to follow w68, the Cramer edition in quarto, which was corrected by Voltaire. In practice all her editions and reprints offer us a text that comes close to that of w75G, as does 74. w56/w57G and w64/w70G are at fault in respect of III.vi and V.ii, but the error is minor and is shared with other editions. w56/w57G, w64/w70G and 63 all omit Otane from the list of characters on stage in IV.iv.

The variants from the editions of Voltaire's theatre are not significant. As we have seen Veuve Duchesne was reproved by Voltaire after which she claimed to adhere to w68, printing on the title-page: 'édition revue et corrigée exactement sur l'édition de Genève in-4°.' All the Richoff editions present the same text, that of the Veuve Duchesne, which they seem to have transcribed. Even after 1764 many editions continue to print the text of the first edition (or some other early edition) which were published prior to the changes in II.ii and iv, adding their own typographical mistakes, occasionally putting forward unnecessary or erroneous corrections. It would seem that each new publisher copied his predecessor or went to the putative fountain-head to copy its slips. Invariably publishers appear to base their text on that of their immediate predecessors.

To all intents and purposes the text in its final form goes back to w56/w57G. This is virtually the same as w64G, w68, w71 (which is a reprint of w68) and our base text w75G. There is no evidence that Voltaire had a hand in the correction of the proofs of this particular text, [81] although he is known to have corrected the text of other works in this edition, which is the last to be published in his lifetime and for which he showed concern.

Of some interest are the variants, particularly to the stage directions, provided by Lekain's manuscript copy of the role of Ninias-Arzace (MS1). This is presumably the copy of the role which Lekain used for the performance of *Sémiramis* in 1756.

---

[81] See Samuel Taylor, 'The definitive text of Voltaire's works: the Leningrad *encadrée*', *SVEC* 12 (1974), p.7-132.

Additional reinforcement of details of the actual performances is to be found in the marginal manuscript comments to be found in the BnF copy of 49B. Words such as 'jeu muet', whether written in for the benefit of an actor, a would-be producer, or the personal record of an interested spectator, show how the production of classical tragedy had progressed in the direction which was to be promoted by the leading exponents of *drame*.

10. The 'Dissertation sur la tragédie ancienne et moderne'

The *Dissertation* which serves as a preface to *Sémiramis* is in the form of a letter addressed to Cardinal Quirini or Querini who had been bishop of Brescia since 1728.[82] This urbane and enlightened prelate was widely known as a scholar and archaeologist as well as a patron of the arts. He was versed in Greek, Hebrew and in biblical studies generally. He had travelled to France, England and Holland, and was a member of four academies – St Petersburg, Berlin, Vienna, Bologna – and also the Académie des inscriptions de Paris (1743).

Voltaire had been in correspondence with Quirini since 17 August 1745 and fifteen of the cardinal's letters to Voltaire are preserved in the Quirini library, Venice, side by side with an old copy of the text of Voltaire's first draft of his *Dissertation*.[83] The

---

[82] Cardinal Quirini must not be confused with a senator of the same name who visited Voltaire at Ferney in 1777.

[83] See Charles Henry, *Voltaire et le cardinal Quirini, d'après des documents nouveaux* (Paris 1887). The letters have been reproduced, p.19f. On 3 January 1748 (D3839) Voltaire thanks the cardinal for accepting the *dédicace*, but the cardinal's letter has been lost. On 28 September 1748 (D3768) Voltaire seeks permission to write him a letter which would serve as a preface. On 16 February 1749 (D3872) he submits a draft for comment. The copy has a *post scriptum* on page 10 which bears the words: 'la supplico di scriver mi sotto il piglio de M. de la Reiniere, fermier général des postes de France'. Substantial changes in the draft were effected. The BnF has a *Correspondance de Quirini* (ms. ital. 512, p.37).

cardinal had translated extracts of *La Henriade* and the *Bataille de Fontenoy*; on the strength of this, and for other considerations which will become apparent, Voltaire was prompted to seek his permission to dedicate *Sémiramis* to him. In his long letter, destined from the first for publication in France, Voltaire sought to outline and clarify his views on the evolution of classical drama and place his own play in this context. In so doing he drafted a comparative study praising and criticising the Greek, the Italian, the French and the English dramatists of the distant or recent past and those of his own time. He was convinced that the cardinal, with his erudition and considerable knowledge of languages, would appreciate his argument, and he took care to solicit his advice before actual publication.

Voltaire's original letter, reproduced in the variants, shows that he suppressed some 56 lines for his final version, but that he also made substantial additions and some stylistic emendations. No doubt the long passage on French versification written in a didactic tone might have been construed as reflecting on the cardinal's command of French, and this change was undoubtedly made at the latter's request. In any case some of his observations would have proved unnecessary for French readers. The *Dissertation* is essentially a vehicle for expressing Voltaire's own dramatic theory and for vindicating *Sémiramis* as a successful illustration of his poetics. The comparative approach served him well, as it had done in the *Lettres philosophiques*, and enabled him to voice directly, or indirectly yet tellingly, criticism of contemporary French practices and to put forward significant reforms. He may be said to have achieved his purpose for the men of his generation.

Whereas in *Discours sur la tragédie* (1730) which accompanied the dedication of *Brutus* to Bolingbroke Voltaire had voiced his admiration for Shakespeare, his praise of the great English dramatist is now qualified. He admires the ghost in *Hamlet* — and indeed the quality of the soliloquy 'To be or not to be' which he translated literally and in French rhyming couplets — but he deplores the uncouth, coarse and barbarian aspects of Shakespeare's masterpiece. It is doubtful whether Voltaire ever changed his overall view of Shakespeare, and we should more accurately refer to changes in emphasis. In his earlier *Discours* he had already written: 'L'art était dans son enfance du temps d'Eschyle, comme à Londres du temps de Shakespeare.'[84] At this time Shakespeare was little known in France and Voltaire had no need to concern himself with opinions other than his own. Too much importance has undoubtedly been attached to this section of the *Dissertation*, partly because of the increased awareness of Shakespeare's greatness and partly because of the strong language Voltaire used. The substance of the *Dissertation* deals with classical Greek and French drama and the Italian conception of *tragédie lyrique*. Through his education he was familiar with Greek poetics and the tradition based on it, but he had also acquired precise knowledge of current Italian developments. The true origin of opera is thought to be in the liturgical drama of the Middle Ages (a fact unrecognised in the eighteenth century) combined in sixteenth-century Florence with contemporary notions of classical Greek tragedy.

After a laudatory tribute to the cardinal and expressing some reasons for dedicating his play to him, Voltaire compliments the Italians on their large theatres well-suited for enacting Greek drama in all its revealing splendour, thereby criticising by implication the small French stage, but also revealing his keen interest in the structure of the theatre and his awareness of the connexion between it and the nature of the plays performed. He lauds the harmonious quality of the Italian tongue which has brought about the Italian stress on music as opposed to words and the creation of fine music at the expense of pure tragedy. Nevertheless Italian *tragédies lyriques* convey to some extent the essential quality of the drama of the ancients, so unfortunately lost and which can no longer be fully recreated. The chorus, originally the singing of drunken peasants or followers of Bacchus, but

[84] See Th. Besterman, 'Voltaire on Shakespeare', *SVEC* 54 (1967), p.54f.

happily refined, is fundamental to Greek tragedy, its counterpart being the modern theatre orchestra. The Greeks also had actors walking on stilts and wearing masks expressing grief or joy, and their declamation was accompanied by the sound of flutes.

Voltaire expounds the prevalent view of the origin of classical drama, of the character of Greek performances and of their French counterparts. He believed that the Greek tragedies were sung or rather chanted and noted the kind of declamation and the special techniques the Greek theatre evolved. As Michèle Mat-Hasquin has pointed out,[85] Voltaire's conviction that *opera seria* can convey something of Greek tragedy was commonplace in the eighteenth century, and she quotes Ménestrier, Lecerf de la Viéville and Lebrun in the seventeenth century, and Le Prévos d'Exmes, Rémond de Saint-Maur, Algarotti and Nougaret in the eighteenth century as endorsing the same view. She might have added the name of Metastasio whose *Estratto dell'arte poetica di Aristotile* was published in Paris in 1780-1782, but was probably written before 1733.[86] In his view the Greek tragedies were sung in their entirety. Operatic aria are the counterpart of the Greek chorus, since for the chorus the poet changed his accustomed iambic metre to an anapaestic or trochaic metre in groups of lines similar in rhythm and cadence. This more artificial music was called *strophe, epode, antistrophe*. He observes that the same word *strophe* is used for the stanzas of Italian lyric poetry. The Italian recitative is the *mélopée* of the ancients (what Batteux called *le chant*) to which is added the chorus. Short arias led to *coloratura* often irrelevant to the words being sung while the recitative was set in perfunctory *secco*. The arias in musical dramas are antique *strophes* and opera is *tragedia per musica*.

Voltaire for his part wished the substance of the choruses to have a close link with the subject of the play as Aeschylus had requested and as was the case for the music of the Greeks. He

---

[85] Mat-Hasquin, *Voltaire et l'antiquité grecque*, *SVEC*, p.134.
[86] See R. Morelle, 'The rehabilitation of Metastasio', *Music and letters* 57.3 (July 1976), p.268-91.

expressed his admiration for Metastasio,[87] whom Algarotti called the Italian Sophocles and who was at the time the cherished librettist of Maria Theresa in Vienna. The majority of Italian operas or *opera seria* between 1730 and 1770 were settings of his libretti, and were seen by him as the true successors of antique tragedy. Metastasio's view of Greek tragedy prevailed until Schlegel, under the influence of Goethe and Schiller, advanced a different conception of Greek theatre and stressed aesthetic considerations. Voltaire professed to great admiration of Metastasio, who followed in the footsteps of Aristotle and expressed himself in elegant, mellifluous poetry. He placed him in the company of Racine and Addison. Voltaire, who had written libretti for opera – *Samson* (1730), *Tanis et Zélide* (1733), *Pandore* (1740) – predictably held that the librettist or poet was of greater consequence than the composer, but he acknowledged the power of music to arouse emotions and enhance the attraction of a spectacle. He quotes with admiration and in the original verse from *La Clemenza di Tito*, generally acknowledged to be Metastasio's best tragic opera. Even more than *Artaserse* and *Adriane*, this work with its moral maxims made a strong appeal to the emotions of the spectator through its clarion call for clemency.[88] Voltaire failed to refer to Metastasio's *Semiramide riconosciuta* (1729) which he must have known, probably wishing by so doing to imply that there was no connexion between the two works. He did, however, emphasise the fact that, charming though music was, opera had destroyed true tragedy which it was seeking to revive, and he was critical of *petits agréments* such as arias unrelated to the plot. In spite of his praise of Lulli and Quinault he believed that both French and Italian opera were moving in the wrong direction by losing sight

[87] See Preface to *Le Temple de la gloire* (1745).

[88] Dennis Fletcher has shown clearly that *le thème du pardon* was one of the great themes of *opera seria*, and that the need to forgive was the recurring message Voltaire sought to convey to enlightened despots in his tragedies: D. Fletcher, 'Voltaire et l'opéra', *Centre Aixois d'études et de recherches sur le XVIIIe siècle* 18 (1982), p.552f.

of the main function of theatre: to depict human passions and provide a school of virtue. They were turning away from *le naturel*.[89]

In a second part Voltaire moves on to comparing French and Greek tragedy, singling out Mairet as the first in France to introduce the three unities and noting a gradual progress in polish and decency. The Greek masterpieces must be given pride of place because they came first and set a model, but the French might well have taught the Greek dramatists how better to link their scenes and to effect technical improvements. The sublime rhetoric of Racine, whom he quotes, is as fine as anything to be found in antiquity. When situating the great French classical dramatists above the Greeks he was in certain respects echoing a view already expressed by Crébillon in his preface to *Electre* (1708). Voltaire believed that the moderns had shown greater imagination in the treatment of their subjects and stated that tragedy cannot accommodate purely fictitious subjects. In such matters as 'l'art de la conduite, l'invention, les beautés de détail' French drama excelled, but he deplored recourse to 'galanterie'

---

[89] It is because opera failed to realise the classical ideal, *tragédie en musique*, that in *Candide*, ch.25, Voltaire in the person of *le seigneur Pococurante, noble vénitien*, declared: '"La musique d'aujourd'hui n'est plus que l'art d'exécuter des choses difficiles, et ce qui n'est que difficile ne plaît pas à la longue. J'aimerais peut-être mieux l'opéra, si on n'avait pas trouvé le secret d'en faire un monstre qui me révolte. Ira voir qui voudra de mauvaises tragédies en musique, où les scènes ne sont faites que pour amener très mal à propos deux ou trois chansons ridicules qui font valoir le gosier d'une actrice; se pâmera de plaisir qui voudra ou qui pourra, en voyant un châtré fredonner le rôle de César et de Caton et se promener d'un air gauche sur des planches; pour moi, il y a longtemps que j'ai renoncé à ces pauvretés, qui font aujourd'hui la gloire de l'Italie, et que des souverains payent si chèrement." Candide disputa un peu, mais avec discrétion. Martin fut entièrement de l'avis du sénateur.' See D. Fletcher, 'Voltaire et l'opéra', p.549. From about 1750 (see D4193) Voltaire became ever more critical of Italian music whilst retaining his admiration for Rameau, who laid emphasis on visual display, when the latter had become unpopular. In a letter to Chabanon, 29 January 1768 (D14705) he wrote: 'par ma foi la musique italienne n'est faite que pour faire briller des châtrés à la Chapelle du Pape. Il n'y aura plus de génie à la Lully pour la déclamation; je vous le certifie dans l'amertume de mon coeur.'

and incessant 'intrigues d'amour', worthier of comedy than tragedy. A poetic diction is required, yet a natural style is to be recommended. At this point he introduces *Sémiramis*, 'spectacle plus pathétique que dans *Mérope*'. He pinpoints immediately the distinctive quality of his play well calculated to appeal to the Italians.

A dignified spectacle is required and so the question of the size of the stage has to be raised once again. At its first performance *Sémiramis* suffered from *petits-maîtres* crowding onto the stage which in any case was too small to represent adequately a temple and a public place for large assemblies. Voltaire disapproves of people standing in the pit and wishes all spectators to be able to see and hear what is going on. He does not, however, envisage external scenery as a substitute for tragic action, or fireworks as desirable for reviving flagging interest, as the Italian players in Paris believed. Throughout the *Dissertation* Voltaire mixes praise for the Greeks with critical observations, admiration for Italian opera with awareness of its pitfalls, and love of French tragedy with biting remarks on the condition of the French stage.

The third and final part of the *Dissertation* deals with specific aspects of *Sémiramis*. From the first Voltaire seizes on the ghost as a significant feature of his play. Essentially he defends his ghost on the strength of the ghosts to be found in Greek antiquity. These are fairly numerous as Père Brumoy had indicated. The ghost of Ninus inspires greater terror than the ghost of Darius in *The Persians* who does little else than come to inform. He pays tribute to the ghost in *Hamlet* who comes to reveal secret crimes, who is neither super-fluous nor contrived, but carries conviction. The ghost of Ninus, likewise, affects the conduct of the play. It is not necessary to believe in ghosts in order to appreciate their role in theatre; but Voltaire fails to probe into the nature of illusion on the stage, a point which was to be taken up later. He is scathing about *Hamlet* as a 'pièce barbare et grossière', yet he responds to Shakespeare's genius. He does not justify his ghost on the grounds of con-temporary belief in them or any innate and subconscious fear of ghosts on which to trade. He merely argues as a rationalist, asking why Providence should not be able to perform such a miracle in order to bring retribution on the guilty. Yet in other contexts Voltaire was to be highly critical of the fatalism of antiquity and also of a capricious Providence. Here at all events the Supreme Being has the function of punishing crime and is invoked as a justification for the role of the ghost. All is predetermined by a vengeful God, and the cries of Ninus are necessary to inspire remorse in Sémiramis and bring about her downfall. It is implied that this line of argument would commend itself to the cardinal.

Thus Voltaire's tale is a moral one. 'La véritable tragédie est l'école de la vertu,' he declares along with all his contemporaries, for, as yet, purely aesthetic considerations had not been given the highest priority. The more our feelings are harrowed, the greater must be the moral effect. Drama is thus an agreeable medicine that can inflame our emotions or moderate our passions as Père Brumoy had thought. The story of Sémiramis is of import to all those who have a guilty secret to hide which only the gods can see. In this way Voltaire is able to project onto his Greek play his own preoccupations, and legitimise his belief in a 'Dieu rémunérateur et vengeur' as a necessary brake on the power of the great and of the unintelligent multitude. Without ever clarifying the issue he strove to reconcile Greek and humanistic ethics, but the 'fils aimant et sensible qui écoute la voix de la nature et du sang' is not an embodiment of the Greek hero as envisaged by Aristotle who quotes specifically Alcméon as a model, an Alcméon whom Arzace cannot emulate. Ultimately Voltaire judges Greek tragedy in the light of his own philosophy and moral preoccupations and his own personal taste which prevailed throughout Europe at the moment at which he wrote. In fine, he legitimises his beliefs and vindicates his own taste.

It has been said that Voltaire, who appreciated the relativity of all things, nevertheless asserted the principle of absolute taste in matters of art. This is only partly true and only in a limited context. He perceived clearly the relativity of dramatic production in relation to audience, of the link between subject, be it history, myth or fable, and the expectations of the spectators, so he transposed his story and the very essence of his tragedy to what was in fact a modern setting. This awareness enabled him to sense something of the greatness of Shakespeare, in spite of the latter's obvious shortcomings in the eyes of a man of Voltaire's education and taste, to comprehend something of the religious and political significance of the Greek plays as well as appreciate their powerful characterisation. In his heart he believed that he could update his presentation without substantially modifying the basic theory underlying classical drama. He even thought he could improve on his seventeenth-century predecessors. In this he showed himself to be a disciple of Fontenelle who believed in progress in the arts as well as in science.

But the reasoning here was at fault as Voltaire at times appears to acknowledge, for quality in literature is an attribute independent of time. Voltaire chose to Gallicise the Greeks so that they could convey a Voltairean message in terms of prevailing mores. The introduction of sentiment and sensibility was seen as necessary and proved a stepping-stone to melodrama in association with spectacle, a form of theatre without parallel. In his conception of the stage Voltaire foreshadows a neo-classical setting, a combination of a grand resurrected Greco-Roman architecture and a type of sentimental *décor*. For him there could no longer be any unquestioning observance of the principles of Aristotle, of the unities which in spirit if seldom in practice he disregarded. In his work and in his thinking there is a new spirit of freedom in tragedy which his rhetoric cannot disguise. By situating *Sémiramis* in some no man's land between the French and the Italian, tragedy and opera, drama and melodrama, the poetry of words and that of music, he sought to ally the emotional and the natural after the fashion of Gluck, and to replace horror by tenderness, while still wishing to shock or at least astonish, or as he saw it restore the sense of terror to be found in Greek tragedy. He was clearly moving in the direction

later taken by composers such as Verdi. It is not by accident that
so many composers of the eighteenth and nineteenth centuries
turned to Metastasio's *Semiramide* and to Voltaire's *Sémiramis* for
a theme and inspiration. The latter's concern for scenic effects
such as changing a scene within an act as Shakespeare had done,
his use of *décors multiples* and *ouvertures du fond du théâtre*, were
all significant in his day and rich in potential.

The real criticism of his play as of the *Dissertation* is not, as
Lessing thought, the ineffectiveness of his ghost, nor even the
possible ambiguity of the ethics he purports to promote, but lack
of depth. Voltaire thinks in terms of effect rather than focusing on
basic conception. Nowhere in the *Dissertation* does he seriously
discuss the true meaning of the Greek plays which shapes their
plots and commands their form of expression. It would seem that
Voltaire is overpowered by dramatic principles and their applica-
tion, the trappings, the *décor*, the respect for certain conventions
which have never been universally adopted, contrary to what he
seems to believe. While agreeing that a work of art has its roots
and meaning in the period in which it is conceived, he seems to
think, possibly owing to his admiration for seventeenth-century
French dramatists, that there are absolute criteria of taste valid for
all time which he chooses to illustrate in a manner suited to his
purposes. The *Dissertation* is important for what it has left out.
Understandably, but regrettably, it deals more with the tradition
of theatre and its pomp than with the fundamentals of tragedy. It
does, however, serve as an admirable introduction to *Sémiramis*,
the significance of which it undoubtedly enhances. [90]

[90] For a fuller exposition, see Robert Niklaus, 'The significance of Voltaire's
Dissertation sur la tragédie ancienne et moderne and its relevance to *Sémiramis*',
Enlightenment essays in memory of Robert Shackleton (Oxford 1988), p.231-48.

The text of the Dissertation

We possess a manuscript of the first draft of the *Dissertation* but none of the final version as found in the first printed edition 49A. No significant changes were made in later eighteenth-century editions up to w75G, the last in which Voltaire had a hand. The collation of the several eighteenth-century editions of the text is unrewarding. We find misprints but scarcely any true variants. It seems that the emendations to be found in Voltaire's collective works carry more weight than those in the separate editions of the play in which the *Dissertation* appears. The most interesting correction is to be found in *Troisième partie*, line 514 where w56, w57G, w64G substitute 'feignant de tuer un rat' for 'croyant tuer un rat' in the reference to *Hamlet*. This alteration was possibly made by Voltaire since he is known to have had a hand in the preparation of these editions (see Bengesco's introduction to volume iv of his Bibliography of Voltaire's works where he gives references to letters by Voltaire which bear out his contention), but it is certain that he did not proof-read the *Dissertation* in the modern sense of the expression. The Cramer brothers, in spite of typographical errors, give us a text manifestly superior to that of the Veuve Duchesne. Voltaire had certainly some grounds for complaining about all the editions of his works published during his life-time including those published with his participation. It is w64/w70G, which in the absence of any manuscript may be said to provide the most satisfactory text, but w68 is first with a possible improvement for *Première partie*, line 257 and *Seconde partie*, line 266, both possibly a printer's correction or addition. In any case these editions and w75G are based one on the other, as indeed is w72X, probably a pirate edition obviously modelled on w70G.

More important than the variants of the *Dissertation* as found in the printed editions is the text of the letter that Voltaire originally sent to Cardinal Quirini, preserved in the Biblioteca e pinacoteca

Querini-Stampalia, Venice, of which a copy with two pages missing may be seen at the Institut et Musée Voltaire in Geneva. It is an old copy of the original letter and is the first draft which Voltaire modified after consultation with the cardinal and with a view to its publication in France. It has been reproduced with minor errors of reading by Charles Henry, together with the text of the exchange of letters between Voltaire and the cardinal (see p.94, n.83).

We can well understand Voltaire's willingness to cut out for his French readers observations on French versification and criticism of French opera (see lines 178-279, and the cardinal's concern over anything that might reflect on his knowledge of French). Voltaire proceeded to substitute alternative observations, adding a whole section (lines 463-482) by way of conclusion to the *Seconde partie*. The closing sentence of the manuscript is bolder and assert: 'n'avoient pas été encore aprofondies' while the final text stands as: 'n'avaient pas peut-être été tout à fait éclaircies', showing suitable caution and being less open to question.

11. *Manuscripts and editions*

Manuscripts[91]

MS1

Contemporary copy by Lekain of the role of Ninias.
Année 1756 Premier Role, Ninias Dans Sémiramis, Tragédie de Mr de Voltaire.
The verso of this title-page has not been paginated, nor has the recto of the following folio which carries the word 'Personnages' and the names of the actors in their respective roles: 'Sémiramis jouée par Mlle Dumesnil, Arsace par Lekain, Azéma par Mlle Hus, Assur par Mr Debellecourt, Oroès par Grandval, Otane par Mr

[91] See Andrew Brown, 'Calendar of Voltaire manuscripts other than correspondence', *SVEC* 77 (1970), p.38-39.

Dubois, Mitrane par Mr Deborneval, Cédar par Mr Dubreuil, Satrapes, Mages, Esclaves, gardes, peuple!' This is followed by: 'La scène est à Babylone.' On the verso, on a page marked 1, after the heading: Role de Ninias, the part of Lekain begins and is continued to page 21 which brings the play to its conclusion. There follows a double rule and 'fin du Role de Ninias de 548 vers.' These 548 lines of verse are out of a total of 1682 lines.
Paris, BnF: Lekain 1754-59, no. 22; IMV: Photocopy (2 pages missing).

MS2

Old copy of the *Dissertation sur la tragédie ancienne et moderne*, 26 ff. (2 blank), in-4°, with notes in Voltaire's hand.[92]
Venice, Biblioteca e pinacoteca Querini-Stampalia. Photocopy ImV.

Editions[93]

49A

LA TRAGÉDIE / DE / SÉMIRAMIS, / *Et quelques autres pièces de littérature*. / [*ornament: Ventis concussa resurgit*[94]] / A PARIS, / Chez P. G. LE MERCIER, / Imprimeur-Libraire, / rue S. Jacques, au Livre d'or. / Et chez MICHEL LAMBERT, Libraire. / [*double rule*] / M.DCC.XLIX. /

[92] This manuscript, which is a first draft of the published text is reproduced in Charles Henry, *Voltaire et le cardinal Quirini, d'après des documents nouveaux* (Paris 1887).
[93] I have drawn on A. Brown, 'Handlist of eighteenth-century Voltaire editions' (unpublished), which may be consulted in the Voltaire Room, Taylor Institution, Oxford, as also on J.-D. Candaux's unpublished 'Index of Voltaire's editions and their location'. For general information on the collective editions of Voltaire's works see Bengesco, also the Catalogue of printed works in the Bibliothèque nationale, and especially W. H. Trapnell, 'Survey and analysis of Voltaire's collective editions, 1728-1789', *SVEC* 77 (1970), p.103-38.
[94] Engraved by Lafosse.

Rôle de Ninias.

Lekain

Acte. 1.er Scène. 1.ere

Arsace, Mitrane; deux esclaves portent une cassette

Arsace

Ouy, Mitrane, en secret l'ordre émané du throne,
Rémus entre tes bras, Arsace à Babylone.
Que la Reine, en ces lieux brillants du sa splendeur,
de son puissant génie imprime la grandeur!
Quel art a pû former ces enceintes profondes
où l'Euphrate égaré porte en tribut ses ondes,
ce Temple, ces jardins dans les airs soutenus,
ce vaste mausolée où repose Ninus?
Et tant de monuments, moins admirables qu'elle.
C'est icy que tes pieds sous mes amis m'appelle.
Les Rois de l'Orient, loin d'elle prosternés,
n'ont point lâ ces honneurs qu'au mes sont destinés.
Je lais, dans son éclat, vois cette Reine heureuse.

Mitrane.

Ce puет être, avec moy, bientôt vous gémirés,
Quand vous sivrés d'espris ce que vous admirés.

Arsace

Comment?

Mitrane.

Elle invoque les dieux; mais les dieux irrités
ont corrompu le cours de ses prospérités.

Arsace

Quel est d'un tel état l'origine imprévûe?

Mitrane.

L'effet en est affreux, la cause est inconnuë.

Arsace

Et depuis quand les dieux l'accablent-ils ainsi?

Mitrane

Depuis qu'elle ordonna que vous vinssies icy.

Arsace:

moi!

Mitrane.

Vous — ce throne à vû flétri: sa majesté suprême;
dans ses jours d'étrange ha se sciendars on heurs même;

Arsace

aréma n'appoint part à ce trouble odieux;
un seul de ses regards adoucissait les dieux.

1. *Sémiramis.* Copy by Lekain of the role of Ninias.
(Institut et Musée Voltaire.)

encor plus respectable aux nations Les noms
de henry IV. et de Louis XV. et pour étendre
de plus en plus dans toutte L'europe le goust des
arts.

parmy les obligations que toutes les
nations modernes ont aux italiens, et sur tout
aux premiers pontifes, et a leurs ministres,
il faut compter la Culture des belles Lettres
par qui furent adoucies peu a peu les moeurs
feroces et grossières de nos peuples septentrionaux
et qui fait aujourd'huy nos delices et nôtre
gloire.

C'est sous le grand Leon X. que le
                              ausi quel'éloquence!
Teatre grec renaquit ; et la sophonisbe
du celebre prélat trissino Nonce du pape
et la premiere tragédie reguliere que
L'europe ait vüe apres tant de siecles de
barbarie : Comme la Calendra du Cardinal
bibiena aussi été auparavant la premiere

2. *Sémiramis*. Page of the *Dissertation sur la tragédie ancienne et moderne*, showing lines 10-22, with note in Voltaire's hand. (Venice, Biblioteca e pinacoteca Querini-Stampalia.)

Small 8°. pp.182; sig. A-A⁸, B-B⁴, C-C⁸... to P⁸. P⁸ sometimes cut
out and a new f. stuck in for the *Approbation* and *Privilège* (dated
14 avril 1749) followed by 1f. blank; $4,2 signed roman; sheet
catchwords; cm. 16.4 to 17.

1-34 Dissertation sur la tragédie ancienne et moderne; 35-132,
Sémiramis; 133-157 Eloge funèbre des officiers qui sont morts dans
la guerre de 1741; 158 half title; 159-182 Des Mensonges Imprimés.
Bengesco 182. BnC 1443, 1444, 1445.

Geneva, ImV: D Sémiramis 1749 (1). Oxford, Taylor: V3. S6.
1749(1).[95] Paris, Arsenal: Rf. 1439. BnF: (1442) Rés. Z. Beuchot
860;[96] Rés. Z. Bengesco 65, Yf. 6695,[97] 8° Yth. 16295; 8° Yth.
16297;[98] Rés. Z. Beuchot 613 (2);[99] (1446) Rés. Z. Fontanieu 278
(10);[100] Bibliothèque Sainte-Geneviève: Y 1577,[101] Bibliothèque
de la Sorbonne: RBJ 194 Beljame.

49B

LA / TRAGEDIE / DE / SEMIRAMIS, / Par M. de VOL-
TAIRE, / *Et Quelques autres Piéces de Littérature du / même
Auteur qui n'ont point encore paru.* / [ornament] / A PARIS, / Chez
P. G. LE MERCIER, Imprimeur-Libraire, / ruë St. Jacques, au

---

[95] Bound in with this copy is Montigny's parody (see above, p.50).

[96] This edition has the text of the *Privilège du Roi* on p.182, repeating it on p.183-
84, after the *Approbation*. This issue is considered by Bengesco to be the first
impression.

[97] The Rés. Z. Bengesco 65, Yf 6695, 8° Yth, 16295, Arsenal and Taylor copies
have the *approbation* signed Jolly (wrongly dated 28 March 1740) and the *privilège du
roi*, signed Sainson (and the Registré sur le Registre XII de la Chambre Royale des
Libraires et Imprimeurs de Paris, signed G. Cavalier, Syndic, dated 18 April 1749)
on unpaginated 183-84, *en cartons*.

[98] This copy is incomplete, having only p.1-157. It belonged to the duc de La
Vallière.

[99] Bound with *Oreste*, p.1-132 only; 8° 16296.

[100] *Dissertation* only.

[101] This copy forms part of a *recueil factice* and is bound in with *Oreste*. *Parallèle
des 4 Electres* (de Sophocle par Mr. Gaillard), d'Euripide, de Crébillon et de
Voltaire; *Samson*. The *Parallèle* was published by Jean Néaulme, The Hague 1750.

3. *Sémiramis*. Title page of the first edition.

Livre d'or. / Et chez MICHEL LAMBERT, Libraire. / [*double rule*]
/ M.DCC.XLIX. /

16°. pp.143; cm 18. sig. A⁸-E⁸, E (-F), Fe (-2), F³⁻⁸, G⁸, I⁸; $4
signed, arabic; sheet catchwords.

3-30 Dissertation sur la tragédie ancienne et moderne; 31-106,
Sémiramis.

There are a few manuscript annotations indicating *jeux de scène*,
such as 'jeu muet' (Iv.ii.165; IV.iv.266; V.ii.65), 'geste' (IV.iv.280,
290) and 'expression' against the last words of Sémiramis
(V.vi.268-69).

Thought to be a provincial clandestine edition. There are errors
but some slips in 49A have been corrected. The first edition to
carry Voltaire's name on the title-page. The *approbation* and
privilège are lacking.

Bengesco 183. BnC 1447.

Paris, BnF: Rés. Z. Beuchot 861.[102]

49C

LA TRAGEDIE / DE SEMIRAMIS, Et quelques autres Piéces de
Littérature. / [*ornament*] / A PARIS, / Chez P. G LE MERCIER,
Imprimeur-Libraire, / rue S. Jacques, au Livre d'or. / Et chez
MICHEL LAMBERT, Libraire / [*double rule*] / M.DCC.XLIX. /

8°. pp.108; cm. 19; sig. A⁴-B⁴, C², D-O⁴; $2 signed, arabic (-C²);
sheet catchwords.

3-20 Dissertation sur la tragédie ancienne et moderne; 21-78,
Sémiramis; 79-93 Eloge des officiers [...]; 95-108 Des mensonges
imprimés.

The text is based on that of 49A (Sorbonne, RBj 194 Beljame).

BnC 1442-1446. Unknown to Bengesco.

Oxford, Taylor: V3. S6. 1750(1).[103] Paris, Bibliothèque de

---

[102] Bears a printed stamp with the name J-S A-e Rabaut, PR.
[103] A reissue, bearing the date M.DCC.L.

l'Université de Paris, Sorbonne: Rés. R 888 8°.[104] Private
collection of M. J.-D. Candaux.

49D

SÉMIRAMIS, / *TRAGEDIE*. / PAR Mr. de VOLTAIRE. /
Representée pour la premiere fois par les Comédiens or- / dinaires
du Roy, le 16. Juillet 1749. / [*ornament*] / A PARIS. / Chez
P. G. LE MERCIER, Imprimeur, ruê St. / Chez Jacques, au Livre
d'Or. / Et chez MICHEL LAMBERT, Libraire. / [*double rule*] /
M.DCC.XLIX. / *Avec Approbation & Privilége du Roi*. /
8°. pp.67; cm. 19 to 20; sig. 1f. blank, A⁴-H⁴, I².
[1]title-page; [2] Acteurs; [3]-67 Sémiramis, tragédie.
Probably a clandestine edition. The date of performance given on
the title page is erroneous. Various minor misprints, such as 'Que
dis' for 'Que dis-je' (II.iv.247) and 'Un ombre' (III.ii.103).
Unknown to Bengesco and Th. Besterman.
Geneva, ImV: D Sémiramis 1749/3. Marseille, Bibliothèque
municipale: 28159 (2). Paris, Bibliothèque de la Sorbonne: Rra
1247(6) 12ᶜ, RBj 895(3).

49E

SÉMIRAMIS, / TRAGÉDIE, / Par Monsieur de VOLTAIRE. /
[*ornament*] / *A LA HAYE*. / [*triple rule*] / 1749. /
8°. pp.74 or 1f. (blank + 74); sig. A⁴-I⁴, K; cm.19.
1-74 Sémiramis, tragédie.
A French edition printed on Bugey paper and probably emanating
from Lyons. The title-page of the copy in ImV has a handwritten
note: 'Représentée sur le Théâtre Français a Paris le 29 août 1748
selon Beuchot (le 28 selon Leris).' This may well be the
clandestine edition of which Voltaire complained.
Bengesco 184. BnC 1448.

---

[104] The copy in the library of the Sorbonne belonged to the library of André Brûlé.

Florence, Biblioteca nazionale centrale. Geneva, ImV: D Sémiramis 1749/2. Oxford, Taylor: V3, S6. 1749(2). Paris, BnF: 8° Y
Th. 16301.

50A

LA TRAGÉDIE / de / SÉMIRAMIS, / *Et quelques autres Piéces
de Littérature.* / [*ornament*] / A PARIS, Chez P. G. Le Mercier,
Imprimeur-Libraire / rue S. Jacques, au Livre d'Or. / Et chez
Michel Lambert, Libraire. / [*double rule*] / M.DCC.L. /
8°. pp.108; cm. 19; sig. A-B⁴, C², D-O⁴.

2 Acteurs; 3-20 Dissertation sur la tragédie ancienne et moderne;
21-78 Sémiramis.

A reissue of 49C.

Recorded by Th. Besterman, 'Some eighteenth-century Voltaire
editions unknown to Bengesco', p.22.

50B

LA / *TRAGÉDIE* / DE / SÉMIRAMIS, / Précédée d'une
Dissertation sur la / *Tragédie ancienne & Moderne.* / PAR Mᴿ DE
VOLTAIRE. / [*ornament*] / A AMSTERDAM, / Chez *ETI-
ENNE LEDET & Compagnie.* / MDCCL. /
8°. 1f. + pp.152 + 1f.; sig. A⁽¹⁻⁵⁾-A⁸, B⁸-F⁸-G⁸, K⁴ + 1f.

1-32 Dissertation sur la tragédie ancienne et moderne; 33-152
Sémiramis.

The text is that of w38, w43, vol. viii, which consists of *Oreste,
Sémiramis* and *Nanine*.

Bengesco 185. BnC 1449.

Brussels, Bibliothèque royale: F.S. 31 A ('Collection voltairienne
du comte de Launoit'). Oxford, Taylor. Paris, BnF: Rés. Z.
Bengesco 66.

50C

LA / TRAGEDIE / de / SÉMIRAMIS / [*rule*] / [*ornament*] /
[*double rule*] / DUBLIN: / Imprimé chez S. Powell, en Crane-
lane. / MDCCL. /

12°. pp.1-96; cm. 19; sig. A-A^{12}, B^1 (has on left vol ii) - B^{12}, C-C^{12}, D-D^{12}.
1-96 Sémiramis.
Cambridge, University Library. London, BL: 11737. de. 6.[105]
Oxford, Taylor: V3. S6. 1750(2).

50D

DISSERTATION / *SUR* / LA TRAGEDIE / ANCIENNE / ET MODERNE, / *SUIVIE* / DES MENSONGES IMPRIMÉS, / *AVEC* / L'ELOGE FUNEBRE / DES OFFI-CIERS / Qui sont morts à la Guerre de 1741. / Par M. DE VOLTAIRE. / [*ornament*] / A PARIS, / Chez / (P. G. LE MERCIER, Imprimeur-Libraire. / (ET / (MICHEL LAMBERT, Libraire. / [rule] / MDCCL. / *Avec Approbation & Privilege du Roy.* /
12°. pp. 80; sig. A-G^8 (G^8 blank); $2 signed, roman (-A^1, C^2, F^2, G^2, + D^3); sheet catchwords.
[1] title; [2] blank; [3]-35. Dissertation sur la tragédie ancienne et moderne, à son éminence monseigneur le cardinal Querini, noble vénitien, évêque de Brescia, bibliothécaire du Vatican; [36] blank; [37]-57 Des mensonges imprimés; [58] Eloge funèbre des officiers Qui sont morts dans la guerre de 1741.
The text is that of 49A.
Oxford, Taylor: V8 A2 1750.

w38 (1750)

Œuvres de M. de Voltaire. Amsterdam: Ledet [or] Desbordes, 1738-1750. 8 vol. 8°.
Volumes i-iv at least were produced under Voltaire's supervision.

---

[105] The volume in the British Library, which belonged to Letitia Rowley Sophia Southwell, is entitled: *Recueil de pièces de theatre. Tome ii. Contenant L'Isle des esclaves* [...] *et Sémiramis, tragédie, par M. de Voltaire.* Dublin: imprimé chez S. Powell, en Crane-Lane. MDCCL.

Volume viii (1750): [1]-32 Dissertation sur la tragédie ancienne et moderne; [33] half-title; [34] blank; 35-15 Sémiramis.
Sémiramis is preceded by *Oreste* and followed by *Nanine*. The separate pagination followed by these plays suggests that they were placed on sale individually. See 50B.
Bengesco 2120-21; Trapnell 39A; BnC 7-11.
Geneva, ImV: A 1738/1 (8-2).

w48d

Œuvres de M. de Voltaire. Dresde: Walther, 1748-1754. 10 vol. 8°.
Produced with Voltaire's participation.
Volume ix (1750), p.28-118.
Bengesco 2129; Trapnell 48D; BnC 28.
Oxford, Taylor. Paris, BnF: Rés. Z Beuchot 10, (33), Rés. Z. Beuchot 12 (5). Vienna, Österreichische Nationalbibliothek: 38k. 35.

w50

La Henriade et autres ouvrages. Londres [Rouen] Société, 1750-1752. 10 vol. 12°.
No evidence of Voltaire's participation.
Volume vii: 1 title-page; [2] blank; 3-35 Dissertation sur la tragédie ancienne et moderne; 36 Acteurs followed by a plate engraved by Gobin of a work by De Sève h.t.; 37-142 Sémiramis.
Sémiramis is followed by *Oreste*.
Bengesco 2130; Trapnell 50R; BnC 39.
Geneva, ImV: A 1751/1 (7). Grenoble, Bibliothèque municipale: f 1887.

51

LA TRAGEDIE / DE SÉMIRAMIS, / *Et quelques autres piéces de littérature.* / [ornament] / A PARIS, / Chez P. G. LE MERCIER,

Imprimeur-Libraire, / rue S. Jacques, au Livre d'or. / Et chez
MICHEL LAMBERT, Libraire. / [*double rule*] / M.DCC.LI. /
12°. pp.106; 1f. - title-page with *Acteurs* on verso. Sig. on
incomplete copy in Bn. p.33-106: D (on page 37), D-D^{iv}-D^5,
then two pages torn out, but page numbers correct, E (on page 49)
- E^{iv}-E^6, F^4-F^6, G^6, H^6, I$^{13-15}$.
3-32 Dissertation sur la tragédie ancienne et moderne; 33-106
Sémiramis.
Bengesco 186; BnC 1450.
Brussels, Bibliothèque royale: II. 43304 A.[106] Paris, BnF: 8° Yth.
16298.[107]

T51

Le Théâtre de M. de Voltaire. Nouvelle édition qui contient un
Recueil complet de toutes les pièces de théâtre que l'auteur a
données juqu'ici. A Amsterdam, chez François-Canut Richof,
1751. 4 vol. 16°.
Presumed to have been printed in Avignon.
Volume iii: 189-219 Dissertation sur la tragédie ancienne et
moderne; 220-294 Sémiramis.
Paris, Arsenal: B BL 13097.

W51

Œuvres de M. de Voltaire. [Paris: Lambert], 1751. 11 vol. 12°.
Based on w48D, with additions and corrections. Produced with
the participation of Voltaire.

---

[106] Part of a *recueil factice* entitled *Théâtre français*, t.xv, which is fuller and has
Sig. A^8-I^5 for *Sémiramis*.
[107] Not 16928 as given in Bengesco. An incomplete copy, lacking the first few ff.,
the *Dissertation* and the minor works included in the title. The text itself, but not the
layout, is that of 49A with minor errors and typographical slips. This edition is
believed to be a *contrefaçon*.

Volume vii: i-xxxj Dissertation sur la tragédie ancienne et moderne, engraving by Pelletier of a work by Eisen. *Sémiramis, tragédie. Représentée pour la premiére fois le Jeudi 29 Août 1748*; 2 Acteurs; 3-88 Text of play.

Bengesco 2131; Trapnell 51P; BnC 40-41.

London, BL: 630. a. 31. Oxford, Taylor: V1 1751 (7). Paris, Arsenal: 8° B 13057; BnF: Rés. Z Beuchot 13.

W52

Œuvres de M. de Voltaire. Dresde: Walther, 1752. 9 vol. 8°.

Based on W48D with revisions. Produced with the participation of Voltaire.

Volume iv: 397-422 Dissertation sur la tragédie ancienne et moderne; 423 *Sémiramis* half title; 424 Avertissement and Acteurs; 425-504 Text of the play; 504 Fautes à corriger.

The first edition to print the Avertissement and the emended text for act II, scene ii.

Bengesco 2132; Trapnell 52 and 70x; BnC 36-38.

Oxford, Taylor: V1. 1752. Paris, BnF: Rés. Z. Beuchot 14 (4). Vienna, Österreichische Nationalbibliothek: *38 L 1.

T53

As T51, but with the date 1753.

Bengesco 307; BnC 618.

Paris, Arsenal has only vol.i, BnF only vol.iv. M. J.-D. Candaux has a complete set which he kindly allowed me to examine.

57

SEMIRAMIS, / *TRAGEDIE* / Représentée pour la première fois le 29 / Août 1748. /

An extract of the relevant pages of W57P, without the frontispiece.

278-307 Dissertation sur la tragédie ancienne et moderne; 308-392

Sémiramis ending with the words: 'Fin du cinquiéme et dernier acte, & du quatriéme volume.'
Paris, BnF: 8° Yth. 16300.[108]

w56

Collection complette des œuvres de Mr. de Voltaire. [Genève: Cramer], 1756. 17 vol. 8°.
The first Cramer edition. Produced under Voltaire's supervision. Volume ix: [1]-32 Dissertation sur la tragédie ancienne et moderne à son Eminence Monseigneur le Cardinal Querini, noble Venitien, évêque de Brescia, Bibliothécaire du Vatican; [33] half-title, 34 Avertissement and Acteurs; 35-126 Text of the play.
Sémiramis is followed by *Oreste*.
The first edition to record the substantial variant for act II, scene iv.
Bengesco 2133; Trapnell 56, 57G; BnC 55-56.
Geneva, Bpu: Hf 5067. Glasgow, University Library. Oxford, Taylor: VF. Paris: Arsenal: 8° B 34 048 (10); BnF: Z. 24584.

w57G

Collection complette des œuvres de Mr. de Voltaire. [Genève: Cramer], 1757. 10 vol. 8°.
A revised edition of w56, produced with Voltaire's participation.[109]
Volume ix: [1]-32 Dissertation sur la tragédie ancienne et moderne à son Eminence Monseigneur le Cardinal Querini, noble Venitien, évêque de Brescia, Bibliothécaire du Vatican; [33] half-title, 34 Avertissement and Acteurs; 35-126 Text of the play.
Sémiramis is followed by *Oreste*.
Bengesco 2134; Trapnell 56, 57G; BnC 67.

---

[108] This copy, no longer listed in BnC under Voltaire, was given in the old catalogue without indication of author, date or place of publication.

[109] Volumes of the two editions published by Cramer in Geneva have often been mixed up. The *vignette* on the title-page varies from volume to volume as, on occasion, the use of italics, but the text itself remains unaltered.

118

London, BL: 630 g 10. Oxford, Taylor V1 (1757) (9). Paris: BnF: Rés Z Beuchot 21 (9); Rés. Z Beuchot 20 (new issue); Bibliothèque Sainte Geneviève: WBL.

W57P

Œuvres de M. de Voltaire. [Paris: Lambert], 1757. 22 vol. 12°.

Based in part upon W56 and produced with Voltaire's participation.

Volume iv: half-title Sémiramis, tragédie. Représentée pour la première fois le 29 Août 1748; engraving by Pelletier of a work by Eisen; 275-307 Dissertation sur la tragédie ancienne et moderne; 308 Avertissement and Acteurs; 309-392 Text of the play.

Bengesco 2135; Trapnell 57P; BnC 45-54. [110]

Paris, BnF: Z 24645, [111] Z 24667, 8° Yth 16300. [112]

T62

As T51 and T53, but with the date 1762. 5 vol. 16°. The fifth vol. is dated 1763. See Bengesco 309. BnC 619.

Volume iii: 1-30 Dissertation sur la tragédie ancienne et moderne; 31 Avertissement and Acteurs; 32-106 Sémiramis.

There are minor differences of arrangement between T51, T53, T62.

Paris, BnF: Rés. Z Bengesco 123 (3).

63

SÉMIRAMIS, / *TRAGÉDIE* / EN CINQ ACTES, / PAR M. DE VOLTAIRE; / *Représentée pour la première fois par les* /

---

[110] BnC 54 is another edition dated 1757 by Lambert, in 20 vols.

[111] Z 24645 is the same as Z 24667, except that the latter has the h.t. engraving after *Avertissement* on p.308 and before p.309, whereas Z 24645 has it after p.272, before the title-page 273.

[112] A copy of *Sémiramis* which has been extracted from the Collective works and does not carry the general title of the edition. No prelims.

Comédiens Français ordinaires du Roi. / le 29 Août 1748. / [rule] / Le prix est de 30 sols. / [rule] / [ornament] / A PARIS, / Chez DUCHESNE, Libraire, rue Saint Jacques, / au-dessous de la Fontaine Saint-Benoit, / au Temple du Goût. / [double rule] / M.DCC.LXIII. / AVEC APPROBATION ET PRIVILÉGE. / 12°. pp.120; sig. A, A$^{(2-12)}$ - E^{12}.

3-35 Dissertation sur la tragédie ancienne et moderne; 36-188, Sémiramis.

The text of act II, scene ii, is the modified version first given in w52, but fails to make the change in act II, scene iv, first found in the Cramer editions w56/w57G.

Bengesco 187. BnC 1451-53.

Paris, BnF: 8° Y Th. 23338, Dép. de la Musique, Th. 1335 (1-3),[113] Rés. Z. Bengesco 67 (uncut).[114]

T64A[115]

A reprint of T62 with the same title, but with the date M.DCC.LXIV, and the engraving of a work by Eisen also found in w51 and w57G iv. 5 vol. 16°. The title-page is framed.

Volume iii: 1-16 Dissertation sur la tragédie ancienne et moderne; 18 Acteurs; 19-104 Sémiramis.

Unknown to Bengesco.

Geneva, ImV: BC 1764/1. London, BL: 11735 aa 1 (without the engraving).

T64P

Œuvres de théâtre de M. de Voltaire A Paris, chez Duchesne, de l'impr. de J. Bobin, Montargis, 1764. 5 vol. 12°.[116]

---

113 This copy bears the stamp: 'Menus plaisirs du Roi. Bibliothèque de musique.'

114 This copy formerly belonging to the library of Pont-de-Veyle, 1190.

115 See Th. Besterman, *Some eighteenth-century Voltaire editions unknown to Bengesco*, 4th edn, *SVEC* 111 (1973), p.82.

116 Voltaire complained about this edition in the *Avis au lecteur* which accompanied *Les Scythes*; see also D13516 (to Veuve Duchesne) and D13580 (to Cramer).

Volume iii: 281 Avertissement; 282-311 Dissertation sur la tragédie ancienne et moderne; 313-94 Sémiramis.

Bengesco 311; BnC 620-621.

Lucerne, Zentralbibliothek: B 2172.

w64G

Collection complette des œuvres de M. de Voltaire. [Genève: Cramer], 1764. 10 vol. 8°.

A revised edition of w57G produced with Voltaire's participation. Volume iii: 6-34 Dissertation sur la tragédie ancienne et moderne; 35 half-title; 36 Avertissement and Acteurs; 37-116 Text of play.

Bengesco 2133; Trapnell 64, BnC 89.

Geneva, ImV: A 1764/1. Oxford, Merton College; Taylor, VF. Paris, BnF: Rés. Z Beuchot 26. Princeton, University Library.

w64R

Collection complète des œuvres de M. de Voltaire. Amsterdam: Compagnie [Rouen: Machuel], 1764. 22 tomes in 18 vol. 12°.

Volumes i-xii belong to the edition suppressed by Voltaire (w48R). Volume x: Engraving by Gobin of a work by Scève entitled *Sémiramis, tragédie*; 1 title-page; 3-35 Dissertation sur la tragédie ancienne et moderne; 36 Acteurs; 37-142 Text of the play.

Bengesco 2136; Trapnell 64R; BnC 145-148.

Paris, BnF: (145) Rés. Z Beuchot 26 (10).

65

SÉMIRAMIS / TRAGÉDIE. / PAR Mr de VOLTAIRE. / *Représentée pour la première fois par les Comédiens / ordinaires du Roi*, le 16. Juillet 1749. / [*ornament*] / A AVIGNON, / Chez *LOUIS CHAMBEAU*, Imprimeur-Libraire / près les RR.PP. Jésuites. / [*triple rule*] / M. DCC. LXV. /

8°. pp.56; sig. A⁴-G⁴.

Paris, Arsenal: Rf. 14401.

T66

A reprint of T64 in 6 vols with the same title-page.
The engraving facing p.35 is unsigned.
Volume iii: 1-33 Dissertation sur la tragédie ancienne et moderne;
34 Avertissement and Acteurs; 35-108 Text of play.
Unknown to Bengesco.
Aberdeen, University Library: MH 84256T (vols ii-vi only).

67[117]

SEMIRAMIS, / *TRAGEDIE*: / Par Mr. DE VOLTAIRE. /
Représentée sur le Théâtre de la Cour, par / *les Comédiens François*
ordinaires, du Roi, / *le 30 Nov.* 1767. / [*ornament*] / [*double rule*] /
A COPENHAGEN, / Chez CL. PHILIBERT, / Imprimeur-
Libraire. / [*rule*] / MDCCLXVII. / *Avec Permission du ROI.* /
8°. pp. 88; sig. A⁸-E⁸, F⁴ + 1f.; cm 20 3/4.
Avertissement and Acteurs[118] on verso of page A1.
Copenhagen, Kongelige Biblioteket; Statsbiblioteket, Universi-
tatsparken, DK-8000 Arhus C. Der.

T67

ŒUVRES *DE THÉÂTRE* / DE / M. DE VOLTAIRE, /
Gentilhomme Ordinaire du Roi, de / l'Académie Française, / &c.
&c. / Nouvelle édition, / *Revue et corrigée exactement sur l'édition*
/ *de Genève in-4.* A Paris, / Chez la Veuve Duchesne, Libraire,

[117] This edition is likely to have been prompted by the performance of *Sémiramis* at the Royal Court Theatre, Copenhagen, on 30 November 1767. It was also issued in Theatre royal de Dannemarc, ou recueil des meilleures pieces dramatiques françoises, représentées sur le Théâtre de la Cour, depuis 1766 à 1769. Œuvres choisies de théâtre de Mr. de Voltaire, Tome II (A Copenhague, Chez Cl. Philibert, Imprimeur-Libraire, 1770, 1773) avec Permission du roi. See Th. Besterman, 'A provisional bibliography of Scandinavian and Finnish editions and translations of Voltaire', *SVEC* 47 (1966), p.53-92.

[118] The names of members of the company who performed at Copenhagen are given opposite the list of characters: Sémiramis – Mlle Le Clerc; Arsace ou Ninias – Mr. De la Tour; Assur – Mr. Du Tillet; Oroes – Mr. Deschamps; Otane – Mr. Marsy; Mitrane – Mr. Lorville; Cedar – Mr. Saintval.

rue Saint- / Jacques, au-dessous de la Fontaine Saint-Benoit, au
Temple du Goût [double rule] M. DCC. LXVII. 6 vol. 12°.
A seventh volume was added in 1773.[119]
A new issue of the sheets of T64P, with some cancels, revised
sheets and new texts. An *Avertissement* at the end of vol.i disavows
the edition of 1764. At the end of vol.i we read: Montargis, with the
date 1763.

Volume iii: [277] SÉMIRAMIS, *TRAGÉDIE* / en cinq actes,
Par. M. de Voltaire; / Représentée pour la première fois par les /
Comédiens Français ordinaires de Roi, / le 29 Août 1748; [278]
blank; 279-311 Dissertation sur la tragédie des anciens. A son
Eminence Monseigneur le Cardinal Querini; 312 Acteurs; 313-394
Sémiramis, tragédie; 395-396 La Mort de Mademoiselle Lecouvreur.

Bengesco 312, BnC 622-625.

London, BL: C 39 b 10. Oxford, Taylor, V.3.A.z. (1767). Paris,
BnF: (622) Rés. Yf 3389.[120]

68A

SÉMIRAMIS, / *TRAGÉDIE.* / EN VERS, / *ET EN CINQ
ACTES.* / Par M. DE VOLTAIRE. / [ornament] / A PARIS, /
Chez CLAUDE HERISSANT, Imprimeur-Libraire, rue / Neuve
Notre-Dame, à la Croix d'or. / [double rule] / M.DCC.LXVIII. /
Avec Approbation & Privilége du Roi. /

8°. 59 pp. (1 f. blank); sig. A-G⁴, H²; cm. 19.25.

Recorded by Th. Besterman, 'Some eighteenth-century Voltaire
editions unknown to Bengesco', p.22.

Geneva, ImV: D Sémiramis 1768/1.[121] Paris, Arsenal: Rf. 14402.

---

[119] See *SVEC* III (1973), p.82.
[120] Bound with the arms of Marie-Antoinette. The BnF has another copy – 8° Yth
16299 – without name or place of publication, marked *déchet* and with Tome III at
the foot of the page. This copy has only p.277-78, 311-96: last page of *Dissertation*
311, Acteurs 312, *Sémiramis* 313-94, La Mort de Mademoiselle Le Couvreur 395-96.
[121] P.6-7 missing.

68b [122]

SEMIRAMIS. / TRAGEDIE / EN CINQ ACTES, DE MON-
SIEUR / *DE VOLTAIRE.* / [*ornament*] / *A VIENNE EN
AUTRICHE*, / De l'Imprimerie des de GHELEN. / [*double rule*]
/ M.DCC.LXVIII. /

8° pp. 68; cm. 10.3 x 16.5; sig. A⁸-F⁴, F⁵ verso.
Leutkirch, Fürstlich Waldburg Zeil'sches Gesamtarchiv: 7970. Ra
Phi 61.

т68

As т64 etc. A reprint (but *Théâtre de* is in italics) in 6 vols in-12,
with an engraving from Eisen as above.
See Bengesco 313.
Volume iii: 1-33 Dissertation sur la tragédie ancienne et moderne;
34 Avertissement and Acteurs, engraving facing p.35; 35-108
Sémiramis.
Paris, BnF: (626) Yf 4259.

w68

Collection complette des œuvres de M. de Voltaire. [Genève:
Cramer; Paris: Panckoucke], 1768-1777. 30 vol. 4°.
Volumes i-xxiv were produced by Cramer under Voltaire's
supervision.
Volume iv: 185-203 Dissertation sur la tragédie ancienne et
moderne; 206 Avertissement; 208 Acteurs with an engraving by
J. Massard of a work by H. Gravelot, *Quelle victime, ô Ciel, a donc
frapé ma rage!* (act V, scene viii) on verso; 209-288 Sémiramis.
Bengesco 2137; Trapnell 68; BnC 141-144.

122 This volume has been bound with the following editions: Sébastien Mercier,
Jean Hennuyer, évêque de Lisieux (Geneva and Paris 1778); Sébastien Mercier, *Le
Déserteur* (Vienna 1771); Voltaire, *Tancrède* (Vienna 1761); Racine, *Mithridate*
(Vienna 1768).

Geneva, Bpu: Hf 1268. London, BL: 94. f. 4, 12270 p.2 (with plates bound in at different places). Paris, BnF: Z 4938 (lacks engraving).

T70

As T62 etc. 6 vols with an enlarged tome vi including *Les Scythes* and an engraving. Pagination almost the same as T68.
Volume iii: Sémiramis etc. as T68.
See Bengesco 313.
Brussels, Bibliothèque royale, F.S.63 A (Collection comte de Launoit).
Paris, BnF: Yf 4265.

W70G

Collection complette des œuvres de M. de Voltaire. [Genève: Cramer], 1770. 10 vol. 8°.
A new edition of w64G with few changes. [123]
Volume ix: 6-34 Dissertation sur la tragédie ancienne et moderne; 35 *Sémiramis* half-title; 36 Avertissement, Acteurs; 37-116 Text of the play.
Bengesco 2133; Trapnell 64, 70G; BnC 90-91.
Geneva, Bpu: S 23118. Oxford, Taylor: V1 1770G/1 (9). Paris, Arsenal: 8 BL 34054 (6). Princeton, University Library.

W70L

Collection complette des œuvres de M. de Voltaire. Lausanne: Grasset, 1770-1781. 57 vol. 8°.
Some volumes, particularly the theatre, were produced with Voltaire's participation.

[123] These editions by G. Cramer have often been mixed with volumes of w56/ w57G and also with other editions, especially w72x as in the case of the copy in Princeton University Library, volume xviii of which has the same title-page but the date M.DCC.LXXII.

Volume xvi: 1-30 Dissertation sur la tragédie anciene et moderne; 31-116 Sémiramis, tragédie.
Bengesco 2138; Trapnell 70L; BnC 149 (1-6, 14-21, 25).
Geneva, Bpu: Hf 6743. Glasgow, University Library. Lausanne, Bibliothèque cantonale et universitaire: AA 185. Oxford, Taylor: V1 1770L (16). Paris, BnF: (149) Rés. Z Bengesco 124 (3).

w71

Collection complette des œuvres de M. de Voltaire. Genève [Liège: Plomteux], 1771. 32 vol. 8°.
A reprint of w64R. No evidence of Voltaire's participation.
Volume iii (Théâtre, vol.ii): 153-174 Dissertation sur la tragédie ancienne et moderne; 175 Avertissement; 176 title-page Sémiramis, tragédie, Acteurs; 177-237 Text of the play, with an engraving by Sailler, *Quelle victime, ô Ciel, a donc frapé ma rage?* illustrating act V, scene viii.
Bengesco 2139; Trapnell 71.
Geneva, ImV: A 1771/1. Oxford, Taylor: VF.

72

SÉMIRAMIS, / TRAGÉDIE. /
BnF: 8° Yth 16302.
An extract of the relevant pages of w72, volume ix, an edition in which certain volumes of w70G sometimes figure. *Sémiramis*, part of Théâtre vol.iii, is paginated 36-113.

73A

SÉMIRAMIS, / *TRAGÉDIE*, / Par M. ARROUET DE VOLTAIRE, / NOUVELLE ÉDITION. / [*ornament*] / *A PARIS*. / Chez P. G. LE MERCIER, Imprimeur-Libraire rue S. Jacques, au Livre d'or / chez MICHEL LAMBERT, Libraire. / [*double rule*] / MDCC.LXXIII. /
8°. pp.68; sig. A⁴-H⁴, I²; cm. 19.5.

A clandestine edition, probably printed in Bordeaux. The text is that of the first edition.
Bengesco 189. BnC 1454.
Paris, BnF: 8° Yth 16304. Yverdon, Bibliothèque publique: 3081/4 (3).

73B

SÉMIRAMIS, / *TRAGÉDIE*. / Par M. DE VOLTAIRE. / [*ornament*] / [*double rule*] M.DCC.LXXIII. /
8°. pp.1-88; sig. A-E⁸. F⁴; cm. 21.
The *cul de lampe* on page 59 is the same as that on pages 49 and 99 of w75G, but the printing is different. The title-page has an ornamental framing. The text for act II, scenes ii and iv, is the definitive one.
Bengesco 188. BnC 1455.
Brussels, Bibliothèque royale: F.S. 32.[124] Geneva, ImV: D Sémiramis 1773/1. Paris, BnF: 8 Yth 16303.

73C

SÉMIRAMIS, / *TRAGÉDIE*; / Par MR. DE VOLTAIRE. / NOUVELLE EDITION. / *Corrigée sur le manuscrit de Paris*. / [*ornament*] / A GENEVE, / *Et se vend à LYON*, / Chez CASTAUD, Libraire, place de la Comédie. / [*double rule*] / M.DCC.LXXIII. /
pp.70; sig. (A, A²), A³ (on p.3)-A⁵, B, Bⁱʲ-B⁴, C, Cⁱʲ-C⁴, D, D³-D⁵, E, E²-E⁴, F, F²-F⁴, G, Gⁱʲ-G⁴, H, H²-H⁴, I, I²⁻¹⁴.
University of Chicago, Joseph Regenstein Library.

[124] Copy formerly belonging to Baron de Launoit. On the verso of sig.A is printed: 'Au magasin de Pièces de Théâtre, chez Gambier, libraire, marchand de papier et de Fournitures de bureau, rue des Eperonniers, no 16, à BRUXELLES'.

T73 [125]

Théâtre complet de Mr. de Voltaire, Le tout revu et corrigé par l'auteur même. Volume iv. Contenant *Sémiramis, Oreste, Les Pelopides, Le Triumvirat*. A Amsterdam, Chez les libraires associés. 1773. 12°.

Text close to w70L.

1-29 Dissertation sur la tragédie ancienne et moderne; 30 Avertissement; 31 Sémiramis, tragédie; 32 Acteurs; 33-120 Sémiramis tragédie.

Columbia University Library: B S43 V88 1773; Soleure, Bibliothèque centrale: QB 2566⁴.

74A [126]

SÉMIRAMIS, / *TRAGÉDIE* / EN VERS, / ET EN CINQ ACTES, / *PAR Mr. de VOLTAIRE*. / [*rule*] / NOUVELLE ÉDITION / *Revue & corrigée sur celle* in-4° *de Geneve*./ [127] [*rule*] / [*rule*] / *A PARIS*; / Chez la Veuve DUCHESNE, Libraire, rue S. Jacques, au-dessous de la Fontaine S. Benoît, au Temple du Goût. / [*double rule*] / M. DCC. XXIV / *Avec Approbation & Permission*. /

4°. pp.72; [128] sig. A⁴-H⁴, I⁴.

Paris, Arsenal: Rf. 14403.

74B

SEMIRAMIS, TRAGÉDIE. / EN VERS ET EN CINQ ACTES, / *Par Monsieur de VOLTAIRE*. / [*double rule*] / NOUVELLE EDITION / [*double rule*] / [*ornament*] / *A*

---

[125] Professor M. Cartwright drew my attention to this edition in-12 unknown to Bengesco.

[126] This is the edition reproduced by J.-J. Olivier in 1946. Olivier mistakenly believed it to be the last to be published in Voltaire's life time.

[127] w68. The text is that of the definitive edition.

[128] At the foot of p.72 there is a note: 'L'Approbation & la permission se trouvent aux Œuvres de l'Auteur.'

AVIGNON, / Chez LOUIS CHAMBEAU, Imprimeur-Libraire, / près le Collège. / [*double rule*] / M.DCC.LXXIV. / 8°. pp.54; sig. A⁴-G⁴ (G⁴ being blank), but C-C⁴ missing. A reprint of 65.
Paris, Arsenal: Rf. 14404.[129]

74C

SÉMIRAMIS, / *TRAGÉDIE* / EN VERS, / *ET EN CINQ ACTES*; / PAR M. DE VOLTAIRE. / [*ornament*] / A PARIS, / Chez CLAUDE HERISSANT, Imprimeur-Libraire, rue / Neuve Notre-Dame, à la Croix d'or, / [*double rule*] / M.DCC.LXXIV. / *Avec Approbation & Privilège du Roi.* /
pp.56; sig.A⁴-G⁴. First sig. Aⁱʲ (after title-page).
A second edition based on 68A. The text is that of the first edition.
Paris, Arsenal: Rf.14402.

W75G

La Henriade, divers autres poèmes et toutes les pièces relatives à l'épopée, Genève [Cramer & Bardin], 1775. 37 [40] vol. 8°.
The *encadrée* edition, produced at least in part under Voltaire's supervision.
Volume iv: 1-29 Dissertation sur la tragédie ancienne et moderne; 30 Avertissement; 32 Acteurs; 33-114 Text of the play, with an engraving by J. Massard from a work by Gravelot, *Quelle victime, ô Ciel, a donc frapé ma rage!*, illustrating act V scene iii after p.32.
Bengesco 2141; Trapnell 75G; BnC 158-161.
Geneva, Bpu: S 23867. Oxford, Taylor: VF. Paris, BnF: Z 24842, Z Beuchot 32 (4).

---

[129] Lacks p.17-24 (i.e C-C4), act II, scenes ii-vii.

W75X

A pirate edition of w75G with a somewhat different ornamental frame.[130]
The engraving of the work by Gravelot is by Châtelin. The collation of the title-page is the same as for w75G and the layout the same for each page up to p.37 (but there are minor differences in the use of capital letters, accents and printing arrangements). Bengesco 2141.

77A

SEMIRAMIS, / TRAGÉDIE / *EN CINQ ACTES* / ET EN VERS, / PAR M. DE VOLTAIRE. / [*double rule*] / NOU-VELLE EDITION. / [*double rule*] / [*ornament*] / A PARIS, / Chez DELALAIN, rue & à côté de la Comédie Françoise. / [*double rule*] / M. DCC. LXXVII. /
8°. pp.52;[131] sig. A⁴-D⁴, G².
Unknown to Bengesco.
Oxford, Taylor: V.3.5.6.1777.

77B

SEMIRAMIS, / *TRAGÉDIE.* / EN CINQ ACTES, / *ET EN VERS.* / Par Monsieur DE VOLTAIRE / [*double rule*] / *NOUVELLE ÉDITION.* / [*double rule*] / [*ornament*] / *A PARIS,* / Chez DIDOT, l'aîné, Imprimeur / & Libraire, Rue Pavée. [*double rule or band of fleurons*] / M.DCC.LXXVII. /
8°. pp.52 and 51 + (1); sig. A-F⁴, G²; cm. 20.
Recorded by Th. Besterman, 'Some eighteenth-century Voltaire editions unknown to Bengesco', p.22.

---

[130] See J. Vercruysse, *Les Editions encadrées des Œuvres de Voltaire de 1775*, *SVEC* 168 (1977).
[131] On p.52 we read: 'On trouve à Avignon, chez Jacques Garrigan, Imprimeur-Libraire, place Saint-Didier, un assortissement de pièces de théâtre, imprimées dans le même goût.'

Geneva, ImV: D Sémiramis 1777/1 W (51pp.); D Sémiramis 1777/1 (cm.21).

77C

SEMIRAMIS / *TRAGÈDIE.* / EN CINQ ACTES ET EN VERS, / De M. DE VOLTAIRE. / [*double rule*] / LE PRIX EST DE 20 GRAINS. / [*double rule*] / [*ornament*] / NAPLES / DE L'IMPRIMERIE DE JEAN GRAVIER. / MDCCLXXVII. / [rule] / *AVEC APPROBATION ET PRIVILEGE.* /
16°. 1 f. + pp.95 + (2). [132] Frontispiece. sig. 1f + A[8]- C[8], D[3]; cm. 19. Unknown to Bengesco.
Geneva, ImV: D Sémiramis 1777/2. Rome, Biblioteca Angelica: E.IV.14/1.

T78

Les Chef-d'œuvres dramatiques de M. de Voltaire. Tome Second, contenant *Mérope, Le Fanatisme, Sémiramis, L'Orphelin de la Chine.* A Genève, 1778.
Published in Paris by Veuve Duchesne. 3 vol. 12°.
Bengesco 324.

K84

Œuvres complètes de Voltaire. [Kehl] Société littéraire-typographique, 1784-1789. 70 vol. 8°.
Volume iii: 323-349 Dissertation sur la tragédie ancienne et moderne; 350-433 Sémiramis.
Bengesco 2142. BnC 167.
Oxford, Taylor, VF. Paris, BnF: Rés. p. Z. 2209 (3).

---

[132] 'Acteurs' on the verso of the title-page gives the following cast: Sémiramis – Mad. Patte; Arzace ou Ninias – Mr. Le Neveu; Azema – Mad. Deformes; Assur – M. Sainti; Oroes – M. Latour; Otane – Mlle Germance; Mitrane – Mr. Patte-Fils; Cedar – Mr. Duclos; Ombre de Ninias – M. Patte Pere.

K85

A second impression. Collation and page references the same. The frontispiece is an engraving by Launay from a work by J. M. Moreau le Jeune – *Ciel! où suis-je?*, illustrating act V, scene vi. Bengesco 2142. BnC 173.

Paris, BnF: Rés. Z 445.

NDI

SÉMIRAMIS, / *TRAGÉDIE*, / PAR / M. DE VOLTAIRE, / Représentée pour la pre- / miere fois le Jeudi / 29. Août 1748. / [*typographical ornament*] / A LA HAYE, / Et se vend, à Gand, chez EMMANUEL GODEFRIDE LE MAIRE. /

In-12; pp.62; sig. A⁸, B⁸, C⁴, D⁴, E³ (perhaps 1 f. missing).

No date. Clearly an early edition. Accents on capital letters are printed throughout the play as follows: SE'MIRAMIS, CE'DAR. Watermarks indistinct. Typographical ornament at end of play represents a basket of fruit.

Text of *Sémiramis* only. Acteurs, p.2.

Paris, Arsenal: Rf. 14400.

ND2

SEMIRAMIS, / TRAGEDIE / DE M. DE VOLTAIRE. /

pp.84; sig. A⁴-B², C⁴-D², E⁴-F², G⁴-H², etc. to O².

No date or place of publication, or title-page.

Text of *Sémiramis* only.

Probably printed in the low countries.

Brussels, Bibliothèque royale: F.S. 33 A (Collection voltairienne du comte de Launoit).

12. *Translations*

Dutch and Flemish [133]

Semiramis, treurspel naar Voltaire. Amsterdam, Pieter Johannes Uylenbroek, 1801. pag.iv.84. Translated by Pieter Pyper.

Sémiramis treurspel naar het fransch van Voltaire, Amsterdam, J. Doll, 1801. pag.iv-92. Translated by J. Nomsz. The copy in Arsenal Rf. 14115 (6) has a note: 'Traduction du "Conseil a une actrice" de Dorat en préliminaire. Traduction en vers datée de 1800. Exemplaires sur grand papier'.

Sémiramis, treurspel naar Voltaire. Amsterdam, Pieter Johannes Uylenbroek, 1804. pag.iv.82. Translated by Pieter Pyper. This edition carries the statement 'Edition identique à celle de 1801 mais avec une dédicace en vers à l'actrice J. C. Wattier, 15 mars 1802. Avis du 3 avril 1804. Catalogue Uylenbroek.'

Sémiramis, treurspel, gevolgd naar het fransche van Voltaire. Tome iv of *Nieuwe tooneelpoezy,* Amsterdam, 1814. pag.119. Translation by A. L. Barbaz. With 'Dédicace critique en vers à Wattier-Ziesenis', 1813. Traduction en vers. Préface et notes critiques.

English [134]

Semiramis; a tragedy. London, G. Kearsly, 1760. pag.iv.76. Translation in blank verse by an unnamed translator.

Semiramis, a tragedy. Dublin, Benjamin Gunne and James Potts, 1760. pag.63.

Semiramis, a tragedy: as it is acted at the Theatre Royal in Drury Lane. London, J. Dodsley, 1776. pag.vii.74. Translated by George

---

[133] See J. Vercruysse, 'Bibliographie provisoire des traductions néerlandaises et flamandes de Voltaire', *SVEC* 116 (1973), p.19-64; at p.47-48.

[134] See H. B. Evans, 'A provisional bibliography of English editions and translations of Voltaire', *SVEC* 8 (1959), p.9-121.

Edward Ayscough, the pseudonym of Baron George Lyttleton. There is an epilogue by 'R. B. Sheridan, Esq'.

*La Semiramide; a musical drama. as represented at the King's Theatre, Haymarket. The subject and incidents of this drama were taken from Voltaire's celebrated tragedy of Semiramis. The Words by Mr *** with many alterations and additions by Lorenzo Da Ponte, poet of this theatre.* London, G. Clarke 1794. pag.iii.25. A free adaptation, text in English and Italian, with parallel pages similarly numbered. Music by Bianchi.

Semiramis, in *The Dramatic Works of Mr. de Voltaire.* London, Newbery, 1759, vol.ii. Translated by T. Francklin.
This is volume xxvi of *The Works of M. de Voltaire. Translated from the French with notes, historical, critical, and explanatory.* Translated by T. Smollett and others.

German

Semiramis, ein Trauerspiel in Versen und fünf Aufzügen. Vienna 1763. pag.xiv.80. Translated by Herr Sekretär Löwen. Contains a *Vorbericht* by Löwen dated 6 January 1755, and a *Vorberich von Voltaire zur Semiramis* consisting of a translation of the third part of the *Dissertation sur la poésie ancienne et moderne.* Reissued in 1764[135] and 1765.

Semiramis, ein Trauerspiel in fünf Aufzügen. Augsburg 1791. pag.94. Translated by S. G. Presser.

Semiramis, ein trauerspiel in fünf Aufzügen von Voltaire. Carlsruhe, Macelots Hofbuchhandlung, 1809. pag.127. Translated by J. B. Schaull.

Sémiramis : Trauspiel in fünf Aufzügen von Voltaire. Leipzig, F. A. Brockhaus, 1820. pag.269. Translated by Friedrich Peucer. In the

---

135 Against the title-page of the BnF copy (Th.1693 (6)) is written: 'et représenté à Vienne sur le théâtre privilégié pour la fête de nom de sa Majesté Apostolique, notre souveraine régnante.'

series *Classisches Theater der Französen*: 11. The French and the German texts are printed facing each other.

Italian[136]

Semiramis in *La tragedie del signor di voltaire adattate all'uso del teatro italiano*, vol.ii, p.245-230. Florence 1752. An adaptation rather than a translation.

La Semiramide del signor di Voltaire. n.p. 1771. Translated by Melchior Cesarotti.[137] Reissued Venice, Antonio Graziosi, 1773;[138] Venice 1778; Padua, A. S. Fermo, 1780; Venice, Bartolammeo Occhi, 1780; Livorno, Carlo Giorgi, 1789; Venice, Antonio Curti, 1796; Venice 1796; and others. Also in *Versioni poesie latine e iscrizioni di Melchior Cesarotti*, vol.xxxiii. Florence, Molini, 1810.

La Semiramide in *Raccolta compiuta delle tragedie del sig. di Voltaire*, t.iii. 2nd edn, Venice, Niccolo Pezzano, 1783; 3rd edn Venice, Giuseppe Orlandelli, 1791; 4th edn Venice 1799.

Portuguese[139]

Semiramis tragediia. Lisbon, Alcobia, c.1800. pag.111. A first edition was apparently published in Porto in 1793.

Spanish[140]

Semiramis tragedia en un acto. Su autor Don Gaspar Zavala y Zamora. Vol.i of the *Colección de las mellores comedias* (1789).

[136] See Th. Besterman, 'A provisional bibliography of Italian editions and translations of Voltaire', *SVEC* 18 (1961), p.297-398.

[137] Professor of Greek and Hebrew at the University of Padua.

[138] Dedicated to Il Signor Michiel Grimani, 'prestantissius senatore.'

[139] See Th. Besterman, 'Bibliography of Portuguese editions of Voltaire', *SVEC* 76 (1970), p.14-35.

[140] See Francisco Lafarga, *Voltaire en Espagne (1734-1835)*, *SVEC* 261 (1989).

Sémiramis was performed with some success at the Teatro de la Cruz, Madrid, 23 September 1793.

Swedish

Semiramis, tragedi i fem akter. Af Voltaire. In Anders Carlsson af Kullberg *Poëtiska försök,* vol.ii Stockholm 1816, p.1-179. The translation was completed much earlier. It was used for the performances of the tragedy at the Royal Theatre in 1802.[141]

12. *Principles of this edition*

The base text is w75G. Variants are drawn from MS1 and MS2, and from the following editions which have some claim to authenticity: 49A, w38, w48D, w51, w52, w56, w57G, w57P, w70L, K.

Modernisation of the base text

The punctuation of the base text has been retained. The following orthographical aspects of the base text have been modified to conform to modern usage:

1. Consonants

— *d* was not used in: appren, descens
— *p* was not used in: domter, indompté, longtems, tems
— *s* was not used in: voi, souvien, puni, crain, croi
— *t* was not used in: accens, agrémens, amans, brillans, cuisans, différens, effrayans, excellens, frappans, gémissemens, ignorans, momens, monumens, naissans, instrumens, ornemens, présens, puissans, revenans, sentimens, sermens, tourmen
— *ʒ* was used in hazardé
— a single consonant was used in: falait, couroux, pourait
— a double consonant was used in: appeller, renouveller

---

[141] I am indebted for this information to Gunilia Jonsson, librarian of the Kunglige Biblioteket, Stockholm, where a copy is housed.

2. Vowels

- *e* was not used in: encor
- *i* was used in place of *y* in: péristile
- *ui* was used instead of *i* in: vuide
- *x* was used in place of *s* in: loix
- *y* was used instead of *ï* in: asyle, ayent, déployé, employent, enyvrée, joye, satyre, yvre,

3. Accents

The acute accent
- was used in: entiérement, événement, piéce, premiérement, troisiéme
- was not used in: desespoir

The circumflex accent
- was used in: avoûrai, diadême, envîrai, mêlange, la plûpart, toûjours
- was not used in: ame, grace, plait, pumes, substituames théatre

The grave accent
- was not used in: déja, progres

The dieresis
- was used in: poëme, poësie, ruïne

4. Hyphenation

- was used in: à-peu-près, au-lieu, de-là, dés-lors, devant-lui, ces gens-là, grands-hommes, mal-adroitement, mal-à-propos, peu-à-peu, tour-à-tour, ce temps-là

5. Capitalisation

- initial capitals were attributed to adjectives denoting nationality: Italienne, Grec, Français, Parthes
- initial capitals were attributed to: Capitaine, Chrétien, Dieu, Empereur, Etre, Générale, Monsieur, Madame, Mage, Pape, Pontife, Prince, Reine, Roi, Seigneur, Souverain, la Terre

6. Various

- the ampersand was used
- proper names were italicised: Le Fèvre, Réaumur, Richelieu
- monsieur was abbreviated: Mr.
- *et* was abbreviated: &

DISSERTATION SUR LA TRAGÉDIE ANCIENNE ET MODERNE

À SON EMINENCE MONSEIGNEUR LE CARDINAL QUERINI,[1] NOBLE VÉNITIEN, ÉVÊQUE DE BRESCIA, BIBLIOTHÉCAIRE DU VATICAN.

MONSEIGNEUR,

Il était digne d'un génie tel que le vôtre, et d'un homme qui est à la tête de la plus ancienne bibliothèque du monde, de vous donner tout entier aux lettres. On doit voir de tels princes de l'Eglise sous un pontife qui a éclairé le monde chrétien avant de le gouverner.[2] Mais si tous les lettrés vous doivent de la reconnaissance, je vous en dois plus que personne, après l'honneur que vous m'avez fait de traduire en si beaux vers La Henriade et le Poème de Fontenoy. Les deux héros vertueux que j'ai célébrés sont devenus les vôtres. Vous avez daigné m'embellir, pour rendre encore plus respectables aux nations les noms de Henri IV et de Louis XV, et pour étendre de plus en plus dans l'Europe le goût des arts.

Parmi les obligations que toutes les nations modernes ont aux italiens, et surtout aux premiers pontifes et à leurs ministres, il faut compter la culture des belles lettres, par qui furent adoucies peu à peu les mœurs féroces et grossières de nos peuples septentoriaux,

a-627   49A: [absent]
a-d   MS2: Mr Voltaire A Son Eminence Monseigneur le Cardinal Quirini noble venitien Evêque de brescia Bibliotequaire du Vatican.
8   MS2: vers des chants de la
12   MS2: dans toutte l'europe

[1] On Cardinal Querini see above, introduction, section 10.
[2] Pope Benedict XIV, to whom Voltaire dedicated *Mahomet*; see *Mahomet*, *OC*, vol.20B, p.157-64.

et auxquelles nous devons aujourd'hui notre politesse, nos délices et notre gloire. C'est sous le grand Léon X que le théâtre grec renaquit, ainsi que l'éloquence. La *Sophonisbe* du célèbre Prélat Trissino, nonce du pape, est la première tragédie régulière que 20 l'Europe ait vue après tant de siècles de barbarie,[3] comme *la Calandra* du cardinal Bibiena[4] avait été auparavant la première comédie dans l'Italie moderne.

Vous fûtes les premiers qui élevâtes de grands théâtres, et qui donnâtes au monde quelque idée de cette splendeur de l'ancienne 25 Grèce, qui attirait les nations étrangères à ses solennités, et qui fut le modèle des peuples en tous les genres.

Si votre nation n'a pas toujours égalé les anciens dans le tragique, ce n'est pas que votre langue harmonieuse, féconde et flexible, ne soit propre à tous les sujets; mais il y a grande 30 apparence que les progrès que vous avez faits dans la musique, ont nui enfin à ceux de la véritable tragédie. C'est un talent qui a fait tort à un autre.

Permettez que j'entre avec votre Eminence dans une discussion littéraire. Quelques personnes, accoutumées au style des épîtres 35 dédicatoires, s'étonneront que je me borne ici à comparer les usages des Grecs avec les modernes, au lieu de comparer les grands hommes de l'antiquité avec ceux de votre maison; mais je parle à un savant, à un sage, à celui dont les lumières doivent m'éclairer, et dont j'ai l'honneur d'être le confrère dans la plus 40 ancienne académie de l'Europe, dont les membres s'occupent souvent de semblables recherches; je parle enfin à celui qui aime mieux me donner des instructions que de recevoir des éloges.

19   MS2: renaquit, ᵀainsi que l'éloquence⁺ et la Sophonisbe
34-35   MS2: j'entre ici dans une discussion littéraire et même grammaticale. quelques
42   MS2: recherches.//

[3] Giovan Trissino (1478-1550) was not a prelate. His *Sophonisbe* was indeed the first modern play to adhere to the rules of classical Greek drama.
[4] Bernardo Divizio, cardinal Bibiena (1470-1520), *Calandria* is the usual spelling.

Première partie

Des tragédies grecques imitées par quelques opéras italiens et français.

Un célèbre auteur de votre nation dit, que depuis les beaux jours d'Athènes, la tragédie errante et abandonnée, cherche de contrée en contrée quelqu'un qui lui donne la main, et qui lui rende ses premiers honneurs, mais qu'elle n'a pu le trouver. 45

S'il entend qu'aucune nation n'a de théâtres, où des chœurs occupent presque toujours la scène et chantent des strophes, des épodes et des antistrophes accompagnées d'une danse grave; qu'aucune nation ne fait paraître ses acteurs sur des espèces 50
d'échasses, le visage couvert d'un masque qui exprime la douleur d'un côté et la joie de l'autre; que la déclamation de nos tragédies

43b-c MS2: par les opéras Italiens.

44-86 MS2: Je commence par avancer que si un homme en sortant de la representation d'une Tragédie en musique de Labbé Metastasio, de son alexandre par exemple, de son artaxerce de son Titus, disoit, ie viens dentendre un ouvrage dramatique tel q'on les faisoit et qu'on les recitoit dans athenes et dans L'ancienne Rome, Il diroit une chose tres vraye, quoy quelle parut un paradoxe aux personnes 5
peu Instruites. ¶quoy? un opera Italien resembleroit a L'oedipe et a L'electre de Sophocle? ouy sans doute. vos bons opera leur ressemblent par la regularité de la conduitte, par L'observation des trois unitez, par L'élegance des vers, par le recitatif qui est precisément La melopée des anciens; enfin par les choeurs mêmes; quoy que beaucoup plus sobrement répandus dans ces pieces que dans les tragédies grecques. 10
Ils ont toujours cette conformité avec Les choeurs des anciens d'être exprimés par une musique differente de la melopée Laquelle n'est qu'une déclamation toute nüe notée, accomodée au genie et aux intonations de la Langue. ¶Cette melopée de vos tragedies en musique nommées opera a florence ou elles prirent naissance, est presque universellement méconnue en France. on s'imagine que le recitatif Italien 15
doit être ennuyeux. – Il L'etoit en effet avant que vous eussiez de bonnes pieces, car il n'y a pas moyen de donner des tons Interessants a des paroles froides, et ce qui ne merite pas et on le recite parait toujours mal recité. Les choses ont bien changé depuis qu'on chante chez vous de bonnes tragédies. Les belles scenes de L'alexandre du Titus, de L'artaxerce m'ont toujours fait L'impression La plus profonde, quand ie 20
Les ay entendües executer par des acteurs Intelligens et passionez; et J'ay peine a croire que la melopée des anciens L'emportast sur la vôtre. Mais ces tragédies

52 49A, W38, W48D, W51, W52, W57P: d'echasses, et ne couvre leur visage d'un

n'est point notée et soutenue par des flûtes; il a sans doute raison: et
je ne sais si c'est à notre désavantage. J'ignore si la forme de nos   55
tragédies, plus rapprochées de la nature, ne vaut pas celle des
Grecs, qui avait un appareil plus imposant.

Si cet auteur veut dire qu'en général ce grand art n'est pas aussi
considéré, depuis la renaissance des lettres, qu'il l'était autrefois;
qu'il y a en Europe des nations qui ont quelquefois usé   60
d'ingratitude envers les successeurs des Sophocles et des Euripides; que nos théâtres ne sont point de ces édifices superbes dans
lesquels les Athéniens mettaient leur gloire; que nous ne prenons
pas les mêmes soins qu'eux de ces spectacles devenus si nécessaires
dans nos villes immenses: on doit être entièrement de son opinion.   65
Et sapit, et menum facit, et Jove judicat aequo. [5]

Où trouver un spectacle qui nous donne une image de la scène
grecque? c'est peut-être dans vos tragédies nommées opéra, que
cette image subsiste. Quoi, me dira-t-on, un opéra italien aurait
quelque ressemblance avec le théâtre d'Athènes? Oui. Le récitatif   70
italien est précisément la mélopée des anciens; c'est cette déclamation notée et soutenue par des instruments de musique. Cette
mélopée, qui n'est ennuyeuse que dans vos mauvaises tragédies
opéra, est admirable dans vos bonnes pièces. Les chœurs, que vous
y avez ajoutés depuis quelques années, et qui sont liés essentielle-   75
ment au sujet, approchent d'autant plus des chœurs des anciens,
qu'ils sont exprimés avec une musique différente du récitatif,
comme la strophe, l'épode et l'antistrophe étaient chantées chez les
Grecs tout autrement que la mélopée des scènes. Ajoutez à ces
ressemblances, que dans plusieurs tragédies opéra du célèbre abbé   80
Metastasio,[6] l'unité de lieu, d'action et de temps sont observées:
ajoutez que ces pièces sont pleines de cette poésie d'expression, et
de cette élégance continue, qui embellissent le naturel sans jamais

---

62-63   49A, W38, W48D, W51, W52, W57P: dans qui les

[5] 'They have taste and take my side and give a verdict with Jove's assent'
(Horace, *Epistles*, II.i.68; translation from the Loeb edition).
[6] See introduction p.98.

le charger, talent que depuis les Grecs le seul Racine a possédé
parmi nous, et le seul Addisson chez les anglais. [7]   85
Je sais que ces tragédies si importantes par les charmes de la
musique, et par la magnificence du spectacle, ont un défaut que les
Grecs ont toujours évité; je sais que ce défaut a fait des monstres des
pièces les plus belles, et d'ailleurs les plus régulières: il consiste à
mettre dans toutes les scènes de ces petits airs coupés, de ces ariettes   90
détachées, qui interrompent l'action, et qui font valoir les fredons
d'une voix efféminée, mais brillante, aux dépens de l'intérêt et du
bon sens. Le grand auteur que j'ai déjà cité, et qui a tiré beaucoup
de ses pièces de notre théâtre tragique, a remédié, à force de génie,
à ce défaut qui est devenu une nécessité. Les paroles de ses airs   95
détachés sont souvent des embellissements du sujet même; elles
sont passionnées; elles sont quelquefois comparables aux plus
beaux morceaux des odes d'Horace; j'en apporterai pour preuve
cette strophe touchante que chante Arbace accusé et innocent.

> *Vo solcando un mar crudele*   100
> *Senza vele*
> *E senza sarte.*
> *Freme l'onda, il ciel s'imbruna,*
> *Cesce il vento, e manca l'arte:*
> *E il voler della fortuna*   105
> *Son costretto à seguitar.*
> *Infelice in questo flato,*
> *Son da tutti abbandonato;*
> *Meco sola è l'innocenza*
> *Che mi porta à naufragar.* [8]   110

88   MS2: évité et ce
92   MS2: au depends de
     49A, W52: au dépens de
107 49A and most editions: in quello stato

[7] Voltaire held a generally favourable view of Joseph Addison's highly successful
tragedy *Cato* (1713): see A. Gunny, *Voltaire and English literature*, *SVEC* 177
(1979), p.62-74.
[8] Cf. Metastasio, *Artaserse*, I, 15.

143

J'y ajouterai encore cette autre ariette sublime que débite le roi des Parthes vaincu par Adrien, quand il veut faire servir sa défaite même à sa vengeance.

> *Sprezza il furor des vento*
> *Robusta quercia avvezza*   11
> *Di cento venti è cento*
> *L'injurie a tolerar.*
> *E se pur cade al suolo,*
> *Spiega per l'onde il volo;*
> *E con quel vento istesso*   12
> *Va contrastando il mar.* [9]

Il y en a beaucoup de cette espèce; mais que sont des beautés hors de place? Et qu'aurait-on dit dans Athènes, si Œdipe et Oreste avaient, au moment de la reconnaissance, chanté des petits airs fredonnés, et débité des comparaisons à Jocaste et Electre? Il   12
faut donc avouer que l'opéra, en séduisant les Italiens par les agréments de la musique, a détruit d'un côté la véritable tragédie grecque qu'il faisait renaître de l'autre.

Notre opéra français nous devait faire encore plus de tort; notre mélopée rentre bien moins que la vôtre dans la déclamation   1
naturelle; elle est plus languissante; elle ne permet jamais que les

---

111-121 MS2: [*absent*]
116   49A and most editions: venti è sento
       W51: cento verni è cento
       K: cento veni, et cento.
122   MS2: cette Espèce, et même de bien plus belles mais que sont des beautez
125   MS2: airs frédonnez a Electre et a Jocaste?
       49A, W38, W52, W51, W48D, W57P: à Electre et à Jocaste.
128   MS2: renaitre.//

---

[9] Metastasio was never fully at ease when he returned to heroics. *La Clemenza di Tito* remains his most famous drama thanks to the setting by Mozart.

scènes aient leur juste étendue; elle exige des dialogues courts en petites maximes coupées, dont chacune produit une espèce de chanson.

132-209   MS2:   étendue. Il y a une scene dans le Titus de M. Labbé metastasio qui est aussi Longue que celle de Cinna et D'Auguste dont elle est une copie. elle fait répandre des Lármes, une scene de nos opera qui auroit seulement le quart de la scene de titus ne seroit pas suportée. La nature de notre chant exige donc des scenes trop courtes dans Lesquelles le coeur n'est presque jamais remüé qu'a demy. on est obligé de dialoguer ces scenes en petites maximes coupées dont chacune produit une espece de chanson. ¶La nature de notre Langue tres favorable a la déclamation ordinaire, ne Lést point du tout a la musique. nous avons des rimes breves et des rimes Longues qui sont en éffet tres mélodieux sur le Teâtre ou lon recite La tragedie et la Comedie. ces rimes breves et Longues, sont ce qui fait croire au public et même a la plupart des autheurs que nous avons des vers de treize sillabes, et des vers de douze sillabes. elles s'y rencontrent il est vray, si on les compte. mais elles ny sont point pour Loreille. tous nos vers de Tragédie sont de douze sillabes. qu'on recite par exemple, Les quatres premiers vers de la tragedie que J'ay l'honneur de vous présenter.

> Ouy Mitrane en secret, L'ordre emané du *Trone*
> rapelle entre tes bras, Arzace a Baby*lone*,
> que benis soient les dieux, dont mon coeur suit les *loix*,
> Je retrouve un amy, dans le palais des *Rois*.

Il ne faut pas croire que les deux premiers vers soient computés pour treize sillabes. *trone* et *lone* forment chacune une sillabe, mais elle est plus Longue plus sonore, plus soutenüe que les deux suivantes, *Loix* et *Rois*. on doit mettre a prononcer ces sillabes Longues le double du temps qu'on met a prononcer Les finales breves, c'est a quoy manquent tous les acteurs médiocres, c'est ce que les bons font sentir, et ce qui n'echape jamais aux oreilles delicates. ¶Je dis donc que ce mélange de finales Longues et breves fait un éffet admirable dans la declamation ordinaire, mais qu'il en fait un Insupportable dans notre musique. Car dans notre declamation Les finales Longues *gloire*, *victoire*, *descendre*, *entreprendre* ne font jamais qu'une seule sillabe qu'on prononce d'une maniere soutenüe et harmonieuse, sans trop faire sentir la voyelle *e* qui les termine et voila pourquoy cet *e* est apellé muet – c'est qu'il est contre les regles de la Langue de le prononcer. notre musique, en cela malheureusement contraire a la nature et au genie de la Langue exige que cet *e* qui revient de deux vers en deux vers soit prononcé avec une uniformité fatigante et avec un son dur et grossier, on le prononce *eu* on chante *gloir eu victoir eu descendre eu* au lieu de *gloir victoir descendr*. cette repetition continuelle des *e* muets, qui ne doivent Jamais être sentis dans le discours est un déffaut radical et essentiel dans nos chants. Il n'est souffert chez nous que par L'usage qui rend tout tolerable, et il revolte touttes les Nations sans exception. ¶Nous avons encor comme vous dans nos opera tragiques une Infinité

Que ceux qui sont au fait de la vraie littérature des autres 135
nations, et qui ne bornent pas leur science aux airs de nos ballets,
songent à cette admirable scène dans la Clemenza di Tito, entre
Titus et son favori, qui a conspiré contre lui; je veux parler de cette
scène où Titus dit à Sestus ces paroles:

Siam soli, il tuo Sovrano 140
Non à presente; apri il tuo core à Tito,
Confida ti all' amico; io ti prometto
Qu'Augusto no'l srapà.[10]

Qu'ils relisent le monologue suivant, où Titus dit ces autres
paroles, qui doivent être l'éternelle leçon de tous les rois, et le 145
charme de tous les hommes.

Il torre' altrui la vita
E facoltà commune
Al più vil della terra; il darla è solo
De' numi, & de' regnanti.[11] 150

---

d'airs détachez mais qui sont plus défectueux que les votres parce qu'ils sont moins
Lies au sujet. les paroles y sont presque toujours asservies au musicien qui ne pouvant
exprimer dans ces petites chansons Les termes mâles et Energiques de notre Langue 40
exige des paroles éffeminées, fades, oisives, etrangeres a L'action, et ajustées comme
on peut a de petits airs mesures semblables a ceux qu'on apelle a Venise *Barcarole*.
¶Enfin vos opera et les notres sont au sentiment des gens de Lettres qui connaissent
L'antiquité, La Copie et la Ruine de la Tragédie grecque; ils en sont la copie en ce
quils admettent La mélopée et les choeurs. Ils en sont la destruction parce qu'ils ont 45
accoutumé les Jeunes gens a se connaitre en sons plutôt qu'en esprit, a préferer leurs
oreilles a leur ame, des roulades a des pensées sublimes, a faire valoir quelque fois Les
ouvrages les plus Insipides et les plus mal écrits quand ils sont soutenus par quelques
airs qui nous plaisent et qui malheureusement ne plaisent quà notre Nation. mais
malgré tous ces défauts L'enchantement qui resulte de ce mêlange heureux de 50
scenes, de choeurs, de danse, de sinfonie, et de cette varieté de décorations subjugue
jusqu'au critique même; et la meilleure Comedie La meilleure Tragédie n'est jamais
frequentée par les mêmes personnes aussi assiduement qu'un opera.//

10 Cf. *La Clemenza di Tito*, III.vi.
11 Cf. *La Clemenza di Tito*, III.vii.

Ces deux scènes comparables à tout ce que la Grèce a eu de plus beau, si elles ne sont pas supérieures; ces deux scènes dignes de Corneille, quand il n'est pas déclamateur, et de Racine, quand il n'est pas faible; ces deux scènes, qui ne sont pas fondées sur un amour d'opéra, mais sur les nobles sentiments du cœur humain,   155
ont une durée trois fois plus longue au moins que les scènes les plus étendues de nos tragédies en musique. De tels morceaux ne seraient pas supportés sur notre théâtre lyrique, qui ne se soutient guère que par des maximes de galanterie, et par des passions manquées, à l'exception d'Armide, et des belles scènes d'Iphi-   160
génie, ouvrages plus admirables qu'imités.

Parmi nos défauts nous avons, comme vous, dans nos opéras les plus tragiques une infinité d'airs détachés, mais qui sont plus défectueux que les vôtres, parce qu'ils sont moins liés au sujet. Les paroles y sont presque toujours asservies aux musiciens, qui ne   165
pouvant exprimer dans leurs petites chansons les termes mâles et énergiques de notre langue, exigent des paroles efféminées, oisives, vagues, étrangères à l'action, et ajustées comme on peut à de petits airs mesurés, semblables à ceux qu'on appelle à Venise barcarole. Quel rapport, par exemple, entre Thésée, reconnu par   170
son père, sur le point d'être empoisonné par lui, et ces ridicules paroles:

> Le plus sage
> S'enflamme et s'engage,
> Sans savoir comment. [12]   175

Malgré ces défauts, j'ose encore penser que nos bonnes tragédies opéra, telles qu'Atis, Armide, Thésée, étaient ce qui pouvait donner parmi nous quelque idée du théâtre d'Athènes, parce que ces tragédies sont chantées comme celles des Grecs;

---

155   49A, W38, W48D, W51, W52: les plus nobles

[12] Philippe Quinault, *Thésée* (1675), V.ix. Thanks to the talent of Quinault and the patronage of Louis XIV, the standing of lyrical tragedy or opera rose as high as that of tragedy and comedy.

parce que le chœur, tout vicieux qu'on l'a rendu, tout fade   180
panégyriste qu'on l'a fait de la morale amoureuse, ressemble
pourtant à celui des grecs, en ce qu'il occupe souvent la scène. Il ne
dit pas ce qu'il doit dire, il n'enseigne pas la vertu, *et regat iratos, et*
amet piccare timentes;[13] mais enfin il faut avouer que la forme des
tragédies opéra nous retrace la forme de la tragédie grecque à   185
quelques égards. Il m'a donc paru en général, en consultant les
gens de lettres qui connaissent l'antiquité, que ces tragédies opéra
sont la copie et la ruine de la tragédie d'Athènes. Elles en sont la
copie, en ce qu'elles admettent la mélopée, les chœurs, les
machines, les divinités: elles en sont la destruction, parce qu'elles   190
ont accoutumé les jeunes gens à se connaître en sons plus qu'en
esprit, à préférer leurs oreilles à leur âme, les roulades à des
pensées sublimes, à faire valoir quelquefois les ouvrages les plus
insipides et les plus mal écrits, quand ils sont soutenus par quelques
airs qui nous plaisent. Mais, malgré tous ces défauts, l'enchante-   195
ment qui résulte de ce mélange heureux de scènes, de chœurs, de
danses, de symphonie, et de cette variété de décorations, subjugue
jusqu'au critique même; et la meilleure comédie, la meilleure
tragédie, n'est jamais fréquentée par les mêmes personnes aussi
assidûment qu'un opéra médiocre. Les beautés régulières, nobles,   200
sévères, ne sont pas les plus recherchées par le vulgaire; si on
représente une ou deux fois *Cinna*, on joue trois mois *les Fêtes*
Vénitiennes:[14] un poème épique est moins lu que des épigrammes
licencieux; un petit roman sera mieux débité que l'histoire du
président de Thou.[15] Peu de particuliers font travailler de grands   205
peintres; mais on se dispute des figures estropiées qui viennent de
la Chine, et des ornements fragiles. On dore, on vernit des

192   49A, w38, w52, w48D, w51, w56, w57G, w57P: âme, des roulades

[13] 'And sway the angry and cherish the righteous' (Horace, *Ars poetica*, line 197).
[14] Opera by Danchet first produced in 1710.
[15] Jacques Auguste de Thou (1553-1617), magistrate and historian, author of the
voluminous *J.-A. Thuani historiarum sui temporis* (1604-1620).

cabinets, on néglige la noble architecture; enfin dans tous les genres, les petits agréments l'emportent sur le vrai mérite.

Seconde partie

De la tragédie française comparée à la tragédie grecque.

Heureusement la bonne et vraie tragédie parut en France avant que nous eussions ces opéras, qui auraient pu l'étouffer. Un auteur nommé Mairet fut le premier qui en imitant *la Sophonisbe* du Trissino,[16] introduisit la règle des trois unités, que vous aviez prise des Grecs. Peu à peu notre scène s'épura, et se défit de l'indécence et de la barbarie qui deshonoraient alors tant de théâtres, et qui servaient d'excuse à ceux dont la sévérité peu éclairée condamnait tous les spectacles.

    Les acteurs ne parurent pas élevés, comme dans Athènes, sur des cothurnes qui étaient de véritables échasses; leur visage ne fut pas caché sous de grands masques, dans lesquels des tuyaux d'airain rendaient les sons de la voix plus frappants et plus terribles. Nous ne pûmes avoir la mélopée des grecs. Nous nous réduisîmes à la simple déclamation harmonieuse, ainsi que vous en aviez d'abord usé. Enfin nos tragédies devinrent une imitation plus vraie de la nature. Nous substituâmes l'histoire à la fable grecque. La politique, l'ambition, la jalousie, les fureurs de l'amour régnèrent sur nos théâtres. Auguste, Cinna, César, Cornélie, plus respectables que des héros fabuleux, parlèrent souvent sur notre scène, comme ils auraient parlé dans l'ancienne Rome.

210

215

220

225

209b MS2: la Grecque
210 MS2: tragedie renaquit en
213-214 49A, W38, W48D, W51, W52, W57P: vous avez prises
215-216 MS2: qui régnait alors sur tant de téâtres, et qui servoit d'excuse
218 MS2: élevez sur
     49A, W38, W48D, W51, W52, W57P: comme à Athènes

[16] Jean Mairet (1604-1686). His *Sophonisbe* (1631) enjoyed a considerable success up to 1663 when it was eclipsed by Corneille's play of the same title.

Je ne prétends pas que la scène française l'ait emporté en tout sur 230
celle des Grecs, et doive la faire oublier. Les inventeurs ont toujours
la première place dans la mémoire des hommes; mais quelque
respect qu'on ait pour ces premiers génies, cela n'empêche pas que
ceux qui les ont suivis ne fassent souvent beaucoup plus de plaisir.
On respecte Homère, mais on lit le Tasse; on trouve dans lui 235
beaucoup de beautés qu'Homère n'a point connues. On admire
Sophocle; mais combien de nos bons auteurs tragiques ont-ils de
traits de maître que Sophocle eût fait gloire d'imiter, s'il fût venu
après eux? Les grecs auraient appris de nos grands modernes à faire
des expositions plus adroites, à lier les scènes les unes aux autres, par 240
cet art imperceptible qui ne laisse jamais le théâtre vide, et qui fait
venir et sortir avec raison les personnages. C'est à quoi les anciens
ont souvent manqué, et c'est en quoi le Trissino les a malheureusement imités. Je maintiens, par exemple, que Sophocle et Euripide
eussent regardé la première scène de Bajazet comme une école où ils 245
auraient profité, en voyant un vieux général d'armée annoncer, par
les questions qu'il fait, qu'il médite une grande entreprise.

> Que faisaient cependant nos braves janissaires?
> Rendent-ils au sultan des hommages sincères?
> Dans le secret des cœurs, Osmin, n'as-tu rien lu? 250

Et le moment d'après:

> Crois-tu qu'ils me suivraient encore avec plaisir,
> Et qu'ils reconnaîtraient la voix de leur vizir?[17]

Ils auraient admiré comme ce conjuré développe ensuite les
desseins, et rend compte de ses actions. Ce grand mérite de l'art 255
n'était point connu aux inventeurs de l'art. Le choc des passions,
ces combats de sentiments opposés, ces discours animés de rivaux
et rivales, ces contestations intéressantes, où l'on dit ce que l'on

---

258 MS2, 49A, W38, W48D, W51, W52, W56, W57P: rivales, ces querelles, ces
bravades, ces plaintes réciproques, ces contestations

[17] Racine, *Bajazet*, I.i.

doit dire, ces situations si bien ménagées les auraient étonnés. Ils
eussent trouvé mauvais peut-être qu'Hippolite soit amoureux   260
assez froidement d'Aricie, et que son gouverneur lui fasse des
leçons de galanterie, qu'il dise:

> [...] Vous-même où seriez-vous,
> Si toujours votre mère, à l'amour opposée,
> D'une pudique ardeur n'eût brûlé pour Thésée? [18]   265

Paroles tirées du Pastor fido, et bien plus convenables à un
berger qu'au gouverneur d'un prince: mais ils eussent été ravis en
admiration en entendant Phèdre s'écrier:

> Œnone, qui l'eût cru? J'avais une rivale.
> Hippolite aime, et je n'en peux douter.   270
> Ce farouche ennemi, qu'on ne pouvait dompter,
> Qu'offensait le respect, qu'importunait la plainte,
> Ce tigre, que jamais je n'abordai sans crainte,
> Soumis, apprivoisé, reconnaît un vainqueur. [19]

Ce désepoir de Phèdre en découvrant sa rivale, vaut certaine-   275
ment un peu mieux que la satire des femmes savantes, que fait si
longuement et si mal à propos l'Hippolite d'Euripide, qui devient
là un mauvais personnage de comédie. Les grecs auraient été
surpris de cette foule de traits sublimes qui étincellent de toute part
dans nos modernes. Quel effet ne ferait point sur eux ce vers: 280

> Que vouliez-vous qu'il fît contre trois?
> Qu'il mourût. [20]

---

276   K: des femmes, que
277-278   MS2: devient par la
          W38, W48D: devient-là

[18] See Racine, *Phèdre*, I.i; cf. *Il Pastor Fido*, I.i.
[19] *Phèdre*, IV.vi.
[20] Corneille, *Horace*, III.vi. Discussing *Horace* in the *Commentaires sur Corneille*,
Voltaire writes: 'Voilà ce fameux qu'il mourût, ce trait du plus grand sublime, ce mot
auquel il n'en est aucun de comparable dans toute l'antiquité' (*OC*, vol.54, p.272).

Si cette réponse, peut-être encore plus belle et plus passionnée, que fait Hermione à Oreste, lorsqu'après avoir exigé de lui la mort de Pyrrhus qu'elle aime, elle apprend malheureusement qu'elle est 285 obéie, elle s'écrie alors:

Pourquoi l'assassiner? qu'a-t-il fait? à quel titre?
Qui te l'a dit?

ORESTE
O dieux, quoi, me m'avez-vous pas
Vous-même ici tantôt ordonné son trépas?

HERMIONE
Ah! fallait-il en croire une amante insensée? [21]   290

Je citerai encore ici ce que dit César, quand on lui présente l'urne qui renferme les cendres de Pompée.

Restes d'un demi-dieu, dont à peine je puis
Egaler le grand nom, tout vainqueur que j'en suis. [22]

Les Grecs ont d'autres beautés; mais je m'en rapporte à vous, 295 Monseigneur, ils n'en ont aucune de ce caractère.

Je vais plus loin, et je dis, que ces hommes, qui étaient si passionnés pour la liberté, et qui ont dit si souvent qu'on ne peut penser avec hauteur que dans les républiques, apprendraient à parler dignement de la liberté même, dans quelques-unes de nos 300 pièces, tout écrites qu'elles sont dans une monarchie.

Les modernes ont encore, plus fréquemment que les Grecs, imaginé des sujets de pure invention. Nous eûmes beucoup de ces ouvrages du temps du cardinal de Richelieu; c'était son goût, ainsi

296 MS2: n'en n'ont
302-303 MS2: Les modernes se sont donnez encor un avantage sur la scene grecque par des pieces de pure invention, c'est ce qu'on n'osa jamais tenter dans athenes. Nous

[21] Racine, *Andromaque*, V.iii.
[22] *Pompée*, V.i.1527-28. Cf. the *Commentaires sur Corneille*: 'Ces deux vers, que Philippe met dans la bouche de César [...] sont d'un sublime si touchant qu'on dit avec raison que Corneille, dans ses bonnes pièces [...] faisait quelquefois parler les Romains mieux qu'ils ne parlent eux-mêmes' (*OC*, vol.54, p.445-46).

que celui des Espagnols: il aimait qu'on cherchât d'abord à peindre   305
des mœurs et à arranger une intrigue, et qu'ensuite on donnât des
noms aux personnages, comme on en use de la comédie; c'est ainsi
qu'il travaillait lui-même, quand il voulait se délasser du poids du
ministère. Le Venceslas de Rotrou est entièrement dans ce goût, et
toute cette histoire est fabuleuse mais l'auteur voulut peindre un   310
jeune homme fougueux dans ses passions, avec un mélange de
bonnes et de mauvaises qualités; un père tendre et faible; et il a
réussi dans quelques parties de son ouvrage. Le Cid et Héraclius,
tirés des espagnols, sont encore des sujets feints; il est bien vrai qu'il
y a eu un empereur nommé Héraclius, un capitaine espagnol qui   315
eut le nom du Cid, mais presqu'aucune des aventures qu'on leur
attribue n'est véritable. Dans Zayre et dans Alzire, (si j'ose en
parler, et je n'en parle que pour donner des exemples connus,) tout
est feint jusqu'aux noms. Je ne conçois pas après cela, comment le
père Brumoy a pu dire dans son *Théâtre des Grecs*, que la tragédie   320
ne peut souffrir de sujets feints, et que jamais on ne prit cette liberté
dans Athènes. Il s'épuise à chercher la raison d'une chose qui n'est
pas; 'Je crois en trouver une raison, dit-il, dans la nature de l'esprit
humain: il n'y a que la vraisemblance dont il puisse être touché. Or
il n'est pas vraisemblable que des faits aussi grands que ceux de la   325
tragédie soient absolument inconnus; si donc le poète invente tout
le sujet jusqu'aux noms, le spectateur se révolte, tout lui paraît
incroyable, et la pièce manque son effet, faute de vraisemblance.'[23]

309-310   MS2: goût. Il n'y a jamais eû de Vinceslas Roy de pologne. et toutte
cette histoire est entierement fabuleuse. mais
312-313   MS2: il reussit dans
316-317   MS2: mais les avantures qu'on leur attribue dans la piece ne sont pas
veritables.
317   49A, W38, W51: Alzire, si j'ose en parler, (et
       W48D: Alzire, (si j'ose en parler, (et [*omits closing parenthesis*]
       W57P: [*omits parentheses*]
321-322   MS2: feints. Il

[23] Pierre Brumoy (1688-1742). His *Théâtre des Grecs* (1730) popularised the Greek
theatre through the translation of seven Greek plays and summaries of the others.

153

Premièrement, il est faux que les Grecs se soient interdit cette
espèce de tragédie. Aristote dit expressément qu'Agathon s'était   330
rendu très célèbre dans ce genre. [24] Secondement, il est faux que
ces sujets ne réussissent point; l'expérience du contraire dépose
contre le père Brumoy. En troisième lieu, la raison qu'il donne du
peu d'effet que ce genre de tragédie peut faire, est encore très
fausse; c'est assurément ne pas connaître le cœur humain, que de   335
penser qu'on ne peut le remuer par des fictions. En quatrième lieu,
un sujet de pure invention, et un sujet vrai, mais ignoré, font
absolument la même chose pour les spectateurs; et comme notre
scène embrasse des sujets de tous les temps et de tous les pays, il
faudrait qu'un spectateur allât consulter tous les livres, avant qu'il 340
sût si ce qu'on lui représente est fabuleux ou historique: il ne prend
pas assurément cette peine; il se laisse attendrir quand la pièce est
touchante, et il ne s'avise pas de dire, en voyant Polyeucte, Je n'ai
jamais entendu parler de Sévère et de Pauline, ces gens-là ne
doivent pas me toucher. Le père Brumoy devait seulement   345
remarquer que les pièces de ce genre sont beaucoup plus difficiles
à faire que les autres. Tout le caractère de Phèdre était déjà dans
Euripide, sa déclaration d'amour dans Sénèque le tragique, toute la
scène d'Auguste et de Cinna dans Sénèque le philosophe; mais il
fallait tirer Sévère et Pauline de son propre fonds. Au reste si le   350
père Brumoy s'est trompé dans cet endroit et dans quelques autres,
son livre est d'ailleurs un des meilleurs et des plus utiles que nous
ayons; et je ne combats son erreur qu'en estimant son travail et son
goût.

329-335 MS2: premièrement le fait est faux, – puisque beaucoup de Tragédies
de ce genre ont eu le succés le plus constant, secondement La raison est fausse; et c'est
assurement
     348 MS2: Seneque. toutte
     349 MS2: Seneque mais
     350-355 MS2: fonds. J'oseray dire icy en passant que le pere Brumoy s'est
trompé dans beaucoup d'autres endroits quoy que son Livre soit d'ailleurs un des
meilleurs et des plus utiles que nous ayons. ¶Je

[24] Aristotle, *Poetics*, IX.

Je reviens, et je dis que ce serait manquer d'âme et de jugement,   355
que de ne pas avouer combien la scène française est au-dessus de la
scène grecque, par l'art de la conduire, par l'invention, par les
beautés de détail, qui sont sans nombre. Mais aussi on serait bien
partial et bien injuste, de ne pas tomber d'accord que la galanterie a
presque partout affaibli tous les avantages que nous avons ailleurs.   360
Il faut convenir que, d'environ quatre cents tragédies qu'on a
données au théâtre, depuis qu'il est en possession de quelque gloire
en France, il n'y en a pas dix ou douze qui ne soient fondées sur
une intrigue d'amour, plus propre à la comédie qu'au genre
tragique. C'est presque toujours la même pièce, le même nœud,   365
formé par une jalousie et une rupture, et dénoué par un mariage;
c'est une coquetterie continuelle, une simple comédie, où des
princes sont acteurs, et dans laquelle il y a quelquefois du sang
répandu pour la forme.

La plupart de ces pièces ressemblent si fort à des comédies, que   370
les acteurs étaient parvenus, depuis quelques temps, à les réciter du
ton dont ils jouent les pièces qu'on appelle du haut comique; ils ont
par là contribué à dégrader encore la tragédie: la pompe et la
magnificence de la déclamation ont été mises à l'oubli. On s'est
piqué de réciter des vers comme de la prose: on n'a pas considéré   375
qu'un langage au-dessus du langage ordinaire, doit être débité
d'un ton au-dessus du ton familier. Et si quelques acteurs ne
s'étaient heureusement corrigés de ces défauts, la tragédie ne serait
bientôt, parmi nous, qu'une suite de conversations galantes,
froidement récitées: aussi n'y a-t-il pas encore longtemps que   380
parmi les acteurs de toutes les troupes, les principaux rôles dans la
tragédie n'étaient connus que sous le nom de l'Amoureux ou
l'Amoureuse. Si un étranger avait demandé dans Athènes: Quel
est votre meilleur acteur pour les amoureux dans Iphigénie, dans
Hécube, dans les Héraclides, dans Œdipe, et dans Electre? on   385
aurait pas même compris le sens d'une telle demande. La scène
française s'est lavée de ce reproche par quelques tragédies, où

377-378   MS2:   et si on ne se corrigeoit de ces déffauts, La Tragédie

l'amour est une passion furieuse et terrible, et vraiment digne du
théâtre; et par d'autres, où le nom d'amour n'est pas même
prononcé. Jamais l'amour n'a fait verser tant de larmes que la   390
nature. Le cœur n'est qu'effleuré, pour l'ordinaire, des plaintes
d'une amante; mais il est profondément attendri de la douloureuse
situation d'une mère, prête de perdre son fils; c'est donc assurément par condescendance pour son ami, que Despréaux disait:

> de l'amour la sensible peinture   395
> Est pour aller au cœur la route la plus sûre.[25]

La route de la nature est cent fois plus sûre, comme plus noble;
les morceaux les plus frappants d'Iphigénie, sont ceux où
Clytemnestre défend sa fille, et non pas ceux où Achille défend
son amante.   400

On a voulu donner dans Sémiramis un spectacle encore plus
pathétique que dans Mérope; on y a déployé tout l'appareil de
l'ancien théâtre grec. Il serait triste, après que nos grands maîtres
ont surpassé les Grecs en tant de choses dans la tragédie, que notre
nation ne pût les égaler dans la dignité de leurs représentations. Un   40
des plus grands obstacles qui s'opposent, sur notre théâtre, à toute
action grande et pathétique, est la foule des spectateurs, confondue
sur la scène avec les acteurs; cette indécence se fit sentir
particulièrement à la première représentation de Sémiramis.[26]
La principale actrice de Londres, qui était présente à ce spectacle,   41
ne revenait point de son étonnement: elle ne pouvait concevoir
comment il y avait des hommes assez ennemis de leurs plaisirs,
pour gâter ainsi le spectacle sans en jouir. Cet abus a été corrigé
dans la suite aux représentations de Sémiramis, et il pourrait
aisément être supprimé pour jamais. Il ne faut pas s'y méprendre;   41

---

406   49A, W38, W48D, W51, W52, W56G, W57G, W57P: des grands

[25] Cf. Boileau, *Art poétique*, III, 95.

[26] This is not Voltaire's first outcry against the presence of spectators on the
stage; see the 'Discours sur la tragédie' which accompanies *Brutus* (*OC*, vol.5,
p.165). Further on Voltaire indicates the kind of theatre and stage required.

un inconvénient, tel que celui-là seul, a suffi pour priver la France de beaucoup de chefs-d'œuvre qu'on aurait sans doute hasardés, si on avait eu un théâtre libre, propre pour l'action, et tel qu'il est chez toutes les nations d'Europe.

Mais ce grand défaut n'est pas assurément le seul qui doive être corrigé. Je ne peux assez m'étonner ni me plaindre du peu de soin qu'on a en France de rendre les théâtres dignes des excellents ouvrages qu'on y représente, et de la nation qui en fait ses délices. Cinna, Athalie méritaient d'être représentés ailleurs que dans un jeu de paume, au bout duquel on a élevé quelques décorations du plus mauvais goût, et dans lequel les spectateurs sont placés, contre tout ordre, et contre toute raison, les uns debout sur le théâtre même, les autres debout dans ce qu'on appelle parterre, où ils sont gênés et pressés indécemment, et où ils se précipitent quelquefois en tumulte les uns sur les autres, comme dans une sédition populaire. On représente au fond du Nord nos ouvrages dramatiques dans des salles mille fois plus magnifiques, mieux entendues, et avec beaucoup plus de décence.

Que nous sommes loin, surtout, de l'intelligence et du bon goût qui règne en ce genre dans presque toutes vos villes d'Italie! Il est honteux de laisser subsister encore ces restes de barbarie dans une ville si grande, si peuplée, si opulente et si polie. La dixième partie de ce que nous dépensons tous les jours en bagatelles, aussi magnifiques qu'inutiles et peu durables, suffirait pour élever des monuments publics en tous les genres, pour rendre Paris aussi magnifique qu'il est riche et peuplé, et pour l'égaler un jour à Rome, qui est notre modèle en tant de choses. C'était un des projets de l'immortel Colbert. J'ose me flatter qu'on pardonnera cette petite digression à mon amour pour les arts et pour ma patrie; et que peut-être même un jour elle inspirera aux magistrats qui sont à la tête de cette ville, la noble envie d'imiter les magistrats d'Athènes et de Rome, et ceux de l'Italie moderne.

420

425

430

435

440

445

423   W57P: fait les délices
433   MS2: entendües.//

Un théâtre construit selon les règles doit être très vaste; il doit représenter une partie d'une place publique, le péristyle d'un palais, l'entrée d'un temple. Il doit être fait de sorte qu'un 45 personnage, vu par les spectateurs, puisse ne l'être point par les autres personnages selon le besoin. Il doit en imposer aux yeux, qu'il faut toujours séduire les premiers. Il doit être susceptible de la pompe la plus majestueuse. Tous les spectateurs doivent voir et entendre également, en quelqu'endroit qu'ils soient placés. Com- 45 ment cela peut-il s'exécuter sur une scène étroite, au milieu d'une foule de jeunes gens qui laissent à peine dix pieds de place aux acteurs? [27] De là vient que la plupart des pièces ne sont que de longues conversations; toute action théâtrale est souvent manquée et ridicule. Cet abus subsiste, comme tant d'autres, par la raison 40 qu'il est établi, et parce qu'on jette rarement sa maison par terre, quoiqu'on sache qu'elle est mal tournée. Un abus public n'est jamais corrigé qu'à la dernière extrémité. Au reste, quand je parle d'une action théâtrale, je parle d'un appareil, d'une cérémonie, d'une assemblée, d'un événement nécessaire à la pièce, et non pas 4 de ces vains spectacles plus puérils que pompeux, de ces ressources du décorateur qui suppléent à la stérilité du poète, et qui amusent les yeux, quand on ne sait pas parler aux oreilles et à l'âme. J'ai vu à Londres une pièce où l'on représentait le couronnement du roi d'Angleterre dans toute l'exactitude possible. Un chevalier armé 4 de toutes pièces entrait à cheval sur le théâtre. [28] J'ai quelquefois entendu dire à des étrangers: Ah! le bel opéra que nous avons eu! on y voyait passer au galop plus de deux cents gardes. Ces gens-là

463-482   MS2: extrêmité.//

[27] The stage was in fact in the form of a semi-ellipse, 9.4 metres broad at the front at its widest, but the spectators restricted the actors to 4.6 metres at the front and 3.4 metres at the back: see Henri Lagrave, *Le Théâtre et le public à Paris de 1715 à 1750* (Paris 1972), p.77.

[28] A reference to Shakespeare's *King Henry VIII*, lavishly produced at Drury Lane in honour of the coronation of George II in 1727: see *King Henry VIII*, ed. R. A. Foakes (1957), p.lxiii, and Gunny, *Voltaire and English literature*, p.22.

ne savaient pas que quatre beaux vers valent mieux dans une pièce qu'un régiment de cavalerie. Nous avons à Paris une troupe 475 comique étrangère, qui ayant rarement de bons ouvrages à représenter, donne sur le théâtre des feux d'artifice. Il y a longtemps qu'Horace, l'homme de l'antiquité qui avait le plus de goût, a condamné ces sottises qui leurrent le peuple. 'Esseda festinant, pilenta, petorrita, naves, captivum, portatur ebur, captiva 480 Corinthus. Si foret in terris, rideret Democritus; Spectaret populum ludis attentius ipsis.' [29]

Troisième partie

De Sémiramis

Par tout ce que je viens d'avoir l'honneur de vous dire, Monseigneur, vous voyez que c'était une entreprise assez hardie de représenter Sémiramis assemblant les ordres de l'Etat pour leur 485 annoncer son mariage; l'ombre de Ninus, sortant de son tombeau, pour prévenir un inceste et pour venger sa mort; Sémiramis entrant dans ce mausolée, et en sortant expirante, et percée de la main de son fils. Il était à craindre que ce spectacle ne révoltât: et d'abord, en effet, la plupart de ceux qui fréquentent les spectacles, 490 accoutumés à des élégies amoureuses, se liguèrent contre ce nouveau genre de tragédie. On dit qu'autrefois dans une ville de la grande Grèce, on proposait des prix pour ceux qui inventeraient des plaisirs nouveaux. Ce fut ici tout le contraire. Mais quelques efforts qu'on ait faits pour faire tomber cette espèce 495 de drame, vraiment terrible et tragique, on n'a pu y réussir; on disait et on écrivait de tous côtés, que l'on ne croit plus aux

490-491 MS2: fréquentant le téatre et qui ne veulent que des élégies
495 MS2: cet éspece

[29] 'With hurry and scurry come carriages, chariots, wains and ships, and borne in triumph are spoils of ivory, spoils of Corinthian bronze. Were Democritus still on earth he would laugh. [...] He would gaze more intently on the people than on the play itself' (Horace, *Epistles*, II.i.192-94 and 197).

revenants, et que les apparitions des morts ne peuvent être que puériles aux yeux d'une nation éclairée. Quoi! toute l'antiquité aura cru ces prodiges, et il ne sera pas permis de se conformer à l'antiquité? Quoi! notre religion aura consacré ces coups extra-ordinaires de la providence, et il serait ridicule de les renouveler?

Les Romains philosophes ne croyaient pas aux revenants du temps des empereurs, et cependant le jeune Pompée évoque une ombre dans la Pharphale.[30] Les Anglais ne croient pas assurément plus que les Romains aux revenants; cependant ils voient tous les jours avec plaisir dans la tragédie d'Hamlet, l'ombre d'un roi qui paraît sur le théâtre dans une occasion à peu près semblable à celle où l'on a vu à Paris le spectre de Ninus.[31] Je suis bien loin assurément de justifier en tout la tragédie d'Hamlet; c'est une pièce grossière et barbare, qui ne serait pas supportée par la plus vile populace de France et d'Italie. Hamlet y devient fou au second acte, et sa maîtresse devient folle au troisième; le prince tue le père de sa maîtresse feignant de tuer un rat, et l'héroïne se jette dans la rivière. On fait sa fosse sur le théâtre; des fossoyeurs disent des quolibets dignes d'eux, en tenant dans leurs mains des têtes de morts; le prince Hamlet répond à leurs grossièretés abominables par des folies non moins dégoûtantes. Pendant ce temps-là un des acteurs fait la conquête de la Pologne. Hamlet, sa mère et son beau-père boivent ensemble sur le théâtre: on chante à table, on s'y querelle, on se bat, on se tue; on croirait que cet ouvrage est le fruit de l'imagination

500

50

51

51

5

499-506 MS2: éclairée, plusieurs personnes firent même un complot d'aller éclatter de rire au moment ou l'ombre de Ninus paraît, Ils furent saisis et fremirent malgré eux. on a beau faire le coeur humain est dans la main de l'autheur même qu'on vient Insulter, Il est mené par degrez. et il cede à l'illusion puissante qui s'empare de luy. Les anglais ne croyent pas assurément plus que nous aux revenants, cependant

512 K: de la France et de l'Italie.
514 MS2, 49A, W38, W48D, W51, W52, W57P: maitresse croyant tuer
520 MS2: teâtre, on se querelle a table on se bat

[30] Lucan, De bello civili (Pharsalia), book III.
[31] Lessing among others compared the ghost of Ninus unfavourably to the ghost of Hamlet's father, see above, introduction, p.49-50.

d'un sauvage ivre. Mais parmi ces irrégularités grossières, qui rendent encore aujourd'hui le theâtre anglais si absurde et si barbare, on trouve dans Hamlet, par une bizarrerie encore plus grande, des traits sublimes, dignes des plus grands génies. Il semble que la nature se soit plu à rassembler dans la tête de Shakespeare, ce qu'on peut imaginer de plus fort et de plus grand, avec ce que la grossièreté sans esprit peut avoir de plus bas et de plus détestable. [32] 525

Il faut avouer que parmi les beautés qui étincellent au milieu de ces horribles extravagances, l'ombre du père d'Hamlet est un des coups de théâtre les plus frappants. Il fait toujours un grand effet sur les Anglais, je dis sur ceux qui sont les plus instruits, et qui sentent le mieux toute l'irrégularité de leur ancien théâtre. Cette ombre inspire plus de terreur à la seule lecture, que n'en fait l'apparition de Darius dans la tragédie d'Eschyle, intitulée les Perse. Pourquoi? Parce que Darius, dans Eschyle, ne paraît que pour annoncer les malheurs de la famille, [33] au lieu que dans Shakespeare, l'ombre du père d'Hamlet vient demander vengeance, vient révéler les crimes secrets; elle n'est ni inutile, ni amenée par force; elle sert à convaincre qu'il y a un pouvoir invisible, qui est le maître de la nature. Les hommes, qui ont tous un fonds de justice dans le cœur, souhaitent naturellement que le ciel s'intéresse à venger l'innocence: on verra avec plaisir en tout temps et en tout pays, qu'un être suprême s'occupe à punir les crimes de ceux que les hommes ne peuvent appeler en jugement; c'est une consolation pour le faible, c'est un frein pour le pervers qui est puissant. 530 535 540 545

> Du ciel, quand il le faut, la justice suprême
> Suspend l'ordre éternel établi par lui-même:
> Il permet à la mort d'interrompre ses lois,
> Pour l'effroi de la terre, et l'exemple des rois. [34] 550

529 MS2: beautés étonnantes qui

[32] On Voltaire's opinion of Shakespeare see Th. Besterman, 'Voltaire et Shakespeare', *SVEC* 54 (1967), and Gunny, *Voltaire and English literature*.
[33] A letter to the *Journal de Trévoux* of March 1750 asserted that the ghost of Darius plays a greater part in the Greek play than Voltaire realised.
[34] Cf. *Sémiramis*, III.ii.109-12.

Voilà ce que dit à Sémiramis le pontife de Babilone, et ce que le successeur de Samuël aurait pu dire à Saül, quand l'ombre de Samuël vint lui annoncer sa condamnation.[35]

Je vais plus avant, et j'ose affirmer, que lorsqu'un tel prodige est annoncé dans le commencement d'une tragédie, quand il est préparé, quand on est parvenu enfin jusqu'au point de le rendre nécessaire, de le faire désirer même par les spectateurs, il se place alors au rang des choses naturelles.

On sait bien que ces grands artifices ne doivent pas être prodigués. *Nes Deus intersit, nisi dignus vindice nodus.*[36] Je ne voudrais pas assurément, à l'imitation d'Euripide,[37] faire descendre Diane à la fin de la tragédie de Phèdre, ni Minerve dans l'Iphigénie en Tauride. Je ne voudrais pas, comme Shakespeare, faire apparaître à Brutus son mauvais génie. Je voudrais que de telles hardiesses ne fussent employées que quand elles servent à la fois à mettre dans la pièce de l'intrigue et de la terreur: et je voudrais, surtout que l'intervention de ces êtres surnaturels ne parût pas absolument nécessaire. Je m'explique: si le nœud d'un poème tragique est tellement embrouillé, qu'on ne puisse se tirer d'embarras que par le secours d'un prodige, le spectateur sent la gêne où l'auteur s'est mis, et la faiblesse de la ressource. Il ne voit qu'un écrivain qui se tire maladroitement d'un mauvais pas. Plus d'illusion, plus d'intérêt. *Quodcunque ostendis mihi, sic incredulus odi.*[38] Mais je suppose que l'auteur d'une tragédie se fût proposé pour but d'avertir les hommes, que Dieu punit quelquefois de

555

560

565

570

575

556-557   MS2: point de le faire desirer aux spectateurs
574   MS2: Mais il suppose que dans la Tragédie d'hamlet par example L'autheur se fut

[35] See I Samuel xxviii.
[36] 'Let no god intervene unless a knot become worthy of such a deliverer' (Horace, *Ars poetica*, line 191).
[37] This implied criticism of Euripides is not generally accepted. The scene between Diana and the dying Hyppolitus has been much admired.
[38] 'Whatever you thus show me I discredit and abhor' (Horace, *Ars poetica*, line 188).

grands crimes par des voies extraordinaires; je suppose que sa pièce fût conduite avec un tel art, que le spectateur attendit à tout moment l'ombre d'un prince assassiné, qui demande vengeance, sans que cette apparition fût une ressource absolument nécessaire à une intrigue embarrassée: je dis alors, que ce prodige, bien ménagé, ferait un très grand effet en toute langue, en tout temps et en tout pays. 580

Tel est, à peu près, l'artifice de la tragédie de Sémiramis, (aux beautés près, dont je n'ai pu l'orner). On voit dès la première scène, que tout doit se faire par le ministère céleste; tout roule, d'acte en acte, sur cette idée. C'est un Dieu vengeur, qui inspire à Sémiramis des remords qu'elle n'eût point eus dans ses prospérités, si les cris de Ninus même ne fussent venus l'épouvanter au milieu de sa gloire. C'est ce dieu qui se sert de ces remords mêmes qu'il lui donne, pour préparer son châtiment; et c'est de là même que résulte l'instruction qu'on peut tirer de la pièce. Les anciens avaient souvent dans leurs ouvrages le but d'établir quelque grande maxime; ainsi Sophocle finit son Œdipe, en disant, qu'il ne faut jamais appeler un homme heureux avant sa mort: ici toute la morale de la pièce est renfermée dans ces vers: 585 590 595

Il est donc des forfaits,
Que le courroux des dieux ne pardonne jamais. [39]

Maxime bien autrement importante que celle de Sophocle. Mais quelle instruction, dira-t-on, le commun des mortels peut-il tirer d'un crime si rare, et d'une punition plus rare encore? J'avoue que la catastrophe de Sémiramis n'arrivera pas souvent; mais ce qui arrive tous les jours se trouve dans les derniers vers de la pièce: 600

578 MS2: L'ombre d'hamlet, qui
589 MS2: de ses remords
590 MS2: châtiment: c'est luy qui la conduit par L'oracle de Ninus même dans le mausolée où elle doit expier son crime. et c'est

[39] *Sémiramis*, V.viii.260-61.

Apprenez tous, du moins,
Que les crimes secrets ont les dieux pour témoins. [40]

Il y a peu de familles sur la terre où l'on ne puisse quelquefois 605
s'appliquer ces vers; c'est par là que les sujets tragiques, les plus
au-dessus des fortunes communes, ont les rapports les plus vrais
avec les mœurs de tous les hommes.

Je pourrais, surtout, appliquer à la tragédie de Sémiramis la
morale par laquelle Euripide finit son Alceste, pièce dans laquelle 610
le merveilleux règne bien davantage: *Que les dieux emploient des
moyens étonnants pour exécuter leurs éternels décrets! Que les grands
événements qu'ils ménagent surpassent les idées des mortels!*

Enfin, Monseigneur, c'est uniquement parce que cet ouvrage
respire la morale la plus pure, et même la plus sévère, que je la 615
présente à votre Eminence. La véritable tragédie est l'école de la
vertu; et la seule différence qui soit entre le théâtre épuré et les
livres de morale, c'est que l'instruction se trouve dans la tragédie
toute en action; c'est qu'elle y est intéressante, et qu'elle se montre
relevée des charmes d'un art qui ne fut inventé autrefois que pour 620
instruire la terre, et pour bénir le ciel, et qui par cette raison, fut
appelé le langage des dieux. Vous qui joignez ce grand art à tant
d'autres, vous me pardonnez, sans doute, le long détail où je suis
entré, sur des choses qui n'avaient pas peut-être été encore tout à
fait éclaircies, et qui le seraient, si votre Eminence daignait me 625
communiquer ses lumières sur l'antiquité, dont elle a une si
profonde connaissance.

606   MS2: vers et c'est
611-612   MS2: employent de moyens
624-627   MS2: n'avoient [†*†] pas été encor aprofondies, et ie repeteray icy que la
seule excuse qu'un homme puisse avoir décrire c'est décrire quelque chose de nouveau
et D'utile. etc. [*in another hand, adds:* * *followed by* β *and*] (Variante lezione astrata del
to: 3° della opera Grammatiche di Voltaire in 1756. [*omits closing parenthesis*]

[40] *Sémiramis*, V.viii.273-74.

AVERTISSEMENT

Cette tragédie d'une espèce particulière, et qui demande un
appareil peu commun sur le théâtre de Paris, avait été demandée
par l'Infante d'Espagne Dauphine de France,[1] qui, rempli de
l'esprit des anciens, aimait les ouvrages de ce caractère. Si elle eût
vécu elle eût protégée les arts, et donné au théâtre plus de pompe et   5
de dignité.

a-6   MS1, 49A-51: [absent]

[1] Marie-Thérèse-Raphaële, daughter of Philip V of Spain and Elisabeth Farnese.

SÉMIRAMIS,
TRAGÉDIE

ACTEURS

SÉMIRAMIS, reine de Babilone.
ARZACE, ou NINIAS, fils de Sémiramis.
AZÉMA, princesse du sang de Bélus.
ASSUR, prince du sang de Bélus.
OROÈS, grand-prêtre.   5
OTANE, ministre attaché à Sémiramis.
MITRANE, ami d'Arzace.
CÉDAR, attaché à Assur.
Gardes, Mages, Esclaves, Suite.

a   W72P, K: PERSONNAGES
1-10   67, 77C: [with names of actors]
    1   All editions up to 67, 68A, 68B, W68, 73A, 77A, 77B: SÉMIRAMIS.//
    2   All editions up to 67, 68A, 68B, W68, 73A, 77A, 77B: ARZACE, ou
NINIAS.//
    10   77C: [adds] L'Ombre de Ninus

168

ACTE PREMIER

(*Le théâtre représente un vaste péristyle, au fond duquel est le palais de Sémiramis. Les jardins en terrasse sont élevés au-dessus du palais; le temple des mages est à droite, et un mausolée à gauche, orné d'obélisques.*)

SCÈNE PREMIÈRE
ARZACE, MITRANE

ARZACE

(*Deux esclaves portent une cassette dans le lointain.*)
Oui, Mitrane, en secret l'ordre émané du trône,
Remet, entre tes bras, Arzace à Babilone.
Que la reine en ces lieux brillants de sa splendeur,
De son puissant génie imprime la grandeur!
Quel art a pu former ces enceintes profondes,   5
Où l'Euphrate égaré porte en tribut ses ondes,
Ce temple, ces jardins dans les airs soutenus,
Ce vaste mausolée où repose Ninus?
Eternels monuments moins admirables qu'elle!
C'est ici qu'à ses pieds Sémiramis m'appelle.   10
Les rois de l'Orient, loin d'elle prosternés,
N'ont point eu ces honneurs qui me sont destinés:
Je vais dans son éclat voir cette reine heureuse.

MITRANE

La renommée, Arzace, est souvent bien trompeuse;
Et peut-être avec moi bientôt vous gémirez,   15
Quand vous verrez de près ce que vous admirez.

ARZACE

Comment?

MITRANE

Sémiramis à ses douleurs livrée,
Sème ici les chagrins dont elle est dévorée:
L'horreur qui l'épouvante est dans tous les esprits.
Tantôt remplissant l'air de ses lugubres cris,   20
Tantôt morne, abattue, égarée, interdite,
De quelque dieu vengeur évitant la poursuite,
Elle tombe à genoux vers ces lieux retirés,
A la nuit, au silence, à la mort consacrés;
Séjour où nul mortel n'osa jamais descendre,   25
Où de Ninus, mon maître, on conserve la cendre.
Elle approche à pas lents, l'air sombre, intimidé,
Et se frappant le sein de ses pleurs inondé.
A travers les horreurs d'un silence farouche,
Les noms de fils, d'époux échappent de sa bouche.   30
Elle invoque les dieux; mais les dieux irrités
Ont corrompu le cours de ses prospérités.

ARZACE

Quelle est d'un tel état l'origine imprévue?

MITRANE

L'effet en est affreux; la cause est inconnue.

ARZACE

Et depuis quand les dieux l'accablent-ils ainsi?   35

MITRANE

Du temps qu'elle ordonna que vous vinssiez ici.

ARZACE

Moi?

36 K: Depuis qu'elle

ACTE I, SCÈNE I

MITRANE

Vous; ce fut, seigneur, au milieu de ces fêtes,
Quand Babilone en feu célébrait vos conquêtes;
Lorsqu'on vit déployer ces drapeaux suspendus,
Monuments des Etats à vos armes rendus: 40
Lorsqu'avec tant d'éclat l'Euphrate vit paraître
Cette jeune Azéma, la nièce de mon maître,
Ce pur sang de Bélus, et de nos souverains,
Qu'aux Scythes ravisseurs ont arraché vos mains;
Ce trône a vu flétrir sa majesté suprême,   45
Dans des jours de triomphe, au sein du bonheur même.

ARZACE

Azéma n'a point part à ce trouble odieux:
Un seul de ses regards adoucirait les dieux.
Azéma d'un malheur ne peut être la cause;
Mais de tout, cependant, Sémiramis dispose;   50
Son cœur en ces horreurs n'est pas toujours plongé?

MITRANE

De ces chagrins mortels son esprit dégagé,
Souvent reprend sa force et sa splendeur première.
J'y revois tous les traits de cette âme si fière,
A qui les plus grands rois sur la terre adorés,   55
Même par leurs flatteurs ne sont pas comparés;
Mais lorsque succombant au mal qui la déchire,
Ses mains laissent flotter les rênes de l'empire,
Alors le fier Assur, ce satrape insolent,
Fait gémir le palais sous son joug accablant.   60
Ce secret de l'Etat, cette honte du trône,
N'ont point encore percé les murs de Babilone.
Ailleurs on nous envie, ici nous gémissons.

ARZACE

Pour les faibles humains quelles hautes leçons!

Que partout le bonheur est mêlé d'amertume! 65
Qu'un trouble aussi cruel m'agite et me consume!
Privé de ce mortel, dont les yeux éclairés
Auraient conduit mes pas à la cour égarés,
Accusant le destin qui m'a ravi mon père,
En proie aux passions d'un âge téméraire, 70
A mes vœux orgueilleux sans guide abandonné,
De quels écueils nouveaux je marche environné![1]

MITRANE

J'ai pleuré comme vous ce vieillard vénérable;
Phradate m'était cher, et sa perte m'accable:
Hélas! Ninus l'aimait; il lui donna son fils; 75
Ninias notre espoir à ses mains fut remis.
Un même jour ravit et le fils et le père;
Il s'imposa dès lors un exil volontaire;
Mais enfin son exil a fait votre grandeur.
Elevé près de lui dans les champs de l'honneur, 80
Vous avez à l'empire ajouté des provinces;
Et placé par la gloire au rang des plus grands princes,
Vous êtes devenu l'ouvrage de vos mains.

ARZACE

Je ne sais en ces lieux quels seront mes destins.
Aux plaines d'Arbazan quelques succès peut-être, 85
Quelques travaux heureux, m'ont assez fait connaître;
Et quand Sémiramis, aux rives de l'Oxus,
Vint imposer des lois à cent peuples vaincus,

82   MS1: Elevé par

[1] D3790 to d'Argental, 17 October 1748, has a first draft for Arzace's speech with which Voltaire was dissatisfied: 'Que le plus tendre amour et le plus noble orgueil / Me préparent peutêtre un redoutable écueil: / Le fier ambitieux sensible téméraire [etc.] / J'attendois des conseils de Phradate mon père [etc.]'. The text substituted by Voltaire is that finally adopted for lines 67-72 with slight modifications.

Elle laissa tomber, de son char de victoire,
Sur mon front jeune encore, un rayon de sa gloire: 90
Mais souvent dans les camps un soldat honoré
Rampe à la cour des rois, et languit ignoré.
Mon père en expirant me dit que ma fortune
Dépendait en ces lieux de la cause commune.
Il remit dans mes mains ces gages précieux,   95
Qu'il conserva toujours loin des profanes yeux;
Je dois les déposer dans les mains du grand-prêtre;
Lui seul doit en juger, lui seul doit les connaître;
Sur mon sort en secret je dois le consulter;
A Sémiramis même il peut me présenter.   100

MITRANE

Rarement il l'approche; obscur et solitaire,
Renfermé dans les soins de son saint ministère,
Sans vaine ambition, sans crainte, sans détour,
On le voit dans son temple, et jamais à la cour.
Il n'a point affecté l'orgueil du rang suprême,   105
Ni placé sa tiare auprès du diadème.
Moins il veut être grand, plus il est révéré.
Quelque accès m'est ouvert en ce séjour sacré;
Je puis même en secret lui parler à cette heure.
Vous le verrez ici, non loin de sa demeure,   110
Avant qu'un jour plus grand vienne éclairer nos yeux.

SCÈNE II

ARZACE *seul.*

Eh! quelle est donc sur moi la volonté des dieux!
Que me réservent-ils? et d'où vient que mon père
M'envoie en expirant aux pieds du sanctuaire?

111   MS1: éclairer vos yeux

173

Moi soldat, moi nourri dans l'horreur des combats,   11*
Moi, qu'enfin l'amour seul entraîne sur ses pas!
Aux dieux des Chaldéens quel service ai-je à rendre?
Mais quelle voix plaintive ici se fait entendre?
(*On entend des gémissements sortir du fond du tombeau, où l'on suppose qu'ils sont entendus.*)
Du fond de cette tombe, un cri lugubre, affreux,
Sur mon front pâlissant fait dresser mes cheveux;   12
De Ninus, m'a-t-on dit, l'ombre en ces lieux habite...
Les cris ont redoublé, mon âme est interdite.
Séjour sombre et sacré, mânes de ce grand roi,
Voix puissante des dieux, que voulez-vous de moi?

SCÈNE III

ARZACE, LE GRAND MAGE OROÈS, SUITE DE MAGES, MITRANE

MITRANE *au mage Oroès.*

Oui, seigneur, en vos mains Arzace ici doit rendre   1
Ces monuments secrets que vous semblez attendre.

ARZACE

Du dieu des Chaldéens pontife redouté,
Permettez qu'un guerrier à vos yeux présenté,
Apporte à vos genoux la volonté dernière
D'un père à qui mes mains ont fermé la paupière.
Vous daignâtes l'aimer.

OROÈS

        Jeune et brave mortel,
D'un dieu qui conduit tout, le décret éternel

125   MS1: en ces lieux Arsace
126   MS1: Les monuments secrets que vous devez attendre

174

Vous amène à mes yeux plus que l'ordre d'un père.
De Phradate, à jamais, la mémoire m'est chère;
Son fils me l'est encor plus que vous ne croyez. 135
Ces gages précieux, par son ordre envoyés,
Où sont-ils?

ARZACE

Les voici.
(*Les esclaves donnent le coffre aux deux mages, qui le posent sur un autel.*)

OROÈS *ouvrant le coffre, et se penchant avec respect et avec douleur.*

C'est donc vous que je touche,
Restes chers et sacrés, je vous vois, et ma bouche
Presse avec des sanglots ces tristes monuments,
Qui m'arrachant des pleurs attestent mes serments: 140
Que l'on nous laisse seuls; allez: et vous, Mitrane,
De ce secret mystère écartez tout profane.
(*Les mages se retirent.*)
Voici ce même sceau, dont Ninus autrefois
Transmit aux nations l'empreinte de ses lois:
Je la vois, cette lettre à jamais effrayante, 145
Que prête à se glacer traça sa main mourante.
Adorez ce bandeau, dont il fut couronné;
A venger son trépas ce fer est destiné,
Ce fer qui subjugua la Perse et la Médie,
Inutile instrument contre la perfidie, 150
Contre un poison trop sûr, dont les mortels apprêts...

ARZACE

Ciel! que m'apprenez-vous?

OROÈS

Ces horribles secrets

Sont encore demeurés dans une nuit profonde.
Du sein de ce sépulcre inaccessible au monde,
Les mânes de Ninus, et les dieux outragés,   15
Ont élevé leurs voix, et ne sont point vengés.

ARZACE

Jugez de quelle horreur j'ai dû sentir l'atteinte.
Ici même, et du fond de cette auguste enceinte,
D'affreux gémissements sont vers moi parvenus.

OROÈS

Ces accents de la mort sont la voix de Ninus.   1€

ARZACE

Deux fois à mon oreille ils se sont fait entendre.

OROÈS

Ils demandent vengeance.

ARZACE

                                        Il a droit de l'attendre;
Mais de qui?

OROÈS

                        Les cruels, dont les coupables mains
Du plus juste des rois ont privé les humains,
Ont de leur trahison caché la trame impie;   I
Dans la nuit de la tombe elle est ensevelie.
Aisément des mortels ils ont séduit les yeux;[2]
Mais on ne peut tromper l'œil vigilant des dieux,

---

[2] K mistakenly alleges (p.434) that early editions gave the reading 'Ils ont trompé les yeux', also found in many nineteenth-century editions. This erroneous reading was actually preferred by La Harpe in his *Commentaire sur le Théâtre de Voltaire*.

Des plus obscurs complots il perce les abîmes.

ARZACE

Ah! si ma faible main pouvait punir ces crimes!   170
Je ne sais; mais l'aspect de ce fatal tombeau,
Dans mes sens étonnés porte un trouble nouveau.
Ne puis-je y consulter ce roi qu'on y révère?

OROÈS

Non, le ciel le défend; un oracle sévère
Nous interdit l'accès de ce séjour de pleurs,   175
Habité par la mort, et par des dieux vengeurs.
Attendez avec moi le jour de la justice;
Il est temps qu'il arrive, et que tout s'accomplisse.
Je n'en peux dire plus; des pervers éloigné,
Je lève en paix mes mains vers le ciel indigné.   180
Sur ce grand intérêt, qui peut-être vous touche,
Ce ciel, quand il lui plaît, ouvre et ferme ma bouche.
J'ai dit ce que j'ai dû; tremblez qu'en ces remparts,
Une parole, un geste, un seul de vos regards,
Ne trahisse un secret que mon dieu vous confie.   185
Il y va de sa gloire, et du sort de l'Asie,
Il y va de vos jours. Vous, mages, approchez;
Que ces chers monuments sous l'autel soient cachés.
    (*La grande porte du palais s'ouvre, et se remplit de gardes.*
    Assur paraît avec sa suite d'un autre côté.)
Déjà le palais s'ouvre, on entre chez la reine;
Vous voyez cet Assur, dont la grandeur hautaine   190
Traîne ici sur ses pas un peuple de flatteurs.
A qui, dieu tout-puissant, donnez-vous les grandeurs?

169   MSI: ils percent les
179   K: n'en puis dire

O monstre!

ARZACE

Quoi, seigneur!

OROÈS

           Adieu. Quand la nuit sombre
Sur ces coupables murs viendra jeter son ombre,
Je pourrai vous parler en présence des dieux.   195
Redoutez-les, Arzace: ils ont sur vous les yeux.

SCÈNE IV

ARZACE *sur le devant du théâtre, avec* MITRANE, *qui reste auprès de lui.* ASSUR *vers un des côtés; avec* CÉDAR *et sa suite.*

ARZACE

De tout ce qu'il m'a dit, que mon âme est émue!
Quels crimes! quelle cour! et qu'elle est peu connue!
Quoi! Ninus, quoi! mon maître est mort empoisonné!
Et je ne vois que trop qu'Assur est soupçonné.   20

MITRANE *approchant d'Arzace.*

Des rois de Babilone Assur tient sa naissance;
Sa fière autorité veut de la déférence;
La reine le ménage, on craint de l'offenser,
Et l'on peut sans rougir devant lui s'abaisser.

ARZACE

Devant lui?

ASSUR *dans l'enfoncement, à Cédar.*

Me trompé-je, Arzace à Babilone?   2c

195   MS1: Je pourrais

Sans mon ordre! qui? lui! Tant d'audace m'étonne.

ARZACE

Quel orgueil!

ASSUR

Approchez; quels intérêts nouveaux
Vous font abandonner vos camps et vos drapeaux?
Des rives de l'Oxus quel sujet vous amène?

ARZACE

Mes services, seigneur, et l'ordre de la reine.   210

ASSUR

Quoi! la reine vous mande?

ARZACE

Oui.

ASSUR

Mais savez-vous bien
Que pour avoir son ordre on demande le mien?

ARZACE

Je l'ignorais, seigneur, et j'aurais pensé même
Blesser, en le croyant, l'honneur du diadème.
Pardonnez, un soldat est mauvais courtisan.   215
Nourri dans la Scythie, aux plaines d'Arbazan,
J'ai pu servir la cour, et non pas la connaître.

ASSUR

L'âge, le temps, les lieux vous l'apprendront peut-être;
Mais ici par moi seul aux pieds du trône admis,
Que venez-vous chercher près de Sémiramis?   220

ARZACE

J'ose lui demander le prix de mon courage,
L'honneur de la servir.

ASSUR

Vous osez davantage.
Vous ne m'expliquez pas vos vœux présomptueux;
Je sais pour Azéma vos desseins et vos feux.

ARZACE

Je l'adore, sans doute, et son cœur où j'aspire,   225
Est d'un prix à mes yeux au-dessus de l'empire:
Et mes profonds respects, mon amour...

ASSUR

Arrêtez.
Vous ne connaissez pas à qui vous insultez.
Qui? vous, associer la race d'un Sarmate
Au sang des demi-dieux du Tigre et de l'Euphrate?   230
Je veux bien par pitié vous donner un avis;
Si vous osez porter jusqu'à Sémiramis
L'injurieux aveu que vous osez me faire,
Vous m'avez entendu, frémissez, téméraire:
Mes droits impunément ne sont pas offensés.   235

ARZACE

J'y cours de ce pas même, et vous m'enhardissez:
C'est l'effet que sur moi fit toujours la menace.
Quels que soient en ces lieux les droits de votre place,
Vous n'avez pas celui d'outrager un soldat,
Qui servit et la reine, et vous-même, et l'Etat.   240
Je vous parais hardi, mon feu peut vous déplaire;
Mais vous me paraissez cent fois plus téméraire,
Vous, qui sous votre joug prétendant m'accabler,

Vous croyez assez grand pour m'avoir fait trembler.

ASSUR

Pour vous punir peut-être: et je vais vous apprendre,   245
Quel prix de tant d'audace un sujet doit attendre.

ARZACE

Tous deux nous l'apprendrons.

SCÈNE V

SÉMIRAMIS *paraît dans le fond,* *appuyée sur ses femmes*:
OTANE *son confident va au-devant d'Assur*: ASSUR,
ARZACE, MITRANE

OTANE

                    Seigneur, quittez ces lieux;
La reine en ce moment se cache à tous les yeux.
Respectez les douleurs de son âme éperdue.
Dieux, retirez la main sur sa tête étendue.   250

ARZACE

Que je la plains!

ASSUR *à l'un des siens.*

              Sortons; et sans plus consulter,
De ce trouble inouï songeons à profiter.
(Sémiramis avance sur la scène.)

244   K: pour me faire trembler
251   MSI: [*with stage direction*] (*Il sort.*)

OTANE *revenant à Sémiramis.*

O reine, rappelez votre force première;[3]
Que vos yeux sans horreur s'ouvrent à la lumière.

SÉMIRAMIS

O voiles de la mort, quand viendrez-vous couvrir   255
Mes yeux remplis de pleurs, et lassés de s'ouvrir?
  (*Elle marche éperdue sur la scène, croyant voir l'ombre de
  Ninus.*)
Abîmes, fermez-vous, fantôme horrible, arrête:
Frappe, ou cesse à la fin de menacer ma tête.
Arzace est-il venu?

OTANE

          Madame, en cette cour,
Arzace auprès du temple a devancé le jour.   260

SÉMIRAMIS

Cette voix formidable, infernale, ou céleste,
Qui dans l'ombre des nuits pousse un cri si funeste,
M'avertit que le jour qu'Arzace doit venir,
Mes douloureux tourments seront prêts à finir.

OTANE

Au sein de ces horreurs goûtez donc quelque joie;   265
Espérez dans ces dieux, dont le bras se déploie.

SÉMIRAMIS

Arzace est dans ma cour!... Ah! je sens qu'à son nom
L'horreur de mon forfait trouble moins ma raison.

[3] Cf. *Eriphyle*, I.i.83-84:
  Princesse, rappelez votre force première;
  Que vos yeux, sans horreur, s'ouvrent à la lumière.

OTANE

Perdez-en pour jamais l'importune mémoire;
Que de Sémiramis les beaux jours pleins de gloire   270
Effacent ce moment heureux ou malheureux,
Qui d'un fatal hymen brisa le joug affreux.
Ninus en vous chassant de son lit et du trône,
En vous perdant, Madame, eût perdu Babilone.
Pour le bien des mortels vous prévîntes ses coups;   275
Babilone et la terre avaient besoin de vous;
Et quinze ans de vertus et de travaux utiles,
Les arides déserts par vous rendus fertiles,
Les sauvages humains soumis au frein des lois,
Les arts dans nos cités naissant à votre voix,   280
Ces hardis monuments, que l'univers admire,
Les acclamations de ce puissant empire,
Sont autant de témoins, dont le cri glorieux
A déposé pour vous au tribunal des dieux.
Enfin, si leur justice emportait la balance,   285
Si la mort de Ninus excitait leur vengeance,
D'où vient qu'Assur ici brave en paix leur courroux?
Assur fut en effet plus coupable que vous;
Sa main, qui prépara le breuvage homicide,
Ne tremble point pourtant, et rien ne l'intimide.   290

SÉMIRAMIS

Nos destins, nos devoirs étaient trop différents;
Plus les nœuds sont sacrés, plus les crimes sont grands.
J'étais épouse, Otane, et je suis sans excuse;
Devant les dieux vengeurs mon désespoir m'accuse.
J'avais cru que ces dieux justement offensés,   295
En m'arrachant mon fils, m'avaient punie assez;
Que tant d'heureux travaux rendaient mon diadème,
Ainsi qu'au monde entier, respectable au ciel même.

292   w48D, w52, w57P: Plus des nœuds

Mais depuis quelques mois, ce spectre furieux
Vient affliger mon cœur, mon oreille, mes yeux;   300
Je me traîne à la tombe, où je ne puis descendre;
J'y révère de loin cette fatale cendre;
Je l'invoque en tremblant: des sons, des cris affreux,
De longs gémissements répondent à mes vœux.
D'un grand événement je me vois avertie,   305
Et peut-être il est temps que le crime s'expie.

OTANE

Mais est-il assuré que ce spectre fatal
Soit en effet sorti du séjour infernal?
Souvent de ses erreurs notre âme est obsédée;
De son ouvrage même elle est intimidée,   310
Croit voir ce qu'elle craint, et dans l'horreur des nuits,
Voit enfin les objets qu'elle-même a produits.

SÉMIRAMIS

Je l'ai vu; ce n'est point une erreur passagère,
Qu'enfante du sommeil la vapeur mensongère;
Le sommeil à mes yeux refusant ses douceurs,   315
N'a point sur mes esprits répandu ses erreurs.[4]
Je veillais, je pensais au sort qui me menace,
Lorsqu'au bord de mon lit j'entends nommer Arzace.
Ce nom me rassurait: tu sais quel est mon cœur.
Assur depuis un temps l'a pénétré d'horreur.   320
Je frémis quand il faut ménager mon complice:
Rougir devant ses yeux est mon premier supplice;
Et je déteste en lui cet avantage affreux,
Que lui donne un forfait qui nous unit tous deux.

---

[4] Cf. *Eriphyle*, I.ii.91-94:
  Je l'ai vu, ce n'est point une erreur passagère
  Que produit du sommeil la vapeur mensongère:
  Le sommeil à mes yeux refusant ses douceurs,
  N'a point sur mon esprit répandu ses erreurs.

Je voudrais... mais faut-il, dans l'état qui m'opprime,   325
Par un crime nouveau punir sur lui mon crime?
Je demandais Arzace, afin de l'opposer
Au complice odieux qui pense m'imposer;
Je m'occupais d'Arzace, et j'étais moins troublée.
Dans ces moments de paix, qui m'avaient consolée,   330
Ce ministre de mort a reparu soudain,
Tout dégouttant de sang, et le glaive à la main:
Je crois le voir encor, je crois encor l'entendre.
Vient-il pour me punir, vient-il pour me défendre?
Arzace au moment même arrivait dans ma cour;   335
Le ciel à mon repos a réservé ce jour:
Cependant toute en proie au trouble qui me tue,
La paix ne rentre point dans mon âme abattue.
Je passe à tout moment de l'espoir à l'effroi.
Le fardeau de la vie est trop pesant pour moi.   340
Mon trône m'importune, et ma gloire passée
N'est qu'un nouveau tourment de ma triste pensée.
J'ai nourri mes chagrins, sans les manifester;
Ma peur m'a fait rougir. J'ai craint de consulter
Ce mage révéré, que chérit Babilone,   345
D'avilir devant lui la majesté du trône,
De montrer une fois, en présence du ciel,
Sémiramis tremblante aux regards d'un mortel.
Mais j'ai fait en secret, moins fière ou plus hardie,
Consulter Jupiter aux sables de Libie,   350
Comme si loin de nous le dieu de l'univers
N'eût mis la vérité qu'au fond de ces déserts.
Le dieu qui s'est caché dans cette sombre enceinte,
A reçu dès longtemps mon hommage et ma crainte.
J'ai comblé ses autels et de dons et d'encens.   355
Répare-t-on le crime, hélas, par des présents?
De Memphis aujourd'hui j'attends une réponse.

SCÈNE VI

SÉMIRAMIS, OTANE, MITRANE

MITRANE

Aux portes du palais, en secret on annonce
Un prêtre de l'Egypte, arrivé de Memphis.

SÉMIRAMIS

Je verrai donc mes maux ou comblés ou finis.   360
Allons, cachons, surtout, au reste de l'empire,
Le trouble humiliant dont l'horreur me déchire;
Et qu'Arzace à l'instant à mon ordre rendu,
Puisse apporter le calme à ce cœur éperdu.

Fin du premier acte.

ACTE II

SCÈNE PREMIÈRE

ARZACE, AZÉMA

AZÉMA

Arzace, écoutez-moi; cet empire indompté
Vous doit son nouveau lustre, et moi ma liberté.
Quand les Scythes vaincus réparant leurs défaites,
S'élancèrent sur nous de leurs vastes retraites,
Quand mon père en tombant me laissa dans leurs fers,   5
Vous seul portant la foudre au fond de leurs déserts,
Brisâtes mes liens, remplîtes ma vengeance.
Je vous dois tout; mon cœur en est la récompense:
Je ne serai qu'à vous; mais notre amour nous perd.
Votre cœur généreux, trop simple et trop ouvert,   10
A cru qu'en cette cour, ainsi qu'en votre armée,
Suivi de vos exploits, et de la renommée,
Vous pouviez déployer, sincère impunément,
La fierté d'un héros, et le cœur d'un amant.
Vous outragez Assur, vous devez le connaître;   15
Vous ne pouvez le perdre, il menace, il est maître;
Il abuse en ces lieux de son pouvoir fatal;
Il est inexorable, il est votre rival.

ARZACE

Il vous aime! qui? lui?

AZÉMA

         Ce cœur sombre et farouche,
Qui hait toute vertu, qu'aucun charme ne touche,   20
Ambitieux esclave, et tyran tour à tour,

S'est-il flatté de plaire, et connaît-il l'amour?
Des rois assyriens comme lui descendue,
Et plus près de ce trône, où je suis attendue,
Il pense en m'immolant à ses secrets desseins,   25
Appuyer de mes droits ses droits trop incertains.
Pour moi si Ninias, à qui, dès sa naissance,
Ninus m'avait donnée aux jours de mon enfance,
Si l'héritier du sceptre à moi seule promis,
Voyait encor le jour près de Sémiramis,   30
S'il me donnait son cœur, avec le rang suprême,
J'en atteste l'amour, j'en jure par vous-même,
Ninias me verrait préférer aujourd'hui
Un exil avec vous, à ce trône avec lui.
Les campagnes du Scythe, et ses climats stériles,   35
Pleins de votre grand nom, sont d'assez doux asiles.
Le sein de ces déserts, où naquit notre amour,
Est pour moi Babilone, et deviendra ma cour.
Peut-être l'ennemi, que cet amour outrage,
A ce doux châtiment ne borne point sa rage.   40
J'ai démêlé son âme, et j'en vois la noirceur;
Le crime, ou je me trompe, étonne peu son cœur.
Votre gloire déjà lui fait assez d'ombrage;
Il vous craint, il vous hait.

ARZACE

        Je le hais davantage;
Mais je ne le crains pas, étant aimé de vous.   45
Conservez vos bontés, je brave son courroux.
La reine entre nous deux tient au moins la balance.
Je me suis vu d'abord admis en sa présence;
Elle m'a fait sentir, à ce premier accueil,
Autant d'humanité, qu'Assur avait d'orgueil;   50
Et relevant mon front, prosterné vers son trône,

46   MSI: Ménagez vos

188

M'a vingt fois appelé l'appui de Babilone.
Je m'entendais flatter, de cette auguste voix,
Dont tant de souverains ont adoré les lois;
Je la voyais franchir cet immense intervalle,   55
Qu'a mis entre elle et moi la majesté royale:
Que j'en étais touché! qu'elle était à mes yeux
La mortelle, après vous, la plus semblable aux dieux!

AZÉMA

Si la reine est pour nous, Assur en vain menace;
Je ne crains rien.

ARZACE

                    J'allais plein d'une noble audace,   60
Mettre à ses pieds mes vœux jusqu'à vous élevés,
Qui révoltent Assur, et que vous approuvez.
Un prêtre de l'Egypte approche au moment même,
Des oracles d'Ammon portant l'ordre suprême.
Elle ouvre le billet d'une tremblante main,   65
Fixe les yeux sur moi, les détourne soudain,
Laisse couler des pleurs, interdite, éperdue,
Me regarde, soupire, et s'échappe à ma vue.
On dit qu'au désespoir son grand cœur est réduit,
Que la terreur l'accable, et qu'un dieu la poursuit.   70
Je m'attendris sur elle; et je ne puis comprendre,
Qu'après plus de quinze ans, soigneux de la défendre,
Le ciel la persécute, et paraisse outragé.
Qu'a-t-elle fait aux dieux? d'où vient qu'ils ont changé?

AZÉMA

On ne parle en effet que d'augures funestes,   75
De mânes en courroux, de vengeances célestes.
Sémiramis troublée a semblé, quelques jours,

55   MS1: cette immense

Des soins de son empire abandonner le cours:
Et j'ai tremblé qu'Assur, en ces jours de tristesse,
Du palais effrayé n'accablât la faiblesse.   8o
Mais la reine a paru, tout s'est calmé soudain,
Tout a senti le poids du pouvoir souverain.
Si déjà de la cour mes yeux ont quelque usage,
La reine hait Assur, l'observe, le ménage:
Ils se craignent l'un l'autre, et tout prêts d'éclater,   8
Quelque intérêt secret semble les arrêter.
J'ai vu Sémiramis à son nom courroucée:
La rougeur de son front trahissait sa pensée;
Son cœur paraissait plein d'un long ressentiment;
Mais souvent à la cour tout change en un moment.   9
Retournez, et parlez.

ARZACE

                        J'obéis; mais j'ignore
Si je puis à son trône être introduit encore.

AZÉMA

Ma voix secondera mes vœux et votre espoir;
Je fais de vous aimer ma gloire et mon devoir.
Que de Sémiramis on adore l'empire,   ç
Que l'Orient vaincu la respecte et l'admire,
Dans mon triomphe heureux j'envierai peu les siens.
Le monde est à ses pieds, mais Arzace est aux miens.
Allez. Assur paraît.

ARZACE

                    Qui? ce traître? à sa vue,
D'une invincible horreur je sens mon âme émue.

SCÈNE II

ASSUR, CÉDAR, ARZACE, AZÉMA

ASSUR *à Cédar.*

Va, dis-je, et vois enfin si les temps sont venus
De lui porter des coups trop longtemps retenus.
(*Cédar sort.*)
Quoi, je le vois encore, il brave encore ma haine?

ARZACE

Vous voyez un sujet protégé par sa reine.

ASSUR

Elle a daigné vous voir; mais vous a-t-elle appris   105
De l'orgueil d'un sujet quel est le digne prix?
Savez-vous qu'Azéma, la fille de vos maîtres,
Ne doit unir son sang qu'au sang de ses ancêtres?
Et que de Ninias épouse en son berceau

100b-117   49A, W38, W48D, W51, W56, W57G, W57P:
ASSUR, ARZACE, AZÉMA
ASSUR *à Arsace.*
Un accueil que les rois ont vainement brigué
Quand vous avez paru, vous est donc prodigué
Vous avez en secret entretenu la Reine;
Mais vous a-t-elle dit que votre audace vaine
Est un outrage au trône, à mon honneur, au sien;   5
Que le sort d'Azéma ne peut s'unir qu'au mien,
Qu'à Ninias jadis Azéma fut donnée;
Qu'aux seuls enfants des rois sa main est destinée;
Que du fils de Ninus le droit m'est assuré
Qu'entre le trône et moi je ne vois qu'un degré?   10
La Reine a-t-elle enfin daigné du moins vous dire,
Dans quel piège en ces lieux votre orgueil vous attire,
Et que

ARZACE

Je sais que Ninias, seigneur, est au tombeau,
Que son père avec lui mourut d'un coup funeste;
Il me suffit.

ASSUR

Eh bien, apprenez donc le reste.
Sachez que de Ninus le droit m'est assuré,
Qu'entre son trône et moi je ne vois qu'un degré,
Que la reine m'écoute, et souvent sacrifie
A mes justes conseils un sujet qui s'oublie;
Et que tous vos respects ne pourront effacer
Les téméraires vœux qui m'osaient offenser.

ARZACE

Instruit à respecter le sang qui vous fit naître,
Sans redouter en vous l'autorité d'un maître,
Je sais ce qu'on vous doit, surtout en ces climats,
Et je m'en souviendrais, si vous n'en parliez pas.
Vos aïeux, dont Bélus a fondé la noblesse,
Sont votre premier droit au cœur de la princesse.
Vos intérêts présents, le soin de l'avenir,
Le besoin de l'Etat, tout semble vous unir.
Moi, contre tant de droits, qu'il me faut reconnaître,
J'ose en opposer un qui les vaut tous peut-être:
J'aime: et j'ajouterais, seigneur, que mon secours
A vengé ses malheurs, a défendu ses jours,
A soutenu ce trône où son destin l'appelle,
Si j'osais, comme vous, me vanter devant elle.
Je vais remplir son ordre à mon zèle commis;
Je n'en reçois que d'elle, et de Sémiramis.
L'Etat peut quelque jour être en votre puissance;
Le ciel donne souvent des rois dans sa vengeance:
Mais il vous trompe au moins dans l'un de vos projets,
Si vous comptez Arzace au rang de vos sujets.

ASSUR

Tu combles la mesure, et tu cours à ta perte.

SCÈNE III

ASSUR, AZÉMA

ASSUR

Madame: son audace est trop longtemps soufferte.   140
Mais puis-je en liberté m'expliquer avec vous,
Sur un sujet plus noble et plus digne de nous?

AZÉMA

En est-il? mais parlez.

ASSUR

       Bientôt l'Asie entière
Sous vos pas et les miens ouvre une autre carrière:
Les faibles intérêts doivent peu nous frapper;   145
L'univers nous appelle, et va nous occuper.
Sémiramis n'est plus que l'ombre d'elle-même;
Le ciel semble abaisser cette grandeur suprême:
Cet astre si brillant, si longtemps respecté,
Penche vers son déclin, sans force et sans clarté.[1]   150
On le voit, on murmure, et déjà Babilone
Demande à haute voix un héritier du trône.
Ce mot en dit assez; vous connaissez mes droits;
Ce n'est point à l'amour à nous donner des rois.
Non qu'à tant de beautés mon âme inaccessible,   155
Se fasse une vertu de paraître insensible;
Mais pour vous et pour moi, j'aurais trop à rougir,
Si le sort de l'Etat dépendait d'un soupir.

[1] Cf. D3790, where Voltaire, tinkering with the rôle of Assur, suggests an alternative reading for lines 140-143 and 144-145.

Un sentiment plus digne, et de l'un et de l'autre,
Doit gouverner mon sort, et commander au vôtre.   160
Vos aïeux sont les miens, et nous les trahissons;
Nous perdons l'univers, si nous nous divisons. [2]
Je peux vous étonner; cet austère langage
Effarouche aisément les grâces de votre âge;
Mais je parle aux héros, aux rois dont vous sortez,   165
A tous ces demi-dieux que vous représentez.
Longtemps foulant aux pieds leur grandeur et leur cendre,
Usurpant un pouvoir où nous devons prétendre,
Donnant aux nations, ou des lois, ou des fers,
Une femme imposa silence à l'univers.   170
De sa grandeur qui tombe affermissez l'ouvrage;
Elle eut votre beauté, possédez son courage.
L'amour à vos genoux ne doit se présenter,
Que pour vous rendre un sceptre, et non pour vous l'ôter.
C'est ma main qui vous l'offre; et du moins je me flatte,   175
Que vous n'immolez pas à l'amour d'un Sarmate,
La majesté d'un nom qu'il vous faut respecter,
Et le trône du monde où vous devez monter.

AZÉMA

Reposez-vous sur moi, sans insulter Arzace,
Du soin de maintenir la splendeur de ma race.   180
Je défendrai, surtout, quand il en sera temps,
Les droits que m'ont transmis les rois dont je descends.
Je connais nos aïeux: mais après tout j'ignore,
Si parmi ces héros, que l'Assyrie adore,
Il en est un plus grand, plus chéri des humains,   18
Que ce même Sarmate, objet de vos dédains.
Aux vertus, croyez-moi, rendez plus de justice:

---

[2] Cf. *Eriphyle*, II.v.223-24:
  Vos aïeux et les miens, les dieux dont nous sortons,
  Cet Etat périssant sinon nous divisons

Pour moi quand il faudra que l'hymen m'asservisse,
C'est à Sémiramis à faire mes destins;
Et j'attendrai, seigneur, un maître de ses mains.   190
J'écoute peu ces bruits, que le peuple répète,
Echos tumultueux d'une voix plus secrète.
J'ignore si vos chefs, aux révoltes poussés,
De servir une femme en secret sont lassés.
Je les vois à ses pieds baisser leur tête altière;   195
Ils peuvent murmurer, mais c'est dans la poussière.
Les dieux, dit-on, sur elle ont étendu leur bras:
J'ignore son offense, et je ne pense pas,
Si le ciel a parlé, seigneur, qu'il vous choisisse,
Pour annoncer son ordre, et servir sa justice.   200
Elle règne en un mot. Et vous qui gouvernez,
Vous prenez à ses pieds les lois que vous donnez;
Je ne connais ici que son pouvoir suprême;
Ma gloire est d'obéir; obéissez de même.

SCÈNE IV

ASSUR, CÉDAR

ASSUR

Obéir! ah! ce mot fait trop rougir mon front;   205
J'en ai trop dévoré l'insupportable affront.
Parle, as-tu réussi? Ces semences de haine,
Que nos soins en secret cultivaient avec peine,
Pourront-elles porter, au gré de ma fureur,
Les fruits que j'en attends de discorde et d'horreur?   210

CÉDAR

J'ose espérer beaucoup. Le peuple enfin commence
A sortir du respect, et de ce long silence,
Où le nom, les exploits, l'art de Sémiramis,
Ont enchaîné les cœurs étonnés et soumis.

On veut un successeur au trône d'Assyrie;   215
Et quiconque, seigneur, aime encore la patrie,
Ou qui gagné par moi se vante de l'aimer,
Dit qu'il nous faut un maître, et qu'il faut vous nommer.

ASSUR

Chagrins toujours cuisants! honte toujours nouvelle!
Quoi! ma gloire, mon rang, mon destin dépend d'elle!   220
Quoi! j'aurai fait mourir et Ninus et son fils,
Pour ramper le premier devant Sémiramis,
Pour languir dans l'éclat d'une illustre disgrâce,
Près du trône du monde à la seconde place!
La reine se bornait à la mort d'un époux;   225
Mais j'étendis plus loin ma fureur et mes coups.
Ninias en secret privé de la lumière,
Du trône où j'aspirais m'entrouvrait la barrière,
Quand sa puissante main la ferma sous mes pas. [3]
C'est en vain que flattant l'orgueil de ses appas,   230
J'avais cru chaque jour prendre sur sa jeunesse
Cet heureux ascendant, que les soins, la souplesse,
L'attention, le temps, savent si bien donner
Sur un cœur sans dessein, facile à gouverner. [4]

[3] Cf. *Eriphyle*, III.i.26-29:
    Son époux et son fils, privés de la lumière,
    Du trône à mon courage entr'ouvrant la barrière,
    Quand la main de nos dieux la ferma sous mes pas.
An earlier version of line 229 had evidently read 'son adroite main': see D3727.
  [4] Cf. *Eriphyle*, III.i.13-16:
    A la reine engagé, je pris sur sa jeunesse
    Cet heureux ascendant que les soins, la souplesse,
    L'attention, le temps, savent si bien donner
    Sur un cœur sans dessein, facile à gouverner.
Lines 228-230, together with lines 290-291 of Sémiramis's response, were suppressed
by Crébillon, to Voltaire's indignation: see D3737. He managed to have them
reinstated with the help of Berryer who wrote on 31 August 1748: 'Quant à l'endroit
de votre pièce où le censeur a retranché quelques vers, je parlerai aux comédiens pour

Je connus mal cette âme inflexible et profonde;   235
Rien ne la put toucher que l'empire du monde.
Elle en parut trop digne, il le faut avouer:
Je suis dans mes fureurs contraint à la louer.
Je la vis retenir, dans ses mains assurées,
De l'Etat chancelant les rênes égarées,   240
Apaiser le murmure, étouffer les complots,
Gouverner en monarque, et combattre en héros.
Je la vis captiver et le peuple et l'armée.
Ce grand art d'imposer même à la renommée,
Fut l'art qui sous son joug enchaîna les esprits;   245
L'univers à ses pieds demeure encore surpris.
Que dis-je? sa beauté, ce flatteur avantage,
Fit adorer les lois qu'imposa son courage;
Et quand dans mon dépit j'ai voulu conspirer,
Mes amis consternés n'ont su que l'admirer.   250

250-269   49A-w51:

                                            l'admirer.
     Mais le charme est rompu, ce grand pouvoir chancelle.
     Son génie égaré semble s'éloigner d'elle.
     Un vain remords la trouble, et sa crédulité
     A depuis quelques temps en secret consulté
     Ces oracles menteurs d'un temple méprisable,   5
     Que les fourbes d'Egypte ont rendu vénérable.
     Son encens et ses vœux fatiguent les autels:
     Elle devient semblable au reste des mortels:
     Elle a connu la crainte; et j'ai vu sa faiblesse.
     Je ne puis m'élever, qu'autant qu'elle s'abaisse: 10
     De Babylone au moins, j'ai fait parler la voix.
     Sémiramis enfin, va céder une fois.
     Ce premier coup porté, sa ruine est certaine.
     Me donner Azéma, c'est cesser d'être Reine;
     Oser me refuser, soulève ses états;   15

tâcher d'arranger les choses à votre satisfaction' (D3740). On 15 September Luynes
(ix.94) notes that 'l'on parle surtout de deux vers que les acteurs mêmes voulaient
retrancher; Voltaire a obtenu qu'on les laissât dans la pièce. Ce qui est certain c'est
qu'on la joue encore actuellement.'

CÉDAR

Ce charme se dissipe, et ce pouvoir chancelle.
Son génie égaré semble s'éloigner d'elle.
Un vain remords la trouble; et sa crédulité[5]
A depuis quelque temps en secret consulté
Ces oracles menteurs d'un temple méprisable,   255
Que les fourbes d'Egypte ont rendu vénérable.
Son encens et ses vœux fatiguent les autels:
Elle devient semblable au reste des mortels:
Elle a connu la crainte.

ASSUR

                    Accablons sa faiblesse.
Je ne puis m'élever, qu'autant qu'elle s'abaisse.   260
De Babilone, au moins, j'ai fait parler la voix.
Sémiramis, enfin, va céder une fois.
Ce premier coup porté, sa ruine est certaine.
Me donner Azéma, c'est cesser d'être reine;
Oser me refuser, soulève ses Etats;   265
Et de tous les côtés le piège est sous ses pas.
Mais peut-être, après tout, quand je crois la surprendre,
J'ai lassé ma fortune à force de l'attendre.[6]

Et de tous les côtés le piège est sous ses pas.
Mais peut-être après tout, quand je crois la surprendre,
J'ai lassé ma fortune à force de l'attendre.
                    CÉDAR
        Si
251-267   49A, W38, W48D, W51, W52, W57P: [*give these lines to* ASSUR]
    251   49A, W38, W48D, W50, W51, W52, W57P: Mais le charme est rompu, ce
grand pouvoir chancelle
    259   49A, W38, W48D, W50, W51, W51, W52: Et j'ai vu sa faiblesse

[5] In August 1748 Voltaire suggested an alternative reading of lines 243-253 to La
Noue, who played Assur in the first performances.
[6] This line also appears in *Eriphyle*, III.i.58.

CÉDAR

Si la reine vous cède, et nomme un héritier,
Assur de son destin peut-il se défier?   270
De vous, et d'Azéma, l'union désirée
Rejoindra de nos rois la tige séparée.
Tout vous porte à l'empire, et tout parle pour vous.

ASSUR

Pour Azéma, sans doute, il n'est point d'autre époux.
Mais pourquoi de si loin faire venir Arzace?   275
Elle a favorisé son insolente audace.
Tout prêt à le punir, je me vois retenu
Par cette même main dont il est soutenu.
Prince, mais sans sujets, ministre et sans puissance,
Environné d'honneurs, et dans la dépendance,   280
Tout m'afflige, une amante, un jeune audacieux,
Des prêtres consultés, qui font parler leurs dieux;
Sémiramis enfin toujours en défiance,
Qui me ménage à peine, et qui craint ma présence!
Nous verrons si l'ingrate, avec impunité,   285
Ose pousser à bout un complice irrité.
        (*Il veut sortir.*)

SCÈNE V

ASSUR, OTANE, CÉDAR

OTANE

Seigneur, Sémiramis vous ordonne d'attendre;
Elle veut en secret vous voir et vous entendre,
Et de cet entretien qu'aucun ne soit témoin.

ASSUR

A ses ordres sacrés j'obéis avec soin,   290
Otane, et j'attendrai sa volonté suprême.

SCÈNE VI

ASSUR, CÉDAR

ASSUR

Eh! d'où peut donc venir ce changement extrême?
Depuis près de trois mois, je lui semble odieux;
Mon aspect importun lui fait baisser les yeux;
Toujours quelque témoin nous voit et nous écoute.   295
De nos froids entretiens, qui lui pèsent sans doute,
Ses soudaines frayeurs interrompent le cours;
Son silence souvent répond à mes discours.
Que veut-elle me dire? ou que veut-elle apprendre?
Elle avance vers nous; c'est elle. Va m'attendre.   300

SCÈNE VII

SÉMIRAMIS, ASSUR

SÉMIRAMIS

Seigneur, il faut enfin que je vous ouvre un cœur,
Qui longtemps devant vous dévora sa douleur.
J'ai gouverné l'Asie, et peut-être avec gloire;
Peut-être Babilone, honorant ma mémoire,
Mettra Sémiramis à côté des grands rois.   305
Vos mains de mon empire ont soutenu le poids.
Partout victorieuse, absolue, adorée,
De l'encens des humains je vivais enivrée:
Tranquille, j'oubliai, sans crainte et sans ennuis,
Quel degré m'éleva dans ce rang où je suis.   310
Des dieux, dans mon bonheur, j'oubliai la justice;
Elle parle, je cède; et ce grand édifice,
Que je crus à l'abri des outrages du temps,
Veut être raffermi jusqu'en ses fondements.

ASSUR

Madame, c'est à vous d'achever votre ouvrage,   315
De commander au temps, de prévoir son outrage.
Qui pourrait obscurcir des jours si glorieux?
Quand la terre obéit, que craignez-vous des dieux?

SÉMIRAMIS

La cendre de Ninus repose en cette enceinte,
Et vous me demandez le sujet de ma crainte?   320
Vous!

ASSUR

    Je vous avouerai que je suis indigné,
Qu'on se souvienne encore si Ninus a régné.
Craint-on, après quinze ans, ses mânes en colère?
Ils se seraient vengés, s'ils avaient pu le faire.
D'un éternel oubli ne tirez point les morts.   325
Je suis épouvanté, mais c'est de vos remords.
Ah! ne consultez point d'oracles inutiles:
C'est par la fermeté qu'on rend les dieux faciles.
Ce fantôme inouï, qui paraît en ce jour,
Qui naquit de la crainte, et l'enfante à son tour,   330
Peut-il vous effrayer par tous ses vains prestiges?
Pour qui ne les craint point, il n'est point de prodiges:
Ils sont l'appât grossier des peuples ignorants,
L'invention du fourbe, et le mépris des grands. [7]

---

[7] Cf. *Eriphyle*, II.v.232-40:
    Les plaintes, les regrets, les vœux sont inutiles:
    C'est par la fermeté qu'on rend les dieux faciles.
    Ce fantôme odieux qui vous trouble en ce jour,
    Qui naquit de la crainte, et l'enfante à son tour,
    Doit-il nous alarmer par tous ses vains prestiges?
    Pour qui ne les craint point, il n'est point de prodiges:
    Ils sont l'appât grossier des peuples ignorants,
    L'invention du fourbe, et le mépris des grands.
Line 233 was among those suppressed by Crébillon (see above, n.4).

Mais si quelque intérêt, plus noble et plus solide,   335
Eclaire votre esprit, qu'un vain trouble intimide,
S'il vous faut de Bélus éterniser le sang,
Si la jeune Azéma prétend à ce haut rang

SÉMIRAMIS

Je viens vous en parler. Ammon et Babilone
Demandent sans détour un héritier du trône.   340
Il faut que de mon sceptre on partage le faix;
Et le peuple et les dieux vont être satisfaits.
Vous le savez assez, mon superbe courage
S'était fait une loi de régner sans partage:
Je tins sur mon hymen l'univers en suspens;   345
Et quand la voix du peuple, à la fleur de mes ans,
Cette voix qu'aujourd'hui le ciel même seconde,
Me pressait de donner des souverains au monde,
Si quelqu'un put prétendre au nom de mon époux,
Cet honneur, je le sais, n'appartenait qu'à vous.   350
Vous deviez l'espérer; mais vous pûtes connaître
Combien Sémiramis craignait d'avoir un maître.
Je vous fis, sans former un lien si fatal,
Le second de la terre, et non pas mon égal.
C'était assez, seigneur, et j'ai l'orgueil de croire,   35
Que ce rang aurait pu suffire à votre gloire.
Le ciel me parle enfin, j'obéis à sa voix;
Ecoutez son oracle, et recevez mes lois.
Babilone doit prendre une face nouvelle,
Quand d'un second hymen allumant le flambeau,   36
Mère trop malheureuse, épouse trop cruelle,
Tu calmeras Ninus au fond de son tombeau.
C'est ainsi que des dieux l'ordre éternel s'explique.
Je connais vos desseins, et votre politique;
Vous voulez dans l'Etat vous former un parti;   3(
Vous m'opposez le sang dont vous êtes sorti.
De vous et d'Azéma mon successeur peut naître;

Vous briguez cet hymen, elle y prétend peut-être.
Mais moi, je ne veux pas que vos droits et les siens,
Ensemble confondus, s'arment contre les miens: 370
Telle est ma volonté, constante, irrévocable.
C'est à vous de juger si le dieu qui m'accable
A laissé quelque force à mes sens interdits,
Si vous reconnaissez encor Sémiramis,
Si je peux soutenir la majesté du trône.   375
Je vais donner, seigneur, un maître à Babilone.
Mais soit qu'un si grand choix honore un autre ou vous,
Je serai souveraine, en prenant un époux.
Assemblez seulement les princes et les mages;
Qu'ils viennent à ma voix joindre ici leurs suffrages;   380
Le don de mon empire, et de ma liberté,
Est l'acte le plus grand de mon autorité.
Loin de le prévenir, qu'on l'attende en silence.
Le ciel à ce grand jour attache sa clémence.
Tout m'annonce des dieux qui daignent se calmer;   385
Mais c'est le repentir qui doit les désarmer:
Croyez-moi; les remords, à vos yeux méprisables,
Sont la seule vertu qui reste à des coupables.
Je vous parais timide et faible; désormais
Connaissez la faiblesse, elle est dans les forfaits.   390
Cette crainte n'est pas honteuse au diadème;
Elle convient aux rois, et surtout à vous-même;
Et je vous apprendrai qu'on peut, sans s'avilir,
S'abaisser sous les dieux, les craindre et les servir.

SCÈNE VIII

ASSUR *seul.*

Quels discours étonnants! quels projets! quel langage!   395
Est-ce crainte, artifice, ou faiblesse, ou courage?
Prétend-elle en cédant raffermir ses destins?

Et s'unit-elle à moi pour tromper mes desseins?
A l'hymen d'Azéma je ne dois point prétendre!
C'est m'assurer du sien que je dois seul attendre.   400
Ce que n'ont pu mes soins, et nos communs forfaits,
L'hommage dont jadis je flattai ses attraits,
Mes brigues, mon dépit, la crainte de sa chute,
Un oracle d'Egypte, un songe l'exécute?
Quel pouvoir inconnu gouverne les humains!   405
Que de faibles ressorts font d'illustres destins!
Doutons encore de tout; voyons encore la reine.
Sa résolution me paraît trop soudaine;
Trop de soins, à mes yeux, paraissent l'occuper;
Et qui change aisément, est faible, ou veut tromper.   410

Fin du second acte.

ACTE III

SCÈNE PREMIÈRE

SÉMIRAMIS, OTANE

(*Le théâtre représente un cabinet du palais.*)

SÉMIRAMIS

Otane, qui l'eût cru, que les dieux en colère
Me tendaient en effet une main salutaire?
Qu'ils ne m'épouvantaient que pour se désarmer?
Ils ont ouvert l'abîme, et l'ont daigné fermer:
C'est la foudre à la main qu'ils m'ont donné ma grâce; 5
Ils ont changé mon sort; ils ont conduit Arzace;
Ils veulent mon hymen; ils veulent expier,
Par ce lien nouveau, les crimes du premier.
Non, je ne doute plus que des cœurs ils disposent:
Le mien vole au-devant de la loi qu'ils m'imposent. 10
Arzace, c'en est fait, je me rends, et je vois
Que tu devais régner sur le monde et sur moi.

OTANE

Arzace! Lui?

SÉMIRAMIS

   Tu sais qu'aux plaines de Scythie,
Quand je vengeais la Perse, et subjuguais l'Asie,
Ce héros, (sous son père il combattait alors) 15
Ce héros entouré de captifs et de morts,
M'offrit, en rougissant, de ses mains triomphantes,
Des ennemis vaincus les dépouilles sanglantes:

d w51: [*places the stage direction after* SCÈNE PREMIÈRE]

205

A son premier aspect tout mon cœur étonné,
Par un pouvoir secret se sentit entraîné; 20
Je n'en pus affaiblir le charme inconcevable;
Le reste des mortels me sembla méprisable.
Assur qui m'observait, ne fut que trop jaloux.
Dès lors le nom d'Arzace aigrissait son courroux.
Mais l'image d'Arzace occupa ma pensée, 25
Avant que de nos dieux la main me l'eût tracée,
Avant que cette voix qui commande à mon cœur,
Me désignât Arzace, et nommât mon vainqueur.

OTANE

C'est beaucoup abaisser ce superbe courage,
Qui des maîtres du Gange a dédaigné l'hommage, 30
Qui n'écoutant jamais de faibles sentiments,
Veut des rois pour sujets, et non pas pour amants.
Vous avez méprisé jusqu'à la beauté même,
Dont l'empire accroissait votre empire suprême:
Et vos yeux sur la terre exerçaient leur pouvoir, 35
Sans que vous daignassiez vous en apercevoir.
Quoi! de l'amour enfin connaissez-vous les charmes?
Et pouvez-vous passer, de ces sombres alarmes,
Au tendre sentiment qui vous parle aujourd'hui?

SÉMIRAMIS

Non, ce n'est point l'amour qui m'entraîne vers lui: 4c
Mon âme par les yeux ne peut être vaincue.
Ne crois pas qu'à ce point de mon rang descendue,
Ecoutant dans mon trouble un charme suborneur,

26   K: main ne l'eût

[1] Line 184 appears verbatim at *Eriphyle*, II.iv.184. For lines 41-44, cf. *Eriphyle*,
II.iv.189-92:

> Ce n'est pas par les yeux que mon âme est vaincue
> Ne crois pas qu'à ce point de mon rang descendue,
> Ecoutant de mes sens le charme empoisonneur,
> Je donne à la beauté le prix de la valeur.

Je donne à la beauté le prix de la valeur. [1]
Je crois sentir du moins de plus nobles tendresses.   45
Malheureuse! est-ce à moi d'éprouver des faiblesses! [2]
De connaître l'amour et ses fatales lois?
Otane, que veux-tu? je fus mère autrefois.
Mes malheureuses mains à peine cultivèrent
Ce fruit d'un triste hymen, que les dieux m'enlevèrent.   50
Seule, en proie aux chagrins, qui venaient m'alarmer,
N'ayant autour de moi rien que je pusse aimer,
Sentant ce vide affreux de ma grandeur suprême,
M'arrachant à ma cour, et m'évitant moi-même,
J'ai cherché le repos dans ces grands monuments,   55
D'une âme qui se fuit trompeurs amusements.
Le repos m'échappait; je sens que je le trouve:
Je m'étonne en secret du charme que j'éprouve.
Arzace me tient lieu d'un époux et d'un fils,
Et de tous mes travaux, et du monde soumis.   60
Que je vous dois d'encens, ô puissance céleste!
Qui me forçant de prendre un joug jadis funeste,
Me préparez au nœud que j'avais abhorré,
En m'embrasant d'un feu par vous-même inspiré!

OTANE

Mais vous avez prévu la douleur et la rage,   65
Dont va frémir Assur à ce nouvel outrage.
Car enfin il se flatte, et la commune voix
A fait tomber sur lui l'honneur de votre choix:
Il ne bornera pas son dépit à se plaindre.

SÉMIRAMIS

Je ne l'ai point trompé, je ne veux pas le craindre.   70

[2] Cf. *Eriphyle*, II.iv.177-78:
Leur souvenir fatal a toutes mes tendresses.
Malheureuse! est-ce à toi d'éprouver des faiblesses?

J'ai su quinze ans entiers, quel que fût son projet,
Le tenir dans le rang de mon premier sujet:
A son ambition, pour moi toujours suspecte,
Je prescrivis quinze ans les bornes qu'il respecte.
Je régnais seule alors; et si ma faible main   75
Mit à ses vœux hardis ce redoutable frein,
Que pourront désormais sa brigue et son audace,
Contre Sémiramis unie avec Arzace?
Oui, je crois que Ninus content de mes remords,
Pour presser cet hymen quitte le sein des morts.   80
Sa grande ombre, en effet, déjà trop offensée,
Contre Sémiramis serait trop courroucée;
Elle verrait donner, avec trop de douleur,
Sa couronne et son lit à son empoisonneur.
Du sein de son tombeau voilà ce qui l'appelle;   85
Les oracles d'Ammon s'accordent avec elle;
La vertu d'Oroès ne me fait plus trembler:
Pour entendre mes lois je l'ai fait appeler,
Je l'attends.

OTANE

Son crédit, son sacré caractère,
Peut appuyer le choix que vous prétendez faire.   90

SÉMIRAMIS

Sa voix achèvera de rassurer mon cœur.

OTANE

Il vient.

SCÈNE II
SÉMIRAMIS, OROÈS

SÉMIRAMIS

De Zoroastre auguste successeur,
Je vais nommer un roi, vous couronnez sa tête:
Tout est-il préparé pour cette auguste fête?

OROÈS

Les mages et les grands attendent votre choix;   95
Je remplis mon devoir, et j'obéis aux rois;
Le soin de les juger n'est point notre partage:
C'est celui des dieux seuls.

SÉMIRAMIS

                    A ce sombre langage,
On dirait qu'en secret vous condamnez mes vœux.

OROÈS

Je ne les connais pas; puissent-ils être heureux!   100

SÉMIRAMIS

Mais vous interprétez les volontés célestes.
Ces signes que j'ai vus me seraient-ils funestes?
Une ombre, un dieu peut-être, à mes yeux s'est montré;
Dans le sein de la terre il est soudain rentré.
Quel pouvoir a brisé l'éternelle barrière,   105
Dont le ciel sépara l'enfer et la lumière?
D'où vient que les humains, malgré l'arrêt du sort,
Reviennent à mes yeux du séjour de la mort?

93   w51, k: roi; vous
     w38, w70L, k: vous, couronnez

OROÈS

Du ciel, quand il le faut, la justice suprême
Suspend l'ordre éternel établi par lui-même: 110
Il permet à la mort d'interrompre ses lois,
Pour l'effroi de la terre, et l'exemple des rois. [3]

SÉMIRAMIS

Les oracles d'Ammon veulent un sacrifice.

OROÈS

Il se fera, Madame.

SÉMIRAMIS

Eternelle justice,
Qui lisez dans mon âme avec des yeux vengeurs,   115
Ne la remplissez plus de nouvelles horreurs;
De mon premier hymen oubliez l'infortune.
(*A Oroès qui s'éloignait.*)
Revenez.

OROÈS *revenant.*

Je croyais ma présence importune.

SÉMIRAMIS

Répondez: ce matin aux pieds de vos autels
Arzace a présenté des dons aux immortels?   12(

OROÈS

Oui, ces dons leur sont chers; Arzace a su leur plaire.

---

[3] Cf. *Eriphyle*, I.ii.111-14:
   Oui: du ciel quelquefois la justice suprême
   Suspend l'ordre éternel établi par lui-même.
   Il permet à la mort d'interrompre ses lois,
   Pour l'effroi de la terre et l'exemple des rois.

SÉMIRAMIS

Je le crois, et ce mot me rassure et m'éclaire.
Puis-je d'un sort heureux me reposer sur lui?

OROÈS

Arzace de l'empire est le plus digne appui;
Les dieux l'ont amené: sa gloire est leur ouvrage. 125

SÉMIRAMIS

J'accepte avec transport ce fortuné présage;
L'espérance et la paix reviennent me calmer.
Allez; qu'un pur encens recommence à fumer.
De vos mages, de vous, que la présence auguste,
Sur l'hymen le plus grand, sur le choix le plus juste, 130
Attire de nos dieux les regards souverains.
Puissent de cet Etat les éternels destins
Reprendre avec les miens une splendeur nouvelle!
Hâtez de ce beau jour la pompe solennelle.
Allez.

SCÈNE III

SÉMIRAMIS, OTANE

SÉMIRAMIS

Ainsi le ciel est d'accord avec moi; 135
Je suis son interprète, en choisissant un roi.
Que je vais l'étonner, par le don d'un empire!
Qu'il est loin d'espérer ce moment où j'aspire!
Qu'Assur et tous les siens vont être humiliés!
Quand j'aurai dit un mot, la terre est à ses pieds. 140
Combien à mes bontés il faudra qu'il réponde!
Je l'épouse, et pour dot, je lui donne le monde.
Enfin ma gloire est pure, et je puis la goûter.

131 All editions except W72P, (corrected in K12): Attirent de

SCÈNE IV

SÉMIRAMIS, OTANE, MITRANE, un
OFFICIER DU PALAIS

OTANE

Arzace à vos genoux demande à se jeter:
Daignez à ses douleurs accorder cette grâce.   145

SÉMIRAMIS

Quel chagrin près de moi peut occuper Arzace!
De mes chagrins lui seul a dissipé l'horreur:
Qu'il vienne; il ne sait pas ce qu'il peut sur mon cœur.
Vous dont le sang s'apaise, et dont la voix m'inspire,
O mânes redoutés, et vous dieux de l'empire,   150
Dieux des Assyriens, de Ninus, de mon fils,
Pour le favoriser, soyez tous réunis.
Quel trouble en le voyant m'a soudain pénétrée!

SCÈNE V

SÉMIRAMIS, ARZACE, AZÉMA

ARZACE

O reine, à vous servir ma vie est consacrée;
Je vous devais mon sang, et quand je l'ai versé,   155
Puisqu'il coula pour vous, je fus récompensé.[4]
Mon père avait joui de quelque renommée;

153b   49A, w38, w48D, w50, w51, w52: SÉMIRAMIS, ARZACE
MS1: SÉMIRAMIS, ARZACE, OTANE

[4] Cf. *Eriphyle*, II.iii.107-108:
     Je vous devais mon sang et quand je l'ai versé
     Puisqu'il coulait pour vous, je fus récompensé

Mes yeux l'ont vu mourir, commandant votre armée;
Il a laissé, Madame, à son malheureux fils
Des exemples frappants peut-être mal suivis.   160
Je n'ose devant vous rappeler la mémoire
Des services d'un père et de sa faible gloire,
Qu'afin d'obtenir grâce à vos sacrés genoux,
Pour un fils téméraire, et coupable envers vous,
Qui de ses vœux hardis écoutant l'imprudence,   165
Craint même en vous servant de vous faire une offense.

SÉMIRAMIS

Vous m'offenser? qui, vous? ah! ne le craignez pas.

ARZACE

Vous donnez votre main, vous donnez vos Etats.
Sur ces grands intérêts, sur ce choix que vous faites,
Mon cœur doit renfermer ses plaintes indiscrètes.   170
Je dois dans le silence, et le front prosterné,
Attendre, avec cent rois, qu'un roi nous soit donné.
Mais d'Assur hautement le triomphe s'apprête;
D'un pas audacieux il marche à sa conquête;
Le peuple nomme Assur, il est de votre sang: 175
Puisse-t-il mériter et son nom, et son rang!
Mais enfin je me sens l'âme trop élevée,
Pour adorer ici la main que j'ai bravée,
Pour me voir écrasé de son orgueil jaloux.
Souffrez que loin de lui, malgré moi loin de vous,   180
Je retourne aux climats où je vous ai servie.
J'y suis assez puissant contre sa tyrannie,
Si des bienfaits nouveaux dont j'ose me flatter

SÉMIRAMIS

Ah! que m'avez-vous dit? vous, fuir? vous me quitter?
Vous pourriez craindre Assur?

ARZACE

Non. Ce cœur téméraire   185
Craint dans le monde entier votre seule colère.
Peut-être avez-vous su mes désirs orgueilleux:
Votre indignation peut confondre mes vœux.
Je tremble.

SÉMIRAMIS

Espérez tout; je vous ferai connaître,
Qu'Assur en aucun temps ne sera votre maître.   190

ARZACE

Eh bien! je l'avouerai; mes yeux avec horreur,
De votre époux en lui verraient le successeur.
Mais s'il ne peut prétendre à ce grand hyménée,
Verra-t-on à ses lois Azéma destinée?
Pardonnez à l'excès de ma présomption;   195
Ne redoutez-vous point sa sourde ambition?
Jadis à Ninias Azéma fut unie;
C'est dans le même sang qu'Assur puisa la vie;
Je ne suis qu'un sujet, mais j'ose contre lui

SÉMIRAMIS

Des sujets tels que vous sont mon plus noble appui.   200
Je sais vos sentiments: votre âme peu commune
Chérit Sémiramis, et non pas ma fortune.
Sur mes vrais intérêts vos yeux sont éclairés:
Je vous en fais l'arbitre, et vous les soutiendrez.
D'Assur et d'Azéma je romps l'intelligence;   20
J'ai prévu les dangers d'une telle alliance;
Je sais tous ses projets, ils seront confondus.

ARZACE

Ah! puisque ainsi mes vœux sont par vous entendus,
Puisque vous avez lu dans le fond de mon âme

AZÉMA *arrivant avec précipitation.*

Reine, j'ose à vos pieds

SÉMIRAMIS *relevant Azéma.*

Rassurez-vous, Madame: 210
Quel que soit mon époux, je vous garde en ces lieux
Un sort et des honneurs dignes de vos aïeux.
Destinée à mon fils, vous m'êtes toujours chère;
Et je vous vois encore avec des yeux de mère.
Placez-vous l'un et l'autre avec ceux que ma voix   215
A nommés pour témoins de mon auguste choix.
     (*à Arzace*)
Que l'appui de l'Etat se range auprès du trône.

SCÈNE VI

(*Le cabinet où était Sémiramis fait place à un grand salon magnifiquement orné. Plusieurs officiers, avec les marques de leurs dignités, sont sur des gradins. Un trône est placé au milieu du salon. Les satrapes sont auprès du trône. Le grand-prêtre entre avec les mages. Il se place debout entre Assur et Arzace. La reine est au milieu avec Azéma et ses femmes. Des gardes occupent le fond du salon.*)

OROÈS

Princes, mages, guerriers, soutiens de Babilone,
Par l'ordre de la reine en ces lieux rassemblés,
Les décrets de nos dieux vous seront révélés: 220
Ils veillent sur l'empire, et voici la journée
Qu'à de grands changements ils avaient destinée.
Quel que soit le monarque, et quel que soit l'époux,
Que la reine ait choisi pour l'élever sur nous,

217a   MS I: [*adds*] SÉMIRAMIS, OROÈS, ARSAZE, ASSUR, MITRANE, CÉDAR, Mages, Satrapes, Gardes, Peuples, au fond. Suivantes de la Reine aux côtés du Thrône [*all other editions omit list of characters*]

C'est à nous d'obéir J'apporte au nom des mages   225
Ce que je dois aux rois, des vœux et des hommages,
Des souhaits pour leur gloire, et surtout pour l'Etat.
Puissent ces jours nouveaux de grandeur et d'éclat
N'être jamais changés en des jours de ténèbres,
Ni ces chants d'allégresse en des plaintes funèbres!   230

AZÉMA

Pontife, et vous, seigneurs, on va nommer un roi:
Ce grand choix, tel qu'il soit, peut n'offenser que moi.
Mais je naquis sujette, et je le suis encore;
Je m'abandonne aux soins dont la reine m'honore;
Et sans oser prévoir un sinistre avenir,   235
Je donne à ses sujets l'exemple d'obéir.

ASSUR

Quoi qu'il puisse arriver, quoi que le ciel décide,
Que le bien de l'Etat à ce grand jour préside.
Jurons tous par ce trône, et par Sémiramis,
D'être à ce choix auguste aveuglément soumis,   24c
D'obéir sans murmure au gré de sa justice.

ARZACE

Je le jure; et ce bras armé pour son service,
Ce cœur à qui sa voix commande après les dieux,
Ce sang dans les combats répandu sous ses yeux,
Sont à mon nouveau maître, avec le même zèle   24
Qui sans se démentir les anima pour elle.

OROÈS

De la reine et des dieux j'attends les volontés.

---

233   All editions except w51: encore.
241   ms1: au choix de

SÉMIRAMIS

Il suffit; prenez place; et vous, peuple, écoutez.
(*Elle s'assied sur le trône.*)
(*Azéma, Assur, le grand-prêtre, Arzace prennent leurs
places: elle continue.*)
Si la terre, quinze ans de ma gloire occupée,
Révéra dans ma main le sceptre avec l'épée, 250
Dans cette même main qu'un usage jaloux
Destinait au fuseau sous les lois d'un époux;
Si j'ai, de mes sujets surpassant l'espérance,
De cet empire heureux porté le poids immense,
Je vais le partager, pour le mieux maintenir, 255
Pour étendre sa gloire aux siècles à venir,
Pour obéir aux dieux, dont l'ordre irrévocable
Fléchit ce cœur altier si longtemps indomptable.
Ils m'ont ôté mon fils, puissent-ils m'en donner
Qui, dignes de me suivre, et de vous gouverner, 260
Marchant dans les sentiers que fraya mon courage,
Des grandeurs de mon règne éternisent l'ouvrage!
J'ai pu choisir, sans doute, entre des souverains;
Mais ceux dont les Etats entourent mes confins,
Ou sont mes ennemis, ou sont mes tributaires. 265
Mon sceptre n'est point fait pour leurs mains étrangères;
Et mes premiers sujets sont plus grands à mes yeux,
Que tous ces rois vaincus par moi-même ou par eux.
Bélus naquit sujet; s'il eut le diadème,
Il le dut à ce peuple, il le dut à lui-même. 270
J'ai par les mêmes droits le sceptre que je tiens.
Maîtresse d'un Etat plus vaste que les siens,
J'ai rangé sous vos lois vingt peuples de l'aurore,
Qu'au siècle de Bélus on ignorait encore.
Tout ce qu'il entreprit, je le sus achever. 275
Ce qui fonde un Etat le peut seul conserver.

248b K: *Assur, Oroès, Arzace*

Il vous faut un héros digne d'un tel empire,
Digne de tels sujets, et si j'ose le dire,
Digne de cette main qui va le couronner,
Et du cœur indompté que je vais lui donner.   280
J'ai consulté les lois, les maîtres du tonnerre,
L'intérêt de l'Etat, l'intérêt de la terre;
Je fais le bien du monde en nommant un époux.
Adorez le héros qui va régner sur vous;
Voyez revivre en lui les princes de ma race.   285
Ce héros, cet époux, ce monarque est Arzace.
    (*Elle descend du trône, et tout le monde se lève.*)

AZÉMA

Arzace! ô perfidie!

ASSUR

                    O vengeance! ô fureurs!

ARZACE *à Azéma.*

Ah! croyez

OROÈS

            Juste ciel! écartez ces horreurs!

SÉMIRAMIS *avançant sur la scène, et s'adressant aux mages.*

Vous qui sanctifiez de si pures tendresses,
Venez sur les autels garantir nos promesses;   2
Ninus et Ninias vous sont rendus en lui.
    (*Le tonnerre gronde, et le tombeau paraît s'ébranler.*)
Ciel! qu'est-ce que j'entends?

OROÈS

                    Dieux! soyez notre appui.

SÉMIRAMIS

Le ciel tonne sur nous: est-ce faveur ou haine?
Grâce, dieux tout-puissants! qu'Arzace me l'obtienne.
Quels funèbres accents redoublent mes terreurs!   295
La tombe s'est ouverte; il paraît. Ciel! je meurs
(*L'ombre de Ninus sort de son tombeau.*)

ASSUR

L'ombre de Ninus même! ô dieux! est-il possible?

ARZACE

Eh bien! qu'ordonnes-tu? parle-nous, dieu terrible.

ASSUR

Parle.

SÉMIRAMIS

Veux-tu me perdre, ou veux-tu pardonner?
C'est ton sceptre et ton lit que je viens de donner;   300
Juge si ce héros est digne de ta place
Prononce. J'y consens.

L'OMBRE *à Arzace.*

Tu régneras, Arzace;
Mais il est des forfaits que tu dois expier.
Dans ma tombe, à ma cendre, il faut sacrifier.
Sers et mon fils et moi; souviens-toi de ton père: 305
Ecoute le pontife.

ARZACE

Ombre que je révère,
Demi-dieu dont l'esprit anime ces climats,
Ton aspect m'encourage, et ne m'étonne pas.

297 MS1: Ninus! ô

Oui, j'irai dans ta tombe au péril de ma vie.
Achève, que veux-tu que ma main sacrifie?   310
(*L'ombre retourne de son estrade à la porte du tombeau.*)
Il s'éloigne, il nous fuit.

SÉMIRAMIS

Ombre de mon époux,
Permets qu'en ce tombeau j'embrasse tes genoux,
Que mes regrets

L'OMBRE *à la porte du tombeau.*

Arrête, et respecte ma cendre;
Quand il en sera temps, je t'y ferai descendre.
(*Le spectre rentre, et le mausolée se referme.*)

ASSUR

Quel horrible prodige!

SÉMIRAMIS

O peuples, suivez-moi,   31⸱
Venez tous dans ce temple, et calmez votre effroi.
Les mânes de Ninus ne sont point implacables:
S'ils protègent Arzace, ils me sont favorables:
C'est le ciel qui m'inspire, et qui vous donne un roi:
Venez tous l'implorer pour Arzace et pour moi.   32⸱

Fin du troisième acte.

ACTE IV

SCÈNE PREMIÈRE

ARZACE, AZÉMA

(*Le théâtre représente le vestibule du temple.*)

ARZACE

N'irritez point mes maux; ils m'accablent assez.
Cet oracle est affreux, plus que vous ne pensez.
Des prodiges sans nombre étonnent la nature.
Le ciel m'a tout ravi; je vous perds.

AZÉMA

               Ah! parjure!
Va, cesse d'ajouter aux horreurs de ce jour   5
L'indigne souvenir de ton perfide amour.
Je ne combattrai point la main qui te couronne,
Les morts qui t'ont parlé, ton cœur qui m'abandonne.
Des prodiges nouveaux qui me glacent d'effroi,
Ta barbare inconstance est le plus grand pour moi.   10
Achève, rends Ninus à ton crime propice:
Commence ici par moi ton affreux sacrifice:
Frappe, ingrat.

ARZACE

C'en est trop: mon cœur désespéré

d   [*The stage setting is for the whole act. Most of the early editions including* 49A
*indicate this clearly, but others place the direction after the indication of the scene, and
some even after the list of characters appearing in the scene*]
    w68: [*a rule after* ACTE IV, *then the directions before the indication of the scene.
The common use of single, double and even treble rules has not contributed to clarity*]
  11   w57P: [*absent*]

Contre ces derniers traits n'était point préparé.
Vous voyez trop, cruelle, à ma douleur profonde,   15
Si ce cœur vous préfère à l'empire du monde.
Ces victoires, ce nom, dont j'étais si jaloux,
Vous en étiez l'objet; j'avais tout fait pour vous;
Et mon ambition au comble parvenue,
Jusqu'à vous mériter avait porté sa vue.   20
Sémiramis m'est chère; oui, je dois l'avouer;
Votre bouche avec moi conspire à la louer.
Nos yeux la regardaient comme un dieu tutélaire,
Qui de nos chastes feux protégeait le mystère.
C'est avec cette ardeur, et ces vœux épurés,   25
Que peut-être les dieux veulent être adorés.
Jugez de ma surprise au choix qu'a fait la reine:
Jugez du précipice où ce choix nous entraîne:
Apprenez tout mon sort.

AZÉMA

Je le sais.

ARZACE

                Apprenez
Que l'empire ni vous ne me sont destinés.   30
Ce fils qu'il faut servir, ce fils de Ninus même,
Cet unique héritier de la grandeur suprême

AZÉMA

Eh bien?

ARZACE

    Ce Ninias, qui, presque en son berceau,
De l'hymen avec vous alluma le flambeau,
Qui naquit à la fois mon rival et mon maître   35

23-26 MSI: [absent]

222

AZÉMA

Ninias!

ARZACE

Il respire, il vient, il va paraître.

AZÉMA

Ninias, juste ciel! Eh quoi, Sémiramis

ARZACE

Jusqu'à ce jour trompée elle a pleuré son fils.

AZÉMA

Ninias est vivant!

ARZACE

C'est un secret encore,
Renfermé dans le temple, et que la reine ignore.   40

AZÉMA

Mais Ninus te couronne, et sa veuve est à toi.

ARZACE

Mais son fils est à vous: mais son fils est mon roi;
Mais je dois le servir. Quel oracle funeste!

AZÉMA

L'amour parle, il suffit; que m'importe le reste?
Ses ordres plus certains n'ont point d'obscurité;   45
Voilà mon seul oracle, il doit être écouté.
Ninias est vivant! eh bien, qu'il reparaisse;
Que sa mère à mes yeux attestant sa promesse,
Que son père avec lui rappelé du tombeau,
Rejoignent ces liens formés dans mon berceau;   50
Que Ninias mon roi, ton rival et ton maître,

Ait pour moi tout l'amour que tu me dois peut-être;
Viens voir tout cet amour devant toi confondu,
Vois fouler à mes pieds le sceptre qui m'est dû.
Où donc est Ninias? quel secret, quel mystère   55
Le dérobe à ma vue, et le cache à sa mère?
Qu'il revienne, en un mot; lui, ni Sémiramis,
Ni ces mânes sacrés que l'enfer a vomis,
Ni le renversement de toute la nature,
Ne pourront de mon âme arracher un parjure.   60
Arzace, c'est à toi de te bien consulter;
Vois si ton cœur m'égale, et s'il m'ose imiter.
Quels sont donc ces forfaits, que l'enfer en furie,
Que l'ombre de Ninus ordonnent qu'on expie?
Cruel, si tu trahis un si sacré lien,   65
Je ne connais ici de crime que le tien.
Je vois de tes destins le fatal interprète,
Pour te dicter leurs lois sortir de sa retraite;
Le malheureux amour, dont tu trahis la foi,
N'est point fait pour paraître entre les dieux et toi.   70
Va recevoir l'arrêt dont Ninus nous menace;
Ton sort dépend des dieux, le mien dépend d'Arzace.
   (*Elle sort.*)

ARZACE

Arzace est à vous seule. Ah! cruelle, arrêtez.
Quel mélange d'horreurs et de félicités!
Quels étonnants destins l'un à l'autre contraires!   75

60   K: arracher le parjure

224

SCÈNE II

ARZACE, OROÈS *suivi des* MAGES

OROÈS *à Arzace.*

Venez, retirons-nous vers ces lieux solitaires;
Je vois quel trouble affreux a dû vous pénétrer:
A de plus grands assauts il faut vous préparer.
(*aux mages*)
Apportez ce bandeau d'un roi que je révère,
Prenez ce fer sacré, cette lettre.
(*Les mages vont chercher ce que le grand-prêtre demande.*)

ARZACE

O mon père!   80
Tirez-moi de l'abîme où mes pas sont plongés,
Levez le voile affreux dont mes yeux sont chargés. [1]

OROÈS

Le voile va tomber, mon fils; et voici l'heure
Où dans sa redoutable et profonde demeure,
Ninus attend de vous, pour apaiser ses cris,   85
L'offrande réservée à ses mânes trahis.

ARZACE

Quel ordre, quelle offrande! et qu'est-ce qu'il désire?
Qui moi! venger Ninus, et Ninias respire?
Qu'il vienne, il est mon roi, mon bras va le servir.

OROÈS

Son père a commandé, ne sachez qu'obéir.   90
Dans une heure à sa tombe, Arzace, il faut vous rendre,

---

[1] Line 82 is probably the line to which Voltaire refers, 15 February 1748 (D3619), complaining that a scribe had incorrectly replaced *voile* by *bandeau*.

(*Il donne le diadème et l'épée à Ninias.*)
Armé du fer sacré que vos mains doivent prendre,
Ceint du même bandeau que son front a porté,
Et que vous-même ici vous m'avez présenté.

ARZACE

Du bandeau de Ninus!

OROÈS

                    Ses mânes le commandent: 95
C'est dans cet appareil, c'est ainsi qu'ils attendent
Ce sang qui devant eux doit être offert par vous.
Ne songez qu'à frapper, qu'à servir leur courroux:
La victime y sera; c'est assez vous instruire.
Reposez-vous sur eux du soin de la conduire.   100

ARZACE

S'il demande mon sang, disposez de ce bras.
Mais vous ne parlez point, seigneur, de Ninias;
Vous ne me dites point comment son père même
Me donnerait sa femme avec son diadème?

OROÈS

Sa femme, vous! la reine! ô ciel! Sémiramis!   105
Eh bien, voici l'instant que je vous ai promis.
Connaissez vos destins, et cette femme impie.

ARZACE

Grands dieux!

OROÈS

                    De son époux elle a tranché la vie.

91a   MSI: *le couronne et le glaive à*

226

ARZACE

Elle! la reine!

OROÈS

Assur, l'opprobre de son nom,
Le détestable Assur a donné le poison.   110

ARZACE *après un peu de silence.*

Ce crime dans Assur n'a rien qui me surprenne:
Mais croirai-je en effet qu'une épouse, une reine,
L'amour des nations, l'honneur des souverains,
D'un attentat si noir ait pu souiller ses mains?
A-t-on tant de vertus, après un si grand crime?   115

OROÈS

Ce doute, cher Arzace, est d'un cœur magnanime;
Mais ce n'est plus le temps de rien dissimuler:
Chaque instant de ce jour est fait pour révéler
Les effrayants secrets dont frémit la nature;
Elle vous parle ici; vous sentez son murmure;   120
Votre cœur, malgré vous, gémit épouvanté.
Ne soyez plus surpris si Ninus irrité
Est monté de la terre à ces voûtes impies:
Il vient briser des nœuds tissus par les furies;
Il vient montrer au jour des crimes impunis;   125
Des horreurs de l'inceste il vient sauver son fils;
Il parle, il vous attend; Ninus est votre père;
Vous êtes Ninias; la reine est votre mère. [2]

[2] See Voltaire's letter to d'Argental, 10 November 1748 (D3805): 'Il est trois
heures après minuit. Je reprends Semiramis en sous oeuvre. Je corrige partout selon
que le coeur m'en dit. Spiritus fiat ubi vult! mais malheureusement j'ai oublié tout
net quelques changements que j'avais faits, et que je crois avoir envoyés. Par
exemple dans le 4e acte, à cet endroit
        Il parle, il vous attend, Ninus est votre père
        Vous êtes Ninias, la reine est votre mère.'
Je prie mes chers anges de m'envoyer ce petit morceau s'ils l'ont. Je vais faire une

ARZACE

De tous ces coups mortels en un moment frappé,
Dans la nuit du trépas je reste enveloppé: 130
Moi, son fils? moi?

OROÈS

Vous-même: en doutez-vous encore?
Apprenez que Ninus, à sa dernière aurore,
Sûr qu'un poison mortel en terminait le cours,
Et que le même crime attentait sur vos jours,
Qu'il attaquait en vous les sources de la vie,   135
Vous arracha mourant à cette cour impie.
Assur, comblant sur vous ses crimes inouïs,
Pour épouser la mère empoisonna le fils.
Il crut que de ses rois exterminant la race,
Le trône était ouvert à sa perfide audace: 140
Et lorsque le palais déplorait votre mort,
Le fidèle Phradate eut soin de votre sort.
Ces végétaux puissants, qu'en Perse on voit éclore,
Bienfaits nés dans ses champs de l'astre qu'elle adore,
Par les soins de Phradate avec art préparés,   145
Firent sortir la mort de vos flancs déchirés;
De son fils qu'il perdit il vous donna la place;
Vous ne fûtes connu que sous le nom d'Arzace;
Il attendait le jour d'un heureux changement.
Dieu qui juge les rois en ordonne autrement.   150
La vérité terrible est du ciel descendue,
Et du sein des tombeaux la vengeance est venue.

---

nouvelle copie. Il faut aussi absolument que je fasse transcrire les rôles, ainsi mon
cher et respectable amy daignez encore recommander à mad^elle Dumesnil qu'elle les
fasse tous rendre et qu'elle vous les remette avec la pièce. Elle ne sera assurément
rejouée que quand vous le voudrez. Je ne sais aucune nouvelle de la parodie.'
Voltaire was no doubt partly motivated by his desire to defer the performance of his
tragedy and consequently that of the parody he feared.

ARZACE

Dieu, maître des destins, suis-je assez éprouvé?
Vous me rendez la mort, dont vous m'avez sauvé.
Eh bien! Sémiramis oui, je reçus la vie   155
Dans le sein des grandeurs et de l'ignominie.
Ma mère ô ciel! Ninus! ah! quel aveu cruel!
Mais si le traître Assur était seul criminel,
S'il se pouvait

OROÈS *prenant la lettre et la lui donnant.*
                    Voici ces sacrés caractères,
Ces garants trop certains de ces cruels mystères;   160
Le monument du crime est ici sous vos yeux:
Douterez-vous encore?

ARZACE
                    Que ne le puis-je, ô dieux!
Donnez, je n'aurai plus de doute qui me flatte;
Donnez.
    (*Il lit.*)
            Ninus mourant, au fidèle Phradate.
Je meurs empoisonné, prenez soin de mon fils: 165
Arrachez Ninias à des bras ennemis;
Ma criminelle épouse

OROÈS
                    En faut-il davantage?
C'est de vous que je tiens cet affreux témoignage.
Ninus n'acheva point: l'approche de la mort
Glaça sa faible main qui traçait votre sort: 170
Phradate en cet écrit vous apprend tout le reste;
Lisez, il vous confirme un secret si funeste.
Il suffit, Ninus parle, il arme votre bras,
De sa tombe à son trône il va guider vos pas;
Il veut du sang.

ARZACE *après avoir lu.*

O jour trop fécond en miracles! 175
Enfer, qui m'as parlé, tes funestes oracles
Sont plus obscurs encore à mon esprit troublé,
Que le sein de la tombe où je suis appelé.
Au sacrificateur on cache la victime;
Je tremble sur le choix.

OROÈS

Tremblez, mais sur le crime. 180
Allez, dans les horreurs dont vous êtes troublé,
Le ciel vous conduira, comme il vous a parlé.
Ne vous regardez plus comme un homme ordinaire;
Des éternels décrets sacré dépositaire,
Marqué du sceau des dieux, séparé des humains, 185
Avancez dans la nuit qui couvre vos destins.
Mortel, faible instrument des dieux de vos ancêtres,
Vous n'avez pas le droit d'interroger vos maîtres.
A la mort échappé, malheureux Ninias,
Adorez, rendez grâce, et ne murmurez pas. 190

SCÈNE III

ARZACE, MITRANE

ARZACE

Non, je ne reviens point de cet état horrible;
Sémiramis ma mère! ô ciel est-il possible!

MITRANE *arrivant.*

Babilone, seigneur, en ce commun effroi,
Ne peut se rassurer qu'en revoyant son roi.

177 MS1: à mes esprits troublés

Souffrez que le premier je vienne reconnaître,   195
Et l'époux de la reine, et mon auguste maître.
Sémiramis vous cherche, elle vient sur mes pas;
Je bénis ce moment qui la met dans vos bras.
Vous ne répondez point. Un désespoir farouche
Fixe vos yeux troublés, et vous ferme la bouche;   200
Vous pâlissez d'effroi, tout votre corps frémit.
Qu'est-ce qui s'est passé? qu'est-ce qu'on vous a dit?

ARZACE

Fuyons vers Azéma.

MITRANE

           Quel étonnant langage!
Seigneur, est-ce bien vous? faites-vous cet outrage
Aux bontés de la reine, à ses feux, à son choix,   205
A ce cœur qui pour vous dédaigna tant de rois?
Son espérance en vous est-elle confondue?

ARZACE

Dieux! c'est Sémiramis, qui se montre à ma vue!
O tombe de Ninus! ô séjour des enfers!
Cachez son crime et moi dans vos gouffres ouverts.   210

SCÈNE IV

SÉMIRAMIS, ARZACE, OTANE

SÉMIRAMIS

On n'attend plus que vous; venez, maître du monde;
Son sort, comme le mien, sur mon hymen se fonde.
Je vois avec transport ce signe révéré,
Qu'a mis sur votre front un pontife inspiré,

210b   49A, W48D, W50, W51, W52, W57P: SÉMIRAMIS, ARZACE

Ce sacré diadème, assuré témoignage,   215
Que l'enfer et le ciel confirment mon suffrage.
Tout le parti d'Assur frappé d'un saint respect,
Tombe à la voix des dieux, et tremble à mon aspect;[3]
Ninus veut une offrande, il en est plus propice:
Pour hâter mon bonheur, hâtez ce sacrifice.   220
Tous les cœurs sont à nous, tout le peuple applaudit:
Vous régnez, je vous aime; Assur en vain frémit.

ARZACE hors de lui.

Assur! allons il faut dans le sang du perfide
Dans cet infâme sang lavons son parricide;
Allons venger Ninus

SÉMIRAMIS

     Qu'entends-je? juste ciel!   225
Ninus!

ARZACE d'un air égaré.

   Vous m'avez dit que son bras criminel
 (Revenant à lui.)
Avait que l'insolent s'arme contre sa reine,
Et n'est-ce pas assez pour mériter ma haine?

SÉMIRAMIS

Commencez la vengeance en recevant ma foi.

ARZACE

Mon père!

SÉMIRAMIS

   Ah! quels regards vos yeux lancent sur moi!   23
Arzace, est-ce donc là ce cœur soumis et tendre,

---

[3] In D3827 lines 217-218 are addressed to Ninias.

Qu'en vous donnant ma main j'ai cru devoir attendre?
Je ne m'étonne point que ce prodige affreux,
Que les morts déchaînés du séjour ténébreux,
De la terreur en vous laissent encore la trace;
Mais j'en suis moins troublée en revoyant Arzace.   235
Ah! ne répandez pas cette funeste nuit
Sur ces premiers moments du beau jour qui me luit.
Soyez tel qu'à mes pieds je vous ai vu paraître,
Lorsque vous redoutiez d'avoir Assur pour maître.   240
Ne craignez point Ninus, et son ombre en courroux.
Arzace, mon appui, mon secours, mon époux;
Cher prince

ARZACE *se détournant.*

                    C'en est trop: le crime m'environne
Arrêtez.

SÉMIRAMIS

        A quel trouble, hélas! il s'abandonne,
Quand lui seul à la paix a pu me rappeler!   245

ARZACE

Sémiramis...

SÉMIRAMIS

        Eh bien?

ARZACE

                Je ne puis lui parler.
Fuyez-moi pour jamais, ou m'arrachez la vie.

SÉMIRAMIS

Quels transports! quels discours! qui, moi, que je vous fuie?

243a   MSI: [*substitutes* NINIAS *for* ARZACE *from here to end of play*]

Eclaircissez ce trouble insupportable, affreux,
Qui passe dans mon âme, et fait deux malheureux.   250
Les traits du désespoir sont sur votre visage;
De moment en moment vous glacez mon courage;
Et vos yeux alarmés me causent plus d'effroi
Que le ciel et les morts soulevés contre moi.
Je tremble en vous offrant ce sacré diadème;   255
Ma bouche en frémissant prononce, Je vous aime;
D'un pouvoir inconnu l'invincible ascendant
M'entraîne ici vers vous, m'en repousse à l'instant,
Et par un sentiment, que je ne peux comprendre,
Mêle une horreur affreuse à l'amour le plus tendre. [4]   26

ARZACE

Haïssez-moi.

SÉMIRAMIS

Cruel, non tu ne le veux pas;
Mon cœur suivra ton cœur, mes pas suivront tes pas.
Quel est donc ce billet, que tes yeux pleins d'alarmes
Lisent avec horreur, et trempent de leurs larmes?
Contient-il les raisons de tes refus affreux?   26

ARZACE

Oui.

---

[4] Cf. *Eriphyle*, III.v.201-10:
> Le ciel et les enfers alarment mon courage;
> Je vois les dieux armés condamner leur ouvrage;
> Et vous seul m'inspirez plus de trouble et d'effroi
> Que le ciel et ces morts irrités contre moi.
> Je tremble en vous donnant ce sacré diadème;
> Ma bouche en frémissant prononce, Je vous aime.
> D'un pouvoir inconnu l'invincible ascendant
> M'entraîne ici vers vous, m'en repousse à l'instant;
> Et par un sentiment que je ne puis comprendre
> Mêle une horreur affreuse à l'amour le plus tendre.

SÉMIRAMIS

Donne.

ARZACE

Ah! je ne puis... osez-vous?

SÉMIRAMIS

Je le veux.

ARZACE

Laissez-moi cet écrit horrible et nécessaire...

SÉMIRAMIS

D'où le tiens-tu?

ARZACE

Des dieux.

SÉMIRAMIS

Qui l'écrivit?

ARZACE

Mon père...

SÉMIRAMIS

Que me dis-tu?

ARZACE

Tremblez.

SÉMIRAMIS

Donne: apprends-moi mon sort.

ARZACE

Cessez... A chaque mot vous trouveriez la mort.   270

SÉMIRAMIS

N'importe; éclaircissez ce doute qui m'accable:
Ne me résistez plus, ou je vous crois coupable.

ARZACE

Dieux qui conduisez tout, c'est vous qui m'y forcez!

SÉMIRAMIS *prenant le billet.*

Pour la dernière fois, Arzace, obéissez.

ARZACE

Eh bien, que ce billet soit donc le seul supplice   27
Qu'à son crime, grand dieu, réserve ta justice!
   (*Sémiramis lit.*)
Vous allez trop savoir, c'en est fait.

SÉMIRAMIS *à Otane.*[5]

                              Qu'ai-je lu?
Soutiens-moi, je me meurs...

ARZACE

                     Hélas! tout est connu!

SÉMIRAMIS *revenant à elle après un long silence.*

Eh bien! ne tarde plus, remplis ta destinée;
Punis cette coupable et cette infortunée;   2
Etouffe dans mon sang mes détestables feux.
La nature trompée est horrible à tous deux;
Venge tous mes forfaits, venge la mort d'un père,

---

[5] Since Sémiramis addresses Otane, it follows that Otane is on stage and should be included in the list of characters appearing in this scene.

Reconnais-moi, mon fils, frappe, et punis ta mère. [6]

ARZACE

Que ce glaive plutôt épuise ici mon flanc   285
De ce sang malheureux formé de votre sang!
Qu'il perce de vos mains ce cœur qui vous révère,
Et qui porte d'un fils le sacré caractère!

SÉMIRAMIS *se jetant à genoux.*

Ah! je fus sans pitié; sois barbare à ton tour;
Sois le fils de Ninus, en m'arrachant le jour;
Frappe. Mais quoi! tes pleurs se mêlent à mes larmes!   290
O Ninias! ô jour plein d'horreur et de charmes!
Avant de me donner la mort que tu me dois,
De la nature encore laisse parler la voix;
Souffre au moins que les pleurs de ta coupable mère   295
Arrosent une main si fatale et si chère. [7]

ARZACE

Ah! je suis votre fils, et ce n'est pas à vous,
Quoi que vous ayez fait, d'embrasser mes genoux.
Ninias vous implore, il vous aime, il vous jure
Les plus profonds respects, et l'amour la plus pure.   300

[6] Cf. *Eriphyle*, IV.iv.229-34:
    Eh bien! ne tarde plus, remplis ta destinée:
    Porte ce fer sanglant sur cette infortunée.
    Etouffe dans mon sang cet amour malheureux
    Que dictait la nature en nous trompant tous deux;
    Punis-moi, venge-toi, venge la mort d'un père,
    Reconnais-moi, mon fils: frappe et punis ta mère.
[7] Cf. *Eriphyle*, IV.v.247-52:
    Oui, je fus sans pitié: sois barbare à ton tour,
    Et montre-toi mon fils en m'arrachant le jour.
    Frappe... Mais quoi? tes pleurs se mêlent à mes larmes?
    O mon cher fils! ô jour plein d'horreur et de charmes!
    Avant de me donner la mort que tu me dois,
    De la nature encor laisse parler la voix:

C'est un nouveau sujet, plus cher et plus soumis;
Le ciel est apaisé, puisqu'il vous rend un fils:
Livrez l'infâme Assur au dieu qui vous pardonne.

SÉMIRAMIS

Reçois pour te venger mon sceptre et ma couronne;
Je les ai trop souillés.

ARZACE

Je veux tout ignorer;
Je veux avec l'Asie encore vous admirer.

SÉMIRAMIS

Non, mon crime est trop grand.

ARZACE

Le repentir l'efface.

SÉMIRAMIS

Ninus t'a commandé de régner en ma place;
Crains ses mânes vengeurs.

ARZACE

Ils seront attendris
Des remords d'une mère et des larmes d'un fils.
Otane, au nom des dieux, ayez soin de ma mère,
Et cachez comme moi cet horrible mystère.

Fin du quatrième acte.

ACTE V

SCÈNE PREMIÈRE
SÉMIRAMIS, OTANE

OTANE[1]

Songez qu'un dieu propice a voulu prévenir
Cet effroyable hymen, dont je vous vois frémir.
La nature étonnée à ce danger funeste,
En vous rendant un fils, vous arrache à l'inceste.
Des oracles d'Ammon les ordres absolus,   5
Les infernales voix, les mânes de Ninus,
Vous disaient que le jour d'un nouvel hyménée
Finirait les horreurs de votre destinée:
Mais ils ne disaient pas qu'il dût être accompli;
L'hymen s'est préparé, votre sort est rempli;   10
Ninias vous révère. Un secret sacrifice
Va contenter des dieux la facile justice:
Ce jour si redouté fera votre bonheur.

---

[1] D3790 (to d'Argental, 17 October 1748) proposes the following opening lines:
OTANE
  Le peuple est consterné mais il vous est soumis,
  Les partis sont tombez devant Sémiramis,
  Son nom seul à la terre est un frein respectable,
  Son trône est affermi.
          SÉMIRAMIS
                  Trône horrible et coupable!
  Quels déserts cacheront ma honte et mon effroy?
  L'univers m'épouvante. Il a les yeux sur moi.
  Qu'ai-je fait et qui suis-je? une femme odieuse,
  Epouse, parricide et mère incestueuse!

SÉMIRAMIS, TRAGÉDIE

SÉMIRAMIS

Ah! le bonheur, Otane, est-il fait pour mon cœur?
Mon fils s'est attendri; je me flatte, j'espère,   15
Qu'en ces premiers moments la douleur d'une mère
Parle plus hautement à ses sens oppressés,
Que le sang de Ninus, et mes crimes passés.
Mais peut-être bientôt, moins tendre et plus sévère,
Il ne se souviendra que du meurtre d'un père.   20

OTANE

Que craignez-vous d'un fils? Quel noir pressentiment!

SÉMIRAMIS

La crainte suit le crime, et c'est son châtiment.
Le détestable Assur sait-il ce qui se passe?
N'a-t-on rien attenté? Sait-on quel est Arzace?

OTANE

Non; ce secret terrible est de tous ignoré.   2
De l'ombre de Ninus l'oracle est adoré;
Les esprits consternés ne peuvent le comprendre.[2]
Comment servir son fils? pourquoi venger sa cendre?
On l'ignore, on se tait. On attend ces moments,
Où fermé sans réserve au reste des vivants,
Ce lieu saint doit s'ouvrir pour finir tant d'alarmes.
Le peuple est aux autels; vos soldats sont en armes.

[2] D3827 (to d'Argental, 16 December 1748) gives the following alternative
reading for lines 27-36:
    Et le parti d'Assur que la terreur assiège
    N'ose encor lui prêter une main sacrilège.
    On se tait, on attend ces moments solennels
    Où fermé si longtemps au reste des mortels
    Ce tombeau doit ouvrir ses portes redoutables.
    La terre, les enfers, les cieux sont favorables.
    Cependant Azéma dans un trouble nouveau
    Veille dans la nuit sombre autour de ce tombeau.

Azéma, pâle, errante, et la mort dans les yeux,
Veille autour du tombeau, lève les mains aux cieux.
Ninias est au temple, et d'une âme éperdue,
Se prépare à frapper sa victime inconnue.   35
Dans ses sombres fureurs Assur enveloppé,
Rassemble les débris d'un parti dissipé;
Je ne sais quels projets il peut former encore.

SÉMIRAMIS

Ah, c'est trop ménager un traître que j'abhorre;   40
Qu'Assur chargé de fers en vos mains soit remis;
Otane, allez livrer le coupable à mon fils.
Mon fils apaisera l'éternelle justice,
En répandant, du moins, le sang de mon complice;
Qu'il meure; qu'Azéma rendue à Ninias,   45
Du crime de mon règne épure ces climats.
Tu vois ce cœur, Ninus, il doit te satisfaire:
Tu vois du moins en moi des entrailles de mère.
Ah! qui vient dans ces lieux à pas précipités?
Que tout rend la terreur à mes sens agités!   50

SCÈNE II

SÉMIRAMIS, AZÉMA

AZÉMA

Madame, pardonnez, si sans être appelée,
De mortelles frayeurs trop justement troublée,
Je viens avec transport embrasser vos genoux.

SÉMIRAMIS

Ah! princesse, parlez, que me demandez-vous?

50b   49A, W38, W50, W51: SÉMIRAMIS, AZÉMA, OTANE

AZÉMA

D'arracher un héros au coup qui le menace,   55
De prévenir le crime, et de sauver Arzace.

SÉMIRAMIS

Arzace? lui! quel crime?

AZÉMA

Il devient votre époux;
Il me trahit, n'importe, il doit vivre pour vous.

SÉMIRAMIS

Lui mon époux? grands dieux!

AZÉMA

Quoi l'hymen qui vous lie...

SÉMIRAMIS

Cet hymen est affreux, abominable, impie;   60
Arzace? il est... parlez; je frissonne, achevez:
Quels dangers! hâtez-vous...

AZÉMA

Madame, vous savez
Que peut-être au moment que ma voix vous implore...

SÉMIRAMIS

Eh bien?

AZÉMA

Ce demi-dieu, que je redoute encore,
D'un secret sacrifice en doit être honoré,   6
Au fond du labyrinthe à Ninus consacré.
J'ignore quels forfaits il faut qu'Arzace expie.

66 w38: Du fond

242

SÉMIRAMIS

Quels forfaits, justes dieux!

AZÉMA

           Cet Assur, cet impie,
Va violer la tombe où nul n'est introduit.

SÉMIRAMIS

Qui? lui?

AZÉMA

    Dans les horreurs de la profonde nuit,   70
Des souterrains secrets, où sa fureur habile
A tout événement se creusait un asile,
Ont servi les desseins de ce monstre odieux;
Il vient braver les morts, il vient braver les dieux:
D'une main sacrilège aux forfaits enhardie,   75
Du généreux Arzace il va trancher la vie.

SÉMIRAMIS

O ciel! qui vous l'a dit? comment, par quel détour?

AZÉMA

Fiez-vous à mon cœur éclairé par l'amour;
J'ai vu du traître Assur la haine envenimée,[3]
Sa faction tremblante, et par lui ranimée,   80
Ses amis rassemblés, qu'a séduits sa fureur:
De ses desseins secrets j'ai démêlé l'horreur.
J'ai feint de réunir nos causes mutuelles;
Je l'ai fait épier par des regards fidèles:

[3] D3827 gives the following alternative reading for lines 79-85:
    Mes yeux ont épié ses pas et sa fureur,
    Voyant ses vœux trompez, sa faction tremblante,
    Votre choix confirmé, Babylone contente,
    Il ne commet qu'à luy ce meurtre détesté.

Il ne commet qu'à lui ce meurtre détesté;   85
Il marche au sacrilège avec impunité:
Sûr que dans ce lieu saint nul n'osera paraître,
Que l'accès en est même interdit au grand-prêtre,
Il y vole: et le bruit par ses soins se répand,
Qu'Arzace est la victime, et que la mort l'attend;   90
Que Ninus dans son sang doit laver son injure.
On parle au peuple, aux grands, on s'assemble, on murmure.
Je crains Ninus, Assur, et le ciel en courroux.

SÉMIRAMIS

Eh bien, chère Azéma, ce ciel parle par vous;
Il me suffit. Je vois ce qui me reste à faire.   95
On peut s'en reposer sur le cœur d'une mère.
Ma fille, nos destins à la fois sont remplis:
Défendez votre époux: je vais sauver mon fils.

AZÉMA

Ciel!

SÉMIRAMIS

Prête à l'épouser, les dieux m'ont éclairée;
Ils inspirent encore une mère éplorée;   100
Mais les moments sont chers. Laissez-moi dans ces lieux:
Ordonnez en mon nom que les prêtres des dieux,
Que les chefs de l'Etat viennent ici se rendre.
    (*Azéma passe dans le vestibule du temple; Sémiramis, de l'autre
    côté, s'avance vers le mausolée.*)
Ombre de mon époux! je vais venger ta cendre.
Voici l'instant fatal, où ta voix m'a promis,   105
Que l'accès de ta tombe allait m'être permis:
J'obéirai; mes mains qui guidaient des armées,
Pour secourir mon fils à ta voix sont armées.
Venez, gardes du trône, accourez à ma voix;
D'Arzace désormais reconnaissez les lois: 110

Arzace est votre roi, vous n'avez plus de reine;
Je dépose en ses mains la grandeur souveraine.
Soyez ses défenseurs, ainsi que ses sujets.
Allez.
  (*Les gardes se rangent au fond de la scène.*)
        Dieux tout-puissants, secondez mes projets.
(*Elle entre dans le tombeau.*)

SCÈNE III

AZÉMA, *revenant de la porte du temple sur le devant de la scène.*

Que méditait la reine? et quel dessein l'anime?   115
A-t-elle encor le temps de prévenir le crime?
O prodige, ô destin, que je ne conçois pas!
Moment cher et terrible, Arzace, Ninias!
Arbitres des humains, puissances que j'adore,
Me l'avez-vous rendu, pour le ravir encore?   120

SCÈNE IV

AZÉMA, ARZACE, ou NINIAS

AZÉMA

Ah! cher prince, arrêtez. Ninias, est-ce vous?
Vous le fils de Ninus, mon maître et mon époux?

NINIAS

Ah! vous me revoyez confus de me connaître.
Je suis du sang des dieux, et je frémis d'en être.
Ecartez ces horreurs, qui m'ont environné;   125
Fortifiez ce cœur au trouble abandonné;
Encouragez ce bras prêt à venger un père.

120b   MSI: AZÉMA, NINIAS

AZÉMA

Gardez-vous de remplir cet affreux ministère.

NINIAS

Je dois un sacrifice, il le faut, j'obéis.

AZÉMA

Non. Ninus ne veut pas qu'on immole son fils.   130

NINIAS

Comment?

AZÉMA

Vous n'irez point dans ce lieu redoutable;
Un traître y tend pour vous un piège inévitable.

NINIAS

Qui peut me retenir, et qui peut m'effrayer?

AZÉMA

C'est vous que dans la tombe on va sacrifier;
Assur, l'indigne Assur, a d'un pas sacrilège,   135
Violé du tombeau le divin privilège:
Il vous attend.

NINIAS

Grands dieux! tout est donc éclairci.
Mon cœur est rassuré, la victime est ici.
Mon père empoisonné par ce monstre perfide,
Demande à haute voix le sang du parricide.   140
Instruit par le grand-prêtre, et conduit par le ciel,
Par Ninus même armé contre le criminel,
Je n'aurai qu'à frapper la victime funeste,

132 MSI: piége abominable

246

Qu'amène à mon courroux la justice céleste.
Je vois trop que ma main, dans ce fatal moment,   145
D'un pouvoir invincible est l'aveugle instrument.
Les dieux seuls ont tout fait, et mon âme étonnée
S'abandonne à la voix qui fait ma destinée.
Je vois que malgré nous tous nos pas sont marqués;
Je vois que des enfers ces mânes évoqués,   150
Sur le chemin du trône ont semé les miracles:
J'obéis sans rien craindre, et j'en crois les oracles.

AZÉMA

Tout ce qu'ont fait les dieux ne m'apprend qu'à frémir:
Ils ont aimé Ninus, ils l'ont laissé périr.

NINIAS

Ils le vengent enfin: étouffez ce murmure.   155

AZÉMA

Ils choisissent souvent une victime pure;
Le sang de l'innocence a coulé sous leurs coups.

NINIAS

Puisqu'ils nous ont unis, ils combattent pour nous.
Ce sont eux qui parlaient par la voix de mon père:
Ils me rendent un trône, une épouse, une mère: 160
Et couvert à vos yeux du sang du criminel,
Ils vont de ce tombeau me conduire à l'autel.
J'obéis, c'est assez, le ciel fera le reste.

145-148 MSI: [*absent*]
163   MSI: [*with stage direction*] (*Il entre dans le tombeau.*)

SCÈNE V

AZÉMA *seule.*

Dieux! veillez sur ses pas, dans ce tombeau funeste. [4]
Que voulez-vous? quel sang doit aujourd'hui couler?   165
Impénétrables dieux, vous me faites trembler.
Je crains Assur, je crains cette main sanguinaire;
Il peut percer le fils sur la cendre du père.
Abîmes redoutés, dont Ninus est sorti,
Dans vos antres profonds, que ce monstre englouti   170
Porte au sein des enfers la fureur qui le presse.
Cieux, tonnez, cieux, lancez la foudre vengeresse.
O son père! ô Ninus, quoi tu n'as pas permis
Qu'une épouse éplorée accompagnât ton fils! [5]
Ninus, combats pour lui, dans ce lieu de ténèbres.   175
N'entends-je pas sa voix parmi des cris funèbres?
Dût ce sacré tombeau, profané par mes pas,
Ouvrir pour me punir les gouffres du trépas,
J'y descendrai, j'y vole. Ah! quels coups de tonnerre
Ont enflammé le ciel, et font trembler la terre!   180
Je crains, j'espère, il vient.

---

[4] D3827 gives the following alternative reading for line 163: 'Dieux conduisez [first reading: 'éclairez'] ses pas dans ce tombeau funeste!'

[5] D3827 offers an earlier and somewhat different text for lines 172-180:

> O son père, O Ninus, quoy, tu n'as point permis
> Qu'une [first reading: 'que sa'] épouse éplorée acompagnast ton fils!
> Veille sur luy, dumoins dans ce lieu de ténèbres.
> N'enten-je pas sa voix parmy des cris funèbres?
> Je l'entends, c'est luy même, etc.
>   Ah qu'esce que je voy?

These words presumably bring the scene to a close.

SCÈNE VI

NINIAS, *une épée sanglante à la main*, AZÉMA

NINIAS

Ciel! où suis-je?

AZÉMA

       Ah! seigneur,
Vous êtes teint de sang, pâle, glacé d'horreur.

NINIAS *d'un air égaré.*

Vous me voyez couvert du sang du parricide.
Au fond de ce tombeau, mon père était mon guide.
J'errais dans les détours de ce grand monument,   185
Plein de respect, d'horreur et de saisissement;
Il marchait devant moi: j'ai reconnu la place,
Que son ombre en courroux marquait à mon audace.
Auprès d'une colonne, et loin de la clarté,
Qui suffisait à peine à ce lieu redouté,   190
J'ai vu briller le fer dans la main du perfide;
J'ai cru le voir trembler: tout coupable est timide:
J'ai deux fois dans son flanc plongé ce fer vengeur;
Et d'un bras tout sanglant, qu'animait ma fureur,
Déjà je le traînais, roulant sur la poussière,   195
Vers les lieux d'où partait cette faible lumière:
Mais je vous l'avouerai, ses sanglots redoublés,
Ses cris plaintifs et sourds, et mal articulés,
Les dieux qu'il invoquait, et le repentir même,
Qui semblait le saisir à son heure suprême;   200
La sainteté du lieu; la pitié dont la voix,
Alors qu'on est vengé, fait entendre ses lois;
Un sentiment confus, qui même m'épouvante,
M'ont fait abandonner la victime sanglante.
Azéma, quel est donc ce trouble, cet effroi,   205

Cette invincible horreur qui s'empare de moi?
Mon cœur est pur, ô dieux! mes mains sont innocentes:
D'un sang proscrit par vous vous les voyez fumantes;
Quoi, j'ai servi le ciel, et je sens des remords!

AZÉMA

Vous avez satisfait la nature et les morts.   210
Quittons ce lieu terrible, allons vers votre mère;
Calmez à ses genoux ce trouble involontaire;
Et puisque Assur n'est plus...

SCÈNE VII

NINIAS, AZÉMA, ASSUR

(*Assur paraît dans l'enfoncement avec Otane et les gardes de la reine.*)

AZÉMA

Ciel! Assur à mes yeux!

NINIAS

Assur?

AZÉMA

Accourez tous, ministres de nos dieux,
Ministres de nos rois, défendez votre maître.   21

SCÈNE DERNIÈRE

LE GRAND-PRÊTRE OROÈS, LES MAGES ET LE PEUPLE,
NINIAS, AZÉMA, ASSUR *désarmé*, MITRANE, OTANE

OTANE

Il n'en est pas besoin; j'ai fait saisir le traître,
Lorsque dans ce lieu saint il allait pénétrer.
La reine l'ordonna, je viens vous le livrer.

NINIAS

Qu'ai-je fait? et quelle est la victime immolée?

OROÈS

Le ciel est satisfait; la vengeance est comblée.   220
  (*En montrant Assur.*)
Peuples, de votre roi voilà l'empoisonneur:
  (*En montrant Ninias.*)
Peuples, de votre roi voilà le successeur.
Je viens vous l'annoncer, je viens le reconnaître;
Revoyez Ninias, et servez votre maître.

ASSUR

Toi Ninias?

OROÈS

        Lui-même; un dieu qui l'a conduit   225
Le sauva de ta rage, et ce dieu te poursuit.

ASSUR

Toi de Sémiramis tu reçus la naissance!

215c 49A, W48D, W50, W51, W52, W57P: [*omit* OTANE]

NINIAS

Oui; mais pour te punir j'ai reçu sa puissance.
Allez, délivrez-moi de ce monstre inhumain.
Il ne méritait pas de tomber sous ma main.   230
Qu'il meure dans l'opprobre, et non de mon épée;
Et qu'on rende au trépas ma victime échappée.
  (*Sémiramis paraît au pied du tombeau mourante; un mage qui est*
  à cette porte la relève.)

ASSUR

Va: mon plus grand supplice est de te voir mon roi;
      (*Apercevant Sémiramis.*)
Mais je te laisse encore plus malheureux que moi;
Regarde ce tombeau; contemple ton ouvrage.   235

NINIAS

Quelle victime, ô ciel, a donc frappé ma rage!

AZÉMA

Ah! fuyez, cher époux!

MITRANE

      Qu'avez-vous fait?

OROÈS *se mettant entre le tombeau et Ninias.*

                              Sortez,
Venez purifier vos bras ensanglantés;
Remettez dans mes mains ce glaive trop funeste,
Cet aveugle instrument de la fureur céleste.   24

NINIAS *courant vers Sémiramis.*

Ah! cruels, laissez-moi le plonger dans mon cœur.

235a MS1: [*with stage direction*] *appercevant Sémiramis qui se traîne sur les marches*
du tombeau.

OROÈS *tandis qu'on le désarme.*

Gardez de le laisser à sa propre fureur.

SÉMIRAMIS *qu'on fait avancer, et qu'on place sur un fauteuil.*

Viens me venger, mon fils: un monstre sanguinaire,
Un traître, un sacrilège, assassine ta mère.

NINIAS

O jour de la terreur! ô crimes inouïs!   245
Ce sacrilège affreux, ce monstre est votre fils.
Au sein qui m'a nourri cette main s'est plongée:
Je vous suis dans la tombe, et vous serez vengée.

SÉMIRAMIS

Hélas! j'y descendis pour défendre tes jours.
Ta malheureuse mère allait à ton secours   250
J'ai reçu de tes mains la mort qui m'était due.

NINIAS

Ah! c'est le dernier trait à mon âme éperdue.
J'atteste ici les dieux qui conduisaient mon bras,
Ces dieux qui m'égaraient

SÉMIRAMIS

                          Mon fils, n'achève pas:
Je te pardonne tout, si pour grâce dernière,   255
Une si chère main ferme au moins ma paupière.
    (*Il se jette à genoux.*)
Viens, je te le demande, au nom du même sang,
Qui t'a donné la vie, et qui sort de mon flanc.
Ton cœur n'a pas sur moi conduit ta main cruelle.
Quand Ninus expira, j'étais plus criminelle.   260
J'en suis assez punie. Il est donc des forfaits,
Que le courroux des dieux ne pardonne jamais!
Ninias, Azéma, que votre hymen efface

L'opprobre dont mon crime a souillé votre race;
D'une mère expirante approchez-vous tous deux;   265
Donnez-moi votre main; vivez, régnez heureux,
Cet espoir me console... il mêle quelque joie
Aux horreurs de la mort où mon âme est en proie.
Je la sens... elle vient... songe à Sémiramis,
Ne hais point sa mémoire: ô mon fils, mon cher fils   27(
C'en est fait...

                    OROÈS
        La lumière à ses yeux est ravie.
Secourez Ninias, prenez soin de sa vie.
Par ce terrible exemple, apprenez tous, du moins,
Que les crimes secrets ont les dieux pour témoins.
Plus le coupable est grand, plus grand est le supplice.   27
Rois, tremblez sur le trône, et craignez leur justice.

        Fin du cinquième et dernier acte.

265 MSI [*with stage direction*] (*à Ninias et à Azéma*)
271 MSI: Je me meurs...

254

La Femme qui a raison, comédie

Critical edition

by

Russell Goulbourne and Mark Waddicor

CONTENTS

INTRODUCTION

1. Genesis: composition and opposition

Like *Nanine*, *La Femme qui a raison* originates in the late 1740s at the court of Stanislas Leszczynski.[1] Voltaire and Mme Du Châtelet spent most of 1748 with the former king of Poland in Lunéville, where theatre was a frequent pastime.[2] *La Femme qui a raison* appears to have been first performed there in a one-act version in November 1748.[3] It is unclear when Voltaire adapted the play into its current three-act form. He may have done so for a performance at Commercy in 1749.[4] Alternatively, he may have

---

[1] On the composition of *Nanine*, see *OC*, vol.31B, p.8, 15-16.

[2] Writing to the comtesse d'Argental on 25 February 1748, Voltaire refers to the 'très beau théâtre' at Lunéville and the performances by the king's actors of La Motte's *pastorale héroïque*, *Issé*, and his own *Mérope*: 'La troupe du Roi m'a donné Mérope; croiriez-vous madame qu'on y a pleuré tout comme à Paris? et moi qui vous parle je me suis oublié au point d'y pleurer comme un autre' (D3624). See also Voltaire's 1748 poem 'Au roi Stanislas, à la clôture du théâtre de Lunéville' (M.x.543). Voltaire went on to write a first draft of *Rome sauvée* at Lunéville in August 1749; the following month saw the beginning of *Oreste* (see *OC*, vol.31A, p.46, 62, 301-304). Reflecting on the conditions for writing at Lunéville, Voltaire observed to the duchesse Du Maine on 14 August 1749: 'Il y a ici trois ou quatre personnes qui ont le goût très cultivé et même très difficile' (D3979).

[3] See below, p.274-75. Longchamp, Voltaire's secretary since 1746, records Voltaire's discovery in late 1748 of Mme Du Châtelet's relationship with Saint-Lambert and goes on to add: 'Dans les premiers jours après l'arrivée de cette scène, M. de Voltaire avait fait une comédie en un acte où il avait peint ses chagrins et une partie de cette aventure qu'il a jetté[e] depuis au feu. Il en a conservé quelques pensées sous d'autres noms dans sa comédie de Nanine qu'il a faite aussi à Commercy dans le même temps' (Longchamp, *Mémoires*, BnF 13006, f.46r; this version differs slightly from the printed version: see S. G. Longchamp and J.-L. Wagnière, *Mémoires sur Voltaire et sur ses ouvrages*, Paris 1826, ii.205). This one-act play thrown on the fire may be the first version of *La Femme qui a raison*.

[4] See below, p.275.

been prompted to rewrite it by Frederick's letter of 20 February 1750: 'Vous venez d'entamer les états de Molière; si vous le voulez fort, sa petite province sera dans peu conquise. [...] Si vous l'aviez faite [la comédie] plus longue, il y aurait eu apparemment plus d'intérêt' (D4116). In any case, the three-act version seems to have been ready by 5 October 1757, when Voltaire wrote to d'Argental that 'nous allons jouer en 3 actes la femme qui a raison' (D7410). It was in fact first performed at Carouge on the outskirts of Geneva in July 1758 and first published at the end of 1759.[5]

But is *La Femme qui a raison* actually by Voltaire? The 'Avertissement' to the play, first printed in 1765 in the *Nouveaux mélanges* edition, states that 'cette petite comédie' – that is, the three-act version – is the work of 'plusieurs personnes'; and in a letter to François de Chennevières of 4 January 1761 Voltaire says: 'Le tiers de cet ouvrage est à peine de ma façon' (D9519). Voltaire's letter to the *Journal encyclopédique* of about 5 January 1760, however, throws a rather different light on the matter: 'Les deux tiers de la pièce furent composés par un homme dont j'envierais les talents, si la juste horreur qu'il a pour les tracasseries d'auteur, et pour les cabales du théâtre, ne l'avaient fait renoncer à un art pour lequel il avait beaucoup de génie. Je fis la dernière partie de l'ouvrage. Je remis ensuite le tout en trois actes avec quelques changements légers que cette forme exigeait' (D8696). The talented author of whom Voltaire speaks so highly is certainly not Saint-Lambert, as Clogenson suggested in the nineteenth century. Rather, the description fits Voltaire himself remarkably well, except that he did not go so far as to give up writing for the theatre entirely. It is quite possible that Voltaire received suggestions from Saint-Lambert and Mme Du Châtelet about the one-act play, but his letter to the *Journal encyclopédique* playfully implies that the three-act version is all his own work. If the statement in the *Nouveaux mélanges* were true, it would be hard to imagine why

---

[5] See below, p.275-76, 279-81.

Voltaire should have sent a collective work as a 'tribut' to Frederick in February 1750 (D4110), described it to Tronchin in the summer of 1758 as 'ma femme qui a raison' (D7775), or gone to such trouble to have it performed and published.

Since Voltaire's work on *La Femme qui a raison* coincides with the genesis of another of his comedies, *Nanine*, it is unsurprising that the two plays have similar subjects: marriage across social barriers. The theme is present from the start of *La Femme qui a raison* in the relationship between Mme Duru and her husband: like Molière's *George Dandin*, Voltaire's play depicts a marriage between an aristocrat and a bourgeois. As the Marquis indicates in the opening scene of the play, Mme Duru is, like Molière's Angélique, a 'demoiselle', a member of the 'petite noblesse', who fell on hard times and married a wealthy bourgeois, though she differs from Angélique in her love for her husband. And like George Dandin, though for different reasons, Duru is an object of satire: like Molière, but unlike Diderot, Voltaire enjoys poking fun at the bourgeois.[6] But if Voltaire echoes Molière in ridiculing the bourgeois, he differs from him in his favourable depiction of aristocrats. For *La Femme qui a raison* also depicts the love between the Marquis and Erise, Duru's daughter, a love ridiculously and ineffectually opposed by Duru himself. Voltaire's representation of mutual love overriding paternal authority and social conventions serves to distinguish him from contemporary dramatists. Unlike Marivaux's *Le Jeu de l'amour et du hasard* (1730) and La Chaussée's *La Gouvernante* (1747), sexually and

---

[6] Cf. Dandin's comic frustration at being outwitted at every turn by his wife, Angélique: 'Oui, j'admire mon malheur, et la subtile adresse de ma carogne de femme pour se donner toujours raison, et me faire avoir tort' (*George Dandin*, II.viii). *George Dandin* is one of a number of plays which depict an aristocrat who has fallen on hard times and who decides to marry a wealthy bourgeois (who is often comically obsessed with social advancement) in order to shore up his/her position; other examples include Dancourt's *Le Chevalier à la mode* (1687) and *La Fête de village* (1700), d'Allainval's *L'Ecole des bourgeois* (1728) and, later, Saurin's *Les Mœurs du temps* (1760).

socially conservative plays in which people of apparently different rank fall in love, before they are revealed, by chance, to be of the same class, thereby reaffirming the status quo, *La Femme qui a raison* upsets conventions, challenges a weighty dramatic tradition, and invites the audience to think the unthinkable.

It is clear that the treatment of the same theme – misalliance – in *Nanine* and *La Femme qui a raison* is strikingly different: the two plays seem to be at opposite ends of the eighteenth-century comic spectrum. In *Nanine*, the obstacles to the unconventional marriage are both external – personified by the laughable Baronne – and internal, in the form of the virtuous heroine's self-doubt: the prospect of a transgressive marriage causes Nanine the kind of suffering frequently experienced by numerous female protagonists in *comédies larmoyantes*, which delighted contemporary audiences with the spectacle of virtue in distress. In *La Femme qui a raison*, by contrast, the emphasis is on the satire of the obstacle to marriage, namely a ridiculous father: this is a comedy in the Moliéresque tradition and designed to elicit laughter.

The sharp contrast between *La Femme qui a raison* and contemporary comedy, in particular the *comédie larmoyante*, is an important one. For this comedy can be seen as a critical response to the excessive sentimentality and facile didacticism of much comedy in the 1740s and 1750s.[7] *La Femme qui a raison* looks back, instead, to the seventeenth century and, like *Le Comte de Boursoufle* and *Les Originaux*, adopts a parodic, subversive attitude to the role of sentimentality in comic drama. Sending Frederick a copy of the play in February 1750, Voltaire emphasised what was distinctive about it: 'Voici donc sire un très chétif

---

[7] In the *Encyclopédie* article 'Faible', Voltaire criticises the *comédie larmoyante* for not being comic: 'La comédie la mieux écrite est faible si elle manque de ce que les latins appelaient *vis comica*, la force comique. [...] C'est surtout en quoi a péché souvent la comédie nommée *larmoyante*' (*OC*, vol.33, p.64). On Voltaire's attitude to the *comédie larmoyante*, see David Williams, *Voltaire: literary critic*, *SVEC* 48 (1966), p.255-68.

tribut qui n'est pas dans le goût du comique larmoyant' (D4110).[8] His target is implicitly La Chaussée. But the fact that the performance and publication of the three-act version of the play coincide with the publication of Diderot's *drames bourgeois* and his theoretical treatises adds another edge to Voltaire's aesthetics of contradiction and creative opposition. A play intended as a response to La Chaussée serves also as a response to Diderot, as Voltaire implies, sending a copy of the first edition of *La Femme qui a raison* to Capacelli on 7 March 1760, describing it as 'une comédie qui n'est pas dans le goût français', and adding: 'Je souhaite qu'elle soit dans le vôtre: les lettres que vous daignez m'écrire me font désirer de vous plaire plus qu'au parterre de notre grande ville' (D8792).

So, how does *La Femme qui a raison* work as an antagonistic comedy, one that goes against the conventions of contemporary comic drama? It does so in terms both of its comic dramaturgy and of its unusual philosophical implications, which contrast sharply with the conservatism of much contemporary sentimental comedy.

2. *Aesthetics and ethics: laughter and luxury*

'Il faudrait hardiment donner la femme qui a raison, car qu'elle ait raison ou non elle est gaie, et la morale est bonne' (D9244). Thus Voltaire writes to d'Argental on 20 September 1760, trying to persuade him that the actors at the Comédie-Française should perform his play. The play has, he argues, two clear advantages: it is comic and it has a sound moral. So, how does the play work as a

---

[8] Voltaire's emphasis to Frederick on writing *La Femme qui a raison* in opposition to the vogue for sentimental comedy may also, in part at least, be a response to Frederick's own adverse reaction to *Nanine*: on 11 January 1750 he criticised Voltaire for having written what he saw as a *comédie larmoyante*, 'ce monstre bâtard et flasque que le mauvais goût du siècle a mis au monde'; for Frederick, the French stage had become 'un bureau général de fadeurs où le public peut apprendre à dire: *Je vous aime*, de cent façons différentes' (D4093).

comedy, and what is its 'moral'? Comic structure and didacticism go hand in hand in this play: it is a comedy about luxury and the role of women in family and society, and it invites us to laugh at those (men) who oppose the reasonable and 'enlightened' views of the other characters.

The comic structure of *La Femme qui a raison* seems conventional: young lovers come up against an obstacle to their love in the form of a father, whom they manage to outwit by collaborating with their mother. Erise and Damis want to marry the marquis d'Outremont and his (non-appearing) sister respectively, but their avaricious father, Duru, wants them to marry Phlipot and Phlipotte, the (non-appearing) children of his friend Isaac Gripon, an avaricious usurer.[9] The opposition of youth and old age is the basis of many seventeenth-century comic plots, including Molière's *L'Ecole des femmes* and *L'Avare*. Duru and Gripon are conventional dupes: events overtake them, and their attempts to regain control are ridiculous. To this young-versus-old structure Voltaire adds the farcical motif of a wife getting the better of her husband. Like Elmire in *Tartuffe* and Mme Jourdain in *Le Bourgeois gentilhomme*, Mme Duru goes against her husband's wishes in defence of her children's interests. *La Femme qui a raison* is about the the defeat of male authority-figures by women and younger people. It exploits structures more commonly associated with farce and the carnivalesque: it relies on a temporary subversion of hierarchies, both sexual and familial; men are tricked by women, fathers are ridiculed by children and even by their servants. Diderot's *drames bourgeois* eulogise the father-figure; Voltaire's comedy lampoons the same figure mercilessly.

This comic structure ensures the perfect meshing of comedy and ideas. The reasonable characters defend luxury; the unreasonable ones attack it. Voltaire's defence of luxury in *La Femme qui a*

---

[9] The names of Gripon's children recall Flipote, Mme Pernelle's servant in Molière's *Tartuffe*.

raison is, in itself, not new. It recalls *Le Mondain* and, more conspicuously, *La Défense du Mondain*, as well as his earlier writings on economics.[10] It is expressed, in part, negatively: Voltaire satirises Duru and Gripon because they are misers who are opposed to luxury. In his letter to Voltaire of 20 February 1750, Frederick describes *La Femme qui a raison* as 'ce nouvel Harpagon' (D4116). The remark is applicable to both Gripon and Duru and neatly highlights the most important dramatic antecedent to Voltaire's play: Molière's *L'Avare*. True to the principle he outlined in a letter to the marquis de Vauvenargues on 7 January 1745 (D3062), Voltaire places 'des ridicules forts' at the centre of his comedy.

In a family of reasonable adults, Duru stands out by his comically exaggerated, self-dramatising behaviour. Significantly, he is a bourgeois merchant who has just returned from a business trip abroad: the sort of figure that Diderot and Sedaine will celebrate in their *drames bourgeois* and that even Voltaire will praise in *L'Ecossaise* is here an object of ridicule.[11] Duru deludes himself that his return will bring order to the household (II.iii-iv), unaware that the family has organised itself without him. His empty posturing and hollow assertions of authority are laughable. In particular, Duru is satirised for his avarice. On his first appearance, for example, he launches into an exaggerated com-

---

[10] See in particular the *Observations sur MM. Jean Lass, Melon et Dutot* (M.xxii.359-370), *Ce qu'on ne fait pas, et ce qu'on pourrait faire* (M.xxiii.185-187), *Les Embellissements de Paris* (*OC*, vol.31B, p.199-233), *Les Embellissements de la ville de Cachemire* (*OC*, vol.31B, p.235-61) and the *Dialogue entre un philosophe et un contrôleur-général des finances* (M.xxiii.501-506). Voltaire strikes a different note, however, in the *Epître à Mme Denis sur la vie de Paris et de Versailles* (M.x.344-49), in which he attacks the corrupt nature of Paris and Versailles, stressing the necessity of withdrawing from the world in order to attain happiness. On Voltaire's ambivalent attitude to Paris, see J. M. Fahmy, *Voltaire et Paris*, *SVEC* 195 (1981).

[11] Diderot's *Le Fils naturel* was published a year before *La Femme qui a raison* first appeared in print. In Diderot's play, Lysimond returns, like Duru, from a foreign voyage, but, unlike Duru, he restores order and stirs great emotions in his loving family: Voltaire seems to satirise Diderot's *pater ex machina*.

plaint about his supposedly unfaithful wife and the evils of luxury
(II.iii.90-94, 99-101):

> Quoi! ma femme infidèle à ce point!
> A quel horrible luxe elle s'est emportée!
> Cette maison, je crois, du diable est habitée;
> Et j'y mettrais le feu, sans les dépens maudits
> Qu'à brûler les maisons il en coûte à Paris. [...]
> Je m'étais noblement privé du nécessaire:
> M'en voilà bien payé: que résoudre, que faire?
> Je suis assassiné, confondu, ruiné.

Like Molière's Sganarelle in *L'Ecole des maris* (II.vi), Voltaire's Duru is ridiculed for being anti-social and selfish. As in Molière's play, too, this is given visual expression: as Sganarelle refuses to dress fashionably, so too Duru appears in II.iii *'en habit à l'antique'*. Duru's complaints about his wife and luxury fly in the face of what the audience knows to be the true situation. The incongruity of his suggested solution and his instinctive bourgeois avarice are also comic: his exaggerated reference to the machinations of the devil, echoed twice later in the play (III.ii.28, III.iii.43) recalls Dorfise's hypocritical attack on worldliness in *La Prude* (II.i); and like Molière's Harpagon when he loses his money box in *L'Avare* (IV.vii), Duru contemplates suicide, but avarice stops him (III.iii.51-52).

The other male authority-figure in the play, Isaac Gripon, is mocked for being an avaricious usurer, a character-type ridiculed in, for example, Regnard's *Le Retour imprévu* (1700) and Destouches's *Le Dissipateur* (1736).[12] He is also implicitly

[12] In Regnard's play Géronte returns home unexpectedly to find his son, Clitandre, leading a dissolute life. Destouches's sentimental comedy is about Julie's attempts to cure her dissolute fiancé, Cléon, of his gambling mania by tricking him out of all his money; the play also depicts another Géronte, Cléon's uncle, who returns home unexpectedly and delivers a tirade in defence of frugality. The motif of the surprise return of the frugal father, which is central to Voltaire's play too, also recalls Plautus's *Mostellaria*. Voltaire owned a 1719 Leiden edition of Plautus's comedies in a translation by Gueudeville (BV2757). Voltaire seems to have rated

mocked for being Jewish: the name Isaac evokes the comic stereotype of Jewish avarice, also exploited at the turn of the century by Regnard in *La Sérénade* (scene xviii), *Le Joueur* (III.iii) and *Les Folies amoureuses* (III.x), and by Boindin in *Le Port de mer*, in which Brigantin paints an unflattering portrait of Sabatin, a Jewish merchant: 'L'usure, la dureté, la défiance, la fraude, et le parjure, avec quelques règles d'arithmétique, n'est-ce pas ce qu'on appelle ici M. Sabatin?' (scene ii). The allusion to Jewish avarice in *La Femme qui a raison* is a comic commonplace: the anti-semitism is superficial and does not really contradict the tolerant attitude towards Jews which Voltaire demonstrates elsewhere, notably in the *Lettres philosophiques* and the *Essai sur les mœurs*.[13]

Molière more highly than Plautus, as his comments in 1730 in the *Histoire abrégée* attached to *La Henriade*, reacting to Le Bossu's theory of epic in his *Traité du poème épique*, imply: 'Le père Le Bossu a bien donné des règles pour composer un poème épique en grec ou en latin, mais non pas en français [...]; ordinaire défaut des savants qui connaissent mieux les auteurs classiques que leur propre pays, et qui, sachant Plaute par cœur, mais n'ayant jamais vu représenter une pièce de Molière, nous donnent pourtant des règles du théâtre' (*OC*, vol.2, p.306). In the *Vie de Molière*, by contrast, he is more willing to acknowledge Plautus's qualities: discussing Molière's debt to Plautus in *L'Avare*, he concludes: 'Cependant ces comparaisons de Plaute avec Molière, toutes à l'avantage du dernier, n'empêchent pas qu'on ne doive estimer ce comique latin, qui n'ayant pas la pureté de Térence, avait d'ailleurs tant d'autres talents, et qui, quoique inférieur à Molière, a été pour la variété de ses caractères et de ses intrigues, ce que Rome a eu de meilleur' (*OC*, vol.9, p.442).

[13] See *Lettres philosophiques*, ed. G. Lanson and A.-M. Rousseau (Paris 1964), i.74, and *Essai sur les mœurs*, ed. R. Pomeau (Paris 1963), ii.63. A. Hertzberg nevertheless argues that anti-semitism is a marked trait in all Voltaire's works (*The French Enlightenment and the Jews: the origins of modern anti-semitism*, New York 1968, p.280-313). For a more nuanced view, see R. Schechter, 'The Jewish question in eighteenth-century France', *Eighteenth-century studies* 32 (1998), p.84-91, and B. Schwarzbach, 'Voltaire et les Juifs: bilan et plaidoyer', *SVEC* 358 (1998), p.27-91. See also P. Pluchon's account of the obsession with usury in French attitudes to Jews in the eighteenth century (*Nègres et juifs au XVIIIe siècle: le racisme au siècle des Lumières*, Paris 1984, p.64). C. Dejob argues that eighteenth-century French theatre 's'interdit presque absolument les invectives et les sarcasmes auxquels on se complaisait encore dans le théâtre anglais et allemand' (*Le Juif dans la comédie française et italienne au XVIIIe siècle*, Paris 1899, p.5).

Gripon is a Moliéresque monomaniac, a descendant of Harpagon who is devoted to excesses of economy. For example, in a spirit of comic utilitarianism, he wants the 'noce frugale' which will celebrate the 'union conjugale' between his children and Mme Duru's to take place as soon as possible, even though the prospective couples have not met each other: 'Pour se bien marier il faut que la conjointe / N'ait jamais entrevu son conjoint' (I.v.214-15): his incongruously legalistic jargon is ridiculous. Like Rondon in *L'Enfant prodigue*, he instinctively speaks in such maxims. Echoing Rondon's comically oxymoronic 'Il est avare; et tout avare est sage. / Oh! c'est un vice excellent en ménage' (I.i), Gripon declares: 'L'argent corrompt la jeunesse volage. / Point d'argent: c'est un point capital en ménage' (II.iii.147-48), recalling another incongruous maxim earlier in the same scene: 'Et pour vivre à son aise, il faut vivre de rien' (II.iii.126).[14] Gripon's implicitly bourgeois values are ridiculed as signs of his comic rigidity and lack of self-awareness. He likes to think he is in control, but he fails to see that events are passing him by. For example, when he first appears, in I.v, he tells Mme Duru to arrange the wedding between his children and hers; in I.vi, she does the exact opposite. Hence Voltaire's stage direction at his first appearance: '*homme d'une naïveté grossière*' (I.v).

The defence of luxury in *La Femme qui a raison* is also given more positive expression by putting words and views which echo Voltaire's own in the mouth of one of the characters: Mme Duru.

---

[14] Gripon's comically mechanical thought processes also recall those of Molière's Harpagon, who incongruously champions Valère's Socratic maxim: 'Il faut vivre pour manger, et non pas manger pour vivre' (*L'Avare*, III.i). He also recalls Destouches's Géronte, who instructs his nephew, Cléon, through perverse maxims: 'Mangez peu, dormez bien, et comptez votre argent / Quand vous vous ennuyez', 'Plus on aime l'argent, et moins on a de vices', 'L'argent est un ami toujours prompt et fidèle' (*Le Dissipateur*, III.v). Such characters illustrate well the notion of 'du mécanique plaqué sur du vivant', central to Bergson's conception of the comic: see Henri Bergson, 'Le Rire: essai sur la signification du comique', in *Œuvres*, ed. A. Robinet and H. Gouhier, 2nd edn (Paris 1963), p.381-485.

As the bold title of the play indicates, Duru's wife is right, but he (implicitly) is wrong.[15] Mme Duru is portrayed as a woman of reason. Unlike the more conventionally 'unreasonable' and tyrannical mothers in La Chaussée's *L'Ecole des mères* (1744) and Marivaux's *L'Ecole des mères* (1732), *Les Fausses Confidences* (1737) and *L'Epreuve* (1740), but like Mme Argante in Marivaux's *La Mère confidente* (1735) and Euphémie in Voltaire's first comedy, *L'Indiscret*, Mme Duru is a sympathetic mother who is more concerned with understanding her children than with dominating them. In the absence of paternal authority, Mme Duru takes control and becomes the head of the household, determining her children's futures.

Voltaire's play world is one of pragmatism. Mme Duru finally manages to persuade her husband to accept, albeit grudgingly, his family's new lifestyle: the status quo is superficially reinstated, but its foundations have been altered significantly by a woman who differs markedly from the doleful, passive heroines of La Chaussée's sentimental comedies. Mme Duru's invitation to her husband is significant: 'Modérez-vous de grâce, écoutez et jugez' (III.v.138). Like the invitation issued to the reader in the eighth of the *Lettres philosophiques* – 'Pesez ces attentats, et jugez'[16] – her words suggest an attempt to persuade on the basis of reason and evidence. She attacks the tendency to hoard money and to let it become a debilitating obsession (III.v.165-67):

> On doit compte au public de l'usage du bien,
> Et qui l'ensevelit est mauvais citoyen;
> Il fait tort à l'Etat, il s'en fait à soi-même.

Life is meant to be enjoyed, she says, and to secure this end wealth must be used, not hoarded. Duru accepts the lesson, albeit grudgingly, and the play ends happily. In *La Femme qui a*

---

[15] Cf. the comic twist in Beaumarchais's *Le Barbier de Séville*, when Bartholo reminds the disobedient Rosine: 'Nous ne sommes pas ici en France, où l'on donne toujours raison aux femmes' (II.xv).

[16] *Lettres philosophiques*, i.92.

raison, things turn out well, not because of dramatic convention, but because characters, including a powerful woman, are right thinking. [17]

Mme Duru's attack on avarice echoes, in part, the seventeenth-century satirical tradition of La Fontaine, Boileau and Molière. But the words she uses – 'public', 'citoyen', 'Etat' – smack more of the eighteenth century. Indeed, in its historical context, Mme Duru's explicit defence of luxury gains a sharp polemical edge. Voltaire defended luxury, city life, and the social utility of pleasure. And he did so in opposition to many of his contemporaries, most notably Jean-Jacques Rousseau. In 1749, the Dijon academy set for critical discussion the topic, 'Si le rétablissement des sciences et des arts a contribué à épurer les mœurs', which inspired Rousseau's *Discours sur les sciences et les arts*, published the following year, in which he contends, in opposition to Voltaire's ideas, that luxury saps people's vitality and makes them slaves to the trappings of culture. It is possible, then, that the three-act version of *La Femme qui a raison*, which Voltaire may have written as early as 1750, is, in part at least, a polemical riposte to Rousseau. [18]

Voltaire's defence of luxury and civilisation can also be seen as a response to those dramatists in the 1740s and 1750s, like Destouches, La Chaussée and Gresset, who were attacking 'la vie mondaine' and preaching a return to nature. La Chaussée's *L'Ecole des mères*, for example, is about the antagonism between Argant, a generous businessman who has recently returned from abroad, and his wife, who has adopted the spendthrift lifestyle now said to be characteristic of Paris. Like Voltaire's, La Chaussée's play is set in Paris; but unlike Voltaire's, it is an attack on luxury, not a defence of it: Mme Argant spends excessive amounts of

---

[17] It is perhaps surprising that there is no discussion of *La Femme qui a raison* in M. R. Raaphorst, 'Voltaire et féminisme: un examen du théâtre et des contes', *SVEC* 89 (1972), p.1325-35.

[18] On Voltaire's attitude to Rousseau's first *Discours*, but without reference to *La Femme qui a raison*, see Renato Galliani, *Rousseau, le luxe et l'idéologie nobilaire*, *SVEC* 268 (1989), p.287-95.

money on her spoilt son, the Marquis, but neglects her daughter, excluding her from her rightful share of the family fortune. The message of La Chaussée's play does not concern luxury so much as the rights of children and the stupidity of mothers who spoil their sons, hence the title. Similarly, Gresset's *Le Méchant* (1747) attacks the evils of worldly living, and of Paris in particular, through the depiction of Cléon, the sly and deceptive Parisian 'méchant' of the title; significantly, the action unfolds 'à la campagne, dans un château', an enclosed world far from the corrupting influence of the city. [19] And in Rousseau's *Le Devin du village* (1752), the soothsayer advises the village youth to be content with the attractions of the country over the seductions of the city. Like Molière in *La Comtesse d'Escarbagnas*, Voltaire had already played with the town-country topos for comic effect in *Le Comte de Boursoufle*: the Comte's fickle fiancée, Thérèse, is a dim but rich country girl who is prepared to marry any man who will take her to live in Paris. In *La Femme qui a raison*, by contrast, Voltaire does something different. Instead of poking fun at the town, he makes civilisation and urban sophistication the values to be prized. The play's didactic element is revealed to be another aspect of Voltaire's wide-ranging response to contemporary writing, both theatrical and philosophical. [20]

Moreover, *La Femme qui a raison* defends luxury implicitly in the play's setting: '*La scène est chez madame Duru, dans la rue Thévenot à Paris*'. The Parisian setting becomes a polemical response to opponents of luxury in the 1740s and 1750s: the rural settings of Gresset and Rousseau are replaced by the capital city, the 'paradis terrestre' of the first edition of *Le Mondain*. The rue Thévenot, now part of the rue Réaumur, was opened in 1676

---

[19] Writing to Mme Denis on 24 July 1749, Voltaire describes *Le Méchant* as 'une très mauvaise comédie' (D3966). The argument that *La Femme qui a raison* is a response to *Le Méchant* is supported by the text, which includes verbal echos of Gresset's play (see I.i.15, I.i.28).

[20] For background on the town-versus-country debate, see Simon Davies, *Paris and the provinces in eighteenth-century prose fiction*, *SVEC* 214 (1982).

and ran to the north of the Saint Eustache district, which was popular in the eighteenth century with businessmen.[21] Voltaire sets his subversive comedy in the centre of worldly Paris.

3. *Playing with conventions: comedy and parody*

Voltaire's satire of male authority-figures and his defence of luxury in *La Femme qui a raison* can be seen, then, in part at least, as a critical response to contemporary sentimental comedy. But he goes further in his opposition. To these subversive strategies he adds parody of the dramatic conventions of sentimental comedy. As in *Le Comte de Boursoufle* and *Les Originaux*, he adopts a ludic and parodic attitude to the aesthetics of sentimental drama, in particular the topoi of recognition and moral reform.

Voltaire's parody of recognition is, it seems, a way of poking fun at the *comédie larmoyante* and, specifically, its use of protracted action and artificially delayed recognition for sentimental appeal.[22] In *La Femme qui a raison*, recognition is repeatedly delayed and finally brought about for purely comic effect. Voltaire satirises Duru by showing members of his family unconsciously humiliating him because they do not realise who he is. Duru

---

[21] See G. Brice, *Description de la ville de Paris* (Paris 1752), i.502, and J. Hillairet, *Dictionnaire historique des rues de Paris*, 6th edn (Paris 1963), ii.325.

[22] Charles Collé draws attention to this particular structural and dramaturgical failing in the *comédie larmoyante* in his discussion of Mme de Graffigny's *Cénie*: 'Un autre défaut, qui est encore inhérent à ce genre [larmoyant], c'est l'obligation de cacher le dénouement, et d'empêcher qu'on ne le devine; ce qui est cause, presque toujours, que l'exposition dure jusque dans les derniers actes, et que l'on a encore des faits, même au cinquième acte, dont il faut instruire le spectateur' (*Journal historique, ou Mémoires critiques et littéraires sur les ouvrages dramatiques et les événements les plus mémorables, depuis 1748 jusqu'en 1751 inclusivement*, Paris 1805-1807, i.234). For his part, Gustave Lanson notes that 'à chaque instant on rencontre dans le théâtre de La Chaussée ces tours de main par lesquels il escamote un événement logiquement nécessaire' (*Nivelle de La Chaussée et la comédie larmoyante*, 2nd edn, Paris 1903, p.190).

returns from his travels wearing a disguise, because he wants to hear the call of the blood (II.iii.150-56):

M. DURU

Je voudrais voir un peu comme on me recevra,
Quel air aura ma femme.

M. GRIPON

Et pourquoi? que t'importe?

M. DURU

Voir... là... si la nature est au moins assez forte,
Si le sang parle assez dans ma fille et mon fils,
Pour reconnaître en moi le maître du logis.

M. GRIPON

Quand tu te nommeras, tu te feras connaître.
Est-ce que le sang parle?

Duru's explanation and Gripon's seemingly naive question foreground the role of parody. Voltaire makes his characters refer self-consciously to a tried-and-tested device of eighteenth-century sentimental (and also tragic) drama: the 'cri du sang', the appeal to a character's instinctive feelings and compassion for another character who turns out to be a blood relative.[23]

Voltaire further parodies this device by making the other characters fail to recognise Duru for the whole of act II and for most of act III. The authority-figure is ridiculed by being made to endure a sequence of farcical humiliations by Marthe (II.v, II.viii), the Marquis (II.vii, II.viii), Erise (II.viii), and Damis (III.iv). In II.v Duru, still disguising his true identity, tries to find out from Marthe what his wife has been doing, but like Arnolphe in Molière's *L'Ecole des femmes* and Zoïlin in *L'Envieux*, he is forced to listen to insults. He makes a grand gesture of giving her money, but the comic commonplace of the servant's tongue

---

[23] Clifton Cherpack discusses Voltaire's use of the device in nine of his tragedies, from *Œdipe* to *Les Lois de Minos* (*The Call of the blood in French classical tragedy*, Baltimore 1958, p.102-15). He identifies (p.12-13) only one theatrical satire of the motif: Dufresny's three-act prose comedy *Le Faux Instinct* (1707).

being loosened is promptly subverted with farcical consequences: Marthe makes to slap him (II.v.214-16).

In II.viii the daughter's failure to recognise her father is also emphasised: 'Quel est donc cet homme, je vous prie?', Erise asks the Marquis (line 284). There is a comic contrast between Duru's exaggerated behaviour – 'Je ne peux plus rien dire. / Je suffoque' (lines 279-280) – and the newly married couple's detachment and nonchalance: 'il paraît qu'il est extravagant' (line 285), 'D'où vient que cet agent fait tant de tintamarre' (line 287), 'cet homme est si bizarre!' (line 288). Recalling Arnolphe's humiliation in act I of Molière's *L'Ecole des femmes* and Zoïlin's in act I of *L'Envieux*, there is further humiliation for Duru as Erise stops him from entering first Mme Duru's room and then Damis's room, before she and the Marquis exit via the other door into her bedroom. Sexual innuendo serves to poke fun at the hapless Duru: 'Vous voilà bien au fait', remarks the Marquis, ironically, 'je vais avec madame, / Me rendre aux doux transports de la plus pure flamme' (lines 339-340). As in *L'Ecole des femmes* and *L'Envieux*, the décor is crucial to the comic effect: Duru is left alone on stage, his family hidden behind doors which he cannot open. In II.ix he bangs on Mme Duru's door, but, like Molière's Arnolphe, he is refused entry by the servant. [24] And in III.iv his son fails to recognise him: Damis teases Duru by telling him very gradually the truth about the weddings, and he reacts to Duru's exaggerated anger with a farcical threat to throw him out of the window (III.iv.87-90).

Recognition finally occurs in the last scene (III.v), when Mme Duru sees her husband for the first time in the play. The effect is insistently parodic. Like Cap-Vert's response to his wife at the end of *Les Originaux* and Candide's reaction on being reunited with Cunégonde, Duru comments unflatteringly on his wife's

[24] The comic device of the master locked out of his own house by a servant also recalls Plautus's *Mostellaria*, but with the important difference that in Voltaire's play the servant, like all the other members of the family, fails to recognise the master, whereas in Plautus's play, as in Regnard's *Le Retour imprévu*, for example, the servant is consciously trying to trick the master and wilfully delaying his entry into the house.

physical appearance: 'Oh! comme elle est changée! elle n'a plus,
ma foi, / De quoi raccommoder ses fautes près de moi' (lines 101-
102). Damis, Erise and the Marquis instinctively fall to their knees
(and seem to remain in that position for most of the scene) and
exclaim in unison: 'Mon père!' (line 103). This obvious artificiality
is a parody of the improbabilities of conventional sentimental
recognition scenes, a trick which Beaumarchais will also use in *Le
Mariage de Figaro* (III.xvi). This parody takes further the
subversion of the 'cri du sang' as Duru starts to vent his anger
on Damis (lines 111-113):

M. DURU

Fripon; c'est donc ainsi que ton père lui-même
S'est vu reçu de toi? C'est ainsi que l'on m'aime?

M. GRIPON

C'est la force du sang.

DAMIS

Je ne suis pas devin.

The staple sentimental motif of instinctive feelings is comically
undermined by Gripon's sarcasm and Damis's bluntness. There is
further parody at the climax of the appeal made by his wife and
children, as Duru turns to Gripon for advice (lines 189-192):

M. DURU

Gripon, m'attendrirai-je?

M. GRIPON

Ecoutez, entre nous,
Ça demande du temps.

M. MARTHE

Vite, attendrissez-vous:
Tous ces gens-là, Monsieur, s'aiment à la folie;
Croyez-moi, mettez-vous aussi de la partie.

Through the comically self-conscious references to 'attendrisse-
ment' the goal of sentimental comedy is subverted into a laughable
falsehood.

The final twist in this parodic subversion of convention comes at the end as Duru accepts his wife's actions and the social and sexual hierarchies are implicitly re-established. Crucially, though, as in *L'Indiscret*, *Le Comte de Boursoufle*, *L'Enfant prodigue* and *Les Originaux*, there is no sense in which Duru undergoes the sort of thorough moral conversion found in many sentimental comedies. He agrees that money must be spent, but pleads with his wife: 'Mais ne mangez pas tout, Madame, je vous prie' (III.v.208). This sort of comic resilience to change and suggestive open-endedness contrasts with the didacticism of much contemporary sentimental comedy.[25] It is this sense of Voltaire responding critically and subversively to contemporary comedy, in terms of both aesthetics and philosophy, that characterises *La Femme qui a raison*, a comedy 'qui n'est pas dans le goût du comique larmoyant' (D4110).

4. Performance

The one-act version of *La Femme qui a raison* appears to have been first performed at Lunéville in November 1748, as Mme Du Châtelet suggests at the time in a letter to d'Argental: 'Votre ami nous a fait une comédie en vers en un acte qui est très jolie et que nous avons joué[e] pour notre clôture' (D3815). It seems that she herself gave an unforgettable performance as Mme Duru, as Voltaire tells Thiriot some twelve years later, on 4 January 1760: 'Cela fut joué il y a douze ans dans une petite fête que l'on donnait

---

[25] Destouches, for example, frequently focuses in his comedies on an anti-social flaw in a central character, and virtue is made to triumph through the exposure and, crucially, the correction of that flaw. The preface to *Le Glorieux* (1732) is revealing: 'J'ai toujours eu pour maxime incontestable, que, quelque amusante que puisse être une comédie, c'est un ouvrage imparfait, et même dangereux, si l'auteur ne s'y propose pas de corriger les mœurs, de tomber sur le ridicule, de décrier le vice, et de mettre la vertu dans un si beau jour, qu'elle s'attire l'estime et la vénération publique' (*Œuvres de théâtre*, Paris 1758, iv.142). Destouches's pattern of moral comedy was, of course, taken up and developed further by La Chaussée.

au Roi Stanislas dans un appartement de Lunéville. Madame Du Châtelet y jouait le premier rôle' (D8694). [26] The 'Avertissement' to the 1765 edition of the play indicates that there was another performance at Commercy in 1749, to which Longchamp and Wagnière also refer. [27] At some point in the next eight years Voltaire rewrote the play in three acts, and on 5 October 1757, writing from Les Délices, he tells d'Argental that he is planning a performance of this new version (D7410). But this performance was in the end postponed because of more urgent matters, as Voltaire, writing from Lausanne, complained to d'Argental on 3 March 1758: 'Je n'ai pu encore jouer la femme qui a raison. Il faut que je retourne à mes Délices pour planter. Je suis encore plus jardinier que poète' (D7659).

The three-act version of the play was first performed at Carouge in July 1758. Carouge was on the outskirts of Geneva, but actually on Sardinian territory, so it provided a convenient stage for an anti-puritanical comedy, near, but not too near, Calvin's anti-theatrical city. [28] The performance at Carouge was no amateur production, as Trublet's letter to La Beaumelle on 25 July 1758 reveals (D7801):

Mme Du Boccage est revenue lundi dernier d'Italie. Elle a passé quelques jours aux Délices chez Voltaire qui, pour les passer avec elle, a différé son départ pour Mannheim où il dit que des affaires l'appellent. Elle a vu jouer une comédie nouvelle de sa façon intitulée: *La Femme qui a raison*, et l'auteur lui en a donné le manuscrit pour mm. de Pont de Veyle et d'Argental afin que, s'ils la trouvent bonne, ils la présentent aux

[26] La Porte and Clément also mention this 1748 performance in their *Anecdotes dramatiques* (Paris 1775), i.353.

[27] Longchamp and Wagnière, *Mémoires sur Voltaire et sur ses ouvrages*, ii.246. There may also be an allusion to this performance in Voltaire's letter to d'Argental of 23 August 1749, in which he observes: 'Madame Du Châtelet joue la comédie et travaille à Newton sur le point d'accoucher' (D3992).

[28] This performance could also be seen as a response to the scandal caused by d'Alembert's 1758 *Encyclopédie* article 'Genève', which advocated the establishment of a theatre in Geneva; the scandal also provoked, of course, Rousseau's *Lettre à d'Alembert sur les spectacles*.

comédiens. Jusqu'à présent je n'en sais pas davantage. La pièce fut jouée par une troupe de comédiens qui est auprès de Genève, mais sur le territoire du roi de Sardaigne.

The role of Duru was taken by Gasparini, as Voltaire proudly tells d'Argental on 16 May 1760: 'Il fit mourir de rire dans le rôle de Mr Duru' (D8912).[29] And the audience seems to have been duly impressed: Mme Du Boccage was so pleased with the play that she insisted on taking it to d'Argental in Paris in the hope of having it performed there. Voltaire shares his hopes with d'Argental on 30 June 1758: 'Je ne sais si la femme qui a raison vaut quelque chose, et si l'on n'est pas plus difficile à Paris qu'à Genève. J'ignore surtout si on peut être plaisant à mon âge, c'est à vous à en décider, à donner la pièce si vous la jugez passable, et à la jeter au feu si vous la croyez mauvaise' (D7773).

In Paris the play met with a decidedly cool response. In spite of its success in private, Voltaire's attempts to have *La Femme qui a raison* performed in public at the Comédie-Française failed. His hopes were high in the summer of 1758 when d'Argental received the play, but by the end of the year his hopes had been dashed, because the actors, fresh from tampering with the text of *L'Orphelin de la Chine*, also demanded (unspecified) changes to *La Femme qui a raison* which he refused to make, as he told d'Argental on 19 December 1758: 'Je vous avoue que j'aime mieux cent fois labourer mes terres comme je fais que de me voir exposé à l'humiliation d'être corrigé et gâté par des comédiens' (D7988). Like the equally Moliéresque *La Prude* before it,[30] *La Femme qui*

[29] For details on Gasparini, who made his début at the Comédie-Française on 8 June 1760 in Boursault's *Esope à la cour*, see Henry Lyonnet, *Dictionnaire des comédiens français (ceux d'hier): biographie, bibliographie, iconographie* (Paris 1902-1908), ii.101.

[30] Anticipating his attempts to have *La Femme qui a raison* staged some eighteen years later, on 3 June 1740 Voltaire asked Mlle Quinault to try to persuade the actors of the Comédie-Française to perform *La Prude*, though he seems to have predicted their response from the outset: 'Pourquoi ne voudriez-vous plus de moi dans le royaume de Thalie? Je crois la mode des tragédies bourgeoises intitulées comédies un peu passée. Si on voulait quelque chose d'intrigué, d'un peu hardi et d'assez

a raison seems not to have satisfied the actors' aesthetic expectations.

Voltaire tried again in late 1760, pointing to the fact that the play had been staged in the provinces (in Dijon, La Rochelle, Bordeaux and Marseille), but it was in vain, for *La Femme qui a raison* was never performed in Paris, at least not in his lifetime, as he complained to d'Argental on 22 December 1760: 'Pourquoi après tout ne souffrirait-on pas la femme qui a raison dans la capitale? N'y aime-t-on pas un peu se réjouir? N'y veut-on que des tombeaux, des chambres tendues de noir, et des échafauds?' (D9485); in the 1760s the Parisian public seems to have enjoyed only the sombre *drames* of Baculard d'Arnaud. An apparently disgruntled Voltaire mentions rumours of a production at Versailles in a letter to Chennevières on 4 January 1761: 'Voulez-vous bien pourtant me mander s'il est vrai qu'on ait joué à Versailles cette femme qui a raison qu'on m'impute, et qui est détestablement imprimée. Le tiers de cet ouvrage est à peine de ma façon: je souffre très patiemment qu'on me persécute, mais je ne souffre pas qu'on me rende ridicule' (D9519). By contrast, writing to d'Argental five days later, on 9 January, he was more overtly eager to know the fate of his play: 'Est-il vrai qu'on a joué à Versailles la femme qui a raison et que la Reine a été de l'avis de Fréron?' (D9526).[31] There was no performance at Versailles.

Not one to be unduly dispirited by the vagaries of taste at Versailles, and buoyed up by the recent performance there of *Adélaïde du Guesclin*, Voltaire, as late as 16 September 1765, is still hinting to the duc de Richelieu that *La Femme qui a raison*, like his *comédie-ballet*, *La Princesse de Navarre*, could easily be revived: 'Je ne désespère pas tandis que vous êtes en train, que vous ne

---

plaisant, si on ne s'effarouchait pas de certaines choses dont on n'était point scandalisés du temps de Poquelin! Mais ce siècle est si sage!' (D2218). His frustration at the actors' refusal remained with him, as his letter to d'Argental on 24 April 1744 suggests: 'Quoi, faudra-t-il que [...] la comédie [soit] toujours larmoyante? [...] Je veux mettre ordre à tout cela avant de mourir' (D2963).

[31] On Fréron's view of the play, see below p.281-83.

ressuscitiez aussi la femme qui a raison. On prétend qu'il y a quelques ordures, mais les dévotes ne les haïssent pas; que sait-on même, si un jour vous ne ferez pas jouer la princesse de Navarre?' (D12886). Of course, neither of Voltaire's Moliéresque comedies was revived in this way. Instead, he had to content himself with a private performance at Ferney, 'en présence du régiment de Conti et de tous les notables du pays de Gex', in October 1767 (to mark his saint's day), in which Mme Denis played the role of Mme Duru: 'On a joué et chanté le soir sur le théâtre du château. La fête a été terminée par un feu d'artifice, un grand souper, et un bal qui a duré fort avant dans la nuit, comme disent les gazetiers, et où le patriarche a dansé, suivant sa coutume, jusqu'à deux heures du matin. Les deux pièces qu'on a représentées sont *la Femme qui a raison* et *Charlot, ou la Comtesse de Givry*'.[32]

The play's fortunes changed radically in Revolutionary Paris, however, when audiences must have appreciated socially subversive comedy. Between 1789 and 1799, *La Femme qui a raison* was performed 44 times at the Théâtre de l'Ambigu Comique, making it the tenth most popular of Voltaire's plays in the period. His most popular play, with 192 performances in twenty-five different theatres, was his other comedy about misalliance: *Nanine*.[33] Since then, *La Femme qui a raison* has disappeared from view, though recent years have seen a number of relatively small-scale revivals, including a performance in Paris in 1994 as part of the tercentennial Voltaire conference, and a production by Jacques Cornet in November 1996 at the Théâtre Le Vanves (Vanves) and at the Espace Icare (Issy-les-Moulineaux). Such

[32] F. M. Grimm, *Correspondance littéraire, philosophique et critique*, ed. M. Tourneux (Paris 1877-1882), vii.454. This account also reveals that Chabanon, Mme Dupuits, Mme de La Harpe and Mme Constant d'Hermenche were present at the *fête* too.

[33] See A. Tissier, *Les Spectacles à Paris pendant la Révolution: répertoire analytique, chronologique et bibliographique* (Geneva 1992), p.131, and E. Kennedy *et al.*, *Theatre, opera, and audiences in revolutionary Paris: analysis and repertory* (Westport, Conn. 1996), p.247-48; cf. P. Robinove, 'Voltaire's theatre on the Parisian stage, 1789-1799', *French Review* 32 (1959), p.534-38, who makes no reference to *La Femme qui a raison*.

private and public performances point tentatively towards a renewed interest in, and appreciation of, Voltaire's comic theatre.

5. *Publication*

The one-act version of *La Femme qui a raison* was never published. It appears still to have been in existence in 1785, when the editors of the Kehl edition chose, apparently arbitrarily, to discard it without trace. Voltaire was, however, at pains to have the three-act version published. His letters to Cramer, Thiriot and d'Argental between March and December 1759 reveal his efforts to have an edition published by Cramer in Geneva. In March or April he asks Cramer for proofs (D8236). By 5 December the edition has seemingly appeared but it is, by all accounts, peppered with misprints, as Voltaire tells Thiriot: 'On n'a que de très détestables copies de presque tous nous amusements de Tournay et des Délices' (D8634), a complaint which he reiterates in a letter to d'Argental on 15 December: 'Cette *femme qui a raison* me fait de la peine. On la dit imprimée, et très mal. C'est ma destinée, et cette destinée a été toujours la suite de ma facilité' (D8652). On the same day he writes an anxious letter to Thiriot, concerned at a time of national crisis (the Seven Years War had started in May 1756) less about his country than about the state of his text and the comments made on it by Fréron: 'J'ai peur qu'il ne soit ridicule de parler de comédie dans le temps qu'il n'est question que de cus noirs, de bourses vides, de flottes dispersées et de malheurs de tout genre sur terre et sur mer; [...] mais pendant que tout l'Etat souffre il se trouve toujours des gredins qui impriment, des oisifs qui lisent, et des Frérons qui mordent. Je vous prie de m'envoyer par Mr Bouret, ou par quelque autre contresigneur, la femme qui a raison, et la malsemaine dans laquelle Fréron répand son venin de Crapaud' (D8655). [34]

---

[34] For Fréron's review of the play, see below p.281-83.

By 4 January 1760 Voltaire seems finally to have received his own copy, and he is not impressed, as he makes clear to Thiriot: 'Quel est le fat d'imprimeur qui s'avise de défigurer si indignement la femme *qui a tort* entre ses mains?' (D8694). He repeats the pun on the play's title to Mme d'Epinay on 7 January, in a letter which mixes flattery of the recipient with the writer's picturesque expression of his own self-pity: 'Vous êtes à mes yeux la femme qui a raison; mais le faquin de libraire qui l'a imprimée, et indignement défigurée, en a fait la femme qui a tort. Quoi que je fasse peu d'attention à ces petites tribulations, elles ne laissent pas cependant de prendre du temps; on n'aime pas à voir ses enfants courir les rues, mal vêtus et mal élevés' (D8702).[35]

So, *La Femme qui a raison* was first published by Cramer, in its three-act form, at the end of 1759. But there are in fact two editions bearing the imprint 'Genève 1759', and it is impossible to say definitively which is Cramer's. One is possibly an edition printed in Paris by Michel Lambert, much to Voltaire's annoyance, as his letter to the offending publisher on about 15 January 1760 makes clear: 'Je suis obligé, Monsieur, de me plaindre à vous, de ce que vous avez imprimé sous mon nom une comédie, intitulée *La femme qui a raison*, sans me consulter. Elle n'est certainement pas de moi dans l'état pitoyable où je l'ai vue; et je n'ai pas mérité que vous me fissiez cet outrage, qui choque également les bienséances et les loix; il n'est certainement pas permis de se servir du nom de qui que ce soit sans son aveu' (D8711).

Voltaire's defiant assertion of his rights as an author fore-shadows his close involvement in Cramer's reprinting of the play for the 1765 *Nouveaux Mélanges* edition. In a letter to Cramer in July or August 1765, Voltaire briefly mentions the proposed contents of volume 3 of the edition, which will include *Adélaïde du Guesclin* and *La Femme qui a raison* (D12817), and on about

---

[35] Voltaire alludes more playfully to the play's publication in a letter to Mme Du Deffand on 8 February 1760 (D8751), and by 24 February Frederick writes of its appearance in Freiburg (D8772).

15 November he promises him the revised material necessary for the volume: 'Je ne ferai pas attendre un moment Mr Caro; il aura les deux derniers actes d'Adélaïde avant que le second [tome] soit imprimé. Il aura Madame Duru qui ne vaut pas grand-chose. On lui fournira tous les rogatons possibles pour achever son troisième tome. Il est triste d'imprimer tant de bagatelles. Ce ne sont pas là des ouvrages marqués au grand coin; on lit un moment toutes ces futilités et elles retombent ensuite dans l'oubli' (D12982). Voltaire's apparently dismissive attitude towards *La Femme qui a raison* cannot, however, disguise the keen interest he took in its publication.

6. *Reception*

No sooner had *La Femme qui a raison* been published than Fréron launched a scathing attack on it in his *Année littéraire* in November 1759.[36] What emerges most forcefully from his detailed summary of the play, peppered with quotations and criticisms, is that Fréron objects to all the comic mechanisms in the play, such as ridiculous characters and linguistic game-play. He is critical of the characterisation, remarking of the Marquis, for example, that he is an 'imitation informe de ces Marquis abandonnés à la vieille garde-robe de *Thalie*' (p.3) who deals in 'ces insolences triviales et parasites que la bonne comédie ne souffre pas' (p.6), and dismissing Gripon as 'le personnage le plus sot, le plus imbécile, le plus stupide qu'on ait jamais mis sur la scène' (p.9). He makes it clear, too, that he disapproves of the sexual innuendo in the play, which Voltaire, coining a neat neologism, refers to in a letter to d'Argental on 20 September 1760 as 'coucherie' (D9244). Commenting in particular on the exchange between Gripon and Damis at the end of II.i, Fréron observes: 'N'est-ce pas là, Monsieur, déchirer le voile de l'honnêteté? Je ne dis pas un

---

[36] Fréron, *L'Année littéraire*, 1759, viii.3-24.

homme de lettres, un homme de bonne compagnie, mais un Français qui vit en 1759, M. *de Voltaire* enfin peut-il écrire de pareilles grossièretés? Et c'est l'auteur du *Temple du goût* qui s'abandonne à ces indécences! On ne les passerait pas au Suisse du Temple' (p.9).

Fréron's concluding remarks are damning. Having criticised its comic structures, Fréron hardly considers *La Femme qui a raison* a comedy (p.23):

Ainsi finit cette comédie, si l'on peut donner ce nom à un ouvrage aussi froid, aussi pesant, aussi tudesque; un Marquis ridicule, une fille *effrontée* qui ne connaît point la bienséance de son sexe et de son âge, des enfants peu soumis, peu décents, une mère méprisable par ses complaisances, d'un très mauvais ton, qui a toujours tort au lieu d'avoir raison, et dont le caractère est à peine crayonné; ni plan, ni style, nulle saillie, nulle chaleur, la plus méchante des versifications, aucun sentiment, aucun esprit, point de dialogue, point de finesse, plaisanteries détestables, des quolibets de farce sans gaieté: voilà, Monsieur, ce que je pense de ce drame, et l'idée qu'il laissera dans l'esprit de tous ceux qui le liront.[37]

Fréron's view of the play seems to have gained some currency. The review of *La Femme qui a raison* in the *Correspondance littéraire* in December 1759 begins: 'On a dit beaucoup de mal de cette pièce, et il faut convenir qu'on n'y trouve ni caractère ni fond. Le plan en est mauvais, si l'on veut; les scènes sont toutes jetées, et il n'y en a pas une de faite'. The review is not, however, entirely negative, though even mild praise is tempered with critical condescension: 'On ne peut disconvenir que cette pièce ne soit

[37] Fréron's parting shot is to claim that *La Femme qui a raison* is merely a reworking of Gueullette's bawdy *parade, Le Bonhomme Cassandre aux Indes* (1756). Like Duru, Cassandre returns from abroad to find his daughter, Isabelle, secretly married to Léandre. There is some farcical knock-about based on apparent non-recognition, as in Voltaire's play, before Cassandre learns that he is to be a grandfather, whereupon he accepts the marriage. But superficial similarities conceal major differences: in Gueullette's play there is no disguise, no avarice, no mother, little satire of the father-figure, no parody of sentimentality, and no defence of luxury; it is these last two elements in particular that distinguish Voltaire's comedy.

écrite avec une très grande facilité, qu'elle ne soit gaie, quoiqu'elle
ne soit pas plaisante, et que, si ce n'est un ouvrage digne de M. de
Voltaire, il n'y ait encore beaucoup de nos faiseurs de pièces qui
dussent se féliciter de l'avoir faite [...]. On devait regarder *La
Femme qui a raison* comme un ouvrage qu'il faut lire et non point
juger, qui n'a aucune prétention et qui, par conséquent, ne mérite
aucune sévérité.' [38]

But Fréron's severity still weighed heavily on Voltaire's mind.
He was concerned about the potentially harmful impact of his
review. He seems to have blamed Fréron for deterring the actors
of the Comédie-Française from performing the play, as he
suggests to d'Argental on 31 December 1760: 'Pourquoi *la
femme raison* [*sic*] partout, hors à Paris? Est-ce parce que Wasp
en a dit du mal? Wasp triomphera-t-il?' (D9507). But Voltaire was
determined not to let Fréron triumph. Having asked Thiriot to
send him Fréron's review on 15 December 1759 (D8665), on
4 January 1760 Voltaire shares with him his first reaction to the
hostile comments of 'cet autre animal de Fréron qui [...] saisit la
chose comme un dogue affamé qui ronge le premier os qu'on lui
présente' (D8694). At the same time, Voltaire wrote an open letter
addressed to the *Journal encyclopédique*, in which he sets about
correcting Fréron on matters of factual detail, such as the
circumstances of the first performance of the play, [39] and he
concludes by denouncing all those who set themselves up as
judges of literary works without writing good ones themselves,
and expresses his contempt for those who write in that 'pitoyable
genre' called satire: 'Je les prie de croire [les amateurs de la

---

[38] *Correspondance littéraire*, iv.173. The call for critical leniency went unheeded,
though, by La Harpe, who linked *La Femme qui a raison* with *Le Dépositaire* in order
to condemn them both: 'On y trouve quelques détails agréables; mais ces deux
ouvrages sont également destitués d'action, de vraisemblance, de bienséance et de
goût' (*Commentaire sur le théâtre de Voltaire*, Paris 1814, p.411).

[39] On Voltaire's claim in this letter to be the author of only one third of the play,
see above, p.258-59.

littérature] que je méprise la satire, et que je n'en fais point' (D8696).[40]

Voltaire's next move in his battle with Fréron was defiantly satirical and theatrical: Fréron's harsh criticism of *La Femme qui a raison* led directly to the composition of *L'Ecossaise*, begun as early as February 1760, some three months before the première of Palissot's *Les Philosophes* on 2 May 1760, the play to which it is normally seen as a polemical response.[41]

The disappearance of *La Femme qui a raison* from the stage at the end of the eighteenth century was reflected in its subsequent neglect by critics, a neglect which all of Voltaire's comedies had the dubious honour of enjoying. Flaubert stands out in the nineteenth century for his critical engagement with Voltaire's plays, including *La Femme qui a raison*.[42] Gustave Lanson seems to have summed up and consolidated the position at the turn of the twentieth century: 'Des comédies de Voltaire il vaut mieux ne pas parler'.[43] Modern critics have, on the whole, dutifully maintained this silence. The only notable exception to date is Lilian Willens, who offers an overview of the composition and reception of the comedies, though some of her comments on *La Femme qui a raison* in particular throw the reliability of her work into doubt.[44] But if

[40] On 16 January 1760 Voltaire sent his open letter to Chennevières, asking him to pass it on to the *Journal encyclopédique* on his behalf: 'Je vous avoue que je serais bien aise que cet avertissement fût un peu connu. Il est très désagréable à mon âge d'être timpanisé par un faquin comme Fréron, c'est être condamné aux bêtes' (D8715). The letter was duly published in the *Journal encyclopédique* (1760, i.110-16), and subsequently in the *Mercure de France* (February 1760, p.143-48). On Voltaire's debacle with Fréron over *La Femme qui a raison*, see Jean Balcou, *Fréron contre les philosophes* (Geneva 1975), p.174-77.

[41] See Colin Duckworth's account of the composition, publication and performance of *L'Ecossaise* (*OC*, vol.50, p.225-74).

[42] See the notes to the play (I.ii.107, I.v.226, I.v.256, II.i.44, II.vii.326).

[43] Gustave Lanson, *Voltaire* (Paris 1910), p.105.

[44] Lilian Willens, *Voltaire's comic theatre: composition, conflict and critics*, *SVEC* 136 (1975). Willens wrongly suggests that Voltaire did not want to publish *La Femme qui a raison*, and that the play was quickly forgotten by Voltaire, his contemporaries and subsequent critics (p.109-11). Marvin Carlson takes a similar

any of Voltaire's nineteen comedies has prompted critics to speak out approvingly, albeit briefly, it is *La Femme qui a raison*. According to René Vaillot, 'la comédie est fort plaisante en effet, et il est permis de la préférer à *Nanine*'.[45] Pierre Larthomas is more enthusiastic still: 'Si l'on devait choisir à toute force une comédie de Voltaire, il faudrait préférer *La Femme qui a raison*. [...] Elle chante sans prétention la joie de vivre au travers d'une intrigue qui ne se prend pas au sérieux. L'auteur s'amuse et nous amuse.'[46]

7. *Editions*

59A

LA / *FEMME* / QUI A RAISON, / *COMÉDIE* / EN TROIS ACTES, EN VERS. / *Par M.* DE VOLTAIRE. / *Donnée sur le Théâtre de Caronge, près Genève, en 1758.* / [*typographic ornament*] / A GENEVE. / [*double rule*] / M. DCC. LIX. / 71 pp.; sig. A-C[xii].

Bengesco 193; BnC 915.

Geneva, IMV: 4489; London, BL: 15681777; Paris, BnF: 8° Yth 6817, 8° Yth 6818, Rés. Z Bengesco 67 bis, Rés. Z Beuchot 299; Arsenal: Rf 14421; Texas, University of Texas: PQ 2077 F4 1759. This is probably the first edition, printed by Cramer, although Bengesco attributes it to Lambert (which we have called 59B), but without offering any proof. The fact that Voltaire owned 59A (BV3598), but apparently not 59B, is perhaps an indication that he preferred the former and hence that it is Cramer's. However, both editions do, as Voltaire complained, contain a great many

---

line in his *Voltaire and the theatre of the eighteenth century* (Westport, Conn. 1998), devoting only two sentences to the play and wrongly stating that it 'was only privately performed' (p.70).

[45] René Vaillot, *Avec Madame Du Châtelet, 1734-1749*, in *Voltaire en son temps*, ed. René Pomeau, 2nd edn (Oxford 1995), i.580.

[46] Pierre Larthomas, *Le Théâtre en France au XVIIIe siècle* (Paris 1980), p.89.

misprints. The errors in 59A include 'Caronge' for 'Carouge' on the title page, 'mauvaise' for 'mauvais' (I.v.209), and the omission of 'des' (II.i.72).

59B

LA / *FEMME* / QUI A RAISON, / *COMÉDIE* / EN TROIS ACTES, EN VERS. / *Par M.* DE VOLTAIRE / *Donnée sur le Théâtre de Caronge, près Genève, en 1758.* / [*decorative ornament*] / A GENEVE. / [*triple rule*] / M. DCC. LIX. / 48 pp.; sig. A-F[iv].
BnC 916.
Paris, BnF: 8° Yth 23265.
This is probably the edition printed by Lambert. The text is similar to that of 59A, but it corrects the errors at I.v.209 and II.i.72, reads 'conseilleras-tu' for 'conseillerais-tu' (II.iii.128) and 'je souffrirai' for 'je souffrirais' (III.v.176).

60A

LA / FEMME / QUI A RAISON, / *COMEDIE.* / EN TROIS ACTES EN VERS. / PAR / M. DE VOLTAIRE. / *Donnée sur le Théâtre de Carouge, près Genève,* / *en 1758.* / [*decorative ornament*] / A AMSTERDAM, / *Chez ETIENNE LEDET, & Compagnie.* / MDCCLX. / 80 pp.; sig. A-E[8].
Bengesco 194; BnC 917.
Paris, BnF: Bengesco Z 68.
This is the least defective of the early editions. It is the first edition to print 'Carouge' correctly. It contains few errors and two new readings: 'moustache' for 'moustaches' (II.iii.120) and 'l'on' for 'on' (II.viii.278).

60G

LA / *FEMME* / QUI A RAISON, / *COMEDIE* / EN TROIS ACTES, EN VERS. / *Par Mr. DE VOLTAIRE.* / Donnée sur le Théâtre de Caronge, près / Genève, en 1758. / *NOUVELLE EDITION*. / [*decorative ornament*] / A GENEVE. / [*double rule*] / M. DCC. LX. /

44 pp.; sig. [A]-E[4], F[2].

Bordeaux, Bibliothèque municipale: Br. 2.310; Texas, University of Texas: PQ 2077 F4 1760.

This 'nouvelle édition' still retains the error 'Caronge', and introduces another error by transposing 'ah' (III.v.99), as well as what is probably a mistake at line II.v.224 ('familles' for 'famille'). Where previous editions diverge, it follows 59B: 'composent' (II.i.53) and 'conseilleras-tu' (II.iii.128).

w64r

Collection complette des œuvres de Monsieur de Voltaire. Amsterdam: Compagnie [Rouen: Machuel?], 1764. 22 tomes in 18 vol. 12°.

Bengesco 2136; Trapnell 64R; BnC 145-148.

Volume xviii, pt.i, p.123-168.

BnF: Rés. Z Beuchot 26 (18,i).

A careless printing, introducing several new errors: omission of 'et' (I.v.266); 'une autre esprit' (II.i.51); 'et ne' for 'je ne' (II.v.189); and omission of name and stage direction (II.ix.356). It seems to follow 59A at I.v.209 ('mauvaise augure').

NM

Nouveaux Mélanges philosophiques, historiques, critiques, &c. &c. Geneva: Cramer, 1765-1775. 19 vol. 8°.

Bengesco 2212; Trapnell NM.

Volume iii [1765], p.295-352.

Geneva, ImV: BA 1765/1 (3); Oxford, Taylor: V1.1770.G/1 (27); Paris, BnF: Rés. Z Beuchot 28 (3), Rés. Z. Bengesco 487 (3).

Voltaire followed with interest Cramer's preparation of the play for this edition and made a number of changes.[47] His efforts were

[47] See introduction p.280-81.

rewarded, since it is much more correct than any of the previous editions. It introduces many new readings, some quite important (for example, II.ii.80-82, and the 'Avertissement'). However, it also introduces one serious error: it omits II.ii.80.

w68

Collection complette des œuvres de M. de Voltaire. [Genève: Cramer; Paris: Panckoucke], 1768-1777. 30 vol. 4°.

Bengesco 2137; Trapnell 68; BnC 141-144.

Volume vii, p.109-164.

Oxford, Taylor: V1.1768 (7).

Volumes i-xxiv were produced by Cramer under Voltaire's supervision. This edition follows, in the main, the new readings of NM. It introduces one completely new reading: 'Or, ça' (I.v.235), adopted by later editions (except w70IX and w70L), and it is the first edition to print the correct reading at III.iv.79: 'nommés'.

w70IX

Œuvres de Mr. de Voltaire, nouvelle édition revue, corrigée et considérablement augmentée par l'auteur. Tome neuvième. Dresden: George Conrad Walther, 1770. 12°.

Bengesco 2132.

p.299-356.

Paris BnF: Rés. Z Beuchot 30.

Generally this edition reverts to earlier editions, ignoring changes introduced by NM and w68 (except III.iii.47). It introduces five new readings (not adopted by later editions): three of these are probably errors (II.vii.273; II.viii.332; II.viii.347), but two are intelligent attempts to correct defective lines (II.vii.246; III.v.99).

w70L

Collection complette des œuvres de M. de Voltaire. Lausanne: Grasset, 1770-1781. 57 vol. 8°.

Bengesco 2138; Trapnell 70L; BnC 149-150.
Volume xx [1772], p.357-416.
Oxford, Taylor: V1.1770L (20).
Some volumes, particularly the theatre, were produced with
Voltaire's participation. This edition appears to be based on NM
and follows it rather than w68 where there are differences (for
example, I.v.235; III.iv.79). It introduces five new readings, one
(I.i.37) subsequently adopted by K, one (I.v.219) found in w72P,
w75G, w75G*, the rest not found elsewhere: two are metrically
and logically possible (II.ii.98; II.viii.333), one is an error
(II.vii.255).[48]

W72P

Œuvres de M. de V... Neufchâtel [Paris: Panckoucke], 1771-1777.
34 or 40 vol. 8° and 12°.
Bengesco 2140; Trapnell 72P; BnC 152-157.
Volume ix (*Théâtre* viii) [1773], p.1-60.
Paris, BnF: Z 24804; Arsénal: Rf. 14095.
This is a very fine printing. It follows in the main NM, but it
introduces a few new readings, mostly not found again, for
example I.iii.159, I.v.219, II.ii.80-81, II.iii.109, heading at the
beginning of III.v; one is found again, in K (III.ii.34).

W75G

*La Henriade, divers autres poèmes et toutes les pièces relatives à
l'épopée.* [Geneva: Cramer and Bardin], 1775. 37 vol. (40 vol. with
the *Pièces détachées*). 8°.
Bengesco 2141; Trapnell 75G; BnC 158-161.
Volume viii (*Ouvrages dramatiques* vii), p.317-374.

---

[48] A manuscript of the play found in the Bibliothèque de Reims (R 22.606),
kindly provided in microfilm form by Professor O. R. Taylor, seems to be a copy of
the text of w70L (it follows that edition at I.i.37, II.iii.98, II.viii.333, though not at
line II.vii.255), but it introduces a number of readings which are, or appear to be,
errors. Its readings have not been retained in the variants.

Geneva, ImV: A 1775/2 (8); Oxford, Taylor, VF: V1.1775 (8); Paris, BnF: Z 24846.

The *encadrée* edition, produced at least in part under Voltaire's supervision. It follows NM, w68, w70L (w68 when they conflict, as at I.v.235). This is the first edition to give the new version of II.ii.80-82 correctly. It introduces two errors: I.v.186: 'M. DURU' for 'Mme DURU'; I.v.258: omission of 'M. GRIPON'.

w75G*

The copy of w75G annotated by Voltaire in the last months of 1777 (the Leningrad *encadrée*).[49] The annotations are supposed by Bengesco (iv.104) to have been used 'en partie' for the establishment of K, but in the case of the present text this is not so, except at II.ix.357-58, where Voltaire has re-written a line and a half of his play, and possibly at I.v.258, where he has rectified an omission. None of the other annotations of w75G* appears in K. The majority of the annotations give information about how Voltaire wished the play to be performed: he uses a long dash (which often obliterates the original punctuation) to indicate a pause (for example, I.v.206-207); manner and accent are described at I.v.198 and II.i.72; Duru's costume is referred to at the beginning of II.iii. One change is relevant to characterisation: at I.v.185 Voltaire notes that Gripon is an *'homme d'une naïveté grossière'*. The satire of Gripon's family is reinforced by the addition of two years to Phlipotte's age (II.i.52).

[49] We have used a reproduction, kindly supplied by Mr Giles Barber, of the microfilm of the copy of w75G annotated by Voltaire and now deposited in the Leningrad State Public Library. See also S. S. B. Taylor, 'The Definitive text of Voltaire's works: the Leningrad *encadrée*', *SVEC* 124 (1974), p.7-132 (here p.55-56).

4. 'Des débris du festin; des chaises renversées'. *La Femme qui a raison*, act V, scene i. (From a drawing by J.-M. Moreau le jeune, reproduced in the Kehl 4° edition.)

K

Œuvres complètes de Voltaire. [Kehl] Société littéraire-typographique, 1784-1789. 70 vol. 8°.
Bengesco 2142; Trapnell K; BnC 167-169.
Vol.vii, p.365-424.
Oxford, Taylor: V1.1785/2 (7); Paris, BnF: Rés. p. Z. 2209 (7).
This edition introduces several new readings, most of which are possible from the point of view of grammar, logic and versification: I.i.14, I.i.75, I.v.239, II.ix.357-58 (this last alteration is the only one made to be sanctioned by w75G*); at I.v.268, II.v.203 and II.v.205 stage directions have been altered; at lines I.vi.296, II.v.181, II.viii.279 and II.viii.336 'puis' has been substituted for 'peux'; at II.viii.331 an error found in all previous editions has been corrected; and at I.v.258 K does not repeat an error introduced by w75G but corrected by Voltaire in w75G*. However, K introduces two new errors at III.iii.34 and III.iii.51. The most important change is the suppression of III.v.152-162 (not mentioned in w75G*).

Translation

German

Die Frau, welche Recht hat, Berlin 1762; 2nd edn, 1764. [50]

---

[50] This translation was also published in the fourth volume of *Sämmtliche Schauspiele nebst den dazu gehörigen Schriften* (Nuremberg 1766-1771). There was also a five-act adaptation of the play by Friedrich Wilhelm Hofmann, entitled *Abwesenheit macht Zwist* (Breslau 1783), which was followed by Adolph Müllner's three-act *Die Zurückkunft von Surinam* (Vienna c.1826). See H. Fromm, *Bibliographie deutscher Übersetzungen aus dem Französischen, 1700-1948* (Baden-Baden 1950-1953), vi.262, 271.

INTRODUCTION

8. *Principles of this edition*

The base text is w75 G*, the copy of w75 G annotated by Voltaire. The most important changes made by Voltaire are given above in the list of editions collated. Besides introducing new versions of a number of lines spoken by the characters, Voltaire also added a number of directions indicating how certain lines should be performed by the actors. It could be argued that these latter changes were for Voltaire's private use when he arranged performances of the play, and that they are not, therefore, to be considered as part of the base text. But Voltaire intended all the revisions he carried out on his copy of w75 G to be incorporated in the edition to be published by Panckoucke, as is made clear by his letter to the publisher on 12 January 1778 (D20980). w75 G* must therefore provide the base text, except in two cases where it introduces obvious errors (see I.v.186 and III.iv.59).[51]

The changes made by Voltaire in w75 G* show signs of haste. In particular, the added stage directions and indications of character are not punctuated or underlined. The necessary punctuation and italics (and the abbreviation 'M.' at I.v.258) have been added, as they would have been by the printer, if w75 GL had reached him.

When w75 G* alters the text of w75 G, the reading of the latter, together with that of the earlier editions where appropriate, is shown in the variants. In the case of the dashes which Voltaire added to indicate pauses (for example, I.v.206), and which in most cases (though not at II.vi.232, II.vi.235 and II.viii.301) delete the punctuation of w75 G, the only reading to be given in the variants will be that of w75 G, since differences of punctuation are not conventionally listed. It must be assumed in these cases that the reading of earlier editions is (except where otherwise stated) textually identical to that of w75 G, although the punctuation may be different.

[51] Notwithstanding the fact that errors introduced by w75 G at these lines remained uncorrected in w75 G*, we have substituted the (correct) reading of the earlier editions.

Treatment of the base text

The punctuation of the base text has been respected. The spelling of the base text has, however, been modified in the following ways to conform to modern usage:

1. Consonants
 — *p* was not used in: tems, longtems
 — *t* was not used in: amans, brillans
 — *d* was not used in: appren, descens
 — *s* was not used in: voi, souvien
 — a single consonant was used in: couroux
 — double consonants were used in: allarme, éclorre

2. Vowels
 — *y* was used in place of *i* in: enyvrée, joye
 — *i* was used in place of *y* in: péristile
 — *y* was used instead of *ï* in: ayeux
 — the *x* was used in place of *s* in: loix

3. Accents

The circumflex accent
 — was used in: toûjours
 — was not used in: ame, plait

The dieresis
 — was used in: ruïne

4. Hyphenation
 — was used in: dés-lors, tour-à-tour

5. Various
 — the ampersand was used: &
 — monsieur was abbreviated: Mr.

LA FEMME
QUI A RAISON,
COMÉDIE
EN TROIS ACTES

Cette petite comédie est un impromptu de société, où plusieurs personnes mirent la main. Elle fit partie d'une fête qu'on donna au roi Stanislas duc de Lorraine en 1749.

a-d   for variants of title in early editions, see Introduction, p.285-87
d   w70IX: ACTES, EN VERS
e-h   59A-w64R, w70IX: [*absent; first appears in* NM *and then in* w70L *with the heading* AVERTISSEMENT, *and in* w68 *without the heading; in* K *the heading is* AVERTISSEMENT DES ÉDITEURS]
g   NM: d'une petite fête
h   K: 1749. ¶On a trouvé dans les portefeuilles de M. de Voltaire, cette même pièce en un acte: elle ne diffère de celle-ci que par la suppression de quelques scènes et quelques changements dans la disposition de la pièce. Il a paru inutile de la joindre à cette collection.

ACTEURS

M. Duru.
Mme Duru.
Le marquis d'Outremont.[1]
Damis, fils de M. Duru.[2]
Erise, fille de M. Duru.   5
M. Gripon, correspondant de M. Duru.
Marthe, suivante de Mme Duru.

La scène est chez madame Duru, dans la rue Thévenot à Paris.[3]

a   k: PERSONNAGES
7a   59A-W64R, W70IX: *La scène est chez madame Duru.*

[1] In a letter to d'Argental on 19 November 1757 (D7469), Voltaire promised to change the name of the Marquis because d'Argental's lawyer was also called d'Outremont (who went on to be one of the eight signatories in 1765 of the *Mémoire à consulter, et consultation pour les enfants du défunt J. Calas*); he never made the change.
[2] The babbler in Voltaire's first comedy, *L'Indiscret*, was also called Damis.
[3] On the significance of this setting, see introduction, p.269-70.

ACTE PREMIER

SCÈNE PREMIÈRE

MME DURU, LE MARQUIS

MME DURU

Mais, mon très cher marquis, comment, en conscience,
Puis-je accorder ma fille à votre impatience,
Sans l'aveu d'un époux? Le cas est inouï.

LE MARQUIS

Comment? Avec trois mots, un bon contrat, un oui;
Rien de plus agréable et rien de plus facile.   5
A vos commandements votre fille est docile;
Vos bontés m'ont permis de lui faire ma cour;
Elle a quelque indulgence, et moi beaucoup d'amour:
Pour votre intime ami dès longtemps je m'affiche;
Je me crois honnête homme, et je suis assez riche.   10
Nous vivons fort gaiement, nous vivrons encor mieux;
Et nos jours, croyez-moi, seront délicieux.

MME DURU

D'accord, mais mon mari?

LE MARQUIS

                              Votre mari m'assomme.
Quel besoin avons-nous de conseils d'un tel homme?

MME DURU

Quoi! pendant son absence?...

14 W70IX, W72P: des conseils
    K: du conseil

LE MARQUIS

Ah! les absents ont tort.[1]   15
Absent depuis douze ans, c'est comme à peu près mort.
Si dans le fond de l'Inde il prétend être en vie,[2]
C'est pour vous amasser, avec sa ladrerie,[3]
Un bien que vous savez dépenser noblement,
Je consens qu'à ce prix il soit encor vivant;   20
Mais je le tiens pour mort aussitôt qu'il s'avise
De vouloir disposer de la charmante Erise.
Celle qui la forma doit en prendre le soin;
Et l'on n'arrange pas les filles de si loin.
Pardonnez...

MME DURU

Je suis bonne, et vous devez connaître   25
Que pour Monsieur Duru, mon seigneur et mon maître,
Je n'ai pas un amour aveugle et violent.
Je l'aime... comme il faut... pas trop fort... sensément;[4]
Mais je lui dois respect et quelque obéissance.

LE MARQUIS

Eh! mon Dieu, point du tout; vous vous moquez, je pense.   30

24   59A-W64R, W70IX: d'aussi loin.

[1] The Marquis's dismissive attitude towards Duru recalls Valère's account in
Gresset's *Le Méchant* of his change of heart for Chloé while he was away in Paris:
'Je la trouvais gentille, elle me plaisait fort: / Mais Paris guérit tout, et les absents ont
tort' (II.vii).
[2] This is the first of four references to Duru's Indian expedition (see also I.i.60,
I.v.187, II.vii.247).
[3] 'LADRERIE. [...] Il signifie fig. Vilaine et sordide avarice' (*Dictionnaire de
l'Académie Française*, 3rd edn, Paris 1740, ii.5). See also II.v.193.
[4] Mme Duru's account of her love for her husband echoes Valère's account to
Géronte in Gresset's *Le Méchant* of his feelings for Chloé, Géronte's daughter:
'VALÈRE Je ne me pique pas de belle passion. / Je l'aime... sensément. /
GÉRONTE Comment donc? / VALÈRE Comme on aime... / Sans que la tête
tourne... Elle en fera de même' (III.ix).

298

Qui, vous? Vous, du respect pour un Monsieur Duru?
Fort bien. Nous vous verrions, si nous l'en avions cru,
Dans un habit de serge, en un second étage,
Tenir, sans domestique, un fort plaisant ménage. 5
Vous êtes demoiselle; et quand l'adversité,   35
Malgré votre mérite et votre qualité,
Avec Monsieur Duru vous fit en biens commune,
Alors qu'il commençait à bâtir sa fortune,
C'était à ce monsieur faire beaucoup d'honneur;
Et vous aviez, je crois, un peu trop de douceur,   40
De souffrir qu'il joignît avec rude manière
A vos tendres appas sa personne grossière.
Voulez-vous pas encore aller sacrifier
Votre charmante Erise au fils d'un usurier?
De ce Monsieur Gripon, son très digne compère?   45
Monsieur Duru, je pense, a voulu cette affaire:
Il l'avait fort à cœur, et par respect pour lui,
Vous devriez, ma foi, la conclure aujourd'hui.

MME DURU

Ne plaisantez pas tant, il m'en écrit encore,
Et de son plein pouvoir dans sa lettre il m'honore.   50

LE MARQUIS

Eh! de ce plein pouvoir que ne vous servez-vous,
Pour faire un heureux choix d'un plus honnête époux?

MME DURU

Hélas! à vos désirs je voudrais condescendre;

37 W70L, K: en bien

5 Cf. Molière's *L'Ecole des maris*, in which Sganarelle tells Ariste how he wants his wife to dress and behave: 'Que d'une serge honnête elle ait son vêtement / Et ne porte le noir qu'aux bons jours seulement, / Qu'enfermée au logis, en personne bien sage, / Elle s'applique toute aux choses du ménage' (I.ii).

Ce serait mon bonheur de vous avoir pour gendre:
J'avais, dans cette idée, écrit plus d'une fois;   55
J'ai prié mon mari de laisser à mon choix
Cet établissement de deux enfants que j'aime.
Monsieur Gripon me cause une frayeur extrême;
Mais, tout Gripon qu'il est, il le faut ménager,
Ecrire encor dans l'Inde, examiner, songer.   60

LE MARQUIS

Oui, voilà des raisons, des mesures commodes,
Envoyer publier des bans aux antipodes,
Pour avoir dans trois ans un refus clair et net.
De votre cher mari je ne suis pas le fait.
Du seul nom de marquis sa grosse âme étonnée,   65
Croirait voir sa maison au pillage donnée.
Il aime fort l'argent, il connaît peu l'amour.
Au nom du cher objet qui de vous tient le jour,
De la vive amitié qui m'attache à sa mère,
De cet amour ardent qu'elle voit sans colère,   70
Daignez former, Madame, un si tendre lien;
Ordonnez mon bonheur, j'ose dire le sien.
Qu'à jamais à vos pieds je passe ici ma vie.

MME DURU

Oh çà, vous aimez donc ma fille à la folie?

LE MARQUIS

Si je l'adore, ô ciel! Pour croître mon bonheur,   75
Je compte à votre fils donner aussi ma sœur.
Vous aurez quatre enfants, qui d'une âme soumise,
D'un cœur toujours à vous...

75   K: Pour combler mon

300

SCÈNE II

MME DURU, LE MARQUIS, ÉRISE

LE MARQUIS

Ah! venez belle Erise,
Fléchissez votre mère, et daignez la toucher;
Je ne la connais plus, c'est un cœur de rocher. [6]   80

MME DURU

Quel rocher! Vous voyez un homme ici, ma fille,
Qui veut obstinément être de la famille.
Il est pressant; je crains que l'ardeur de ce feu,
Le rendant importun, ne vous déplaise un peu.

ÉRISE

Oh! non, ne craignez rien; s'il n'a pu vous déplaire,   85
Croyez que contre lui je n'ai point de colère:
J'aime à vous obéir. Comment ne pas vouloir
Ce que vous commandez, ce qui fait mon devoir,
Ce qui de mon respect est la preuve si claire?

MME DURU

Je ne commande point.

ÉRISE

Pardonnez-moi, ma mère;   90

84a   59A-W64R, W70IX: [*with stage direction*] *vivement.*

[6] The Marquis's complaint about Mme Duru echoes a conceit in seventeenth-century comedy. In Pierre Corneille's *Mélite*, for example, Eraste complains about the heroine's coldness and resistance to his affections: 'Parler de mariage à ce cœur de rocher / C'est l'unique moyen de n'en plus approcher' (I.i); and in *La Suivante* Clarimond complains to Daphnis because she resists him: 'Avec ce beau visage avoir le cœur de roche!', to which she replies: 'Si le mien s'endurcit ce n'est qu'à votre approche' (III.ii). Voltaire also uses the motif in *Nanine* when the Marquise attacks the Baronne's cruelty towards Nanine and her long-lost father (III.vi).

Vous l'avez commandé, mon cœur en est témoin.

LE MARQUIS

De me justifier elle-même prend soin.
Nous sommes deux ici contre vous. Ah! Madame,
Soyez sensible aux feux d'une si pure flamme;
Vous l'avez allumée, et vous ne voudrez point   95
Voir mourir sans s'unir ce que vous avez joint.
  (à Erise)
Parlez donc, aidez-moi. Qu'avez-vous à sourire?

ÉRISE

Mais vous parlez si bien que je n'ai rien à dire;
J'aurais peur d'être trop de votre sentiment,
Et j'en ai dit, me semble, assez honnêtement.   100

MME DURU

Je vois, mes chers enfants, qu'il est fort nécessaire
De conclure au plus tôt cette importante affaire.
C'est pitié de vous voir ainsi sécher tous deux;[7]
Et mon bonheur dépend du succès de vos vœux.
Mais mon mari!

LE MARQUIS

                 Toujours son mari! sa faiblesse   105
De cet épouvantail s'inquiète sans cesse.

ÉRISE

Il est mon père.[8]

---

[7] 'SECHER. [...] On dit fig. qu'*un homme sèche sur pied*, pour dire qu'il se consume d'ennui, qu'il est accablé de tristesse, d'affliction; et, par plaisanterie, on dit la même chose d'une fille, lorsqu'on la fait attendre plus qu'elle ne voudrait pour la marier' (*Dictionnaire de l'Académie Française*, ii.642).

[8] Flaubert was critical of this scene: 'Le marquis la prie [Erise] de se joindre à lui (scène de minauderie, insipide, fade. On voit bien que Mme Duru est pour ce mariage. C'est donc un parlage, une conversation pure)' (*Le Théâtre de Voltaire*, ed. T. Besterman, *SVEC* 50-51, 1967, ii.585).

SCÈNE III

MME DURU, LE MARQUIS, ÉRISE, DAMIS

DAMIS

Ah, ah! l'on parle donc ici
D'hyménée et d'amour? Je veux m'y joindre aussi.
Votre bonté pour moi ne s'est point démentie;
Ma mère me mettra, je crois, de la partie.   110
Monsieur a la bonté de m'accorder sa sœur,
Je compte absolument jouir de cet honneur,
Non point par vanité, mais par tendresse pure;
Je l'aime éperdument, et mon cœur vous conjure
De voir avec pitié ma vive passion.   115
Voyez-vous, je suis homme à perdre la raison;
Enfin, c'est un parti qu'on ne peut plus combattre.
Une noce après tout suffira pour nous quatre.
Il n'est pas trop commun de savoir en un jour
Rendre deux cœurs heureux par les mains de l'amour.   120
Mais faire quatre heureux par un seul coup de plume,
Par un seul mot, ma mère, et contre la coutume,
C'est un plaisir divin qui n'appartient qu'à vous,
Et vous serez, ma mère, heureuse autant que nous.

LE MARQUIS

Je réponds de ma sœur, je réponds de moi-même;   125
Mais Madame balance, et c'est en vain qu'on aime.

ÉRISE

Ah! vous êtes si bonne! auriez-vous la rigueur
De maltraiter un fils si cher à votre cœur?
Son amour est si vrai, si pur, si raisonnable!
Vous l'aimez, voulez-vous le rendre misérable?   130

DAMIS

Désespérez-vous par tant de cruautés,
Une fille toujours souple à vos volontés?
Elle aime tout de bon, et je me persuade
Que le moindre refus va la rendre malade.

ÉRISE

Je connais bien mon frère, et j'ai lu dans son cœur: 135
Un refus le ferait expirer de douleur.
Pour moi, j'obéirai sans réplique à ma mère.

DAMIS

Je parle pour ma sœur.

ÉRISE

                              Je parle pour mon frère.

LE MARQUIS

Moi, je parle pour tous.

MME DURU

                              Ecoutez donc tous trois.
Vos amours sont charmants, et vos goûts sont mon choix: 14
Je sens combien m'honore une telle alliance;
Mon cœur à vos plaisirs se livre par avance.
Nous serons tous contents, ou bien je ne pourrai:
J'ai donné ma parole, et je vous la tiendrai.

DAMIS, ÉRISE, LE MARQUIS, *ensemble*.

Ah!

MME DURU

Mais...

LE MARQUIS

Toujours des mais? vous allez encor dire,   145
Mais mon mari.

MME DURU

Sans doute.

ÉRISE

Ah! quels coups!

DAMIS

Quel martyre!

MME DURU

Oh! laissez-moi parler. Vous saurez, mes enfants,
Que quand on m'épousa j'avais près de quinze ans.
Je dois tout aux bons soins de votre honoré père:
Sa fortune déjà commençait à se faire;   150
Il eut l'art d'amasser et de garder du bien,
En travaillant beaucoup et ne dépensant rien.
Il me recommanda, quand il quitta la France,
De fuir toujours le monde, et surtout la dépense.
J'ai dépensé beaucoup à vous bien élever;   155
Malgré moi le beau monde est venu me trouver.
Au fond d'un galetas il reléguait ma vie,[9]
Et plus honnêtement je me suis établie.
Il voulait que son fils, en bonnet, en rabat,
Trainât dans le palais la robe d'avocat: 160
Au régiment du roi je le fis capitaine.
Il prétend aujourd'hui, sous peine de sa haine,

159   w72P: Il voudrait que

[9] 'GALETAS. Logement qui est au plus haut étage d'une maison, et dont le plancher d'en haut n'est pas carré, et tient de la figure du toit' (*Dictionnaire de l'Académie Française*, i.742).

Que de Monsieur Gripon, et la fille et le fils,
Par un beau mariage avec nous soient unis.
Je l'empêcherai bien, j'y suis fort résolue.   165

DAMIS

Et nous aussi.

MME DURU

Je crains quelque déconvenue,
Je crains de mon mari le courroux véhément.

LE MARQUIS

Ne craignez rien de loin.

MME DURU

Son cher correspondant,
Maître Isaac Gripon, d'une âme fort rebourse, [10]
Ferme depuis un an les cordons de sa bourse.   17(

DAMIS

Il vous en reste assez.

MME DURU

Oui, mais j'ai consulté...

LE MARQUIS

Hélas! consultez-nous.

MME DURU

Sur la validité
D'une telle démarche; et l'on dit qu'à votre âge
On ne peut sûrement contracter mariage
Contre la volonté d'un propre père.

[10] 'REBOURS. Revêche, peu traitable. [...] Il est du style familier' (*Dictionnaire de l'Académie Française*, ii.501).

306

DAMIS

Non,   175
Lorsque ce propre père, étant dans la maison,
Sur son droit de présence obstinément se fonde:
Mais quand ce propre père est dans un bout du monde,
On peut à l'autre bout se marier sans lui. [11]

LE MARQUIS

Oui, c'est ce qu'il faut faire, et quand? Dès aujourd'hui.   180

SCÈNE IV

MME DURU, LE MARQUIS, ÉRISE, DAMIS, MARTHE

MARTHE

Voilà Monsieur Gripon qui veut forcer la porte;
Il vient pour un grand cas, dit-il, qui vous importe.
Ce sont ses propres mots, faut-il qu'il entre?

MME DURU

Hélas!
Il le faut bien souffrir. Voyons quel est ce cas.

---

[11] Damis's argument is justified. According to French law, parental consent to marriage was necessary up to the age of 25 for women, and up to the age of 30 for men. However, 'les enfants mineurs des père et mère qui sont sortis du royaume sans permission [...] peuvent en leur absence contracter mariage, sans attendre ni demander le consentement de leurs père et mère', provided that the children's relatives or friends are consulted 'devant le juge du lieu' (*Encyclopédie* article 'Mariage [...] (*Jurisprud.*)').

SCÈNE V

MME DURU, LE MARQUIS, ÉRISE, DAMIS,
M. GRIPON, MARTHE

MME DURU

Si tard, Monsieur Gripon, quel sujet vous attire?   185

M. GRIPON *homme d'une naïveté grossière.*

Un bon sujet.

MME DURU

Comment?

M. GRIPON

Je m'en vais vous le dire.

DAMIS

Quelque présent de l'Inde?

M. GRIPON

Oh! vraiment oui. Voici
L'ordre de votre père, et je le porte ici. —
Ma fille est votre bru, mon fils est votre gendre;
Ils le seront du moins, et sans beaucoup attendre.   190
Lisez.
(*Il lui donne une lettre.*)

MME DURU

L'ordre est très net, que faire?

185a   59A-W75G: [*stage direction absent*]
188   59A-W64R, W70IX: père, que je vous porte
        W75G: ici

M. GRIPON

A votre chef
Obéir sans réplique, et tout bâcler en bref.
Il reviendra bientôt; et même, par avance,
Son commis vient régler des comptes d'importance.
J'ai peu de temps à perdre; ayez la charité   195
De dépêcher la chose avec célérité.

MME DURU

La proposition, mes enfants, doit vous plaire.
Comment la trouvez-vous?

DAMIS, ÉRISE, *ensemble.*

Tout comme vous, ma mère.

LE MARQUIS *à M. Gripon, d'un air de
supériorité et de raillerie.*

De nos communs désirs il faut presser l'effet.
Ah! que de cet hymen mon cœur est satisfait!   200

M. GRIPON

Que ça vous satisfasse, ou que ça vous déplaise,
Ça doit importer peu.

LE MARQUIS

Je ne me sens pas d'aise.

M. GRIPON

Pourquoi tant d'aise?

196a   59A-W64R, W70IX: [*with stage direction*] *ironiquement.*
198a   59A-W64R, W70IX: [*stage direction absent*]
        59A-W75G: *à M. Gripon.*
200a   59A-W64R, W70IX: [*with stage direction*] *brusquement.*

LE MARQUIS

Mais... j'ai cette affaire à cœur.

M. GRIPON

Vous, à cœur mon affaire?

LE MARQUIS

Oui, je suis serviteur
De votre ami Duru, de toute la famille,   205
De Madame sa femme — et surtout de sa fille.
Cet hymen est si cher, si précieux pour moi! — [12]
Je suis le bon ami du logis.

M. GRIPON

Par ma foi,
Ces amis du logis sont de mauvais augure.
Madame, sans amis, hâtons-nous de conclure.   210

ÉRISE

Quoi, sitôt?

MME DURU

Sans donner le temps de consulter,
De voir ma bru, mon gendre, et sans les présenter?
C'est pousser avec nous vivement votre pointe.

M. GRIPON

Pour se bien marier il faut que la conjointe

206 w75G: femme, et
207 w75G: moi!...

[12] In the margin next to lines 206-208 in w75*, Voltaire explained his insertion of dashes by adding the words: 'ces marques indiquent une pause'. This marginal note has not been incorporated as a footnote by Voltaire in this edition, since it is unclear whether or not Voltaire intended it to appear as such in the edition to be published by Panckoucke.

N'ait jamais entrevu son conjoint.[13]

MME DURU

Oui, d'accord,   215
On s'en aime bien mieux – mais je voudrais d'abord,
Moi, mère, et qui dois voir le parti qu'il faut prendre,
Embrasser votre fille et voir un peu mon gendre.

M. GRIPON

Vous les voyez en moi, corps pour corps, trait pour trait,
Et ma fille Phlipotte – est en tout mon portrait.   220

MME DURU

Les aimables enfants!

DAMIS

Oh! Monsieur, je vous jure
Qu'on ne sentit jamais une flamme plus pure.

M. GRIPON

Pour ma Phlipotte?

DAMIS

Hélas! pour cet objet vainqueur
Qui règne sur mes sens, et m'a donné son cœur.

M. GRIPON

On ne t'a rien donné: je ne puis te comprendre;   225

216   w75G: mieux; mais
219   59A-w70IX, K: Vous le voyez
220   w75G: Philpotte est

[13] Gripon's comic jargon recalls the notary's legal language in Molière's *Le Malade imaginaire* (I.vii).

Ma fille, ainsi que moi, n'a point l'âme si tendre. [14]
(*à Erise*)
Et vous, qui souriez, vous ne me dites rien?

ÉRISE

Je dis la même chose, et je vous promets bien
De placer les devoirs, les plaisirs de ma vie,
A plaire au tendre amant à qui mon cœur me lie.   230

M. GRIPON

Il n'est point tendre amant — vous répondez fort mal.

LE MARQUIS

Je vous jure qu'il l'est.

M. GRIPON

Oh! quel original!
L'ami de la maison, mêlez-vous, je vous prie,
Un peu moins de la fête et des gens qu'on marie.
(*Le marquis lui fait de grandes révérences.*) [15]
(*à Mme Duru*)
Or ça, j'ai réussi dans ma commission.   235

231   w75G: amant, vous
235   59A-w64R, NM, w70IX, w70L: Oh, ça,

[14] Voltaire's comic technique is Moliéresque: the other characters engage in coded dialogue in front of Gripon (cf. *L'Etourdi*, I.iv; *L'Ecole des maris*, II.ix; *Le Médecin malgré lui*, III.vi; *Le Sicilien*, scenes xi-xii; *George Dandin*, I.vi; *L'Avare*, III.vii; and *Le Malade imaginaire*, II.v). Their words have an obvious meaning for them and the theatre audience, but they leave Gripon confused. Flaubert was alive to the potential for comedy here, but he was nevertheless unimpressed: 'Damis, Erise, le marquis parlent pour eux seuls, ce qui fait un double sens dont Mr Gripon est dupe. [...] Tous se moquent de lui sans qu'il s'en aperçoive. Tout cela est assez fade' (*Le Théâtre de Voltaire*, ii.586-587).
[15] This kind of ironic, satirical bowing, which recurs at the end of the scene and to which Gripon later alludes (II.i.63), recalls similar visual comedy in Molière's *L'Avare* (I.iv): the gestures of civility can be used to express tension and incivility.

312

Je vois pour votre époux votre soumission;
Il ne faut à présent qu'un peu de signature.
J'amènerai demain le futur, la future.
Vous aurez des enfants, souples, respectueux,
Grands ménagers, enfin on sera content d'eux.   240
Il est vrai qu'ils n'ont pas les grands airs du beau monde.

MME DURU

C'est une bagatelle, et mon espoir se fonde
Sur les leçons d'un père, et sur leurs sentiments,
Qui valent cent fois mieux que ces dehors charmants.

DAMIS

J'aime déjà leur grâce et simple et naturelle.   245

ÉRISE

Leur bon sens dont leur père est le parfait modèle.

LE MARQUIS

Je leur crois bien du goût.

M. GRIPON

     Ils n'ont rien de cela –
Que diable ici fait-on de ce beau monsieur-là?
 (à Mme Duru)
A demain donc, Madame; une noce frugale
Préparera sans bruit l'union conjugale.   250
Il est tard, et le soir jamais nous ne sortons.

DAMIS

Eh! que faites-vous donc vers le soir?

239 K: aurez deux enfants
244 59A-W64R, W70IX: que les dehors
247 W75G: cela.
247a 59A-W64R, W70IX: [with stage direction] à part.

313

M. GRIPON

Nous dormons.
On se lève avant jour; ainsi fait votre père.
Imitez-le dans tout pour vivre heureux sur terre.
Soyez sobre, attentif à placer votre argent;
Ne donnez jamais rien, et prêtez rarement.[16]
Demain de grand matin, je reviendrai, Madame.

MME DURU

Pas si matin.

LE MARQUIS

Allez, vous nous ravissez l'âme.

M. GRIPON

Cet homme me déplaît. Dès demain je prétends

---

[16] Cf. La Flèche's description of Harpagon: 'Il n'est rien de plus sec et de plus aride que ses bonnes grâces et ses caresses; et *donner* est un mot pour qui il a tant d'aversion, qu'il ne dit jamais: *Je vous donne*, mais: *Je vous prête le bon jour*' (Molière, *L'Avare*, II.iv). There may also be in Gripon's advice to Damis an ironic echo of Polonius's memorable line in Shakespeare's *Hamlet*: 'Neither a borrower, nor a lender be' (I.iii). In Shakespeare's play, the absurd father fears having to bail his son out of debts; in Voltaire's play, the usurer is equally opposed to extravagance, but he is alive to the potential for money-making through at least occasional money-lending. Voltaire's knowledge of *Hamlet* was, of course, intimate. He was responsible for giving the French their first taste of the play in 1733 in his *Essai sur la poésie épique*, followed a year later by his free translation of Hamlet's soliloquy in the eighteenth of the *Lettres philosophiques*. In the preface to his 'Shakespearean' tragedy *Sémiramis* (which was composed and first performed shortly before the first version of *La Femme qui a raison*), Voltaire dismisses *Hamlet* as 'une pièce grossière et barbare' (M.iv.502). On Voltaire's attitude to *Hamlet* and the play's broader reception in eighteenth-century France see Helen P. Bailey, *Hamlet in France: from Voltaire to Laforgue* (Geneva 1964), p.1-25. Flaubert, however, was unimpressed by the comedy here: 'Le coucher de bonne heure est donné ici comme quelque chose de très ridicule et qui paraît tel aux personnages de la pièce. Voici un exemple de ce comique de manière et de modes, c'est-à-dire d'un comique faux, relatif' (*Le Théâtre de Voltaire*, ii.588).

Que l'ami du logis déniche de céans.　　　　　　　　260
Adieu.

MARTHE l'arrêtant par le bras.

Monsieur, un mot.

M. GRIPON
Eh quoi?

MARTHE

　　　　　　　　　　　　Sans vous déplaire,
Peut-on vous proposer une excellente affaire?

M. GRIPON

Proposez.

MARTHE

　　　Vous donnez aux enfants du logis
Phlipotte votre fille, et Phlipot votre fils?

M. GRIPON

Oui.

MARTHE

　　　L'on donne une dot en pareille aventure?　　　265

M. GRIPON

Pas toujours.

MARTHE

　　　Vous pourriez, et je vous en conjure,
Partager par moitié vos généreux présents.

M. GRIPON

Comment?

315

MARTHE

Payez la dot, et gardez vos enfants. [17]

M. GRIPON *à Mme Duru.*

Madame, il nous faudra chasser cette donzelle; [18]
Et l'ami du logis ne me plaît pas plus qu'elle.   270
(*Il s'en va, et tout le monde lui fait la révérence.*)

SCÈNE VI

MME DURU, ÉRISE, DAMIS, LE MARQUIS, MARTHE

MARTHE

Eh bien! vous laissez-vous tous les quatre effrayer
Par le malheureux cas de ce maître usurier?

DAMIS

Madame, vous voyez qu'il est indispensable
De prévenir soudain ce marché détestable.

LE MARQUIS

Contre nos ennemis formons vite un traité,   275
Qui mette pour jamais nos droits en sûreté.
Madame, on vous y force, et tout vous autorise,
Et c'est le sentiment de la charmante Erise.

268a   K: [*stage direction absent*]

---

[17] Marthe's suggestion of a dowry without a marriage is a comic reversal of
Harpagon's eagerness to marry off his daughter without paying a dowry (Molière,
L'Avare, I.v).

[18] 'DONZELLE. Terme de mépris, qui signifie, Une fille ou une femme vive et
intriguante ou de mauvaise vie. Il est du style familier' (*Dictionnaire de l'Académie
Française*, i.523). Cf. Molière's *Les Précieuses ridicules*, in which La Grange angrily
describes Magdelon and Cathos as 'nos donzelles ridicules' (scene i), and *L'Ecole des
maris*, in which Sganarelle uses the term to describe Isabelle (III.v).

ÉRISE

Je me flatte toujours d'être de votre avis.

DAMIS

Hélas! de vos bienfaits mon cœur s'est tout promis.   280
Il faut que le vilain, qui tous nous inquiète,
En revenant demain trouve la noce faite.

MME DURU

Mais...

LE MARQUIS

Les mais à présent deviennent superflus.
Résolvez-vous, Madame, ou nous sommes perdus.

MME DURU

Le péril est pressant, et je suis bonne mère;   285
Mais... à qui pourrons-nous recourir?

MARTHE

                                          Au notaire,
A la noce, à l'hymen. Je prends sur moi le soin
D'amener à l'instant le notaire du coin,
D'ordonner le souper, de mander la musique –
S'il est quelque autre usage admis dans la pratique,   290
Je ne m'en mêle pas.

DAMIS

                          Elle a grande raison,
Et je veux que demain maître Isaac Gripon
Trouve en venant ici peu de choses à faire.

289   w75g: la musique:
293   w64r: de chose à

ÉRISE

J'admire vos conseils et celui de mon frère.

MME DURU

C'est votre avis à tous?

DAMIS, ÉRISE, LE MARQUIS, *ensemble.*

Oui, ma mère.

MME DURU

Fort bien.　　　　29

Je peux vous assurer que c'est aussi le mien.

Fin du premier acte.

296　K: Je puis vous
296a　W72P: [*absent*]

ACTE II

SCÈNE PREMIÈRE

M. GRIPON, DAMIS

M. GRIPON

Comment! dans ce logis est-on fou, mon garçon?
Quel tapage a-t-on fait la nuit dans la maison?
Quoi! deux tables encore impudemment dressées!
Des débris d'un festin, des chaises renversées,[1]
Des laquais étendus ronflant sur le plancher;   5
Et quatre violons, qui ne pouvant marcher,
S'en vont en fredonnant à tâtons dans la rue![2]
N'es-tu pas tout honteux?

DAMIS

              Non; mon âme est émue
D'un sentiment si doux, d'un si charmant plaisir,
Que devant vous encor je n'en saurais rougir.   10

M. GRIPON

D'un sentiment si doux! que diable veux-tu dire?

---

[1] This visual evidence of celebrations is depicted in Moreau's illustration in the Kehl edition: food on the table and an overturned chair suggest the aftermath of a party (reproduced on p.291).

[2] Fréron seems begrudgingly to have approved of these opening lines: 'Ce morceau est peut-être ce qu'il y a de mieux écrit dans cette pièce. C'est une copie d'un des tableaux de l'*Enfant prodigue*. Car M. *de Voltaire* se pille souvent lui-même' (*L'Année littéraire*, 1759, viii.7-8); his allusion is to Jasmin's words in *L'Enfant prodigue* (V.ii).

DAMIS

Je dis que notre hymen à la famille inspire
Un délire de joie, un transport inouï.
A peine hier au soir sortîtes-vous d'ici,
Que livrés par avance au lien qui nous presse,   15
Après un long souper, la joie et la tendresse,
Préparant à l'envi le lien conjugal,
Nous avons cette nuit ici donné le bal.

M. GRIPON

Voilà trop de fracas avec trop de dépense.
Je n'aime point qu'on ait du plaisir par avance.   20
Cette vie à ton père à coup sûr déplaira.
Et que feras-tu donc quand on te mariera?

DAMIS

Ah! si vous connaissiez cette ardeur vive et pure,
Ces traits, ces feux sacrés, l'âme de la nature,
Cette délicatesse et ces ravissements,   25
Qui ne sont bien connus que des heureux amants!
Si vous saviez...

M. GRIPON

                    Je sais que je ne puis comprendre
Rien de ce que tu dis.

DAMIS

                    Votre cœur n'est point tendre.
Vous ignorez les feux dont je suis consumé.
Mon cher Monsieur Gripon, vous n'avez point aimé.   30

M. GRIPON

Si fait, si fait.

DAMIS

            Comment? Vous aussi, vous?

M. GRIPON

Moi-même.

DAMIS

Vous concevez donc bien l'emportement extrême,
Les douceurs...

M. GRIPON

Et oui, oui, j'ai fait, à ma façon,
L'amour un jour ou deux à Madame Gripon:
Mais cela n'était pas comme ta belle flamme,
Ni les discours de fou que tu tiens sur ta femme. [3]   35

DAMIS

Je le crois bien; enfin, vous me le pardonnez?

M. GRIPON

Oui-dà, quand les contrats seront faits et signés.
Allons, avec ta mère il faut que je m'abouche;
Finissons tout.

DAMIS

Ma mère en ce moment se couche.   40

M. GRIPON

Quoi? Ta mère?

37   59A-W64R, W70IX: le vois bien

[3] Gripon's comic failure to control events is signalled by Damis's use of *double entendre*. Coded language turns into sexual innuendo, which is completely lost on Gripon. Damis's high-flown language of love serves as a veil for a description of his wedding night: his ambiguity is comic. Gripon is ridiculed for his ignorance of love, and his attempt at self-defence is comically incongruous and ironically ambiguous: sexual innuendo is a slippery language with which the fool unwittingly condemns himself. Voltaire alluded to the comedy of sexual innuendo in *La Femme qui a raison* in a letter to d'Argental on 20 September 1760: 'Il y a beaucoup de coucherie, mais c'est en tout bien et en tout honneur' (D9244).

DAMIS

Approuvant le goût qui nous conduit,
Elle a dans notre bal dansé toute la nuit.

M. GRIPON

Ta mère est folle.

DAMIS

Non, elle est très respectable,
Magnifique avec goût, douce, tendre, adorable.[4]

M. GRIPON

Ecoute; il faut ici te parler clairement.   45
Nous attendons ton père, il viendra promptement;
Et déjà son commis arrive en diligence,
Pour régler sa recette, ainsi que la dépense.
Il sera très fâché du train qu'on fait ici;
Et tu comprends fort bien que je le suis aussi.   50
C'est dans un autre esprit que Phlipotte est nourrie;
Elle a trente-neuf ans, fille honnête, accomplie,
Qui, seule avec mon fils, compose ma maison;
L'été sans éventail, et l'hiver sans manchon;
Blanchit, repasse, coud, compte comme Barême,[5]   55
Et sait manquer de tout aussi bien que moi-même.

52   59A-W75G: trente-sept ans
53   59B, 60G: composent ma

---

[4] Flaubert seems to have had little time for Damis's *idées reçues*: 'Eternel éloge et mise en relief de tous les bons côtés de la femme du monde tel que l'entendait le 18è siècle' (*Le Théâtre de Voltaire*, ii.589).

[5] François Barrême (1640-1703) was a famous mathematician, author of numerous works, including the *Livre des comptes faits* (1682), a 1742 edition of which was in Voltaire's library (BV271). Voltaire also alludes to Barrême in *La Guerre civile de Genève*: 'Noble cité riche, fière et sournoise; / On y calcule et jamais on n'y rit. / L'art de Barême est le seul qui fleurit: / On hait le bal, on hait la comédie' (*OC*, vol.63A, p.80).

Prends exemple sur elle, afin de vivre heureux.
Je reviendrai ce soir vous marier tous deux.
Tu parais bon enfant, et ma fille est bien née.
Mais, crois-moi, ta cervelle est un peu mal tournée.   60
Il faut que la maison soit sur un autre pied. –
Dis-moi. Ce grand flandrin,[6] qui m'a tant ennuyé,
Qui toujours de côté me fait la révérence,
Vient-il ici souvent?

DAMIS

Oh! fort souvent.

M. GRIPON

Je pense
Que pour cause il est bon qu'il n'y revienne plus.   65

DAMIS

Nous suivrons sur cela vos ordres absolus.

M. GRIPON

C'est très bien dit. Mon gendre a du bon, et j'espère
Morigéner bientôt cette tête légère;[7]
Mais surtout plus de bal: je ne prétends plus voir

61 w75G: pied.
65 k: qu'il ne revienne

[6] 'FLANDRIN. Injure que donne le peuple aux hommes élancés. [...] Il est du style familier' (*Dictionnaire de l'Académie Française*, i.698).
[7] 'MORIGÉNER. Former les mœurs, instruire aux bonnes mœurs. [...] Il signifie aussi Corriger, remettre dans l'ordre et dans le devoir' (*Dictionnaire de l'Académie Française*, ii.155). Cf. the doctor's first words to the eponymous protagonist of Molière's *La Jalousie du barbouillé*: 'Il faut que tu sois bien mal appris, bien lourdaud, et bien mal morigéné, mon ami, puisque tu m'abordes sans ôter ton chapeau, sans observer *rationem loci, temporis et personae*' (scene ii).

323

Changer la nuit en jour, et le matin en soir.[8]   70

DAMIS

Ne craignez rien.

M. GRIPON

Eh bien, où vas-tu?

DAMIS

                                        Satisfaire
Le plus doux des devoirs et l'ardeur la plus chère.

M. GRIPON *en riant d'un sot rire.*

Il brûle pour Phlipotte.

DAMIS

                              Après avoir dansé,
Plein des traits amoureux dont mon cœur est blessé,
Je vais, Monsieur, je vais... me coucher... Je me flatte   75
Que ma passion vive, autant que délicate,
Me fera peu dormir en ce fortuné jour,
Et je serai longtemps éveillé par l'amour.[9]
    (*Il l'embrasse.*)

72a   59A-W75G: [*stage direction absent*]

[8] Gripon's remark highlights the carnivalesque, topsy-turvy world that Voltaire
depicts in his comedy.
[9] For Fréron's disapproving view of this exchange, see introduction p.281-82.

SCÈNE II

M. GRIPON *seul*.

Les romans l'ont gâté, sa tête est attaquée;
Mais celle de son père est bien plus détraquée.   80
Il veut incognito rentrer dans sa maison.
Quel profit à cela? quel projet sans raison!
Ce n'est qu'en fait d'argent que j'aime le mystère;
Mais je fais ce qu'il veut; ma foi, c'est son affaire.
Mari qui veut surprendre est souvent fort surpris,   85
Et... mais voici Monsieur qui vient dans son logis.

SCÈNE III

M. DURU *en habit à l'antique*, M. GRIPON

M. DURU

Quelle réception! après douze ans d'absence!
Comme tout se corrompt, comme tout change en France![10]

80-82 59A-W64R, W70IX:
        est aussi détraquée
  De prétendre chez lui se rendre incognito.
  Quel profit à cela? C'est un vrai vertigo.
80 NM, W68, W70L: [*absent*]
  W72P: est aussi détraquée;
86b 59A-W75G: [*stage direction absent*]

---

[10] Fréron comments: 'C'est ici le seul endroit passable de la pièce. Mais ce M. *Duru* n'est qu'une copie maladroite de M. *Argant* dans *L'Ecole des mères* de feu M. *de la Chaussée*. Les deux pères se trouvent précisément dans la même situation, ont la même surprise, expriment les mêmes sentiments' (*L'Année littéraire*, 1759, viii.10). While there is some similiarity between the two plays and the two father-figures – Monsieur Argant, for example, remarks that 'Il faut que mon esprit soit devenu gothique, / Ou Paris bien extravagant' (III.i) – there is nevertheless a crucial difference: La Chaussée's play satirises luxury, Voltaire's defends it (see introduction, p.268-69).

M. GRIPON

Bonjour, compère.

M. DURU

O ciel!

M. GRIPON

Il ne me répond point.
Il rêve.[11]

M. DURU

Quoi! ma femme infidèle à ce point!   9
A quel horrible luxe elle s'est emportée![12]
Cette maison, je crois, du diable est habitée;
Et j'y mettrais le feu, sans les dépens maudits
Qu'à brûler les maisons il en coûte à Paris.[13]

M. GRIPON

Il parle longtemps seul, c'est signe de démence.   9

M. DURU

Je l'ai bien mérité par ma sotte imprudence.
A votre femme un mois confiez votre bien,
Au bout de trente jours vous ne retrouvez rien.

98   W70L: ne trouverez rien.

[11] Duru's first appearance highlights verbally and visually his ridiculous self-absorption. He remains oblivious to Gripon's presence, despite the latter's attempts to engage him in conversation. A similar comic technique had been used repeatedly by Molière: see *Les Fourberies de Scapin* (I.iv); *Sganarelle* (scene ix); *L'Ecole des maris* (I.iii); and *Le Médecin malgré lui* (I.v). The same technique would be used again by Beaumarchais in *Le Mariage de Figaro* (III.iv-v).

[12] Duru's reaction recalls Sganarelle's attack on women's propensity for luxury goods in Molière's *L'Ecole des maris* (II.vi).

[13] Fréron was damning: 'Peut-on imaginer une plus froide plaisanterie?' (*L'Année littéraire*, 1759, viii.11).

Je m'étais noblement privé du nécessaire:[14]
M'en voilà bien payé: que résoudre, que faire?   100
Je suis assassiné, confondu, ruiné.

M. GRIPON

Bonjour, compère. Eh bien, vous avez terminé
Assez heureusement un assez long voyage.
Je vous trouve un peu vieux.

M. DURU

Je vous dis que j'enrage.

M. GRIPON

Oui, je le crois, il est fort triste de vieillir;   105
On a bien moins de temps pour pouvoir s'enrichir.

M. DURU

Plus d'honneur, plus de règle, et les lois violées!...

M. GRIPON

Je n'ai violé rien, les choses sont réglées.
J'ai pour vous dans mes mains, en beaux et bons papiers,
Trois cent deux mille francs, dix-huit sols, neuf deniers.   110
Revenez-vous bien riche?

M. DURU

Oui.

109   W72P: vous en mes

---

[14] Duru's excessive avarice is highlighted by his allusion to 'le nécessaire', which is usually contrasted (especially in religious writing, such as Calvin's *Institution de la religion chrétienne*) with 'le superflu', two terms which Voltaire playfully juxtaposes in *Le Mondain*: see Michael Cardy, 'Le *nécessaire* et le *superflu*: antithèse des Lumières', *SVEC* 205 (1982), p.183-90, and Nicholas Cronk, 'The Epicurean Spirit: champagne and the defence of poetry in *Le Mondain*', *SVEC* 371 (1999), p.53-80 (esp. p.65-68).

M. GRIPON

Moquez-vous du monde.

M. DURU

Oh! j'ai le cœur navré d'une douleur profonde.
J'apporte un million tout au plus; le voilà.
(*Il montre son portefeuille.*)
Je suis outré, perdu.

M. GRIPON

Quoi! n'est-ce que cela?
Il faut se consoler.

M. DURU

Ma femme me ruine.   115
Vous voyez quel logis et quel train. La coquine!...

M. GRIPON

Sois le maître chez toi, mets-la dans un couvent.

M. DURU

Je n'y manquerai pas. Je trouve en arrivant
Des laquais de six pieds, tous ivres de la veille,
Un portier à moustache, armé d'une bouteille,   12(
Qui, me voyant passer, m'invite en bégayant,
A venir déjeuner dans son appartement.

M. GRIPON

Chasse tous ces coquins.

M. DURU

C'est ce que je veux faire.

120 59A, 59B, 60G, W64R: moustaches

M. GRIPON

C'est un profit tout clair. Tous ces gens-là, compère,
Sont nos vrais ennemis, dévorent notre bien;   125
Et pour vivre à son aise, il faut vivre de rien.

M. DURU

Ils m'auront ruiné; cela me perce l'âme.
Me conseillerais-tu de surprendre ma femme?

M. GRIPON

Tout comme tu voudras.

M. DURU

                    Me conseillerais-tu
D'attendre encore un peu, de rester inconnu?   130

M. GRIPON

Selon ta fantaisie.

M. DURU

                    Ah, le maudit ménage!
Comment a-t-on reçu l'offre du mariage?

M. GRIPON

Oh! fort bien: sur ce point nous serons tous contents;
On aime avec transport déjà mes deux enfants.

M. DURU

Passe. On n'a donc point eu de peine à satisfaire   135
A mes ordres précis?

128   59B, 60G: conseilleras-tu
129   59B, 60G: conseilleras-tu
132   59A-W64R, W70IX: reçu l'ordre du

M. GRIPON

De la peine, au contraire;
Ils ont avec plaisir conclu soudainement.
Ton fils a pour ma fille un amour véhément;
Et ta fille déjà brûle, sur ma parole,
Pour mon petit Gripon.

M. DURU

Du moins cela console.
Nous mettrons ordre au reste.

M. GRIPON

Oh! tout est résolu,
Et cet après-midi l'hymen sera conclu.

M. DURU

Mais, ma femme?

M. GRIPON

Oh! parbleu, ta femme est ton affaire.
Je te donne une bru charmante et ménagère:
J'ai toujours à ton fils destiné ce bijou;
Et nous les marierons sans leur donner un sou.

M. DURU

Fort bien.

M. GRIPON

L'argent corrompt la jeunesse volage.
Point d'argent: c'est un point capital en ménage.[15]

[15] Gripon shares with Rondon the view that avarice is the key to a successful
married life (*L'Enfant prodigue*, I.i). This view is a comic variation on the anti-hero
Tircis's farcical defence of marrying an ugly woman for the sake of her money in
Pierre Corneille's *Mélite*: 'C'est comme il faut aimer, l'abondance des biens / Pour
l'amour conjugal a de puissants liens' (I.i). For other comic echoes in the way
Gripon speaks, see introduction p.266.

M. DURU

Mais ma femme?

M. GRIPON

Fais-en tout ce qu'il te plaira.

M. DURU

Je voudrais voir un peu comme on me recevra,   150
Quel air aura ma femme.

M. GRIPON

Et pourquoi? que t'importe?

M. DURU

Voir... là... si la nature est au moins assez forte,
Si le sang parle assez dans ma fille et mon fils,
Pour reconnaître en moi le maître du logis. [16]

M. GRIPON

Quand tu te nommeras, tu te feras connaître.   155
Est-ce que le sang parle? [17] Et ne dois-tu pas être
Honnêtement content, quand, pour comble de biens,
Tes dociles enfants vont épouser les miens?
Adieu: j'ai quelque dette active et d'importance, [18]

---

[16] Duru has already taken on board Gripon's advice about paternal authority earlier in this scene (II.iii.117), hence his comic frustration and exaggerated repetition of the point later in the play (III.v.185). Duru's comic stubbornness and ridiculous posturing recall the comic frustration of Molière's Arnolphe, who tells Agnès (in a phrase parodying a line from Pierre Corneille's *Sertorius*): 'Je suis maître, je parle: allez, obéissez' (*L'Ecole des femmes*, II.v), and Sganarelle, who tries in vain to assert his authority over Marthe, his wife: 'Non, je te dis que je n'en veux rien faire, et que c'est à moi de parler et d'être le maître' (*Le Médecin malgré lui*, I.i).

[17] On the significance of this parodic allusion to the 'cri du sang', see introduction, p.270-71.

[18] 'ACTIF, IVE. [...] On appelle *dettes actives*, celles dont on est créancier; *dettes passives*, celles dont on est débiteur' (*Dictionnaire de l'Académie Française*, i.21).

Qui devers le midi demande ma présence;
Et je reviens, compère, après un court dîner,
Moi, ma fille et mon fils, pour conclure et signer.

160

SCÈNE IV

M. DURU *seul.*

Les affaires vont bien; quant à ce mariage,
J'en suis fort satisfait; mais quant à mon ménage,
C'est un scandale affreux, et qui me pousse à bout.
Il faut tout observer, découvrir tout, voir tout.
    (*On sonne.*)
J'entends une sonnette et du bruit; on appelle.

165

SCÈNE V

M. DURU, MARTHE *à la porte.*

M. DURU

Oh! quelle est cette jeune et belle demoiselle
Qui va vers cette porte? Elle a l'air bien coquet.
Est-ce ma fille? Mais... j'en ai peur: en effet,
Elle est bien faite au moins, passablement jolie,
Et cela fait plaisir. Ecoutez, je vous prie;
Où courez-vous si vite, aimable et chère enfant?

170

MARTHE

Je vais chez ma maîtresse, en son appartement.

M. DURU

Quoi! vous êtes suivante? Et de qui, ma mignonne?

17

171   59A-W64R, W70IX: faite, au moins passablement jolie.

MARTHE

De Madame Duru.

M. DURU *à part.*

Je veux de la friponne
Tirer quelque parti, m'instruire, si je puis.
Ecoutez.

MARTHE

Quoi! Monsieur?

M. DURU

Savez-vous qui je suis?

MARTHE

Non; mais je vois assez ce que vous pouvez être.

M. DURU

Je suis l'intime ami de Monsieur votre maître,   180
Et de Monsieur Gripon. Je peux très aisément
Vous faire ici du bien, même en argent comptant.

MARTHE

Vous me ferez plaisir. Mais, Monsieur, le temps presse;
Et voici le moment de coucher ma maîtresse.

M. DURU

Se coucher quand il est neuf heures du matin?   185

MARTHE

Oui, Monsieur.

M. DURU

Quelle vie et quel horrible train!

181   K: Je puis très

MARTHE

C'est un train fort honnête. Après souper on joue;
Après le jeu l'on danse, et puis on dort.

M. DURU

J'avoue
Que vous me surprenez; je ne m'attendais pas
Que Madame Duru fît un si beau fracas.   19

MARTHE

Quoi! cela vous surprend, vous bonhomme, à votre âge?
Mais rien n'est plus commun. Madame fait usage
Des grands biens amassés par son ladre mari; [19]
Et quand on tient maison, chacun en use ainsi.

M. DURU   19

Mignonne, ces discours me font peine à comprendre.
Qu'est-ce tenir maison?

MARTHE

Faut-il tout vous apprendre?
D'où diable venez-vous?

M. DURU

D'un peu loin.

---

189   w64R: surprenez; et ne

---

[19] 'LADRE. n. et adj. [...] Il signifie aussi figur. Excessivement avare. [...] Il est du
style familier' (*Dictionnaire de l'Académie Française*, ii.4-5). See also I.i.18. Cf.
Molière's *L'Avare*, in which La Flèche, having been mistreated by Harpagon, calls
misers 'des vilains et des ladres' (I.iii). In Regnard's *Le Retour imprévu*, M. André
describes Géronte, who owes him money, as 'un vilain, un ladre, un fesse-mathieu'
(scene xii). In Destouches's *Le Dissipateur*, Géronte is comically delighted when his
servants tell him, misleadingly, that his profligate son is 'aussi ladre que vous' and
that 'son ménage à présent va jusqu'à l'avarice' (III.iii).

MARTHE

Je le vois.
Vous me paraissez neuf, quoique antique. [20]

M. DURU

Ma foi,
Tout est neuf à mes yeux. Ma petite maîtresse,
Vous tenez donc maison?

MARTHE

Oui.

M. DURU

Mais de quelle espèce?   200
Et dans cette maison que fait-on, s'il vous plaît?

MARTHE

De quoi vous mêlez-vous?

M. DURU

J'y prends quelque intérêt.

MARTHE

Vous, Monsieur?

M. DURU

Oui, moi-même. Il faut que je hasarde

203a   K: [*with stage direction*] *à part.*

[20] Marthe's barbed comment echoes the stage direction at the beginning of II.iii.
Duru's old-fashioned clothes recall Sganarelle's in Molière's *L'Ecole des maris* (see
introduction, p.264) and Géronte's in Destouches's *Le Dissipateur*, who observes
proudly: 'Je porte cet habit depuis dix ans, je crois, / Et je veux le porter encore plus
de dix autres' (III.v).

Un peu d'or de ma poche avec cette égrillarde;[21]
Ce n'est pas sans regret; mais essayons enfin.   205
Monsieur Duru vous fait ce présent par ma main.

MARTHE

Grand merci.

M. DURU

Méritez un tel effort, ma belle;
C'est à vous de montrer l'excès de votre zèle
Pour le patron d'ici, le bon Monsieur Duru,
Que, par malheur pour vous, vous n'avez jamais vu.   21(
Quelque amant, entre nous, a, pendant son absence,
Produit tous ces excès avec cette dépense?

MARTHE

Quelque amant! vous osez attaquer notre honneur?
Quelque amant! A ce trait, qui blesse ma pudeur,
Je ne sais qui me tient, que mes mains appliquées   21
Ne soient sur votre face avec cinq doigts marquées.
Quelque amant, dites-vous?

M. DURU

Eh! pardon.

MARTHE

Apprenez
Que ce n'est pas à vous à fourrer votre nez
Dans ce que fait Madame.

M. DURU

Eh! mais...

206a   K: [with stage direction] haut.

21 'EGRILLARD, ARDE. adj. Vif, éveillé, gaillard. [...] On l'emploie aussi
substantivement. [...] Il est du style familier' (Dictionnaire de l'Académie Française,
i.558).

336

MARTHE

                        Elle est trop bonne,
Trop sage, trop honnête, et trop douce personne;   220
Et vous êtes un sot avec vos questions.
    (*On sonne.*)
J'y vais... Un impudent, un rôdeur de maisons.
    (*On sonne.*)
Tout à l'heure... Un benêt qui pense que les filles
Iront lui confier les secrets des familles!
    (*On sonne.*)
Eh! j'y cours... Un vieux fou que la main que voilà   225
    (*On sonne.*)
Devrait punir cent fois... L'on y va, l'on y va.

SCÈNE VI

M. DURU *seul.*

Je ne sais si je dois en croire sa colère;
Tout ici m'est suspect; et sur ce grand mystère
Les femmes ont juré de ne parler jamais;
On n'en peut rien tirer par force ou par bienfaits;   230
Et toutes se liguant pour nous en faire accroire,
S'entendent contre nous comme larrons en foire. —[22]
Non, je n'entrerai point; je veux examiner

224   59A, 59B, 60A, W64R, W70IX: confier des secrets de famille.
       60G: des secrets de familles.
232   W75G: foire.

[22] 'LARRON, ESSE. Celui ou celle qui dérobe, qui prend furtivement quelque chose. [...] On dit prov. *Ils s'entendent comme larrons en foire*, en parlant des personnes qui sont d'intelligence pour faire des friponneries' (*Dictionnaire de l'Académie Française*, ii.14-15). Duru's comically incongruous persecution complex, highlighting the fun Voltaire has with women outwitting men, also echoes Molière's *Dépit amoureux* (III.viii).

Jusqu'où du bon chemin l'on peut se détourner.
Que vois-je? Un beau monsieur sortant de chez ma femme! —   235
Ah! voilà comme on tient maison!

SCÈNE VII

M. DURU, LE MARQUIS *sortant de l'appartement de*
Mme Duru en lui parlant tout haut.

LE MARQUIS

                    Adieu, Madame.
Ah! que je suis heureux!

M. DURU

                    Et beaucoup trop. J'en tiens.

LE MARQUIS

Adieu, jusqu'à ce soir.

M. DURU

                    Ce soir encor? Fort bien.
Comme de la maison je vois ici deux maîtres,
L'un des deux pourrait bien sortir par les fenêtres.   240
On ne me connaît pas; gardons-nous d'éclater.

LE MARQUIS

Quelqu'un parle, je crois.

M. DURU

                    Je n'en saurais douter.
Volets fermés, au lit; rendez-vous; porte close;
La suivante à mon nez complice de la chose!

235   w75G: femme!
243   59A-w64R, w70IX: lit; petit jour; porte

LE MARQUIS

Quel est cet homme-là qui jure entre ses dents? 245

M. DURU

Mon fait est net et clair.

LE MARQUIS

Il paraît hors de sens.

M. DURU

J'aurais mieux fait, ma foi, de rester à Surate, 23
Avec tout mon argent. Ah traitre! ah scélérate!

LE MARQUIS

Qu'avez-vous donc, Monsieur, qui parlez seul ainsi?

M. DURU

Mais j'étais étonné que vous fussiez ici. 250

LE MARQUIS

Et pourquoi, mon ami?

M. DURU

Monsieur Duru, peut-être,
Ne serait pas content de vous y voir paraître.

---

246 59A-W64R: fait est clair.
    W70IX: Certes mon fait est clair.

---

23 Surat is a port in west central India on the gulf of Cambay. It was a major exporting city in the sixteenth and seventeenth centuries, dealing in cloth and gold, though it was in decline in the eighteenth century. Voltaire highlights the city's role in international trade and, by extension, in the practice of religious tolerance at the end of the tenth of the *Lettres philosophiques* (i.122), in the *Dictionnaire philosophique* article 'Tolérance' (*OC*, vol.36, p.552), and in the tenth article of the *Fragments historiques sur l'Inde* (M.xxix.115-19).

LE MARQUIS

Lui, mécontent de moi? Qui vous a dit cela?

M. DURU

Des gens bien informés. Ce Monsieur Duru-là,
Chez qui vous avez pris des façons si commodes,   255
Le connaissez-vous?

LE MARQUIS

                    Non: il est aux antipodes,
Dans les Indes, je crois, cousu d'or et d'argent.

M. DURU

Mais vous connaissez fort Madame?

LE MARQUIS

                              Apparemment:
Sa bonté m'est toujours précieuse et nouvelle,
Et je fais mon bonheur de vivre ici près d'elle.   260
Si vous avez besoin de sa protection,
Parlez, j'ai du crédit, je crois, dans la maison.

M. DURU

Je le vois... De Monsieur je suis l'homme d'affaires.

LE MARQUIS

Ma foi, de ces gens-là je ne me mêle guère.
Soyez le bienvenu; prenez surtout le soin   26
D'apporter quelque argent dont nous avons besoin.
Bonsoir.

M. DURU *à part.*

J'enfermerai dans peu ma chère femme.

255 w70L: avez appris
     K: avez des

340

(*au marquis*)
Que l'enfer... Mais, Monsieur, qui gouvernez Madame,
La chambre de sa fille est-elle près d'ici?

LE MARQUIS

Tout auprès, et j'y vais. Oui, l'ami, la voici.   270
(*Il entre chez Erise et ferme la porte.*)

M. DURU

Cet homme est nécessaire à toute ma famille:
Il sort de chez ma femme, et s'en va chez ma fille. [24]
Je n'y puis plus tenir, et je succombe enfin.
Justice! je suis mort.

SCÈNE VIII

M. DURU, LE MARQUIS *revenant avec* ÉRISE

ÉRISE

Eh! mon Dieu, quel lutin,
Quand on va se coucher, tempête à cette porte?   275
Qui peut crier ainsi de cette étrange sorte?

LE MARQUIS *à Duru.*

Faites donc moins de bruit, ne vous a-t-on pas dit
Qu'après qu'on a dansé l'on va se mettre au lit.

---

273   W70IX: tenir, je
276a   59A-W75G: [*stage direction absent*]
277   59A-W64R, W70IX, W70L: bruit, je vous ai déjà dit
278   59A, 59B, 60G, W64R, W70IX: dansé on va

---

[24] Fréron disapproved of the 'méprise indécente' in this scene and of the last
exchange in particular: 'Ce quiproquo n'est pas soutenable. Je suppose qu'il pût être
admis au théâtre, il faudrait qu'il fût rapide; mais l'auteur s'y repose, s'y complaît; il
ne saurait abandonner cette idée; il la retourne de cent et cent façons' (*L'Année
littéraire*, 1759, viii.14-15).

Jurez plus bas tout seul.

M. DURU

Je ne peux plus rien dire.
Je suffoque.

ÉRISE

Quoi donc?

M. DURU

Est-ce un rêve, un délire?   280
Je vengerai l'affront fait avec tant d'éclat.
Juste ciel! et comment son frère l'avocat
Peut-il souffrir céans cette honte inouïe,
Sans plaider?

ÉRISE

Quel est donc cet homme, je vous prie?

LE MARQUIS

Je ne sais; il paraît qu'il est extravagant;   285
Votre père, dit-il, l'a pris pour son agent.

ÉRISE

D'où vient que cet agent fait tant de tintamarre?

LE MARQUIS

Ma foi, je n'en sais rien: cet homme est si bizarre!

ÉRISE

Est-ce que mon mari, Monsieur, vous a fâché?

M. DURU

Son mari!... J'en suis quitte encore à bon marché.   290
C'est là votre mari?

279   K: ne puis plus

342

ÉRISE

Sans doute, c'est lui-même.

M. DURU

Lui, le fils de Gripon?

ÉRISE

C'est mon mari, que j'aime.
A mon père, Monsieur, lorsque vous écrirez,
Peignez-lui bien les nœuds dont nous sommes serrés.

M. DURU

Que la fièvre le serre!

LE MARQUIS

Ah! daignez condescendre!...   295

M. DURU

Maître Isaac Gripon m'avait bien fait entendre
Qu'à votre mariage on pensait en effet;
Mais il ne m'a pas dit que tout cela fût fait.

LE MARQUIS

Eh bien, je vous en fais la confidence entière.

M. DURU

Mariés?

ÉRISE

Oui, Monsieur.

M. DURU

De quand?

LE MARQUIS

La nuit dernière.   300

300   59A-W64R, W70IX: Marié?

343

M. DURU *regardant le marquis.*

Votre époux, je l'avoue, est un fort beau garçon; —
Mais il ne m'a point l'air d'être fils de Gripon.

LE MARQUIS

Monsieur sait qu'en la vie il est fort ordinaire
De voir beaucoup d'enfants tenir peu de leur père.
Par exemple, le fils de ce Monsieur Duru 305
En est tout différent, n'en a rien.

M. DURU

                      Qui l'eût cru?
Serait-il point aussi marié lui?

ÉRISE

             Sans doute.

M. DURU

Lui?

LE MARQUIS

    Ma sœur dans ses bras en ce moment-ci goûte
Les premières douceurs du conjugal lien.

M. DURU

Votre sœur?

LE MARQUIS

    Oui, Monsieur.

M. DURU

               Je n'y conçois plus rien. 31c
Le compère Gripon m'eût dit cette nouvelle.

301   W75G: garçon;

344

ACTE II, SCÈNE VIII

LE MARQUIS

Il regarde cela comme une bagatelle.
C'est un homme occupé toujours du denier dix, [25]
Noyé dans le calcul, fort distrait.

M. DURU

Mais jadis
Il avait l'esprit net.

LE MARQUIS

Les grands travaux et l'âge   315
Altèrent la mémoire ainsi que le visage.

M. DURU

Ce double mariage est donc fait?

ÉRISE

Oui, Monsieur.

LE MARQUIS

Je vous en donne ici ma parole d'honneur,
N'avez-vous donc pas vu les débris de la noce?

M. DURU

Vous m'avez tous bien l'air d'aimer le fruit précoce,   320

---

[25] 'DENIER, se dit aussi de l'intérêt d'une somme principale. Et c'est dans ce sens qu'on dit *Mettre son argent au denier vingt*, pour dire, Le donner à rente pour en retirer la vingtième partie tous les ans' (*Dictionnaire de l'Académie Française*, i.466). To lend money 'au denier dix' therefore means at a rate of 10 per cent. Molière's Cléante complains about the moneylender's interest rate of 20 per cent, 'sur le pied du denier cinq', remarking 'quel Juif, quel Arabe est-ce là?' (*L'Avare*, II.i). Voltaire also makes the link between Jews and moneylenders in the *Questions sur l'Encyclopédie* article 'Banqueroute': 'On connaissait peu de banqueroutes en France avant le seizième siècle. La grande raison, c'est qu'il n'y avait point de banquiers. Des Lombards, des juifs prêtaient sur gages au denier dix: on commerçait argent comptant' (M.xvii.537).

D'anticiper l'hymen qu'on avait projeté.

LE MARQUIS

Ne nous soupçonnez pas de cette indignité,
Cela serait criant.

M. DURU

Oh! la faute est légère.
Pourvu qu'on n'ait pas fait une trop forte chère,
Que la noce n'ait pas horriblement coûté,
On peut vous pardonner cette vivacité.[26]
Vous paraissez d'ailleurs un homme assez aimable.

ÉRISE

Oh! très fort.

M. DURU

Votre sœur est-elle aussi passable?

LE MARQUIS

Elle vaut cent fois mieux.

M. DURU

Si la chose est ainsi,
Monsieur Duru pourrait excuser tout ceci.
Je vais enfin parler à sa mère, et pour cause...

331   K: sa femme

[26] Flaubert was struck at this point above all by the *invraisemblance* of the character of Duru: 'Caractère de Mr Duru, tout d'une pièce, faux. L'étroitesse de cet homme doit se faire sentir là comme ailleurs. [...] Le vrai bourgeois, Mr Duru en est un, ne dira jamais ce qu'il dit là. C'est trop cynique pour être vrai. Ça peut se penser, mais se dire, jamais' (*Le Théâtre de Voltaire*, ii.594).

346

ÉRISE

Ah! gardez-vous-en bien, Monsieur; elle repose.
Elle est trop fatiguée; elle a pris tant de soins...

M. DURU

Je m'en vais donc parler à son fils.

ÉRISE

Encor moins.

LE MARQUIS

Il est trop occupé.

M. DURU

L'aventure est fort bonne.   335
Ainsi, dans ce logis, je ne peux voir personne?

LE MARQUIS

Il est de certains cas où des hommes de sens
Se garderont toujours d'interrompre les gens.
Vous voilà bien au fait; je vais avec Madame,
Me rendre aux doux transports de la plus pure flamme.   340
Ecrivez à son père un détail si charmant.

ÉRISE

Marquez-lui mon respect et mon contentement.

M. DURU

Et son contentement! Je ne sais si ce père
Doit être aussi content d'une si prompte affaire.
Quelle éveillée!

332   w70IX: gardez-vous-en, Monsieur
333   w70L: soin...
336   K: ne puis voir

LE MARQUIS

Adieu. Revenez vers le soir,   345
Et soupez avec nous.

ÉRISE

Bonjour, jusqu'au revoir.

LE MARQUIS

Serviteur.

ÉRISE

Toute à vous.

SCÈNE IX

M. DURU, MARTHE

M. DURU *seul.*

Mais Gripon le compère
S'est bien pressé, sans moi, de finir cette affaire.
Quelle fureur de noce a saisi tous nos gens!
Tous quatre à s'arranger sont un peu diligents.   35
De tant d'événements j'ai la vue ébahie.
J'arrive; et tout le monde à l'instant se marie.
Il reste en vérité, pour compléter ceci,
Que ma femme à quelqu'un soit mariée aussi.
Entrons, sans plus tarder. Ma femme! holà, qu'on m'ouvre. 35
  (*Il heurte.*)
Ouvrez, vous dis-je, il faut qu'enfin tout se découvre.

MARTHE *derrière la porte.*

Paix, paix, l'on n'entre point.

347   w70IX: Tout à
356a   w64R: [*stage direction absent*]

M. DURU

Oh! je veux malgré toi,

Suivante impertinente, entrer enfin chez moi.[27]

Fin du second acte.

357-358   59A-W75G:

Oh! ton maître entrera,

Suivante impertinente, et l'on m'obéira.

[27] The comic device of a master being refused entry into his house by a servant recalls Molière's *L'Ecole des femmes* and Plautus's *Mostellaria* (see introduction, p.272).

ACTE III

SCÈNE PREMIÈRE

M. DURU *seul.*

J'ai beau frapper, crier, courir dans ce logis,
De ma femme à mon gendre, et du gendre à mon fils,
On répond en ronflant. Les valets, les servantes
Ont tout barricadé. Ces manœuvres plaisantes
Me déplaisent beaucoup. Ces quatre extravagants,   5
Si vite mariés, sont au lit trop longtemps.
Et ma femme, ma femme! oh! je perds patience.
Ouvrez, morbleu.

SCÈNE II

M. DURU, M. GRIPON *tenant le contrat et
une écritoire à la main.*

M. GRIPON

Je viens signer notre alliance.

M. DURU

Comment signer!

M. GRIPON

Sans doute, et vous l'avez voulu.
Il faut conclure tout.

---

c W72P: [*stage direction absent*]
7 6OG: Eh ma

M. DURU

Tout est assez conclu.   10
Vous radotez. [1]

M. GRIPON

Je viens pour consommer la chose.

M. DURU

La chose est consommée.

M. GRIPON

Oui! oui: je me propose
De produire au grand jour ma Phlipotte et Phlipot.
Ils viennent.

M. DURU

Quels discours!

M. GRIPON

Tout est prêt en un mot.

M. DURU

Morbleu, vous vous moquez; tout est fait.

M. GRIPON

Ça, compère,   15
Votre femme est instruite, et prépare l'affaire.

M. DURU

Je n'ai point vu ma femme; elle dort, et mon fils
Dort avec votre fille; et mon gendre au logis

[1] Gravelot's illustration in the 1768 edition of Voltaire's works, which is also
reproduced in the *encadrée* edition, seizes on Duru's moment of comic confusion as
Gripon arrives with the contract for the marriage between his children and Duru's:
Duru gestures to the overturned chair as a sign that Gripon is too late.

Avec ma fille dort, et tout dort. Quelle rage
Vous a fait cette nuit presser ce mariage? 20

M. GRIPON

Es-tu devenu fou?

M. DURU

Quoi! mon fils ne tient pas
A présent dans son lit Phlipotte et ses appas?
Les noces, cette nuit, n'auraient pas été faites?

M. GRIPON

Ma fille a cette nuit repassé ses cornettes,[2]
Elle s'habille en hâte; et mon fils son cadet, 25
Pour épargner les frais, met le contrat au net.

M. DURU

Juste ciel! quoi! ton fils n'est pas avec ma fille?

M. GRIPON

Non, sans doute.

M. DURU

Le diable est donc dans ma famille.

M. GRIPON

Je le crois.

M. DURU

Ah! fripons! femme indigne du jour,
Vous paierez bien cher ce détestable tour! 3
Lâches, vous apprendrez que c'est moi qui suis maître.

---

[2] Gripon's praise of his daughter echoes Agnès's claim in Molière's *L'Ecole des femmes* that she has devoted her time during Arnolphe's absence to making 'cornettes' (I.iii).

Approfondissons tout; je prétends tout connaître;
Fais descendre mon fils; va, compère, dis-lui
Qu'un ami de son père, arrivé d'aujourd'hui,
Vient lui parler d'affaire, et ne saurait attendre.   35

M. GRIPON

Je vais te l'amener. Il faut punir mon gendre,
Il faut un commissaire, il faut verbaliser,[3]
Il vaut venger Phlipotte.

M. DURU

Eh! cours sans tant jaser.

M. GRIPON *revenant.*

Cela pourra coûter quelque argent, mais n'importe.

M. DURU

Eh! va donc.

M. GRIPON *revenant.*

Il faudra faire amener main forte.[4]   40

M. DURU

Va, te dis-je.

M. GRIPON

J'y cours.

34   W72P, K: père arrive d'aujourd'hui

[3] 'VERBALISER. Dire des raisons ou des faits pour les faire mettre dans un procès verbal. [...] Il signifie quelquefois par extension, Dresser un procès verbal. Il se dit familièrement, pour signifier, Faire de grands discours inutiles et qui n'aboutissent à rien' (*Dictionnaire de l'Académie Française*, ii.846).

[4] Fréron observes disparagingly (and inaccurately): 'M. *de Voltaire* a une tendresse décidée pour les commissaires, huissiers, sergents; ils sont presque toujours les dieux de la machine dans ses comédies' (*L'Année littéraire*, 1759, viii.19).

SCÈNE III

M. DURU *seul.*

O voyage cruel!
O pouvoir marital, et pouvoir paternel!
O luxe! maudit luxe! invention du diable!
C'est toi qui corromps tout, perds tout, monstre exécrable![5]
Ma femme, mes enfants, de toi sont infectés.   45
J'entrevois là-dessous un tas d'iniquités,
Un amas de noirceurs, et surtout de dépenses,
Qui me glacent le sang et redoublent mes transes.
Epouse, fille, fils, m'ont tous perdu d'honneur;
Je ne sais si je dois en mourir de douleur;   50
Et quoique de me pendre il me prenne une envie,
L'argent qu'on a gagné fait qu'on aime la vie. —[6]
Ah! j'aperçois, je crois, mon traître d'avocat.
Quel habit! pourquoi donc n'a-t-il point de rabat?

SCÈNE IV

M. DURU, M. GRIPON, DAMIS

DAMIS *à M. Gripon.*

Quel est cet homme? Il a l'air bien atrabilaire.   55

47   59A-W64R: de noirceur,
51   K: me perdre il
52   W75G: vie.

[5] Duru's exaggerated reaction echoes Géronte's claim that '[le faste] est toujours ruineux' (Destouches, *Le Dissipateur*, III.v).
[6] Cf. Harpagon's equally comic (and momentary) contemplation of suicide in Molière's *L'Avare* (IV.vii).

M. GRIPON

C'est le meilleur ami qu'ait Monsieur votre père.

DAMIS

Prête-t-il de l'argent?

M. GRIPON

En aucune façon,

Car il en a beaucoup. [7]

M. DURU

Répondez, beau garçon,

Etes-vous avocat?

DAMIS

Point du tout.

M. DURU

Ah! le traître!

Etes-vous marié?

DAMIS

J'ai le bonheur de l'être.   60

M. DURU

Et votre sœur?

DAMIS

Aussi. Nous avons cette nuit
Goûté d'un double hymen le tendre et premier fruit.

---

[7] This rapid comic exchange met with Fréron's begrudging approval: 'Cette dernière plaisanterie me paraît excellente; il serait à souhaiter qu'il y en eût beaucoup de ce sel' (*L'Année littéraire*, 1759, viii.20).

M. GRIPON

Mariés!

M. DURU

Scélérat!

M. GRIPON

A qui donc?

DAMIS

A ma femme.

M. GRIPON

A ma Phlipotte?

DAMIS

Non.

M. DURU

Je me sens percer l'âme.[8]
Quelle est-elle? En un mot, vite, répondez-moi.   65

DAMIS

Vous êtes curieux et poli, je le vois.

---

[8] Duru's exaggerated reaction recalls Sganarelle's comically hyperbolic lament to Célie, believing himself (wrongly) to have been deceived by his wife: 'Mon mal vous touche trop, et vous me percez l'âme' (Molière, *Sganarelle*, scene xvi). Clitandre reacts in a similarly exaggerated way to the news that Angélique, Dandin's wife, whom he loves, is leaving: 'Hélas! de quel coup me percez-vous l'âme lorsque vous parlez de vous retirer, et avec combien de chagrins m'allez-vous laisser maintenant?' (*George Dandin*, III.v). The comedy in all these examples derives from the parody of the tragic register, such as Prusias's impassioned plea to Arsinoé, his wife: 'Retenez des soupirs dont vous me percez l'âme' (Pierre Corneille, *Nicomède*, IV.i). Voltaire restores some dignity to the phrase in *Nanine* (III.vi).

356

M. DURU

Je veux savoir de vous celle qui, par surprise,
Pour braver votre père, ici s'impatronise. [9]

DAMIS

Quelle est ma femme?

M. DURU

Oui, oui.

DAMIS

                              C'est la sœur de celui
A qui ma propre sœur est unie aujourd'hui.   70

M. GRIPON

Quel galimatias!

DAMIS

            La chose est toute claire.
Vous savez, cher Gripon, qu'un ordre de mon père
Enjoignait à ma mère, en terme très précis,
D'établir au plus tôt et sa fille, et son fils.

M. DURU

Eh bien, traître?

---

71 59A-W64R, W70IX: Mais la chose
73 59A-W64R, W70IX, W70L, W72P: en termes très

---

[9] 'S'IMPATRONISER. Acquérir tant de crédit, tant d'autorité dans une maison,
qu'on y gouverne tout. [...] Ce mot n'est guère d'usage que dans le style familier'
(*Dictionnaire de l'Académie Française*, i.843-44). Cf. Dorine's complaint about
Tartuffe: 'Certes, c'est une chose aussi qui scandalise, / De voir qu'un inconnu
céans s'impatronise' (Molière, *Tartuffe*, I.i).

DAMIS

A cet ordre elle s'est asservie, 75
Non pas absolument, mais du moins en partie.
Il veut un prompt hymen, il s'est fait promptement.
Il est vrai qu'on n'a pas conclu précisément
Avec ceux que sa lettre a nommés par sa clause;
Mais le plus fort est fait – le reste est peu de chose. 80
Le marquis d'Outremont, l'un de nos bons amis,
Est un homme...

M. GRIPON

Ah! c'est là cet ami du logis.
On s'est moqué de nous; je m'en doutais, compère.

M. DURU

Allons, faites venir vite le commissaire,
Vingt huissiers.

DAMIS

Et qui donc êtes-vous, s'il vous plaît, 85
Qui daignez prendre à nous un si grand intérêt?
Cher ami de mon père, apprenez que peut-être,
Sans mon respect pour lui, cette large fenêtre
Serait votre chemin pour vider la maison,
Dénichez de chez moi.

M. DURU

Comment, maître fripon, 90
Toi me chasser d'ici! Toi scélérat, faussaire,
Aigrefin, [10] débauché, l'opprobre de ton père!
Qui n'es point avocat!

79 59A-NM, W70IX: a nommé par
80 W75G: fait, le

10 'AIGREFIN. Terme de mépris, qui signifie un homme qui vit d'industrie. [...]
Il est du style familier' (*Dictionnaire de l'Académie Française*, i.38). See also III.v.126.

SCÈNE V ET DERNIÈRE

MME DURU, *sortant d'un côté avec* MARTHE;
LE MARQUIS, *sortant de l'autre avec* ÉRISE; M. DURU,
M. GRIPON, DAMIS

MME DURU *dans le fond.*

Mon carrosse est-il prêt?
D'où vient donc tout ce bruit?

LE MARQUIS

Ah! je vois ce que c'est.

MARTHE

C'est mon questionneur.

LE MARQUIS

Oui, c'est ce vieux visage,   95
Qui semblait si surpris de notre mariage.

MME DURU

Qui donc?

LE MARQUIS

De votre époux il dit qu'il est agent.

M. DURU *en colère se retournant.*

Oui, c'est moi.

MARTHE

Cet agent paraît peu patient.

93a   w70L: *SCÈNE DERNIÈRE*
      w72P: *SCÈNE V*
95   59A-w64R, w70IX: Oui, ce plaisant visage,

MME DURU *avançant.*

Ah, que vois-je! quels traits! c'est lui-même, et mon âme...

M. DURU

Voilà donc à la fin ma coquine de femme!   100
Oh! comme elle est changée! elle n'a plus, ma foi,
De quoi raccommoder ses fautes près de moi.

MME DURU

Quoi! c'est vous, mon mari, mon cher époux?...

DAMIS, ÉRISE, LE MARQUIS, *ensemble.*

Mon père!

MME DURU

Daignez jeter, Monsieur, un regard moins sévère
Sur moi, sur mes enfants, qui sont à vos genoux.   105

LE MARQUIS

Oh! pardon; j'ignorais que vous fussiez chez vous.

M. DURU

Ce matin...

LE MARQUIS

Excusez, j'en suis honteux dans l'âme.

MARTHE

Et qui vous aurait cru le mari de Madame?

DAMIS

A vos pieds...

99   59A, 59B, 60A, W64R: Que vois-je!
       60G: Que vois-je! quels traits! ah! c'est
       W70IX: Que vois-je! quels traits! ciel! c'est

M. DURU

Fils indigne, apostat du barreau,
Malheureux marié, qui fais ici le beau,   110
Fripon; c'est donc ainsi que ton père lui-même
S'est vu reçu de toi? C'est ainsi que l'on m'aime?

M. GRIPON

C'est la force du sang.

DAMIS

Je ne suis pas devin.

MME DURU

Pourquoi tant de courroux dans notre heureux destin?
Vous retrouvez ici toute votre famille;   115
Un gendre, un fils bien né, votre épouse, une fille.
Que voulez-vous de plus? Faut-il après douze ans,
Voir d'un œil de travers sa femme et ses enfants?

M. DURU

Vous n'êtes point ma femme; elle était ménagère;
Elle cousait, filait, faisait très maigre chère;[11]   120
Et n'eût point à mon bien porté le coup mortel,
Par la main d'un filou, nommé maître d'hôtel;
N'eût point joué, n'eût point ruiné ma famille,

---

[11] Duru here confirms the portrait of him sketched by the Marquis at the beginning of the play (I.i.32-34). Duru's comments on how his wife used to behave recall the burden of Chrysale's comparison between the previous generation of wives – 'Leurs ménages étaient tout leur docte entretien, / Et leurs livres un dé, du fil et des aiguilles, / Dont elles travaillaient au trousseau de leurs filles' – and the current generation, who are more interested in reading, writing and even publishing: 'Les femmes d'à présent sont bien loin de ces mœurs: / Elles veulent écrire, et devenir auteurs' (Molière, *Les Femmes savantes*, II.vii). Arnolphe adopts a similarly ridiculous view of the role of a wife: 'En un mot, qu'elle soit d'une ignorance extrême; / Et c'est assez pour elle, à vous en bien parler, / De savoir prier Dieu, m'aimer, coudre et filer' (*L'Ecole des femmes*, I.i).

Ni d'un maudit marquis ensorcelé ma fille;
N'aurait pas à mon fils fait perdre son latin,   125
Et fait d'un avocat un pimpant aigrefin.
Perfide, voilà donc la belle récompense
D'un travail de douze ans et de ma confiance.
Des soupers dans la nuit! à midi petit jour!
Auprès de votre lit un oisif de la cour!   130
Et portant en public le honteux étalage
Du rouge enluminé qui peint votre visage! [12]
C'est ainsi qu'à profit vous placiez mon argent?
Allons, de cet hôtel qu'on déniche à l'instant,
Et qu'on aille m'attendre à son second étage.   135

DAMIS

Quel père!

LE MARQUIS

Quel beau-père!

ÉRISE

Eh! bon Dieu quel langage!

MME DURU

Je puis avoir des torts, vous quelques préjugés.

---

129   W75G: nuit, à

---

[12] Duru's criticism of his wife's make-up recalls La Bruyère's satire in the opening remarks of 'Des Femmes' (*Les Caractères*, III) and Discret's *Alizon* (1637), in which Polyandre complains about those 'beautés de la cour' who wear make-up, comparing them unfavourably with the unadorned 'visage bourgeois': 'Le rouge me déplaît aussi bien que le plâtre; / Polyandre jamais n'en peut être idolâtre' (II.iii). Simplicity of manner was, of course, considered one of the essential feminine virtues, at least since the time of St François de Sales's *Entretiens sprituels* (1629; see ch.14, 'Sur le sujet de la simplicité'). Placing such potentially serious ideas in the mouth of Duru, though, necessarily renders them ridiculous.

Modérez-vous de grâce, écoutez et jugez.
Alors que la misère à tous deux fut commune,
Je me fis des vertus propres à ma fortune;
D'élever vos enfants je pris sur moi les soins;   140
Je me refusai tout pour leur laisser, du moins,
Une éducation qui tînt lieu d'héritage.
Quand vous eûtes acquis, dans votre heureux voyage,
Un peu de bien commis à ma fidélité,
J'en sus placer le fonds, il est en sûreté.   145

M. DURU

Oui.

MME DURU

Votre bien s'accrut; il servit, en partie,
A nous donner à tous une plus douce vie.
Je voulus dans la robe élever votre fils;
Il n'y parut pas propre, et je changeai d'avis: 150
Il fallait cultiver, non forcer la nature.
Il est né valeureux, vif, mais plein de droiture.
J'ai fait, à ses talents habile à me plier,
D'un mauvais avocat, un très bon officier.
Avantageusement j'ai marié ma fille: 155
La paix et les plaisirs règnent dans ma famille;
Nous avons des amis: des seigneurs sans fracas,
Sans vanité, sans airs, et qui n'empruntent pas,
Soupent chez nous gaîment et passent la soirée.
La chère est délicate et toujours modérée.   160
Le jeu n'est pas trop fort; et jamais nos plaisirs
Ne nous ont, grâce au ciel, causé de repentirs.
De mon premier état je soutins l'indigence;
Avec le même esprit j'use de l'abondance.
On doit compte au public de l'usage du bien,   165
Et qui l'ensevelit est mauvais citoyen;

363

Il fait tort à l'Etat, il s'en fait à soi-même.[13]
Faut-il, sur son comptoir, l'œil trouble et le teint blême,
Manquer du nécessaire, auprès d'un coffre-fort,
Pour avoir de quoi vivre un jour après sa mort? 170
Ah! vivez avec nous dans une honnête aisance.
Le prix de nos travaux est dans la jouissance.
Faites votre bonheur en remplissant nos vœux.
Etre riche n'est rien: le tout est d'être heureux.

M. DURU

Le beau sermon du luxe et de l'intempérance! 175
Gripon, je souffrirais que pendant mon absence,
On dispose de tout, de mes biens, de mon fils,
De ma fille!

MME DURU

Monsieur, je vous en écrivis.
Cette union est sage, et doit vous le paraître.
Vos enfants sont heureux, leur père devrait l'être. 18

M. DURU

Non; je serais outré d'être heureux malgré moi.
C'est être heureux en sot de souffrir que chez soi,
Femme, fils, gendre, fille ainsi se réjouissent.

MME DURU

Ah! qu'à cette union tous vos vœux applaudissent!

---

172   59A-W64R, W70IX: vos travaux
176   59B: je souffirai que

---

[13] Mme Duru's words echo in part La Fontaine's *Fables* (IX.xvi, X.iv) and the
fourth of Boileau's *Satires*; they also seem to echo the Biblical parable of the talents
(Matthew xxv.14-30).

M. DURU

Non, non, non, non; il faut être maître chez soi. [14]   185

MME DURU

Vous le serez toujours.

ÉRISE

Ah! disposez de moi.

MME DURU

Nous sommes à vos pieds.

DAMIS

                    Tout ici doit vous plaire,
Serez-vous inflexible?

MME DURU

                    Ah! mon époux!

DAMIS, ÉRISE, *ensemble*.

                              Mon père!

M. DURU

Gripon, m'attendrirai-je?

M. GRIPON

                    Ecoutez, entre nous
Ça demande du temps.

MARTHE

                    Vite, attendrissez-vous: 190
Tous ces gens-là, Monsieur, s'aiment à la folie;
Croyez-moi, mettez-vous aussi de la partie.

---

[14] See the note to II.iii.154 above.

Personne n'attendait que vous vinssiez ici.
La maison va fort bien, vous voilà, restez-y.
Soyez gai comme nous, ou que Dieu vous renvoie.   19
Nous vous promettons tous de vous tenir en joie.
Rien n'est plus douleureux, comme plus inhumain,
Que de gronder tout seul des plaisirs du prochain. [15]

M. DURU

L'impertinente! Eh bien, qu'en penses-tu, compère?

M. GRIPON

J'ai le cœur un peu dur; mais après tout que faire?   2c
La chose est sans remède, et ma Phlipotte aura
Cent avocats pour un sitôt qu'elle voudra.

MME DURU

Eh bien, vous rendez-vous?

M. DURU

            Ça, mes enfants, ma femme,
Je n'ai pas, dans le fond, une si vilaine âme.
Mes enfants sont pourvus. Et puisque de son bien,   2
Alors que l'on est mort, on ne peut garder rien,
Il faut en dépenser un peu pendant sa vie;
Mais ne mangez pas tout, Madame, je vous prie.

MME DURU

Ne craignez rien, vivez, possédez, jouissez...

---

[15] There may be a satirical allusion here to Rousseau, paralleling Constance's words to Dorval in Diderot's *Le Fils naturel* as she tries to persuade him to stay — 'J'en appelle à votre cœur, interrogez-le, et il vous dira que l'homme de bien est dans la société, et qu'il n'y a que le méchant qui soit seul' (IV.iii) — words which famously caused the split between Diderot and Rousseau. On the possibility that Voltaire is responding to both Diderot and Rousseau in *La Femme qui a raison*, see introduction p.261, 263, 268-69, 275.

M. DURU

Dix fois cent mille francs par vous sont-ils placés?   210

MME DURU

En contrats, en effets,[16] de la meilleure sorte.

M. DURU

En voici donc autant qu'avec moi je rapporte.
(*Il veut lui donner son portefeuille, et le remet dans sa poche.*)

MME DURU

Rapportez-nous un cœur doux, tendre, généreux:
Voilà les millions qui sont chers à nos vœux.

M. DURU

Allons donc; je vois bien qu'il faut, avec constance,   215
Prendre enfin mon bonheur du moins en patience.

Fin du troisième et dernier acte.

216a   w70L: *FIN.*
        w72P: [*absent*]

---

[16] 'EFFET. Une portion, une partie du bien d'un particulier, d'un homme
d'affaires, d'un marchand. [...] En ce sens il est plus usité au pluriel qu'au singulier'
(*Dictionnaire de l'Académie Française*, i.554).

Shorter verse of 1746-1748

Critical edition

by

Ralph A. Nablow

CONTENTS

EDITIONS

w46

Œuvres diverses de M. de Voltaire. London [Trévoux] Nourse, 1746.
6 vol. 12°.
Bengesco 2127; Trapnell 46; BnC 25-26.
Paris, Arsenal: THEAT. N. 1043; BnF: Rés. Z Beuchot 8 (3).

w48D

Œuvres de M. de Voltaire. Dresde: Walther, 1748-1754. 10 vol. 8°.
Produced with Voltaire's participation.
Bengesco 2129; Trapnell 48D; BnC 28-35.
Paris, BnF: Rés. Z. Beuchot 12 (5). Bengesco 70.

w50

La Henriade et autres ouvrages. London [Rouen] Société, 1750-1752.
10 vol. 12°.
No evidence of Voltaire's participation.
Bengesco 2130; Trapnell 50R; BnC 39.
Geneva, ImV: A 1751/1 (9). Grenoble, Bibliothèque municipale.

w51

Œuvres de M. de Voltaire. [Paris: Lambert], 1751. 11 vol. 12°.
Based on w48D, with additions and corrections. Produced with the
participation of Voltaire.
Bengesco 2131; Trapnell 51P; BnC 40-41.
Oxford, Taylor: V1 1751. Paris, Arsenal: 8° B 13057; BnF: Rés. Z
Beuchot 13.

w52

Œuvres de M. de Voltaire. Dresde: Walther, 1752. 9 vol. 8°.

Based on w48D with revisions. Produced with the participation of Voltaire.
Bengesco 2132; Trapnell 52 and 70x; BnC 36-38.
Oxford, Taylor: V1. 1752. Paris, BnF: Rés. Z. Beuchot 14 (7). Vienna, Österreichische Nationalbibliothek: *38 L 1.

w56

Collection complette des œuvres de Mr. de Voltaire. [Geneva: Cramer], 1756. 17 vol. 8°.
The first Cramer edition. Produced under Voltaire's supervision.
Bengesco 2133; Trapnell 56, 57G; BnC 55-56.
Paris, Arsenal: 8° B 34 048 (10); BnF: Z. 24585.

w57G1

Collection complette des œuvres de Mr. de Voltaire. [Geneva: Cramer], 1757. 10 vol. 8°.
A revised edition of w56, produced with Voltaire's participation.
Bengesco 2134; Trapnell 56, 57G; BnC 67.
Paris, BnF: Rés Z Beuchot 21 (10).

w57G2

A re-issue of w57G1.
Paris, BnF: Rés. Z. Beuchot 20. St Petersburg, GpgbVM 11-74.

w57P

Œuvres de M. de Voltaire. [Paris: Lambert], 1757. 22 vol. 12°.
Based in part upon w56 and produced with Voltaire's participation.
Bengesco 2135; Trapnell 57P; BnC 45-54.
Paris, BnF: Z. 24644.

so58

Supplément aux œuvres de M. de Voltaire. London [Paris: Lambert], 1758. 2 vol. 12°.
Bengesco 2131; BnC 42-44.

OC61

Œuvres choisies de M. de Voltaire. Avignon: Giroud, 1761. 12°.
Bengesco 2182, 2206; Trapnell 61A; BnC 430-33.

w64G

Collection complette des œuvres de M. de Voltaire. [Geneva: Cramer], 1764. 10 vol. 8°.
A revised edition of w57G produced with Voltaire's participation.
Bengesco 2133; Trapnell 64, 70G; BnC 89.
Oxford, Merton College; Taylor: V1 1764.

w64R

Collection complette des œuvres de M. de Voltaire. Amsterdam: Compagnie [Rouen: Machuel], 1764. 22 t. in 18 vol. 12°.
Volumes 1-12 were produced in 1748 and belong to the edition suppressed by Voltaire (w48R).
Bengesco 2136; Trapnell 64R; BnC 145-148.

NM

Nouveaux mélanges philosophiques, historiques, critiques, etc. [Geneva: Cramer], 1765-1776. 19 vol. 8°.
Issued as a continuation of w56 and related editions.
Bengesco 2212; Trapnell NM; BnC 111-135.

w68

Collection complette des œuvres de M. de Voltaire. [Geneva: Cramer; Paris: Panckoucke], 1768-1777. 30 vol. 4°.
Volumes i-xxiv were produced by Cramer under Voltaire's supervision.
Bengesco 2137; Trapnell 68; BnC 141-44.
Oxford, Taylor, VF.

EJ

L'Evangile du jour. London [Amsterdam], 1769-1780. 18 vol. 8°.
The earlier volumes were probably edited by Voltaire.
Bengesco 1904; Trapnell EJ; BnC 5234-5281.

W70G

Collection complette des œuvres de M. de Voltaire. [Geneva: Cramer], 1770. 10 vol. 8°.
A new edition of w64G with few changes.
Bengesco 2133; Trapnell 64, 70G; BnC 90-91.
Oxford, Taylor: V1 1770G. Paris, Arsenal: 8 BL 34054 (6).

W70L

Collection complette des œuvres de M. de Voltaire. Lausanne: Grasset, 1770-1781. 57 vol. 8°.
Some volumes, particularly the theatre, were produced with Voltaire's participation.
Bengesco 2138; Trapnell 70L; BnC 149 (1-6, 14-21, 25).
Lausanne, Bibliothèque cantonale et universitaire. Oxford, Taylor: V1 1770 L.

ES71

Epîtres, satires, contes, odes, et pièces fugitives du poète philosophe. London, 1771.

W71

Collection complette des œuvres de M. de Voltaire. Geneva [Liège: Plomteux], 1771-1777. 32 vol. 8°.
No evidence of Voltaire's participation.
Bengesco 2139; Trapnell 71; BnC 151.
Oxford, Taylor, VF.

W72P

Œuvres de M. de V... Neufchâtel [Paris: Panckoucke], 1771-1777. 34 or 40 vol. 8° and 12°.
Reproduces the text of w68. No evidence of Voltaire's participation.
Bengesco 2140; Trapnell 72P; BnC 152-157.
Paris, Arsenal: Rf. 14095.

W72X

Collection complette des œuvres de M. de Voltaire. [Geneva: Cramer?], 1772. 10 vol. 8°.

A new edition of w70G, probably printed for Cramer. No evidence of Voltaire's participation.

Bengesco 2133; Trapnell 72x; BnC 92, 105.

Oxford, Taylor: V1 1770G/2 . Paris, BnF: 80 Yth. 5949.

W75G

La Henriade, divers autres poèmes et toutes les pièces relatives à l'épopée, Geneva [Cramer & Bardin], 1775. 37 [40] vol. 8°.

The *encadrée* edition, produced at least in part under Voltaire's supervision.

Bengesco 2141; Trapnell 75G; BnC 158-161.

Oxford, Taylor: V1 1775; VF.

K

Œuvres complètes de Voltaire. [Kehl] Société littéraire-typographique, 1784-1789. 70 vol. 8°.

Oxford, Taylor: V1 1785/2; VF. Paris, BnF: Rés. p. Z. 2209 (7).

MP61

Mélanges de poésies, de littérature, d'histoire et de philosophie. [Paris, Prault], 1761.

TS61

Troisième suite de mélanges de poésie, de littérature, d'histoire et de philosophie. [Paris, Prault], 1761.

PT

Le Portefeuille trouvé, Genève 1757.

AM

Almanach des muses, Paris 1765-1833.

ÉPIGRAMME

The anecdote on which this epigram turns is to be found in the correspondence between baron Carl Fredrik Scheffer, the Swedish ambassador to Paris whom Voltaire met there in 1746, and Carl Gustaf, count Tessin, a former Swedish ambassador whom Voltaire first mentions in 1744 (D2922). To a letter to Tessin, dated Paris, 25 April 1746, Scheffer appended a licentious epigram by Voltaire. Its genesis he explains as follows:

L'Epigrame ci-jointe est un inpromtu de ce grand poète, dont voici le sujet. Une chanteuse de l'Opera nommée Mlle Jaquet, eut le malheur il y a quelques semaines de tomber sur le théâtre, par la maladresse d'un homme qui avait mal fermé une trape, et de s'ecorcher cruellement la jambe avec une bonne partie de la cuisse. Elle en a eté guerie par un chirurgien, qui l'a traitée avec grand soin, et à qui elle n'a rien eu de plus pressé que d'offrir aprés sa guérison une récompense proportionée à ce service. Le chirurgien n'a jamais voulu reçevoir son argent. Pressé par la demoiselle pour se faire payer ses peines, il a enfin repondu qu'il n'en etait déjà que trop bien payé, qu'il avait soixante ans passés, qu'il y en avait au moins dix qu'il ne b... plus, et que c'était à elle qu'il devait le recouvrement de cette faculté. Voltaire entendit conter cette aventure qu'il trouva plaisante, et je fus témoin qu'il produisit l'epigrame au sortir du souper où il l'avait entendue, et où il parla comme à son ordinaire malgré l'opération extraordinaire dont il etait occupé. [1]

It is of interest that the day on which Voltaire produced his epigram (25 April 1746) was also the day on which he was elected to the Académie française. The epigram, it should be noted, recalls the salacious Restoration poems that he learned in England and recorded in his notebooks. [2]

---

[1] Carl Fredrik Scheffer, *Lettres particulières à Carl Gustaf Tessin 1744-1752*, ed. J. Heidner (Stockholm 1982), p.120-21.
[2] E.g. *OC*, vol.81, p.71, 74-76.

The text

Manuscript: MS1: contemporary copy in the hand of Scheffer, appended to his letter of 25 April 1746 to Tessin (Stockholm, National Archives, E 5737).

Edition: MS1 was first printed in *Carl Fredrik Scheffer. Lettres particulières à Carl Gustaf Tessin, 1744-1752*, ed. Jan Heidner (Stockholm 1982), p.121.

Base text: MS1, with modernised spelling.

Epigramme

La jeune et fringante Lise
Ayant l'épaule démise
De ce beau membre détors
Un docteur à barbe grise
Vient rétablir les ressorts.   5
Quand il eut fait son affaire
En homme expérimenté,
Cette charmante beauté,
Lui veut donner son salaire,
Non, dit-il, vos charmants appas   10
Ont bien payé ma visite,
J'ai redressé votre bras,
Et vous mon doigt. Partant quitte.

a   β: Epigramme de M. de V.

ODE

This ode, with its echoes of the Classics, the Middle Ages, and the war of the Austrian Succession,[1] is, as the title given by the *Mercure de France* indicates, a paean to France and her king. Voltaire composed it in 1746, the year after Louis XV had appointed him historiographer of France. Elected to the French Academy on 25 April of that year, and received on 9 May, he read it there on 25 August, where it aroused, we are told, 'de grands applaudissements'.[2]

As a formal poem the ode exhibits such traditional features as epic similes, personifications, and apostrophes. More important than its form, however, is its content. *La Félicité des temps* is a patriotic and official poem, and as such reflects a mood of optimism. In keeping with this optimism, Voltaire reveals himself as the supporter of the Moderns as opposed to the Ancients,[3] the hater of war and tyranny,[4] the sympathiser with human misery and the victims of war,[5] in short the *philosophe* who advocates progress. Optimistic, too, is the concluding injunction to work in lines 108-110, the salient passage of the poem and an anticipation of the famous message of *Candide*.

Voltaire praises Louis XV for his clemency in victory and love of peace (lines 41-44), but overlooks his faults and the social and

[1] The French were at this time advancing their conquests in the Austrian Netherlands; see the *Précis du siècle de Louis XV*, ch.18, and the *Histoire de la guerre de 1741*, ch.20.

[2] *Mercure de France*, September 1746, p.99.

[3] See also the article 'Anciens et modernes' of the *Questions sur l'Encyclopédie* (M.xvii.234).

[4] See also Voltaire's articles 'Tyrannie' and 'Tyran' of the *Dictionnaire philosophique* (*OC*, vol.36, p.579-80) and the *Questions sur l'Encyclopédie* respectively (M.xx.542-44).

[5] See also the article 'Guerre' in the *Dictionnaire philosophique* (*OC*, vol.36, p.185-94); also *Candide*, ch.3.

political degeneration of contemporary France.[6] Nor does he mention what he considered to be France's cultural decline – a theme which occurs elsewhere time and again (D3450, for example). As an encomium, which of course the poem had to be, it invites comparison with Voltaire's ode of 1745: *La Clémence de Louis XIV et de Louis XV dans la victoire* (M.viii.453).

The text

The last three lines (together with the full title) were first printed in the *Mercure de France* of September 1746 (p.98-99). The last six lines form part of Voltaire's article 'Hémistiche' (H) of the *Encyclopédie* (*OC*, vol.33, p.155); they were also printed, in a slightly different version, in MP61, p.246; TS61, p.427; W64R, iii.II.107; and W70L (1772), xxiii.331. The entire ode was first printed in 1784 in K (xiii.372-77), with the date of 1746.

Base text: K. The error 'et' for 'est' has been corrected in line 34. Collated texts: MF, H, MP61, TS61, W64R, W70L.

Ode

Est-il encor des satiriques,
Qui du présent toujours blessés,
Dans leurs malins panégyriques

a MF: Ode. La Félicité des temps, ou l'éloge de la France
   H: [absent]

[6] See Peter Gay, *Voltaire's politics: the poet as realist* (New York 1965), p.87-88, 122. We recall in this connection that Voltaire's praise of Louis XIV in *Le Siècle de Louis XIV* was considered to be an implied criticism of Louis XV; see D549, n.3, D552, D4251, n.2, D15968.

Exaltent les siècles passés?
Qui plus injustes que sévères,   5
D'un crayon faux peignent leurs pères
Dégénérant de leurs aïeux;
Et leurs contemporains coupables,
Suivis d'enfants plus condamnables,
Menacés de pires neveux? [7]   10

Silence, imposture outrageante;
Déchirez-vous, voiles affreux;
Patrie auguste et florissante,
Connais-tu des temps plus heureux?
De la cime des Pyrénées   15
Jusqu'à ces rives étonnées
Où la mort vole avec l'effroi,
Montre ta gloire et ta puissance;
Mais pour mieux connaître la France,
Qu'on la contemple dans son roi.   20

Quelquefois la grandeur trop fière,
Sur son front portant les dédains,

11-14 β: [*records the following variant*]
       Patrie aimable et triomphante,
       Confondez ces traits pleins d'horreur;
       De votre splendeur éclatante
       Percez les voiles de l'erreur.
21-24 β: [*records the following variant*]
       Dans l'Asie esclave et guerrière
       La majesté des souverains
       Toujours sombre, toujours altière,
       Foule aux pieds les faibles humains. [8]

[7] Cf. (as the Kehl editors point out, xiii.372n) the last three lines of Horace's *Ode* III.vi: 'aetas parentum, peior avis, tulit / nos nequiores, mox daturos / progeniem vitiosiorem.' Cf. also the conclusion of *Des conspirations contre les peuples, ou des proscriptions* (1766), where Voltaire parodies these lines of Horace (M.xxvi.14).

[8] On Asia's tyrannical government, see a similar passage in *Les Pélopides* (1770), III.ii, lines 31-40 (M.vii.127).

Foule aux pieds dans sa marche altière
Les rampants et faibles humains.
Les Prières humbles, tremblantes,   25
Pâles, sans force, chancelantes,
Baissant leurs yeux mouillés de pleurs,
Abordent ce monstre farouche,
Un indigne éloge à la bouche,
Et la haine au fond de leurs cœurs.   30

Favoris du dieu de la guerre,
Héros dont l'éclat nous surprend,
De tous les vainqueurs de la terre
Le plus modeste est le plus grand.
O modestie, ô douce image   35
De la belle âme du vrai sage!
Plus noble que la majesté,
Tu relèves le diadème,
Tu décores la valeur même,
Comme tu pares la beauté.   40

---

31   β: [*records the following variant*]
          Rois puissants, foudres de la guerre,
40-41 β: [*records the following two stanzas as once interpolated between these lines*]
          Mais sous cette aimable apparence
          Souvent on nourrit dans son cœur
          La froide et dure indifférence,
          Funeste fille du bonheur.
          Du haut d'un trône inaccessible,   5
          Qu'il est aisé d'être insensible
          Aux voix plaintives des douleurs,
          Aux cris de la misère humaine,
          Qui percent avec tant de peine
          Dans le tumulte des grandeurs!   10
          C'est au faîte des grandeurs même,
          C'est sur un trône de lauriers
          Que l'heureux vainqueur qui vous aime
          Gémit sur ses braves guerriers,
          Sur ces victimes de sa gloire,   15
          Qui dans les bras de la victoire

Nous l'avons vu ce roi terrible
Qui sur des remparts foudroyés
Présentait l'olivier paisible
A ses ennemis effrayés.[9]
Tel qu'un dieu guidant les orages,   45
D'une main portant les ravages
Et les tonnerres destructeurs,
De l'autre versant la rosée
Sur la terre fertilisée,
Couverte de fruits et de fleurs.   50

L'airain gronde au loin sur la Flandre;
Il n'interrompt point nos loisirs;
Et quand sa voix se fait entendre,
C'est pour annoncer nos plaisirs;
Les muses en habit de fêtes,   55
De lauriers couronnant leurs têtes,
Eternisent ces heureux temps;
Et sous le bonheur qui l'accable,
La critique est inconsolable
De ne plus voir de mécontents.   60

Venez, enfants des Charlemagnes,
Paraissez, ombres des Valois,
Venez contempler ces campagnes

Et dans les horreurs du tombeau
Formaient ce mélange terrible,
Du carnage le plus horrible   2
Et du triomphe le plus beau.
41-43   β: [*records the following variant*]
La Discorde avec épouvante
Le voit sur des murs foudroyés
Offrir l'olive bienfaisante

[9] Antwerp, in the Austrian Netherlands, was taken by the French on 4 June 1746; see the *Précis du siècle de Louis XV*, ch.18, and the *Histoire de la guerre de 1741*, ch.20, ed. J. Maurens (Paris 1971), p.212.

Que vous désoliez autrefois;
Vous verrez cent villes superbes   65
Aux lieux où d'inutiles herbes
Couvraient la face des déserts,
Et sortir d'une nuit profonde
Tous les arts étonnant le monde
De miracles toujours divers.   70

Au lieu des guerres intestines
De quelques brigands forcenés,
Qui se disputaient les ruines
De leurs vassaux infortunés, [10]
Vous verrez un peuple paisible,   75
Généreux, aimable, invincible,
Un prince au lieu de cent tyrants,
Le joug porté sans esclavage,
Et la concorde heureuse et sage
Du roi, des peuples et des grands.   80

Souvent un laboureur habile,
Par des efforts industrieux,
Sur un champ rebelle et stérile
Attira les faveurs des cieux.
Sous ses mains la terre étonnée   85
Se vit de moissons couronnée
Dans le sein de l'aridité:
Bientôt une race nouvelle
De ces champs préparés pour elle
Augmenta la fécondité.   90

Ainsi Pyrrhus après Achille
Fit encore admirer son nom; [11]

[10] Voltaire disapproved of feudalism, maintaining that it led to war: see the
Annales de l'empire (M.xiii.256, 328).
[11] Pyrrhus, son of Achilles, joined the forces against Troy after the death of his
father; when the city was captured he slew Priam.

Ainsi le vaillant Paul-Emile
Fut suivi du grand Scipion;[12]
Virgile au-dessus de Lucrèce   95
Aux lieux arrosés du Permesse
S'éleva d'un vol immortel;[13]
Et Michel-Ange vit paraître,
Dans l'art que sa main fit renaître,
Les prodiges de Raphaël.[14]   100

Que des vertus héréditaires
A jamais ornent ce séjour!
Vous avez imité vos pères:
Qu'on vous imite à votre tour.
Loin ce discours lâche et vulgaire[15]   105

105-107   MP61, TS61, W64R, W70L:
          Loin d'ici ce discours vulgaire,
          Qui dit que l'esprit dégénère,
          Que tout change et que tout finit:
          H:
          Loin de nous ce discours vulgaire,
          Que la nature dégénère,
          Que tout passe et que tout finit.

[12] Lucius Aemilius Paullus (c.229-160 BC) defeated the Macedonians at Pydna in
168 BC, thereby ending the Third Macedonian War. His son, Scipio Africanus Minor
(185-129 BC), defeated Carthage in the Third Punic War (149-146 BC).

[13] Voltaire rated Virgil as superior to all Greek and Latin poets: see D5822 and
the article 'Epopée (De Virgile)' of the *Questions sur l'Encyclopédie*. He was
nonetheless impressed by Lucretius's *De rerum natura*, 'son beau *Poème de la
Nature*': see the *Essai sur les mœurs*, ch.82, ed. R. Pomeau (Paris 1963), i.766.

[14] Raphael (1483-1520) was influenced by the work of Michelangelo (1475-1564).
Voltaire also associates their names in the *Ode sur l'ingratitude* (*OC*, vol.16, p.465);
see also *Essai sur les mœurs*, 'Le chapitre des arts', ed. Pomeau, ii.831.

[15] The last six lines of this stanza are quoted in a slightly varied form in the article
'Hémistiche' of the *Œuvres alphabétiques* (*OC*, vol.33, p.155). La Harpe cites these
lines in his *Cours de littérature ancienne et moderne* (Paris 1880), iii.20, and Marmontel
concludes his *Essai sur le goût* (the introduction to his *Eléments de littérature*) with
the last three lines of the poem; *Œuvres complètes de Marmontel* (Paris 1818-1819),
xii.87.

Que toujours l'homme dégénère,
Que tout s'épuise et tout finit:
La nature est inépuisable,
Et le travail infatigable
Est un dieu qui la rajeunit.   110

COUPLETS CHANTÉS PAR POLICHINELLE
DANS UNE FÊTE À SCEAU

The reference in line 12 to the French capture of Brussels and Mechelen (Fr. Malines) in January-April 1746[1] permits us to date this poem to Voltaire's stay during that year at the court of the duchesse du Maine at Sceaux. In a footnote in *Le Portefeuille trouvé* (1757) (i.2), where the poem was first printed, we read that marionettes were brought to Sceaux for a festival, and that Voltaire had the verses delivered by Polichinelle in honour of 'un prince qui était présent'. The Kehl editors identify this prince as the comte de Clermont.[2] According to *Mon petit portefeuille*, however, the verses were sung by Polichinelle for the comte d'Eu, who had had the marionettes brought to Sceaux. Louis-Charles de Bourbon, comte d'Eu (1701-1775), son of the duc and duchesse du Maine, was a grand-master of the artillery who had distinguished himself at Dettingen (1743) and Fontenoy (1745),[3] and the references in the second stanza to military activities lend support to the contention that the *couplets* were designed for him.

Of interest in reflecting the cultural background of the poem is Voltaire's remark of 2 January 1748 to Cideville: 'Il est bien vrai que nous avons joué à Sceaux des opéra, des comédies, des farces [...] Nous sommes dans cette vie des marionettes que Brioché mène et conduit sans qu'elles s'en doutent' (D3601).

---

[1] See William Biggs, *The Military history of Europe*, 2nd edn (London 1756), p.394-95.

[2] K, xiv.294-95. On the comte de Clermont, see below, 'Sur M. l'abbé de Clermont'.

[3] On the battles of Dettingen and Fontenoy, see the *Précis du siècle de Louis XV*, ch.10, 15-16, and the *Histoire de la guerre de 1741*, ch.7, 15-16.

The text

First printed in 1757 in *Le Portefeuille trouvé*, the poem entered Voltaire's works in K, which is reproduced here. All the editions give the same text.

Editions: PT, i.2; *Mon petit portefeuille* (London 1774), ii.38; K, xiv.294-95.

Base text: K. Collated text: PT.

Couplets chantés par Polichinelle dans une fête à Sceaux

Polichinelle de grand cœur,
    Prince,[4] vous remercie:
En me faisant beaucoup d'honneur,
    Vous faites mon envie.
Vous possédez tous les talents,   5
    Je n'ai qu'un caractère,
J'amuse pour quelques moments,
    Vous savez toujours plaire.
On sait que vous faites mouvoir
    De plus belles machines: 10
Vous fîtes sentir leur pouvoir
    A Bruxelle, à Malines.
Les Anglais se virent traiter
    En vrais polichinelles;[5]
Et vous avez de quoi dompter   15
    Les remparts et les belles.

a-b   PT: Chanson. Air: Joconde

[4] See above.
[5] The English were defeated at Fontenoy in 1745.

SUR M. L'ABBÉ COMTE DE CLERMONT, PRINCE DU SANG, ET M. DE CLERMONT-GALLERANDE, LIEUTENANT GÉNÉRAL

Voltaire met Louis de Bourbon-Condé, comte de Clermont (1709-1771), at Bélébat in 1725 (D256), and composed verses to him in *La Fête de Bélébat* (1725). They met again a few years later at Arcueil (D425, D448). Pierre-Gaspard, marquis de Clermont-Gallerande (1682-1765), is first mentioned in a letter to Voltaire of 13 October 1746 (D3466) pertaining to the incident of this six-line poem. Like the *Epigramme* above, this poem relates to the correspondence between count Tessin and baron Scheffer.[1] Scheffer enclosed the poem in a letter to Tessin dated Paris, 9 December 1746, explaining that it turns on the partial failure of the attack at Raucoux by the marquis de Clermont-Gallerande (11 October 1746),[2] and the courage of the comte de Clermont, abbé de Saint-Germain-des-Prés, who, by a dispensation of the pope was allowed to bear arms.[3]

M. de Voltaire n'est pas moins heureux à relever le ridicule des autres, témoin le jugement qu'il a porté sur la conduite de M. de Clermont Gallerande dans la dernière bataille de Raucoux, dans laquelle tout le monde convient que l'armée des Alliés eut eté entièrement defaite, si cet Officier General avait exécuté les ordres du Maréchal de Saxe avec la même exactitude que le comte de Clermont Prince avait observée du coté où il commandait. La difference entre ces deux Clermonts a eté fort heureusement contrastée dans le sixtain que j'ai l'honr de joindre ici.[4]

---

[1] Scheffer, *Lettres particulières à Carl Gustaf Tessin 1744-1752*.

[2] At the battle of Raucoux the French defeated the Austrians and the Dutch (the Allies); see the *Précis du siècle de Louis XV*, ch.18, and the *Histoire de la guerre de 1741*, ch.20.

[3] See the *Précis du siècle de Louis XV*, ch.11 (*OH*, p.1360).

[4] Scheffer, p.150.

It is this contrast that creates the *pointe* of the poem. Contemporary accounts, those of Barbier and the duc de Luynes among others, confirm the veracity of Scheffer's remarks. [5]

In a letter to Michel Lambert of February 1751 Voltaire disavows authorship of, among other works, 'Des vers [...] pour m^r le prince de Clermont' (D4382).

The text

Manuscript: MS1: contemporary copy in the hand of Carl Gustaf Tessin, from his diary from Åkerö (in Bettna), 26 January 1767, vol.xxiv, p.136 (Stockholm, National Library of Sweden).

Edition: MS1 was first printed in *Carl Fredrik Scheffer. Lettres particulières à Carl Gustaf Tessin, 1744-1752*, ed. Jan Heidner (Stockholm 1982), p.151.

Base text: MS1, with modernised spelling.

Sur monsieur l'abbé comte de Clermont, prince du sang, et monsieur de Clermont-Gallerande, lieutenant général

Des deux Clermonts le fait contraire
De vous, grand roi! veut un salaire.
A Raucour l'abbé fut guerrier
Et le guerrier un pauvre hère!
Donnez à l'abbé le laurier
Et la tonsure au militaire. [6]   5

---

[5] See D3466; Barbier, *Chronique de la régence et du règne de Louis XV* (Paris 1857), iv.191-92; and *Mémoires du duc de Luynes sur la cour de Louis XV* (Paris 1860-1865), vii.470 (29 October 1746).

[6] Beneath the last line is written 'Voltaire', underlined.

À M. CLÉMENT, DE DREUX, SUR LES VERS QU'IL AVAIT FAITS À L'OCCASION DES LENTILLES ENVOYÉES À MME DU CHÂTELET ET À VOLTAIRE PAR MME LA BARONNE DU GOULET

Clément, the *receveur des tailles* at Dreux, was a socially prominent financier whose attempts at verse pleased, among other leading ladies, the duchesse du Maine (D693). Voltaire probably met him in Paris in the early 1730s (D539, D693), at which time he sent Clément some of his works and acknowledged his verse, 'la récompense la plus flatteuse que j'aie jamais reçue de mes ouvrages' (D539; 24 November 1732). Hereafter he received from Clément gifts of various foods, for which he thanked him in verse (D553, D693, D711).

According to the first editor of this poem,[1] Mme la baronne Du Goulet, while visiting the duchesse du Maine, observed that Voltaire was fond of lentils, whereupon she sent him and Mme Du Châtelet, from her estate at Goulet (near Argentan), a parcel of lentils accompanied by some occasional verse by Clément.[2]

---

[1] See *Œuvres complètes de Voltaire* (Paris 1817-1821), xi.465, also M.x.533, n.2.

[2]   Fruit cultivé dans un lieu solitaire,
Connaissez tout votre bonheur:
Du Châtelet chérit votre saveur,
Et vous serez l'aliment de Voltaire;
Soyez celui de mon ambition:
Les demi-dieux, qui vous trouvent si bon,
Vont vous mêler à l'ambroisie
Dont les nourrit le divin Apollon.
Vous n'avez eu jusqu'ici nul renom,
Aucun pouvoir sur le génie;
Puissiez-vous en avoir sur l'inclination
Et de deux cœurs dont mon âme est remplie
M'assurer la possession!

À M. CLÉMENT, DE DREUX

Voltaire's poem of thanks to Clément was probably written in 1746 or 1747, when he and Mme Du Châtelet were guests of the duchesse du Maine at both Sorel and Sceaux. [3]

The text

The poem was first published in 1817 in *Œuvres complètes de Voltaire* (Paris 1817-1821), xi.465; this text, identical to that of Moland (M.x.533-34), is reproduced here.

A monsieur Clément, de Dreux, sur les vers
qu'il avait faits à l'occasion des lentilles envoyées
à madame Du Châtelet et à Voltaire par madame
la baronne Du Goulet

On voit sans peine, à vos rimes gentilles
Dont vous ornez ce salutaire don,
Que dans vos champs les lauriers d'Apollon
Sont cultivés ainsi que vos lentilles.
Si, dans son temps, ce gourmand d'Esaü   5
Pour un tel mets vendit son droit d'aînesse, [4]
C'est payer cher, il faut qu'on le confesse;
Mais de surcroît si ce Juif eût reçu
D'aussi bons vers, il n'aurait jamais eu
De quoi payer les fruits de cette espèce.   10

---

[3] See, for instance, D3460, D3584, D3585 and D3586.
[4] Esau sold his birthright to Jacob for 'bread and pottage of lentils' (Genesis xxv, 29-34); see also *La Bible enfin expliquée* ('Genèse') (M.xxx.40).

LETTRE À SON ALTESSE ROYALE
MME LA PRINCESSE DE ***

During his diplomatic mission to Berlin in 1743 Voltaire met Frederick's younger sister Louisa Ulrica of Prussia (1720-1782), crown princess of Sweden, who would become queen of that country in 1751. He admired her artistic ability (D2900), and developed a friendship with her that resulted in an intermittent correspondence of over thirty years (D18985).

In his letter of *c*.15 February 1748 to the président Hénault (D3621), Voltaire states that these stanzas to Ulrica ('quelques méchants vers') were written more than a year previously, which would be the end of 1746 or the beginning of 1747 (see also D3616). In January 1748 the poem was circulated at Versailles, and around this time it was sent, without Voltaire's approval, to the new dauphine, Maria Josepha of Saxony, with the understanding that it had been intended for her. Problems immediately arose. Voltaire's enemies, pointing to his reference to the boredom of monarchs, even at the gaming-table (lines 6-14), construed the poem as an impertinence on the royal family. Voltaire's reply was a deft compliment; royalty, he said, are above mundane pleasures:

> Un esprit fin, juste et solide,
> Un cœur où la vertu réside,
> Animé d'un céleste feu,
> Modèle du siècle où nous sommes,
> Occupé des grandeurs de dieu,
> Et du soin du bonheur des hommes,
> Peut fort bien s'ennuyer au jeu. [1]

---

[1] D3621. 'Ainsi, dussé-je être coupable de lèse-majesté ou de lèse-cavagnole', he goes on, 'je soutiendrai très hardiment qu'une reine de France peut très bien s'ennuyer au jeu, et que même toutes les pompes de ce monde ne lui plaisent point du tout'; on 'le cavagnole', see below, lines 13-14 and note.

What is more, Voltaire insists, the poem was not addressed to the dauphine, but to 'une autre princesse très aimable, qui tient sa cour à quelque quatre cents lieues d'ici'. Other poems, too, gave offence; and Voltaire decided to leave Paris during the second half of January 1748 and accept an invitation to the court of Stanislas at Lunéville. [2]

The title given to the poem by the Kehl editors, *Stances irrégulières à madame la dauphine, infante d'Espagne*, is invalidated by the date of composition of the poem, since the dauphine, infanta of Spain, died on 22 July 1746.

From the point of view of ideas, the poem combines the Pascalian theme of the boredom and misery of man with the Voltairian ideal of the active life ('S'occuper c'est savoir jouir', line 42). [3] The literary merit of the piece, high though it is, has led to exaggeration; Condorcet, in his *Vie de Voltaire* (1787), described it as an Anacreontic ode far above the odes of Horace (M.i.246).

The text

The poem was first printed in 1750 in w48D (ix.189-90) and w50 (iii.275-77). There are two textual traditions: (1) that of MS1-2, w48D, w50, w51, w52, w56, w57P, oc61, w72P (1771) and K, all of which differ slightly from each other; (2) that of the other editions, which agree with w75G. The latter, the last complete edition of Voltaire's works published under his supervision, is reproduced here.

Manuscripts: MS1: undated copy, entitled: 'Vers de M. de Voltaire à Madame la Dauphine' (Yale, Lewis Walpole Library, Du Deffand Papers, *Recueil de divers ouvrages*, Hazen 2545 III, p.216-17). MS2: old copy, undated (Arsenal, ms. 6810, f.59).

[2] See D3609, D3621, and Barbier, *Chronique de la régence et du règne de Louis XV*, iv.279 (January 1748); see also, below, p.426, 429.
[3] Cf. also 'la nécessité de cultiver son esprit' from the above-cited D3621, and, of course, *Candide*.

Editions: w48D (1750), ix.189-90; w50, iii.275-77; w51, iii.226-28; w52, iii.125-26; w56, ii.160-62; w57G1, ii.160-62; w57G2, ii.160-62; w57P, vi.147-48; oc61, p.137-39; w64G, ii.175-77; w70G, ii.175-77; w68 (1771), xviii.317-19; w72P (1771), iii.257-58; w70L (1772), xxiii.74-76; w72X, ii.155-57; w72P (1773), xiv.326-28; w71 (1774), xviii.267-68; w75G, xii.316-18; K, xiii.307-308. The stanzas also appear in the *Nouveau magasin français, ou Bibliothèque instructive et amusante* (London 1751), February 1751, p.51.

Base text: w75G. The error 'prindesse' for 'princesse' has been corrected in the title. Collated texts: w48D, w50, w51, w52, w56, w57G1, w57G2, w57P, w64G, w70G, w68, w70L, K.

Lettre à son altesse royale
madame la princesse de ***

Souvent la plus belle princesse
Languit dans l'âge du bonheur;
L'étiquette de la grandeur,
Quand rien n'occupe et n'intéresse,
Laisse un vide affreux dans le cœur.   5

Souvent même un grand roi s'étonne,
Entouré de sujets soumis,
Que tout l'éclat de sa couronne
Jamais en secret ne lui donne
Ce bonheur qu'elle avait promis.   10

On croirait que le jeu console;
Mais l'ennui vient à pas comptés,

---

a-b w50, w51: A son altesse royale madame la princesse de ***
       K: Stances irrégulières. A madame la dauphine, infante d'Espagne
10 w50, w51: Le bonheur qu'il s'était promis.

A la table d'un cavagnole (*a*)
S'asseoir entre des majestés. [4]

On fait tristement grande chère,   15
Sans dire et sans écouter rien,
Tandis que l'hébété vulgaire
Vous assiège, vous considère,
Et croit voir le souverain bien.

Le lendemain quand l'hémisphère   20
Est brûlé des feux du soleil,
On s'arrache au bras du sommeil,
Sans savoir ce que l'on va faire.

De soi-même peu satisfait,
On veut du monde; il embarrasse;   25
Le plaisir fuit; le jour se passe,
Sans savoir ce que l'on a fait.

O temps, ô perte irréparable!
Quel est l'instant où nous vivons?
Quoi! la vie est si peu durable,   30
Et les jours paraîtraient si longs.

(*a*) Jeu à la mode à la cour. [5]

13   w50, w51: du Cavagnole
n.*a*   w50, w51: [*absent*]
14   w50, w51: entre deux majestés.
22   w48D, w52, w56, w57P, k: aux bras
31   w50, w51: jours paraissent si

[4] Compare Pascal, who in his *Pensées* ('Misère de l'homme – Le divertissement'), writes: 'Le roi est environné de gens qui ne pensent qu'à divertir le roi, et à l'empêcher de penser à lui. Car il est malheureux, tout roi qu'il est, s'il y pense' (Paris, Bibliothèque de la Pléiade, 1954), p.1140, see also p.1144. In a letter of *c.*15 February 1748 to Hénault Voltaire quotes this stanza, inverting the last two lines, and adds: 'il faut savoir qu'on joue à ce beau cavagnole ailleurs qu'à Versailles' (D3621).
[5] Le cavagnole: 'jeu de hasard, à tableaux et à boules' (Littré).

Princesse au-dessus de votre âge,
De deux cours[6] auguste ornement,
Vous employez utilement
Ce temps qui si rapidement   35
Trompe la jeunesse volage.

Vous cultivez l'esprit charmant
Que vous a donné la nature;
Les réflexions, la lecture
En sont le solide aliment,   40
Et son usage est sa parure.

S'occuper c'est savoir jouir.
L'oisiveté pèse et tourmente.
L'âme est un feu qu'il faut nourrir,
Et qui s'éteint s'il ne s'augmente.   45

---

40   w50, w51, k: En font le
     w50, w51: solide agrément
41   w50: Son usage et sa
     w51: usage et sa

[6] Prussia and Sweden.

VERS SUR CE QUE L'AUTEUR OCCUPAIT À SCEAUX LA CHAMBRE DE M. DE S. AULAIRE, QUE MME LA DUCHESSE DU MAINE APPELAIT SON BERGER

The minor poet François-Joseph de Beaupoil, marquis de Saint-Aulaire (1643-1742), shone in Parisian society by reason of his light verse, the writing of which he did not take seriously, however, until about the age of sixty.[1] In 1706 he was elected to the French Academy, despite the strong opposition of Boileau.[2] His defenders, on the other hand, included the duchesse du Maine, who held him in great affection, numbering him among her 'bergers de Sceaux', friends with whom she exchanged little love poems. He in turn reciprocated, calling her his 'bergère'.[3] This six-line poem was probably written during Voltaire's stay at Sceaux in 1746 or 1747, where for some time at least, he occupied the room which had formerly been occupied by the marquis de Saint-Aulaire.

Voltaire's interest in Saint-Aulaire's verse was probably the inspiration for his poem. In *Le Temple du goût* he writes admiringly of 'L'aisé, le tendre Saint-Aulaire' (*OC*, vol.9, p.163); and in his *Notebooks* he cites two of Saint-Aulaire's poems (*OC*, vol.81, p.265). Citing two other poems of his in the 'Catalogue des écrivains français', he exclaims: 'Anacréon moins vieux fit de bien moins jolies choses' (*OH*, p.1202). This praise is echoed by the duc de Luynes, who records in his *Mémoires* under

---

[1] See Voltaire's account of him in the 'Catalogue des écrivains français' (*OH*, p.1201-202). Saint-Aulaire's poems have not been published in a collective edition.

[2] See Boileau, *Œuvres complètes* (Paris 1966), p.831-32, 1228-29.

[3] The use of 'berger' as a term of affection reappears in *La Princesse de Babylone* (*OC*, vol.66, p.107). For an account of Saint-Aulaire against the social background of Sceaux, see G. Desnoiresterres, *Les Cours galantes* (Paris 1860-1864), iv.192-95.

the date of 20 December 1742: Saint-Aulaire 'faisait de très-jolis vers, avec beaucoup de facilité'.[4]

The text

First printed in 1757 in *Le Portefeuille trouvé*, the poem entered Voltaire's works in 1761 in MP61 and TS61. There are two textual traditions: (1) that of MS1, which gives a slightly altered reading of lines 2 and 5, and in its title wrongly indicates that Saint-Aulaire's room was at Versailles – all of which was carried into the *Almanach des muses* (1770) and W72P (1773); (2) that of the other editions, which give the version we have adopted. Since the only authorised edition to include the poem is W70L, this has been taken as the base text.

Manuscript: MS1: contemporary copy in the hand of Henri Rieu, undated, entitled: 'Madrigal fait dans la chambre de St Aulaire à Versailles' (St Petersburg, BV, annexes manuscrites 45, f.3).

Editions: PT i.[i]; MP61, p.182; TS61, p.382; W64R, xvii.II.584; W70L (1772), xxiii.301; W72P (1773), xv.329; K, xiv.300. The poem also appears in the *Almanach des muses* (Paris 1770), p.120.

Base text: W70L.

---

4 *Mémoires du duc de Luynes sur la cour de Louis XV*, iv.303.

Vers sur ce que l'auteur occupait à Sceaux la chambre de monsieur de S. Aulaire, que madame la duchesse du Maine appelait son berger.

J'ai la chambre de Saint Aulaire,
Sans en avoir les agréments;
Peut-être à quatre-vingt-dix ans [5]
J'aurai le cœur de sa bergère:
Il faut tout attendre du temps,
Et surtout du désir de plaire.

5

[5] In the 'Catalogue des écrivains français' Voltaire remarks: 'C'est une chose très singulière que les plus jolis vers qu'on ait de [Saint-Aulaire] aient été faits lorsqu'il était plus que nonagénaire', adding that when he was over ninety-five he dined with the duchesse du Maine and recited some of his verse for her (*OH*, p.1201-202). The Kehl editors, too, state that at the age of ninety-five Saint-Aulaire wrote some 'jolis vers' for the duchesse du Maine (xiv.300, note). See also the duc de Luynes, *Mémoires*, p.304.

À M. LE COMTE ALGAROTTI,
QUI ÉTAIT ALORS À LA COUR DE SAXE

The Venetian scientist and poet Francesco Algarotti (1712-1764) met both Voltaire and Mme Du Châtelet in Paris in 1734, and visited them at Cirey the following year, bringing with him his *Neutonianismo per le dame* (1737) (D935).[1] He was a cosmopolitan figure ('homme de tous les pays et de tous les temps', Voltaire remarked; D3504), and between 1736 and 1746 he visited the major courts of Europe. In 1741 he was made a count of Prussia by Frederick II.

As the title of this epistle indicates (see also the variant title), in February 1747 Algarotti was living at the court of Saxony in Dresden (see also D3470, n.8), and had been honoured (1745) with the title of *conseiller de guerre* by Augustus III, king of Poland and (as Frederick Augustus II) elector of Saxony.[2] Augustus's daughter, Maria Josepha of Saxony, had moreover just married the dauphin Louis (9 February 1747) – an event in which Voltaire took a keen interest, as is reflected in his prose letters to Algarotti (D3470, D3504) and to a considerable extent in the epistle itself.[3]

A M. le comte Algarotti, qui était alors à la cour de Saxe is a discursive work, praising Algarotti and the court of Saxony, and evoking the royal festivities (which Voltaire did not attend); it forms part of a verse and prose letter dated Paris, 21 February 1747 (D3510). The poem is first mentioned in Voltaire's letter to

[1] See I. Treat, *Un cosmopolite italien du XVIIIᵉ siècle: Francesco Algarotti* (Trévoux 1913), p.45-48. Voltaire contributed an obituary of Algarotti to the *Gazette littéraire* (27 June 1765) (M.xxv.195-96).

[2] Treat, p.127-52.

[3] See R. Vaillot, *Avec Mme Du Châtelet, Voltaire en son temps*, ii, 2nd edn (Oxford 1995), i.515. It will be recalled that Voltaire composed *La Princesse de Navarre* (1744) for the celebration of the dauphin's marriage to Maria Teresa, infanta of Spain, who died in July 1746; see D2948, n.7, and D3442, n.1.

Algarotti of 15 January 1747 (D3504), where we learn that the writing of the work was interrupted by the turmoil of the Travenol affair:[4] 'J'avais commencé une épitre en vers', Voltaire tells us, 'adressée au sublime, au judicieux, au tendre Algaroti, à l'homme universel, à l'honneur de l'Italie; mais comment finir un épître quand on est entouré d'apothicaires et d'avocats?' (D3504).

The poem was probably to some extent inspired by a verse epistle which Voltaire had received from Algarotti, which seems to have impressed him deeply, and which, he says, he wanted to imitate.[5] 'J'ai oublié je crois mon italien', he continues. 'J'en sais assez cependant pour relire l'épître charmante dont vous m'avez honoré. Je ne prétends pas l'égaler, mais je veux l'imiter.' He goes on to commend Algarotti for the salutary effect his epistle will have on Italian letters, and in so doing defines his own epistolary art. The verse epistle, according to Voltaire, should be a pleasing, edifying work on a solid foundation. 'Que je vous sais bon gré encore une fois', he tells Algarotti, 'd'acoutumer les muses italiennes à la solidité de la philosophie et de faire taire ce peuple de cigales qui ne répètent dans de vains sonnets que des paroles encore plus vaines. Vous serez le poète de la raison, comme celui des grâces; on voudra vous imiter, vous changerez le goût de votre nation.' Voltaire's own epistle accords with these precepts. In a later letter to Algarotti of 2 April 1747 Voltaire quotes the first ten lines of his (own) epistle, though in a different version (D3518).

The epistle *A M. le comte Algarotti* received little critical attention. It was, however, praised by Frederick, who considered the verses to be 'charmants', while adding: 'ceux qui sont pour moi[6] sont encore au dessus des autres' (D3525).

---

[4] On Voltaire's lawsuit with Louis-Antoine Travenol, a violinist at the Opéra who was supposed to have distributed writings unfavourable to Voltaire, see D3482, D3486.

[5] 'Qual reo destino a'miei desir nemico', *Opere del conte Algarotti*, new edn, 17 vols (Venice 1791-1794), i.40-44.

[6] See *Epître au roi de Prusse*, below, p.411.

For other poems that Voltaire sent to Algarotti, in Italian as well as in French, see D1037, D3136, and *OC*, vol.14, p.541-44.

The text

The verse was first printed in w52 (iii.195-97). There are three readings of the text: (1) MS1 and K (with variants); (2) MS2, MS3, PT and W64R, which give the original reading of MS1 (struck out in MS1), but break off at line 50 (MS3 omits lines 40-41; PT omits line 11); (3) the other versions, which agree with the base text (OC61 omits lines 51-60 and 71-76). Since the combined authority of the editions outweighs that of MS1, W75G has been taken as the base text. All the editions up to and including K are limited to the verse. K erroneously gives the year as 1744.

Manuscripts: MS1: original of D3510, dated 'à Paris ce 21 février 1747', all the changes are in Voltaire's hand (Cambridge, Fitzwilliam Museum, Louis C. G. Clarke collection). MS2: copy, undated (New York, Pierpont Morgan Library, ms. 634, unfoliated). MS3: old copy, undated (Arsenal, ms. 6810, f.60). MS4: holograph of Voltaire's letter of 2 April 1747 to Algarotti (D3518), which contains a variant of lines 5-10.

Editions: w52, iii.195-97; w48D (1754), x.375-77; w56, ii.276-78; w57G1, ii.276-78; w57G2, ii.276-78; w57P, vi.255-57; SO58, i.328-30; OC61, p.155-57; w64G, ii.294-97; w64R, vi.149-51; w70G, ii.294-97; w68 (1771), xviii.370-72; w72P (1771), iii.373-75; w70L (1772), xxiii.187-89; w72X, ii.257-59; w72P (1773), xiv.419-21; w71 (1774), xviii.315-16; w75G, xii.373-75; K, xiii.129-32; PT, i.298-99.

Base text: w75G. 'Votre' (probably a printer's error) in line 76 has been changed to 'notre' to correspond with MS1 and all the printed editions. Collated texts: MS1, MS4, w52, w48D, w56, w57G1, w57G2, w57P, SO58, w64G, w70G, w68, w70L, K.

A monsieur le comte Algarotti,
qui était alors à la cour de Saxe

à Paris ce 21 février 1747

Enfant du Pinde et de Cythère, [7]
Brillant et sage Algarotti,
A qui le ciel a départi
L'art d'aimer, d'écrire, et de plaire,
Et dont le charmant caractère
A tous les goûts est assorti;
Dans vos palais de porcelaine, [8]
Recevez ces frivoles sons,
Enfilés sans art et sans peine,

5

b   K: [*adds*] et que le roi de Pologne avait fait son conseiller de guerre
4-7   MS1, K (with β as variant):

de plaire
<Et que pour comble de bienfaits
Un des meilleurs rois de la terre
A fait son conseiller de guerre
Dès qu'il a voulu vivre en paix;> [9]
Dans vos

5-10   MS4:

Vous que le ciel en sa bonté,
Dans un pays libre a fait naître,
Vous qui dans la Saxe arrêté
Par plus d'un doux lien peutêtre,
Avez sçu vous choisir un maître
Préférable à la Liberté:

5   MS1: <aimable> charmant

[7] The Pindus mountains were sacred to Apollo and the Muses. Cythera, an island off the coast of Laconia, was sacred to the goddess Aphrodite.
[8] The reference is to Dresden china. As we have seen, Algarotti was at the court of Saxony in Dresden (see D3470, n.8).
[9] The reference is to the war of the Polish Succession between Augustus III, king of Poland, and Stanislas Leszczynski. It was terminated by the Treaty of Vienna, negotiated in 1735, but not ratified until 1738.

Au charmant pays des pompons.[10]   10
O Saxe, que nous vous aimons!
O Saxe, que nous vous devons
D'amour et de reconnaissance!
C'est de votre sein que sortit
Le héros qui venge la France[11]   15
Et la nymphe qui l'embellit.[12]
    Apprenez que cette dauphine
Ici chaque jour accomplit
Ce que votre muse divine
Dans ses lettres m'avait prédit.[13]   20
Vous penserez que je l'ai vue,
Quand je vous en dis tant de bien,
Et que je l'ai même entendue;
Je vous jure qu'il n'en est rien,
Et que ma muse peu connue,   25
En vous répétant dans ces vers
Cette vérité toute nue,
N'est que l'écho de l'univers.
    Une dauphine est entourée,
Et l'étiquette est son tourment.   30
J'ai laissé passer prudemment,
Des paniers la foule titrée,
Qui remplit tout l'appartement

17-18   MS1, K: [*insert between these lines*] Par ses grâces, par son esprit
32   MS1, K (as variant): <dorée>

[10] Cf. D1285, 18 February 1737: 'Ne croyez pas d'ailleurs qu'il n'y ait que la France où l'on puisse vivre. [...] c'est le pays des madrigaux et des pompons, mais on trouve ailleurs de la raison, des talents, etc.'
[11] Maurice de Saxe, the victor at Fontenoy (1745), who on 10 January 1747 had been appointed *maréchal général* of France.
[12] Maria Josepha of Saxony.
[13] See D3470, D3504.

406

De sa bigarrure dorée.
Virgile était-il le premier
A la toilette de Livie? 14   35
Il laissait passer Cornelie, 15
Les ducs et pairs, le chancelier,
Et les cordons bleus d'Italie, 16
Et s'amusait sur l'escalier   40
Avec Tibulle et Polymnie. 17
     Mais à la fin j'aurai mon tour;
Les dieux ne me refusent guère;
Je fais aux grâces chaque jour 18
Une très dévote prière.   45
Je leur dis, filles de l'amour,
Daignez, à ma muse discrète
Accordant un peu de faveur,
Me présenter à votre sœur,
Quand vous irez à sa toilette.   50
     Que vous dirai-je maintenant

34 MSI, K (as variant):
        <Et cinq cents dames qui peut-être
        Venant là [K: s'approchant] pour la censurer,
        Se sont mises à l'adorer
        Dès qu'elles ont pu la connaître.>
50 MSI: la toilette

14 The reference to Virgil is a poetic fiction. Livia Drusilla (58 BC-29 AD) was the mother of the emperor Tiberius by Tiberius Claudius Nero; after divorce she married Octavian.
15 There were several women of this name in classical antiquity: for example Cornelia, the second wife of Julius Caesar, and Cornelia, the widow of Pompey. Voltaire discusses the latter in his *Commentaires sur Corneille* ('Pompée') (*OC*, vol.54, p.429-31, 441-47).
16 Knights of the order of the Holy Ghost.
17 Polyhymnia, or Polymnia, the Muse of sacred song.
18 The graces, generally three in number, sister goddesses of grace and beauty, represented as intimate with the Muses.

Du dauphin et de cette affaire,
De l'amour et du sacrement?
Les dames d'honneur de Cythère
En pourraient parler dignement;   55
Mais un profane doit se taire.
Sa cour dit qu'il s'occupe à faire
Une famille de héros,
Ainsi qu'ont fait très à propos
Son aïeul et son digne père.[19]   60
        Daignez pour moi remercier
Votre ministre magnifique:[20]
D'un fade éloge poétique
Je pourrais fort bien l'ennuyer;
Mais je n'aime pas à louer;   65
Et ces offrandes si chéries
Des belles et des potentats,
Gens tous nourris de flatteries,
Sont un bijou qui n'entre pas

57   MSI: La cour
62-65 MSI:
          <Ce ministre ferme, équitable,
          Cher à son prince, au peuple entier,
          Sage au conseil, ailleurs aimable.
          Je suis tenté de le louer,
          Mais il m'irait désavouer,>
65   MSI: n'aime point
66   MSI: <louanges>
68   MSI: [*added between the lines*]
     MSI, W52, W56: tout nourris
     W52-W57P: flatterie

[19] The *dauphin*, son of Louis XV and grandson of Louis duc de Bourgogne, had four sons by Maria Josepha, the second of whom became Louis XVI.
[20] The unscrupulous Count Heinrich von Brühl, chief adviser of Augustus III, and entrusted by him with the government of both Prussia and Saxony; see D3445, n.2, D3470, n.10, and J. Staszewski, *August III. Kurfürst von Sachsen und König von Polen. Eine Biographie* (Berlin 1996), p.195-210.

À M. LE COMTE ALGAROTTI

Dans son baguier de pierreries. 70
Adieu, faites bien au Saxon
Goûter les vers de l'Italie,
Et les vérités de Newton;²¹
Et que votre muse polie
Parle encor sur un nouveau ton, 75
De notre immortelle Emilie.

72   w48d: d'Italie

²¹ Algarotti's writings include poetry (1733) and *Il Neutonianismo per le dame* (Naples 1737). 'On a de lui beaucoup de vers italiens pleins d'images et d'harmonie', Voltaire remarked (M.xxv.195). On his mixed opinion of the *Neutonianismo per le dame*, see D1035, D1502, D1508 and M.xxv.195.

ÉPÎTRE AU ROI DE PRUSSE

In February 1747 Frederick II suffered an attack of apoplexy. 'J'ai pensé trépasser très sérieusement', he writes to Voltaire, 'ayant eu une attaque d'apoplexie imparfaite; mon tempérament et mon âge m'ont rappelé à la vie. Si j'étais descendu là bas, j'aurais guetté Lucrèce et Virgile jusqu'au moment que je vous aurais vu arriver, car vous ne pourrez avoir d'autre place dans l'Elysée qu'entre ces deux messieurs là' (D3511). This glimpse of the nether world inspired Voltaire's verse reply on Frederick's recovery, which forms part of his prose letter to the Prussian king, dated Versailles, 9 March 1747 (D3514). It is a glimpse of which Voltaire was fond,[1] and by means of which he creates a comic effect. 'Vraiment sire', he tells Frederick, explaining his mood, 'je ne vous dirais pas de ces bagatelles rimées, et je serais bien loin de plaisanter, si votre lettre en me rassurant ne m'avait inspiré de la gaieté'.

Frederick was delighted with the poem. He replied in verse, and added: 'Je vous rends un peu de laiton pour de l'or pur que vous m'envoyez. Il n'est en vérité rien au dessus de vos vers' (D3525). More subtle was the compliment of Turgot, who incorporated lines 8-10 of the variant into his letter to Voltaire of 24 August 1761 (D9969).

The text

First printed (without the prose) in 1757 in PT, i.165-66, the verse entered Voltaire's works in MP61 and TS61. There are two textual traditions: (1) that of the base text (MS1); (2) that of the other versions (including MS2, although it is limited to the first 19 lines),

---

[1] See also the *Epître à M. le maréchal de Saxe*, below. On Voltaire's use of the theme of the underworld, and its literary antecedents, see R. Nablow, 'Was Voltaire influenced by Rabelais in canto V of the *Pucelle*?', *Romance notes* 21 (1981), p.343-48.

which give a number of changes and extend the poem by 11 lines. As there is little reason to choose between MS1 (a holograph) and W70L (the only authorised edition containing the poem), the holograph has been taken as the base text. The title is that of W70L.

Manuscripts: MS1: holograph, dated 'à Versailles ce 9 mars 1747' (BnF 15204, f.244-45). MS2: contemporary copy of the first 19 lines, undated (New York, Pierpont Morgan Library, MA 634, unfoliated. MS3: contemporary copy, dated 9 March [1747], Merseburg, Deutsches Zentralarchiv, Br. Pr. Hausarchiv Rep.47 J, no.569). MS4: contemporary copy, dated 9 March [1747] (Halle, Universitäts- und Landesbibliothek Sachsen-Anhalt, Misc. 38, f.6). MS5: contemporary copy, dated March 1747 (Darmstadt, Hessisches Staatsarchiv, H.A.IV.558.4). MS6: contemporary copy, undated (BnF N 15591, f.159). MS7: contemporary copy, undated (BnF N 24343, f.61). MS8: old copy, dated 9 March 1747 (BnF 12945, f.418). MS9: old copy, dated editorially 1747 (Arsenal, ms. 6810, f.72).

Editions: PT, i.165-66; MP61, p.198-99; TS61, p.393-94; W64R, vi.152-54, and xvii.II.592-93; W72P (1771), iv.285-86; W70L (1772), xxiii.235-36; K, lxvi.194-95. The verse also appears in *Lettres de M. de Voltaire à l'électeur palatin, et au roi de Prusse* [1761], p.7-8.

Base text: MS1. Collated texts: PT, W70L, K.

                                    à Versailles ce 9 mars 1747
                        Les fileuses des destinées[,]
                        Les Parques,[2] ayant mille fois
                        Entendu des ames damnées

[a]   W70L: [*with title*] Epître au roi de Prusse
3   PT, W70L: entendu les âmes

[2] The Parcae or Fates were three sisters, Clotho, Lachesis and Atropos, represented as old women spinning (see lines 11 and 27 of the variants). Their Latin names were Nona, Decuma and Morta.

Parler là bas de vos exploits,
De vos rimes si bien tournées,   5
De vos victoires, de vos loix,[3]
Et de tant de belles journées,
Vous crurent le plus vieux des rois.
Alors des Rives du Cocite[4]
A Berlin vous rendant visite[,]   10
La mort s'en vint avec le Temps,
Croyant trouver des cheveux blancs[,]
Front ridé, face décrépite,
Et discours de quatrevingt ans;
Que l'inhumaine fut trompée!   15
Elle aperçut de blonds cheveux[,]
Un teint fleuri, de grands yeux bleus,
Et votre flute[5] et votre épée.
Elle se souvint par bonheur
Qu'Orphée autrefois par sa lire   20
Et qu'Alcide par sa valeur
La bravèrent dans son Empire.[6]
Dans vous, dans mon prince elle vit
Le seul homme qui réünit
Les dons d'Orphée et ceux d'Alcide.   25

5   PT, W70L: [*absent*]
6   PT, W70L: vos conquêtes, de
11 PT, W70L: Atropos vint
19 PT, W70L: Elle songea, pour mon bonheur,
23 PT, W70L: Elle trembla quand elle vit
24 PT, W70L: Le Monarque qui
    K: Ce grand homme

[3] See note 8. In 1747 Frederick issued a new codification of Prussian law, the *Codex Fridericianus*.
[4] One of the rivers of Hades.
[5] Frederick composed over 100 sonatas for flute and harpsichord.
[6] Alcides designates Hercules who descended to Hades in the last of his twelve 'Labours'.

Doublement elle vous craignit[,]
Et laissant son dard homicide,
S'enfuit au plus vite, et partit
Pour aller saisir la personne
De quelque pesant cardinal,   30
Ou pour achever dans Lisbonne
Le pretre Roy de Portugal. [7]

27-32 PT, W70L, K:
 Et jetant son ciseau perfide,
 Chez ses sœurs elle s'en alla,
 Et pour vous le trio fila
 Une trame toute nouvelle,
 Brillante, dorée, immortelle,
 Et la même que pour Louis;
 Car vous êtes tous deux amis:
 Tous deux vous forcez des murailles,
 Tous deux vous gagnez des batailles,
 Contre les mêmes ennemis: [8]
 Vous régnez sur des cœurs soumis,
 L'un à Berlin, l'autre à Versailles.
 Tous deux un jour... mais je finis.
 Il est trop aisé de déplaire,
 Quand on parle aux rois trop longtemps; [9]
 Comparer deux héros vivants
 N'est pas une petite affaire.

[7] John V (1689-1750), king of Portugal (1706-1750), was fervently religious and subservient to the clergy.

[8] Prussia and France opposed Austria and Great Britain in the war of the Austrian Succession.

[9] It will be recalled that Voltaire was disliked by Louis XV.

PARODIE DE LA SARABANDE D'ISSÉ

According to Pierre Clément's *Les Cinq années littéraires* (20 January 1748, p.10), this poem was written during Voltaire's stay from August to December 1747 at Sceaux, where Mme Du Châtelet performed the role of the nymph Issé in the heroic pastoral of that title, composed by Houdar de La Motte in 1697 and set to music in the same year by André Cardinal Destouches.[1] Another contemporary account sheds further light on the poem. From a letter written on 24 December 1747 by a young Swiss, Andreas Ortmann,[2] to his teacher, the Swiss mathematician Johann Bernoulli the younger, we learn that the poem was well known in Paris and even being parodied:

Md^me la Marquise Du Châtelet continue d'avoir avec moi une politesse, qui me prouve tout le cas qu'elle fait de vous. J'assistai ces jours passés par son moien à la representation d'une comédie nouvelle de Mr. de Voltaire,[3] que les Dames de Md^me la Duchesse du Maine jouèrent à Sceaux; Md^me Du Châtelet y eut un des principaux roles, elle s'en acquitta avec applaudissement general; vous trouverez ici ces compliments, avec des vers de Mr. de Voltaire, qu'elle m'a chargé de vous envoyer. Ils ont courru toutte la ville, un chaquun en a fait le comentaire à sa fantaisie; et comme on a pretendu que Mr. de Voltaire ne n'y etait pas exprimé avec toute la justesse possible, cela a donné lieu a une correction fort plaisante et fort maligne; voici donc (soit dit entre nous) comment on a parodié les derniers vers de la parodie d'Issé;

---

[1] See also PT, i.294; MP61, p.133; and *Mémoires du duc de Luynes sur la cour de Louis XV*, viii.455 (24 February 1748). In the first two of these the poem is entitled: 'Vers à mme Du C*** qui venait de chanter le rôle d'Issé'. Destouches's *Issé* was revised and augmented by two acts in 1708; the full score dates from 1724. See M. Brenet, 'Destouches et son opéra "Issé"', *Le Courrier musical* 11 (1908), p.661-65.

[2] He held public office in Basle (D3555 and n.1).

[3] Ortmann is here probably mistaken.

Bernoulli dans vos bras
Mesurant vos appas
Eut *perdu* son compas. [4]

The Kehl editors (xiv.309) describe the poem as a parody of the saraband from *Issé* (act IV, sc.ii) – an opera which was much parodied. [5] The effect of Ortmann's citation is indeed a kind of double parody.

The text

First printed in Clément's *Les Cinq années littéraires* (The Hague 1754), p.12, under the date of 20 January 1748, the poem entered Voltaire's works in MP61. All the editions give virtually the same text. Since the poem was not printed in an edition in which Voltaire participated, K has been taken as the base text.

Editions: Clément (C); PT, i.294; MP61, p.133; W64R, xii.321; K, xiv.309.

Base text: K. The error 'vu' for 'vus' has been corrected in line 6. Collated text: C.

---

[4] Quoted in Otto Spiess, 'Voltaire und Basel', *Basler Zeitschrift für Geschichte und Altertumskunde* 47 (1948), p.121, n.11. See also D3614.

[5] The saraband (Spanish: *ʒarabanda*) was a stately court dance fashionable in the seventeenth and eighteenth centuries. See D. Devoto, 'De la zarabanda à la sarabande', *Recherches sur la musique française classique* 6 (1966), p.27-72. On *Issé* and its parodies, see André Cardinal Destouches, *Issé, pastorale, héroïque*. [The libretto and score in facsimile.] Introduction by Robert Fajon. *French opera in the 17th and 18th centuries*, vol.xiv (New York 1984), p.xviii-xxxii, in particular p.xxv.

Parodie de la sarabande d'Issé

Charmante Issé, vous nous faites entendre,
Dans ces beaux lieux, les sons les plus flatteurs;
Ils vont droit à nos cœurs.
Leibnitz n'a point de monade plus tendre, [6]
Newton n'a point d'xx plus enchanteurs;   5
A vos attraits on les eût vus se rendre;
Vous tourneriez la tête à nos docteurs:
Bernoulli dans vos bras,
Calculant vos appas,
Eût brisé son compas. [7]   10

a   c: [absent]
    β: [adds] A la même
4   c: monade si tendre
10 c: Briserait son

[6] On Voltaire's rejection of Leibniz's system of monads, see *Eléments de la philosophie de Newton* (*OC*, vol.15, p.228-32, 241-44).
[7] Bernoulli, who favoured Leibniz over Newton, tutored Mme Du Châtelet (see D1953, n.1, D1957); their interests, suffice it to say, went beyond mathematics.

À MME DU CHÂTELET
JOUANT À SCEAUX LE RÔLE D'ISSÉ EN 1747

This madrigal, in which we again see Mme Du Châtelet in the rôle of Issé, also dates from Voltaire's sojourn at Sceaux from August to December 1747. Issé was a rôle that Mme Du Châtelet much enjoyed and continued to perform (D3624, D3637, D3659).

The poem imitates, as Fréron pointed out,[1] a ten-line stanza by Antoine Ferrand (1678-1719) ('Etre l'Amour quelquefois je désire'),[2] which in turn is indebted to a ten-line epigram by Marot ('Etre Phebus bien souvent je desire').[3] Although the three poems differ in expression, they are similar in thought and syntax. Voltaire, however, is closer syntactically to Ferrand than to Marot.

The suggestion by an anonymous contributor to the *Journal encyclopédique*[4] that Voltaire wrote this poem in his youth is without foundation.

The text

The poem was first printed in w64R, xii.320. All versions of the text are practically the same: NM, w68, w72P (1771), and w70L

[1] *Année littéraire* (Amsterdam and Paris 1768), ii.61-62, vi.335-37.

[2] Ferrand's poem appears in David Durand's *Connaissance des beautés et des défauts de la poésie et de l'éloquence dans la langue française* (London 1749) ('Epigramme') (M.xxiii.376) as well as in *L'Ami des muses* (Avignon 1758), p.339. Voltaire quoted several poems by Ferrand in his *Notebooks* (*OC*, vol.82, p.264, 279, 280, 281-82, 284, 285-86, 305-306), the last of which he also cites in the 'Catalogue des écrivains français' where he comments: 'On a de lui de très jolis vers', and praises him for the 'naturel', the 'grâce', and the 'délicatesse' with which he treats his 'sujets galants' (*OH*, p.1161-62).

[3] See Marot, *Les Épigrammes*, ed. C. A. Mayer (London 1970), p.145. Voltaire criticised Marot and the Marotic style – a style in which he nonetheless indulged in a few of his more youthful works; see *Essai sur les mœurs*, ii.846-47, and R. Nablow, *A study of Voltaire's lighter verse*, *SVEC* 126 (1974), p.37, 42, 90-91, 249-50.

[4] 1 March 1770, p.277-80.

give 'Iris' in line 9, while the other versions give 'Issé'. w75G
(xiii.336), the latest edition prepared with Voltaire's participation,
is reproduced here.

Manuscript: MS1: contemporary copy in the hand of Henri Rieu
(St Petersburg, BV, annexes manuscrites 50, f.2).

Editions: w64R, xii.320; NM (1768), v.334; w68 (1771), xviii.486; w72P
(1771), iv.135; w70L (1773), xxxv.316; w72P (1773), xv.281; w75G,
xiii.336; K, xiv.308-309; the poem also appears in the *Journal encyclopédique*, October 1767, ii.105; AM (1768), p.56; the *Année littéraire* of 1768,
ii.61 and vi.335-36; the *Nouvelle anthologie française* (Paris 1769), ii.251;
the *Elite de poésies fugitives* (London 1770), v.54; and in *Epîtres, satires,
contes, odes, et pièces fugitives, du poète philosophe* (London 1771) (ed. in
422 pages), p.403.

Base text: w75G. The error 'Le belle' for 'La belle' has been corrected in
line 9. Collated texts: w64R, NM, w68, w70L, K.

A madame Du Châtelet
jouant à Sceaux le rôle d'Issé en 1747

Etre Phébus aujourd'hui je désire,
Non pour régner sur la prose et les vers,
Car à du Maine il remit cet empire;
Non pour courir autour de l'univers,
Car vivre à Sceaux est le but où j'aspire;   5
Non pour tirer des accords de sa lyre;
De plus doux chants font retentir ces lieux;
Mais seulement pour voir et pour entendre
La belle Issé qui pour lui fut si tendre,
Et qui le fit le plus heureux des dieux.   10

3   w64R, K: il remet cet
6   NM: tirer les accords
9   NM, w68, w70L: belle Iris qui

À MME DU B

Anne-Marie Le Page (1710-1802), who in 1727 married Joseph Fiquet Du Bocage, probably met Voltaire through Cideville during his stay in her native Rouen in 1731.[1] He called her the 'Sapho de Normandie' (D3450), and over the years flattered her with his verse.[2] This poem, as will be seen, was probably composed around 1747.

In 1746 Mme Du Bocage won the prize of the Rouen Academy for her poem on the subject of the *Prix alternatif entre les belles-lettres et les sciences*, and in August of that year Voltaire congratulated her (D3446; see also D3443 and D3450). Then, over a decade later, there occurred a curious incident, recounted in Mme Du Bocage's *Lettres sur l'Italie*.[3] As a pleasantry, a lady threw a copy of our poem into the carriage where Mme Du Bocage was seated with the French ambassador; he took it for an impromptu, but it was nothing of the sort, she tells us: 'c'était un compliment que M. de Voltaire eût la galanterie de m'envoyer il y a dix ans avec sa Sémiramis. Comment se trouve-t-il ici? je n'en sais rien, je ne vous l'ai point donné ni à personne: puisqu'il est connu je m'en glorifie, le voici [the poem follows].'[4]

The phrase 'il y a dix ans avec sa Sémiramis' provides a key to the date of our poem. This would make it 1747. It is true that *Sémiramis*, written in 1746 and produced in 1748, was not published until 1749, but it was not necessarily a printed version of the play that was given to Mme Du Bocage; indeed Voltaire sent

---

[1] See D418 and G. Gill-Mark, *Une femme de lettres au XVIIIe siècle. Anne-Marie Du Boccage* (Paris 1927), p.15; see also D3443, commentary.
[2] See *OC*, vol.31B, p.524-26.
[3] Letter 16, dated Turin, 25 April 1757.
[4] *Recueil des œuvres de madame Du Bocage* (Lyons 1762), iii.139.

out many copies of *Sémiramis* before it was published.[5] It would therefore be fair to say that the poem was probably written in about 1747.

In a brochure entitled *Variétés littéraires. Voltaire était-il complètement étranger à la publication des Mélanges publiés sous son nom?* (Paris [18–]), p.7, M. de La Fizelière states that Voltaire disavowed this poem, in his own hand, on a copy of volume x of the *Nouveaux mélanges philosophiques, historiques, critiques, etc.* ([Geneva] 1765-1776).

The text

The poem was first printed in the *Recueil des œuvres de madame Du Bocage* (Lyons 1762), iii.139. The first and only authorised Voltaire edition to contain it is NM, which has been taken as the base text. There are three readings of the text: (1) that of the *Recueil*; (2) that of K, both of which contain slight variants; and (3) that of the other editions, which agree with the base text.

Editions: *Recueil des œuvres de madame Du Bocage* (Lyons 1762), iii.139 (RO); *Almanach des muses* (Paris 1769 and 1776), p.96, 95; NM (1770), x.356; W72P (1771), iv.140; W72P (1773), xv.299; *Opuscules poétiques* (Amsterdam and Paris 1773), p.44; K, xiv.322.

Base text: NM. Collated texts: RO, K.

---

[5] See, for example, D3462, D3609, D3615, D3679 and the introduction to *Sémiramis* above in this volume.

A madame Du B

J'avais fait un vœu téméraire
De chanter un jour à la fois
Les grâces, l'esprit, l'art de plaire,
Le talent d'unir sous ses lois
Le dieu du Pinde et de Cythère;[6]   5
Sur cet objet fixant mon choix,
Je cherchais ce rare assemblage;
Nul autre ne put me toucher:
Mais je vis hier du Boccage,
Et je n'eus plus rien à chercher.   10

a   K: A madame Du Bocage
    RO: [*absent*]
5   RO, K: Les dieux du
10   RO: je n'ai plus

[6] See above, *A M. le comte Algarotti*, p.405, n.7.

À MME LA DUCHESSE DU MAINE

As a result of the incident in early November 1747 when Mme Du Châtelet lost large sums at the queen's gambling tables, and Voltaire exclaimed, in English, that she was playing with cheats, he left Fontainebleau precipitately and took refuge at Sceaux at the court of the duchesse du Maine,[1] which he had visited in about 1714.[2] The poem before us, in which he seeks her protection ('Il faut que mes talents soient protégés par vous', line 5), was probably written at about this time.

The text

The poem was first printed in 1833 by Beuchot (xiv.395), who tells us that he possessed a copy of it in Voltaire's hand, with no address or date. Beuchot (M.x.535-36) has been taken as the base text.

A madame la duchesse du Maine

Vous en qui je vois respirer
Du grand Condé[3] l'âme éclatante,
Dont l'esprit se fait admirer
Lorsque son aspect nous enchante,

---

[1] See D3584 and D3585; see also Longchamp and Wagnière, *Mémoires sur Voltaire, et sur ses ouvrages* (Paris 1826), ii.137-38, and P. M. Conlon, *Voltaire's literary career from 1728 to 1750*, *SVEC* 14 (1961), p.304.

[2] See D40, and René Pomeau, *D'Arouet à Voltaire*, *Voltaire en son temps* 1, 2nd edn (Oxford 1995), i.63.

[3] The duchesse du Maine was the granddaughter of the great Condé. On Voltaire's praise of the latter, see *Le Siècle de Louis XIV*, ch.3 (*OH*, p.637-40).

Il faut que mes talents soient protégés par vous,   5
Ou toutes les vertus auront lieu de se plaindre;
    Et je dois être à vos genoux,
Puisque j'ai des vertus et des grâces à peindre.

À MME DE POMPADOUR
ALORS MME D'ÉTIOLES, QUI VENAIT DE JOUER LA COMÉDIE AUX PETITS APPARTEMENTS

Jeanne-Antoinette Poisson, marquise de Pompadour (1721-1764), whom Voltaire had known since his youth,[1] was keenly interested in the theatre and in particular in the plays of Voltaire. This verse compliment to her dates from the end of 1747. Voltaire's *L'Enfant prodigue* was performed at Versailles in late December of that year, in the private apartments called the Petits-cabinets, with Mme de Pompadour in the role of Lise. Voltaire was not at first invited to attend, but after Mme de Pompadour persuaded the king that the authors of plays performed in private should be welcomed, he received an invitation. On 2 January 1748 he informed Cideville: 'm'élevant par degrés au comble des honneurs j'ai été admis au théâtre des petits cabinets entre Montcriffe et d'Arboulin. Mais mon cher Cidevile tout l'éclat dont brille Moncriffe ne m'a point séduit' (D3601). The remark is not without irony; the honour, we can infer, was anticlimactic.

This incident, though disappointing, produced this verse compliment, one of Voltaire's most engaging poems. After the performance he sent it to Mme de Pompadour, who, we are told, was delighted with it and had it circulated. The tactless concluding line, however, with its allusion to Mme de Pompadour's 'conquests', annoyed the queen and other ladies at court, and led to Voltaire's decision to leave Versailles for Lunéville.[2]

A dissenting voice was also raised by the minor poet and playwright Pierre Charles Roy, no friend of Voltaire's,[3] who

---

[1] See his *Mémoires* (M.i.33) and the 'Epître dédicatoire' to *Tancrède* (*OC*, vol.49).

[2] See Barbier, *Chronique de la régence et du règne de Louis XV*, iv.279-81 (January 1748); *Mémoires du duc de Luynes sur la cour de Louis XV*, viii.364; and Adolphe Jullien, *Histoire du théâtre de Mme de Pompadour*, reprint (Geneva 1978), p.19-20.

[3] See Voltaire's epigram of 1744, *La Muse de Saint-Michel* (M.x.529).

counselled discreet silence concerning the amours of kings and gods. [4]

The text

Recorded in Barbier's journal under the date of January 1748 (iv.280) and in Raynal's *Nouvelles littéraires* (1747-1755) (CL, i.125), the poem was first printed in Pierre Clément's *Les Cinq années littéraires* (The Hague 1754) under the date of 20 January 1748 (i.10). It entered Voltaire's works in MP61 and TS61. There are two textual traditions: (1) that of CL, Clément, MP61, TS61, W64R, W70L, Collé's *Journal et mémoires*, and the *Nouvelle anthologie française*, which give a different version of lines 7 and 8; and (2) that of the other editions, which agree with the base text (W75G). MS1 gives a slightly altered text which blends the two traditions.

Manuscript: MS1: a secondary manuscript, undated (New York, Pierpont Morgan Library, MA 634, f.26).

Editions: Barbier (see above); CL (see above); Clément (see above) (c); MP61, p.244; TS61, p.426; W64R, iii.II.106; NM (1768), v.348; W68 (1771), xviii.435; W72P (1771), iv.138; W70L (1772), xxii.412, and xxiii.329; W72P (1773), xv.284; W75G, xiii.318; K, xiv.326. The poem also appears in Charles Collé's *Journal et mémoires* for May 1750 (Paris 1868), i.173-74, in the *Nouvelle anthologie française* (Paris 1769), ii.266, and in the *Elite de poésies fugitives* (London 1770), v.43.

---

[4] His epigram is as follows: 'Pour certains vers qu'a dictés / La folie ou la malice, / Quel sort faut-il que subisse / L'auteur tant de fois noté? / La Bastille par justice, / Charenton par charité; / Dis-nous, stoïque téméraire, / Pourquoi tes vers audacieux / Osent dévoiler à nos yeux / Ce qui devrait être un mystère? / Les amours des rois et des dieux / Ne sont pas faits pour le vulgaire, / Et lorsque dans leur sanctuaire / On porte un regard curieux, / Respecter leurs goûts et se taire / Est ce qu'on peut faire de mieux.' (Koser-Droysen, *Nachträge zu dem Briefwechsel Friedrichs des Grossen mit Maupertuis und Voltaire*, Leipzig 1917, p.107. The spelling has been modernised.)

Base text: w75G. The error 'reviennent' for 'revienne' has been corrected in line 8. The title is that of K, since w75G gives the wrong title. Collated texts: Barbier, CL, C, NM, w68, w70L, K.

A madame de Pompadour alors madame d'Etioles,[5]
qui venait de jouer la comédie aux petits appartements

Ainsi donc vous réunissez
Tous les arts, tous les goûts, tous les talents de plaire;
Pompadour, vous embellissez
La cour, le Parnasse et Cythère.[6]
Charme de tous les cœurs, trésor d'un seul mortel,[7]   5
Qu'un sort si beau soit éternel;
Que vos jours précieux soient marqués par des fêtes;

---

a-b   β, NM, w68, w70L (xxii) [*with minor variants*]: A madame de Pompadour, alors madame d'Etiole, en 1745, pendant qu'elle dessinait
      Barbier, CL, C: [*absent*]
      w70L (xxiii): A madame de **
3   C: P....., vous
      w70L (xxiii): ***, vous
7   CL, C, w70L (xxiii): soient comptés par

---

[5] By a royal warrant of 11 July 1745 Mme d'Etioles was made marquise de Pompadour; see *Mémoires du duc de Luynes*, vii.5.
[6] Cythera, an island off the Laconian coast, sacred to Aphrodite.
[7] The king.

Que la paix dans nos champs revienne avec Louis. [8]
Soyez tous deux sans ennemis,
Et gardez tous deux vos conquêtes.   10

---

8   W7OL (xxii): reviennent
    CL: Que de nouveaux succès marquent ceux de Louis.
    C: Que de nouveaux succès marquent ceux de L....!
    W7OL (xxiii): Que de nouveaux succès marquent ceux de **.
10 Barbier, K: Et tous deux gardez vos

[8] Louis XV campaigned with the army in Flanders in the summer of 1747, and did not return to Versailles until 26 September. See D3601, n.2, the *Précis du siècle de Louis XV*, ch.26, and the *Histoire de la guerre de 1741*, ch.24. 'Malheureux alors partout où il n'était pas', Voltaire remarked concerning the king, 'victorieux partout où il était avec le maréchal de Saxe, il proposait toujours une pacification nécessaire à tous les partis qui n'avaient plus de prétexte pour se détruire' (*OH, Précis du siècle de Louis XV*, ch.26, p.1448).

À MME DE POMPADOUR

This poem, with its hints at the influence exercised over the king and affairs of state by Mme de Pompadour, can be assigned to 1747 by virtue of the reference in line 3 to the French victory at Bergen-op-Zoom. In this year Maurice de Saxe invaded Dutch Flanders and defeated the Duke of Cumberland at Lauffeldt (2 July), while after a two-month siege his chief engineer, count von Löwendahl, took Bergen-op-Zoom (16 September), the great fortress in Dutch Brabant held by the Dutch to be impregnable.[1]

The purpose of these lines was less to praise the king than to compliment Mme de Pompadour, whose patronage Voltaire enjoyed. However, like the preceding poem and the *Lettre à son altesse royale Mme la princese de *** above, they annoyed the queen and other members of the royal entourage and led to Voltaire's decision to leave Versailles for Lorraine.

The text

The poem is first mentioned by Raynal in his *Nouvelles littéraires* (1747-1755) (*CL*, i.100). It was not printed until after the death of Mme de Pompadour (AM, 1774, p.68; NM, 1774, xiv.41), which accounts for the title in these two editions. NM, the only authorised edition to contain the poem, is reproduced here. All the editions give virtually the same text.

Editions: CL, i.100; AM (1774), p.68; NM (1774), xiv.41; K, xiv.331.

Base text: NM. The title is that of K. Collated texts: CL, AM, K.

---

[1] See the detailed account of the capture of Bergen-op-Zoom in the *Précis du siècle de Louis XV*, ch.26. See also [John Campbell], *The Present State of Europe, explaining the interests, connections, political and commercial views of its several powers* (London 1750), p.196-97.

A madame de Pompadour

Les esprits et les cœurs et les remparts terribles,
Tout cède à ses efforts, tout fléchit sous sa loi:[2]
Et Berg-op-zoom et vous, vous êtes invincibles;
    Vous n'avez cédé qu'à mon roi.
Il vole dans vos bras du sein de la victoire;   5
Le prix de ses travaux n'est que dans votre cœur;
    Rien ne peut augmenter sa gloire,
    Et vous augmentez son bonheur.

a   β, AM: Vers à feue madame la marquise du P**
    CL: [*absent*]
3   CL: Et vous et Berg-op-Zoom, vous étiez invincibles;

[2] The reference is to the king's presence in the summer campaign in Flanders; see note 8 to the preceding poem.

ÉPÎTRE À M. LE DUC DE RICHELIEU

Louis-François-Armand Du Plessis, duc de Richelieu (1696-1788), whose lifelong friendship with Voltaire dates from their schooldays, inspired Voltaire on several occasions to versify on the themes of love and war. The background of this epistle is the war of the Austrian Succession, in particular the campaign in Italy. Soon after the death of Joseph-Marie, duc de Boufflers, in July 1747, the duc de Richelieu took command (1 August) at Genoa, and in a series of manoeuvres during the last months of 1747 and the first months of 1748 he succeeded brilliantly in liberating the republic of Genoa from the Austro-Piedmontese siege. The epistle, in all likelihood written around this time, combines praise of Richelieu with criticism of the French Academy and memories of Homer and Voiture. This blend Voltaire achieves with his usual lightness of touch. The epistle parallels moreover his remarks in the *Précis du siècle de Louis XV*, end of ch.21, and the *Histoire de la guerre de 1741*, end of ch.23.

The text

The poem was first printed in 1784 by the Kehl editors (xiii.143-44), whose text is reproduced here.

Epître à monsieur le duc de Richelieu

Dans vos projets étudiés
Joignant la force et l'artifice,
Vous devenez donc un Ulysse

D'un Achille que vous étiez.[1]
Les intérêts de deux couronnes[2]   5
Sont soutenus par vos exploits,
Et des fiers tyrans du Génois
On vous a vu prendre à la fois
Et les postes et les personnes.
L'ennemi, par vous déposté,   10
Admire votre habileté.
En pareil cas, quelque Voiture[3]
Vous dirait qu'on vous vit toujours
Auprès de Mars et des Amours,
Dans la plus brillante posture.   15
Ainsi jadis on s'exprimait
Dans la naissante Académie
Que votre grand-oncle[4] formait;
Mais la vieille dame endormie,
Dans le sein d'un triste repos   20
Semble renoncer aux bons mots,
Et peut-être même au génie.[5]
Mais quand vous viendrez à Paris,
Après plus d'un beau poste pris,
Il faudra bien qu'on vous harangue,   25
Au nom du corps des beaux esprits,

[1] In the *Iliad* Odysseus is depicted as brave and sagacious, Achilles as fierce and implacable.

[2] France and Spain, who wished to relieve the Austrian siege of Genoa. See the *Précis du siècle de Louis XV*, ch.21 (*OH*, p.1417).

[3] For another example of Voltaire's linking of the names of Richelieu and Voiture, see below, introduction to *A M. le maréchal de Richelieu* ('Je la verrai cette statue').

[4] Cardinal de Richelieu, who founded the Académie française in 1634-1635.

[5] On Voltaire's criticism of the Académie française, see the *Lettres philosophiques* (xxiv) ('Sur les Académies'); D.app.57, p.485-86; and P. M. Conlon, *Voltaire's literary career from 1728 to 1750*, p.206-10. In his *Cambridge notebook* Voltaire wrote: 'Academy impoverish'd the language, because they do not deal in ideas' (*OC*, vol.81, p.107).

Et des maîtres de notre langue.[6]
Revenez bientôt essuyer
Ces fadeurs qu'on nomme éloquence,
Et donnez-moi la préférence
Quand il faudra vous ennuyer.

[6] The choice of Richelieu to replace the duc de Boufflers was disapproved by many Parisians, who proceeded to ridicule him; see H. Nöel Williams, *The Fascinating duc de Richelieu* (London 1910), p.211-12.

IMPROMPTU À MME DU CHÂTELET DÉGUISÉE EN TURC, ET CONDUISANT AU BAL MME DE BOUFFLERS, DÉGUISÉE EN SULTANE

Mme de Boufflers, who had known Voltaire for several years when this poem was written (D2744, n.8), strengthened her friendship with him and Mme Du Châtelet at the court of Stanislas at Lunéville in 1748.[1] Voltaire was fond of linking their names together, not only in this quatrain, which in all likelihood was composed during his stay in Lunéville in that year, but also in his *Mémoires* (1758), where he relishes recounting an intrigue by Stanislas's Jesuit confessor, Père Menoux, to substitute Mme Du Châtelet for Mme de Boufflers (M.i.34).

The poem, which turns on the theme of jealousy, invites comparison with Racine's *Bajazet* (1672): the jealousy of the sultana Roxane and the young Ottoman princess Atalide parallels, though to a much stronger degree, the relationship of Mme Du Châtelet and Mme de Boufflers, whose friendship was somewhat altered by jealousy in 1748.[2]

The text

First printed in the *Mercure de France* of November 1768, the quatrain entered Voltaire's works in 1771 (W72P). All versions give the same text. Since it did not appear in an edition in which Voltaire participated, the text of K is reproduced here.

---

[1] See below, *Compliment adressé au roi Stanislas* and *A Mme de B*** en lui envoyant la Henriade.*
[2] See D3670, D3717, and R. Vaillot, *Avec Mme Du Châtelet, Voltaire en son temps*, ed. René Pomeau, 2nd edn (Oxford 1995), i.554-55.

Manuscripts: MS1: undated contemporary copy in the hand of Henri Rieu entitled: 'Impromptu à une Dame déguisée en Turc à un Bal' (St Petersburg, BV, annexes manuscrites 45, f.4).

Editions: *Le Mercure de France* (November 1768), p.66 (MF); W72P (1771), iv.147; W72P (1773), xv.296; K, xiv.328; the poem also appears in *Elite de poésies fugitives* (London 1770), iv.220, and in AM (1771), p.95.

Base text: K. Collated text: MF.

Impromptu à madame Du Châtelet
déguisée en Turc, et conduisant au bal
madame de Boufflers, déguisée en sultane

Sous cette barbe qui vous cache,
Beau Turc, vous me rendez jaloux:
Si vous ôtiez votre moustache,
Roxane le serait de vous.

a-c   MF: Impromptu de M. de Voltaire à une dame déguisée en Turc, à un bal

ÉPÎTRE À M. LE MARÉCHAL DE SAXE, EN LUI ENVOYANT LES ŒUVRES DE M. LE MARQUIS DE ROCHEMORE, SON ANCIEN AMI, MORT DEPUIS PEU.

The date of this epistle turns on a likely reference to it in Voltaire's letter to the comtesse d'Argental, dated Lunéville, 25 February 1748. The latter had evidently asked Voltaire to compose some verse for a special occasion – the exact nature of which we do not know. This request he probably granted with the present poem.

J'ai aquité votre lettre de change madame le lendemain de sa réception, mais je crains bien de ne vous avoir payée qu'en mauvaise monnaie. [...] Si j'avais été à Paris vous auriez arrangé de vos mains la petite guirlande que vous m'avez ordonée pour le héros de la Flandre et des filles, et vous auriez donné à l'ouvrage la grâce convenable. Mais aussi pourquoi moi! quand vous avez la grosse et brillante Babet dont les fleurs sont si fraiches?[1] Les miennes sont fanées, mes divins anges; et je deviens pour mon malheur plus raisonneur et plus historiographe que jamais.[2]

This 'héros de la Flandre' is Maurice de Saxe, famous for his amours as well as his military successes, whom Voltaire had known for close to twenty years (D365). Under him the French defeated an Anglo-Hanoverian force, supported by Austrian and Dutch contingents, at the battle of Fontenoy in May 1745 (see line 14 of the poem). Voltaire accompanied his epistle with the poems of a friend of the maréchal de Saxe, Jean-Baptiste-Louis-Hercule, marquis de Rochemore (1693-1740 or 1743), who composed verse for Mlle Journet, an actress at the Opéra. We know little about Rochemore. It seems, however, that Voltaire had

[1] François-Joachim de Bernis, whose flowery verses elicited from Voltaire the sobriquet of 'Babet la bouquetière' (D3616, n.7).
[2] D3624 and n.1. Voltaire had been named historiographer of Louis XV on 1 April 1745.

known him for some time, for he refers to him in his letter to Cideville of 27 February 1734 (D712) in connection with Rochemore's approval of Quinault-Dufresne's acting in *Adélaïde Du Guesclin*. Grimm speaks of 'feu M. de Rochemore, qui a laissé un recueil de poésies qu'on n'a jamais imprimées'. 'C'était un homme du monde', he continues, 'assez connu dans Paris, et qui, si je ne me trompe, est mort fou'.[3] It is true that Rochemore's collected poems were never published; but we do have two specimens of his work, a poem and a prose and verse letter, both addressed to the comte d'Argental[4] – an interesting fact which establishes a link between him and the d'Argentals.

As the title in the variants shows, it is the marquis de Rochemore who is speaking, and is supposed to be sending Saxe the epistle from the Elysian Fields – a favourite literary device of Voltaire's, which illustrates the resourcefulness with which he handled the genre of the *épître*.[5]

The text

First printed in AM for 1777, the epistle appeared the following year in volume xiv of EJ, a volume in which Voltaire did not participate. K has been taken as the base text. As is evident from the variants, there are two readings of the text: (1) that of K; (2) that of AM and EJ.

Editions: AM (1777), p.119-20; EJ (1778), xiv.172-73; K, xiii.157-58.

Base text: K. Collated texts: AM, EJ.

---

[3] *CL*, v.379.
[4] *CL*, iii.493, v.197.
[5] On the theme of the nether world, see above, p.410, n.1.

Epître à monsieur le maréchal de Saxe, en lui envoyant
les œuvres de monsieur le marquis de Rochemore, son
ancien ami, mort depuis peu. (Ce dernier est supposé lui
faire un envoi de l'autre monde.)

Je goûtais dans ma nuit profonde
Les froides douceurs du repos,
Et m'occupais peu des héros
Qui troublent le repos du monde;
Mais dans nos champs élysiens   5
Je vois une troupe en colère
De fiers Bretons, d'Autrichiens,
Qui vous maudit et vous révère:
Je vois des Français éventés
Qui tous se flattent de vous plaire,   10
Et qui sont encore entêtés
De leurs plaisirs et de leur gloire;
Car ils sont morts à vos côtés
Entre les bras de la victoire. [6]
Enfin dans ces lieux tout m'apprend   15
Que celui que je vis à table,
Gai, doux, facile, complaisant,
Et des humains le plus aimable,
Devient aujourd'hui le plus grand.

a-d   AM: A monsieur le maréchal de Saxe, en lui envoyant les Œuvres de M. le
marquis de R**, après la mort de ce dernier qui avait été fort lié avec lui. (Le marquis
est supposé écrire lui-même des Champs-Elysées.)

EJ: Vers de M. de Voltaire à M. le comte de Saxe, en lui envoyant les
Œuvres de M. le marquis de R**, après la mort de ce dernier, qui avait été fort lié avec
le maréchal. Le marquis de R** est supposé parler lui-même.

7   AM, EJ: De Bretons

10   AM, EJ: [*absent*]

11   AM, EJ: Qui semblent encore

[6] At the battle of Fontenoy on 11 May 1745.

J'allais vous faire un compliment;   20
Mais parmi les choses étranges
Qu'on dit à la cour de Pluton,
On prétend que ce fier Saxon
S'enfuit au seul bruit des louanges,
Comme l'Anglais fuit à son nom.   25

Lisez seulement mes folies,
Mes vers, qui n'ont loué jamais
Que les trop dangereux attraits
Du dieu du vin et des Sylvies:
Ces sujets ont toujours tenté   30
Les héros de l'antiquité,
Comme ceux du siècle où nous sommes.
Pour qui sera la volupté,
S'il en faut priver les grands hommes?

À M. DE SAINT-LAMBERT

In 1748 Mme Du Châtelet, visiting with Voltaire the courts of King Stanislas at Commercy and Lunéville, fell passionately in love with the minor poet and soldier Jean-François, marquis de Saint-Lambert (1716-1803), an officer in the king's guard whom Voltaire had known since the 1730s.[1] Dramatic events were to follow. In April-May Mme Du Châtelet wrote to Saint-Lambert of a 'scène assés vive que je viens d'avoir à votre sujet avec m^r de Voltaire et qui a fini par la négation totale, et par changer de conversation. Nous nous sommes quittés fort bien, et j'espère que demain il n'y pensera plus' (D3640). Then in October at Commercy a stormy incident occurred, recounted in detail by Longchamp,[2] in which Voltaire discovered the lovers on a sofa, 'conversant ensemble d'autre chose que de vers et de philosophie'.[3] His anger soon abated, however, and he forgave Saint-Lambert, exclaiming: 'Mon enfant, j'ai tout oublié, et c'est moi qui ai eu tort. Vous êtes dans l'âge heureux où l'on aime, où l'on plaît; jouissez de ces instants trop courts: un vieillard, un malade comme je suis, n'est plus fait pour les plaisirs'[4] – an idea he expresses in this poem. Here he willingly sees himself being replaced by Saint-Lambert in the affections of Mme Du Châtelet. The epistle *A M. de Saint-Lambert* was in all likelihood written at Commercy or Lunéville, at some point during this year 1748.[5]

The epistle pays tribute to Mme Du Châtelet's achievements in science, in particular to her work on Newton, but it is no less a love

---

[1] See D1123 and Vaillot, *Avec Mme Du Châtelet*, p.326.

[2] Longchamp and Wagnière, *Mémoires sur Voltaire, et sur ses ouvrages*, ii.198-205.

[3] Longchamp and Wagnière, *Mémoires*, ii.200.

[4] *Ibid.*, p.204.

[5] Voltaire addressed two other epistles to Saint-Lambert, 'Mon esprit avec embarras' (1736) (*OC*, vol.16, p.445-47) and 'Chantre des vrais plaisirs, harmonieux émule' (1769) (M.x.405-408).

poem. As an expression of tender lyricism it invites comparison with Voltaire's stanzas of 1741, 'Si vous voulez que j'aime encore' (*OC*, vol.20A, p.563-65), with which it shares the theme of the loss of youth and the capacity to love (see lines 30-35). It is one of his most affecting verse epistles, aptly described by Desnoiresterres as 'une de ces pièces charmantes, d'un tour inimitable, anacréontique sans cynisme, aussi facile et plus châtiée que les meilleures de l'abbé de Chaulieu'.[6] The musicality of the lines, one might add, is a special feature.

The text

First printed in 1758 in *L'Ami des muses*, p.230-32, the epistle entered Voltaire's works in MP61 and TS61. As all the editions up to and including W75G give practically the same text, the latter (xii.413-14) is reproduced here. There are four readings of the text: (1) *L'Ami des muses*, which introduces three slight variants (see variants); (2) K, which offers a few more minor variants (see variants); (3) MP61, TS61, W64R, W52, W72P (1771 and 1773), *Journal encyclopédique*, and *Elite de poésies fugitives*, which mix, in various ways, the variants to lines 18 and 40 with the base text, or introduce other slight variants; (4) the remaining versions, which accord with the base text.

Manuscript: MS1: contemporary copy, undated, in the hand of Henri Rieu (St Petersburg, BV, Annexes manuscrites 49, f.44).

Editions: *L'Ami des muses* (Avignon 1758), p.230-32 (AM); MP61, p.309-11; TS61, p.256-58; W64R, iii.II.87-88; NM (1768), v.317-18; W52 (1770), ix.484-85; W68 (1771), xviii.414-15; W72P (1771), iv.159-60; W70L (1772), xxii.396-97; W72P (1773), xv.117-18; W71 (1774), xviii.350-51; W75G, xii.413-14; K, xiii.97-99. The epistle is also printed in the *Journal encyclopédique* of September 1766, p.123-24, in *Elite de poésies fugitives*

---

6 *Voltaire et la société au XVIIIᵉ siècle*, 2nd edn (Paris 1871-1876), iii.236. On Voltaire and Chaulieu, see I. O. Wade, *The Intellectual development of Voltaire* (Princeton, NJ 1969), p.59-65.

À M. DE SAINT-LAMBERT

(London 1770), v.41-42, and in *Mon petit portefeuille* (London 1774), p.128-29.

Base text: w75G. Collated texts: AM, NM, W52, W68, W70L, K.

Tandis qu'au-dessus de la terre,
Des aquilons et du tonnerre,
L'interprète du grand Newton[7]
Dans les routes de la lumière,
Conduit le char de Phaéton,   5
Sans verser dans cette carrière;[8]
Nous attendons paisiblement,
Près de l'onde castalienne,[9]
Que notre héroïne revienne
De son voyage au firmament;   10
Et nous assemblons pour lui plaire,
Dans ces vallons et dans ces bois,
Ces fleurs dont Horace autrefois

[a]   β: Au même [à Mr. de St. Lambert]
      AM: Epître de M. de Voltaire, à M. de S. Lambert
      NM, W52: Epître à M. de St. L....
      W68, W70L: Epître au même [à monsieur de Saint-Lambert]
3   K: La belle amante de Newton,
8   K: Sur le bord de cette fontaine,
12 K: Dans ses vallons et dans ses bois,
13 K: Les fleurs

[7] Mme Du Châtelet translated the whole of Newton's *Principia* and added a commentary, both of which were published posthumously as *Principes mathématiques de la philosophie naturelle* (1759).

[8] Phaethon, son of Helios, drove his father's chariot of the sun across the sky. The horses turned out of their path and would have burned up the earth had Zeus not intervened.

[9] The Castalian spring on Mount Parnassus, named after the nymph Castalia who threw herself into it when pursued by Apollo.

Faisait des bouquets pour Glycère;[10]
St. Lambert, ce n'est que pour toi   15
Que ces belles fleurs sont écloses;
C'est ta main qui cueille les roses,
Et des épines sont pour moi.
Ce vieillard chenu qui s'avance,
Le temps dont je subis les lois,   20
Sur ma lyre a glacé mes doigts;
Et des organes de ma voix
Fait frémir la sourde cadence.
Les grâces dans ce beau vallon,
Les dieux de l'amoureux empire,   25
Ceux de la flûte et de la lyre,[11]
T'inspirent les aimables sons,
Avec toi dansent aux chansons,
Et ne daignent plus me sourire.
Dans l'heureux printemps de tes jours,   30
Des dieux du Pinde et des amours
Saisis la faveur passagère,
C'est le temps de l'illusion,
Je n'ai plus que de la raison:
Encore, hélas! n'en ai-je guère.[12]   35
Mais je vois venir sur le soir

18   AM, W52, K: Et les épines
24   K: dans ces beaux vallons,
25   K: l'amoureux délire,
27   K: inspirent tes aimables sons,

[10] One of the loves of whom Horace sings. She appears in four of his odes (*Carmina* I.xix, xxx, xxxiii; III.xix), but not in the context in which Voltaire places her here. She was probably imaginary. Cf. *Discours en vers sur l'homme* (*OC*, vol.17, p.497, n.22).

[11] Euterpe was the muse of flute-playing, while Erato was the muse of the lyre, and Apollo the god of music, especially the lyre.

[12] Lines 30-35 recall the thought and even vocabulary (e.g. 'illusion') of Voltaire's stanzas 'Si vous voulez que j'aime encore' (*OC*, vol.20A, p.563).

À M. DE SAINT-LAMBERT

Du plus haut de son aphélie,
Notre astronomique Emilie
Avec un vieux tablier noir,
Et sa main d'encre encor salie;   40
Elle a laissé là son compas,
Et ses calculs et sa lunette;
Elle reprend tous ses appas;
Porte-lui vite à sa toilette
Ces fleurs qui naissent sur tes pas,   45
Et chante-lui sur ta musette
Ces beaux airs que l'amour répète,
Et que Newton ce connut pas. [13]

40 AM, K: Et la main
46 AM: sur sa musette

[13] We find a similar conclusion in the *Lettre* [...] *à M. de Formont* (*OC*, vol.20A, p.588).

COMPLIMENT
ADRESSÉ AU ROI STANISLAS ET À
MME LA PRINCESSE DE LA ROCHE-SUR-YON,
SUR LE THÉÂTRE DE LUNÉVILLE

In 1736 Stanislas Leszczynski (1677-1766) abdicated the throne of Poland, but was given as compensation the duchies of Lorraine and Bar. He proved himself a competent administrator, and made his court at Lunéville a centre of French culture. Voltaire, whom Stanislas had known since 1725 (D252), set up a theatre there (1748), and together with Mme Du Châtelet, Mme de Boufflers, and numerous others, enjoyed the many pleasures of this miniature Versailles. Among these others was a royal princess, Louise-Adélaïde de Bourbon-Condé, known as Mlle de La Roche-sur-Yon, whose histrionic talents Voltaire mentions in a letter to Mme Denis, dated Commercy, 8 August 1748 (D3730a).

The poem dates from Voltaire's stay at the court of Stanislas in 1748. Having played the role of the assessor in Barthélémy-Christophe Fagan's one-act prose comedy *L'Etourderie* (published in 1751), Voltaire addressed from the stage this poem to Stanislas and to Mlle de La Roche-sur-Yon.[1]

The text

The poem was first printed in 1784 by the Kehl editors (xiv.335), whose text is reproduced here.

---

[1] On the visit of Voltaire and Mme Du Châtelet to Stanislas and the court at Lunéville see Stanislaw Fiszer, *L'Image de la Pologne dans l'œuvre de Voltaire*, *SVEC* 2001:05, p.14-17.

Compliment
adressé au roi Stanislas et à
madame la princesse de La Roche-sur-Yon,
sur le théâtre de Lunéville, par
monsieur de Voltaire, qui venait d'y jouer le rôle de
l'assesseur dans L'Etourderie

O Roi dont la vertu, dont la loi nous est chère,
Esprit juste, esprit vrai, cœur tendre et généreux,
    Nous devons chercher à vous plaire,
    Puisque vous nous rendez heureux.
Et vous fille des rois, princesse douce, affable,   5
Princesse sans orgueil, et femme sans humeur,
De la société, vous, le charme adorable,
    Pardonnez au pauvre assesseur.

AU ROI STANISLAS

According to the abbé Guillaume Raynal,[1] this quatrain was written during Voltaire's stay at the court of Stanislas in 1748. Voltaire may well, as Gaston Maugras suggests,[2] have presented Stanislas with a copy of *La Henriade* along with the quatrain,[3] which compares the Polish king to Henri IV. The poem turns on the difference between them: whereas the Protestant Henri IV defeated the Ligue (1589) and then abjured the Protestant faith (1593), Stanislas showed no such inconsistency during the war of the Polish Succession (1733-1738) and thereafter.

The text

First recorded in Raynal's *Nouvelles littéraires* (1747-1755), the quatrain was first printed in 1758 in *L'Ami des muses*, and entered Voltaire's works in OC61. All the printings give the same text, save the *Année littéraire*, which in line 3 inserts 'enfin' between 'héros' and 'fit'. Since the poem did not appear in an edition in which Voltaire participated, K is reproduced here.

Manuscript: MS1: undated copy (Rheims, Bibliothèque municipale).

Editions: *CL*, i.169 (CL); *L'Ami des muses* (Avignon 1758), p.51 (AM); *L'Année littéraire*, 1759, iv.263; OC61, p.191; *Elite de poésies fugitives* (London 1764), i.45; *Nouvelle anthologie françoise* (Paris 1769), i.243; K, xiv.335.

Base text: K. Collated texts: CL, AM.

---

[1] *Nouvelles littéraires* (composed 1747-1755) (*CL*, i.168-69).
[2] *La Cour de Lunéville au XVIIIe siècle*, 5th edn (Paris 1904), p.274; see also Fiszer, p.15.
[3] An attractive separate edition of *La Henriade* appeared in 1746, and a new edition of Voltaire's works in 1748 (*OC*, vol.2, p.242-44).

Au roi Stanislas

Le ciel, comme Henri, voulut vous éprouver.
La bonté, la valeur, à tous deux fut commune;
    Mais mon héros fit changer la fortune
      Que votre vertu sait braver.

À MLLE DE LA GALAISIÈRE,
JOUANT LE RÔLE DE LUCINDE, DANS L'ORACLE

Antoine-Martin de Chaumont, marquis de La Galaisière, was Stanislas's French-appointed chancellor at the court of Lorraine. Together they ruled the duchy. His daughter, whom Voltaire mentions only in this poem, had some histrionic ability and performed in the theatre at Lunéville. The poem dates in all probability from Voltaire's stay there in 1748, at which time Mlle de La Galaisière played the role of Lucinde in Germain-François Poullain de Saint-Foix's one-act comedy *L'Oracle* (first produced in 1740), a play which Voltaire admired.[1]

This admiration may even have influenced the wording of the poem, for between these two brief works there are some interesting points of contact. We find the adjective 'séducteur' in line 4 of the poem and the verb 'séduire' twice in the play.[2] The phrase 'à vos genoux' in line 8 of the poem similarly occurs twice in the play.[3] And the verb 'former' (or its variants) in line 11 of the poem appears three times in the first scene of the play.[4] Given the small compass of both works, the direct link between them and the retentiveness of Voltaire's memory,[5] these echoes may be more than mere coincidences.

The text

First printed in 1770 in AM, p.28, and in the *Trésor du Parnasse*, vi.264, the poem entered Voltaire's works the following year in

[1] See D5116, n.3, and D9492, p.404.

[2] See *Chefs-d'œuvre dramatiques de Saintfoix, Gresset, et Bret* (*Répertoire du théâtre français*) (Paris 1825), xxiii.11, 23.

[3] *Chefs-d'œuvre dramatiques*, p.23, 33.

[4] *Chefs-d'œuvre dramatiques*, p.7, 10.

[5] On Voltaire's remarkable memory, see D7911, and Longchamp, *Mémoires sur Voltaire, et sur ses ouvrages*, i.53.

w72p (1771). Since it was not printed in an edition in which Voltaire participated, and in the absence of a holograph, к (xiv.346) is reproduced here. All versions give the same text.

Manuscript: ms1: contemporary copy, undated, in the hand of Henri Rieu (St Petersburg, BV, Annexes manuscrites 45, f.1r).

Editions: AM (1770), p.28; *Le Trésor du Parnasse* (London 1770), vi.264 (TP); w72p (1771), iv.274; w72p (1773), xv.308; *Opuscules poétiques* (Amsterdam and Paris 1773), p.41-42; к, xiv.346.

Base text: к. Collated texts: AM, TP.

A mademoiselle de La Galaisière, jouant le rôle de Lucinde, dans l'Oracle

J'allais pour vous au dieu du Pinde,[6]
Et j'en implorais la faveur;
Il me dit: pour chanter Lucinde,
Il faut un dieu plus séducteur.
Je cherchai loin de l'Hippocrène   5
Ce dieu si puissant et si doux;
Bientôt je le trouvai sans peine,
Car il était à vos genoux.
Il me dit: garde-toi de croire
Que de tes vers elle ait besoin;   10
De la former j'ai pris le soin,
Je prendrai celui de sa gloire.

---

a   AM, TP: A mademoiselle de La G**

[6] See above, *A M. le comte Algarotti*, p.402, n.1.

À MME DE BASSOMPIERRE,
ABBESSE DE POUSSAI

Charlotte de Beauvau-Craon, sister of Mme de Boufflers and wife of Léopold Clément, marquis de Bassompierre,[1] met Voltaire in all likelihood at the court of Lorraine in 1748.[2] Their friendship continued for several years.[3] Voltaire was writing verses for all the ladies of the court, and it is probable, as Maugras suggests,[4] that his six-line poem dates from this time. As the poem indicates, Mme de Bassompierre was a lady of strict morals and abbess at nearby Poussay. It is of interest to note that in a letter of 5 September 1748 to Saint-Lambert, Mme Du Châtelet compares the abbess's vanity to her own (D3753).

The allusion in line 4 to the gallantries of the duc de Richelieu may be compared to Voltaire's verse letter to him, dated Lunéville, 18 November 1748 (D3808).[5]

The text

The poem was first printed in 1784 by the Kehl editors (xiv.307), whose text is reproduced here.

---

[1] They were married in 1734.
[2] Cf. D3753, n.1, and Maugras, *La Cour de Lunéville au XVIIIe siècle*, p.275.
[3] See D4523, D6687, D9408.
[4] Maugras, p.275.
[5] See below, 'Je la verrai cette statue', p.485.

A madame de Bassompierre,
abbesse de Poussai

Avec cet air si gracieux
L'abbesse de Poussai me chagrine, me blesse.
De Montmartre la jeune abbesse
De mon héros[6] combla les vœux;
Mais celle de Poussai l'eût rendu malheureux.   5
Je ne saurais souffrir les beautés sans faiblesse.

[6] The duc de Richelieu.

AU ROI STANISLAS
À LA CLÔTURE DU THÉÂTRE DE LUNÉVILLE

This poem, like the previous one, was written during Voltaire's stay at the court of Stanislas at Lunéville in 1748. With the approach of Advent, Stanislas, no doubt influenced by his chaplain Père Menoux, decided that the theatre at Lunéville would close – a decision which inspired this tribute.

From Mme Du Châtelet's letter to d'Argental, dated Lunéville, 30 November 1748, we learn that Voltaire's *La Femme qui a raison* (1748) was probably performed on this occasion. 'Votre ami', she tells him, referring to Voltaire, 'nous a fait une comédie en vers en un acte qui est très jolie et que nous avons joué pour notre clôture' (D3815).[1]

The text

First printed in 1770 in AM, p.42, and in the *Elite de poésies fugitives*, v.298, the poem entered Voltaire's works the following year in W72P (1771). Since it was not printed in any of the editions in which Voltaire participated, K (xiv.336) is reproduced here. All versions are virtually the same.

Manuscript: MS1: contemporary manuscript in the hand of Henri Rieu (St Petersburg, BV, Annexes manuscrites 45, f.1v); MS1 extends the title by: en 1748.

Editions: AM (1770), p.42; *Elite de poésies fugitives* (London 1770), v.298 (EP); W72P (1771), iv.171; W72P (1773), xv.286; *Opuscules poétiques* (Amsterdam and Paris 1773), p.42; K, xiv.336.

Base text: K. Collated texts: AM, EP.

---

[1] This three-act comedy was originally in one act.

Au roi Stanislas
à la clôture du théâtre de Lunéville

Des jeux où présidaient les Ris et les Amours
    La carrière est bientôt bornée;
    Mais la vertu dure toujours,
    Vous êtes de toute l'année.
Nous faisions vos plaisirs, et vous les aimiez courts;   5
Vous faites à jamais notre bonheur suprême,
    Et vous nous donnez tous les jours
Un spectacle inconnu trop souvent dans les cours:
    C'est celui d'un roi que l'on aime.

b   AM: [*adds*] en 1748.

À MME DE B*** EN LUI ENVOYANT LA HENRIADE

Marie-Françoise-Catherine de Beauvau-Craon, marquise de Boufflers-Remiencourt (1711-1787), belonged to the house of Beauvau, the highest nobility of Lorraine. In 1735 she married François-Louis de Boufflers. Mistress of King Stanislas,[1] Mme de Boufflers was a lady of wit, taste, and some beauty, interested in all the arts, much given to the pleasures of life, and a writer of light verse.[2] She knew Voltaire before their meeting in Paris in April 1743 (D2744, n.8),[3] and later (1748) developed a close friendship with him and Mme Du Châtelet during their sojourn at the court of Stanislas at Lunéville.[4] It was probably at this time that Voltaire addressed to her the five poems that follow.

The abbé Guillaume Raynal confirms the fact that the madrigal *A Madame de B*** en lui envoyant la Henriade* was composed during Voltaire's stay in 1748 at Lunéville.[5] Moreover, an attractive separate edition of *La Henriade* came out in 1746, and a new edition of Voltaire's works in 1748.[6] It may well have been one of these that occasioned the poem. The verse itself is noteworthy for its concluding *pointe*, in which Mme de Boufflers is compared to Gabrielle d'Estrées.

---

[1] On Stanislas, see above, p.444.

[2] See Vaillot, *Avec Mme Du Châtelet*, p.355, 539-42, and Maugras, *La Cour de Lunéville*, p.274.

[3] She is first mentioned by Mme Du Châtelet in a letter to d'Argental of 8 January 1742 (D2579).

[4] The relationship between the two women was, however, affected by jealousy in 1748; see above, p.433, also D3670 and D3717.

[5] *CL*, i.168-169. This is also the conclusion of Maugras, p.274.

[6] See *OC*, vol.2, p.242-44, also D3676 and D3677.

The text

The poem, recorded in Raynal's *Nouvelles littéraires* (composed 1747-1755), was first printed in the *Mercure de France* of September 1749. It entered Voltaire's works in MP61 and TS61. There are two readings of the text: (1) that of CL and the *Ami des muses*, which give a few variants; (2) that of the other versions, which virtually agree with the base text (w75G).

Editions: *Nouvelles littéraires* (CL, i.169); *Mercure de France*, September 1749, p.82 (MF); MP61, p.191; TS61, p.389; w64R, xvii.II.588-89; NM (1768), v.321; w52 (1770), ix.487; w68 (1771), xviii.483; w72P (1771), iv.134; w70L (1772), xxiii.309; w72P (1773), xv.310; w75G, xiii.332; K, xiv.320. The poem also appears in PT, i.28; *L'Ami des muses* (Avignon 1758), p.234; *Elite de poésies fugitives* (London 1764), iii.264; *Journal encyclopédique*, October 1767, p.107; *Nouvelle anthologie françoise* (Paris 1769), ii.135; *Epîtres, satires, contes, odes, et pièces fugitives* (London 1771) (ed. in 422 pages), p.406.

Base text: w75G. Collated texts: CL, MF, NM, w52, w68, w70L, K.

A madame de B...
en lui envoyant la Henriade

Vos yeux sont beaux, mais votre âme est plus belle;
Vous êtes simple et naturelle;
Et sans prétendre à rien, vous triomphez de tous.

a-b CL: A madame de Boufflers
  MF: Vers de M. de Voltaire, à Mde de B. R.
  NM, w52, w68, w70L: A madame de B....
  K: A madame de Boufflers, en lui envoyant un exemplaire de la Henriade
1 CL: beaux, et votre
3 CL: de nous;
  MF: tout

Si vous eussiez vécu du temps de Gabrielle, [7]
Je ne sais pas ce qu'on eût dit de vous,   5
Mais l'on n'aurait point parlé d'elle.

6   CL: Mais on n'eût point
    W70L: Mais on

[7] Gabrielle d'Estrées (1573-1599), mistress of Henri IV.

LE PORTRAIT MANQUÉ,
À MME LA MARQUISE DE B***

In the *Elite de poésies fugitives* (1764) as well as in Kehl although not on its first appearance in print, *Le Portrait manqué* is addressed to Mme la marquise de B***. [1] If, as is likely, the addressee is Mme de Boufflers, the poem was, as Gaston Maugras suggests, [2] probably composed at Lunéville in 1748. In its use of antithesis, moreover, it resembles other poems Voltaire was writing for Mme de Boufflers at this time. And in its emphasis on the sensual ('Tu fais l'office de l'Amour', line 12), it is quite applicable to a woman who took as many lovers as did Mme de Boufflers. [3]

The poem was quoted by Richard Aldington, who accompanies it with a fine assessment of its poetic merit:

Who can turn a compliment like Voltaire? [...] I would gladly dwell longer on these charming productions of Voltaire's more playful moods, which give us eighteenth-century gaiety and politeness at its best; the more so since the spirit and the art which it embodies have vanished from the world. [4]

The poem is indeed a model in its kind.

Le Portrait manqué invites comparison with a poem of the same main title by the little-known poet Charles-Pierre Colardeau (1732-1776). [5]

---

[1] The *Pièces fugitives* (1761) and ML68 address the poem to mademoiselle de V***.

[2] Maugras, p.304.

[3] They included, besides Stanislas, the marquis de La Galaisière, F.-A. Devaux, Saint-Lambert, and the vicomte d'Adhémar; see Vaillot, p.541-42.

[4] R. Aldington, *Voltaire* (London 1925), p.152-53.

[5] *Œuvres choisies de Colardeau* (Paris 1825), p.467.

The text

First printed in the *Mercure de France* of April 1756 (i.5-6), the poem did not enter Voltaire's works until the Kehl edition (xiv.299-300). There are three readings of the text: (1) that of the *Elite de poésies fugitives* (1764) and κ; (2) that of the *Pièces fugitives* (1761) and ML68, which give the same text as (1) while omitting line 11; (3) that of the *Mercure de France*, which contains several variants.

Editions: *Le Mercure de France*, April 1756, i.5-6 (MF); *Pièces fugitives de Monsieur de Voltaire, de Monsieur Desmahis et de quelques autres auteurs* (Geneva 1761), p.8; *Elite de poésies fugitives* (London 1764), iii.220; ML68, p.195; κ, xiv.299-300.

Base text: κ. Collated text: MF.

Le Portrait manqué,
à madame la marquise de B***

On ne peut faire ton portrait:
Folâtre et sérieuse, agaçante et sévère,
Prudente avec l'air indiscret,
Vertueuse, coquette, à toi-même contraire:
La ressemblance échappe en rendant chaque trait.   5
Si l'on te peint constante, on t'aperçoit légère:
Ce n'est jamais toi qu'on a fait.
Fidèle au sentiment avec des goûts volages,

a-b   MF: Portrait
5   MF: Ta ressemblance
6   MF: t'éprouve légère;
7   MF: Et ce n'est jamais toi qu'on a peinte en effet.
8   MF: Fidèle aux sentiments, avec

Tous les cœurs à ton char s'enchaînent tour à tour.
Tu plais aux libertins, tu captives les sages,   10
    Tu domptes les plus fiers courages,
    Tu fais l'office de l'Amour.
On croit voir cet enfant en te voyant paraître;
    Sa jeunesse, ses traits, son art,
Ses plaisirs, ses erreurs, sa malice peut-être: 15
    Serais-tu ce dieu par hasard?

10   MF: aux étourdis,

459

CHANSON
COMPOSÉE POUR LA MARQUISE DE BOUFFLERS

This *chanson* for the marquise de Boufflers recalls the poems of Ronsard by its musical qualities and theme of the flight of time. Like them it could indeed be set to music. The lady's resistance to time creates moreover a novel effect.[1]

The *chanson* was first printed in 1827 in Auguste Labouïsse-Rochefort, *Voyage à Saint-Léger, campagne de M. le chevalier de Boufflers,*[2] *suivi du Voyage à Charenton, et de notes contenant des particularités sur toute la famille Boufflers, des pièces inédites ou des lettres de Voltaire* (Paris 1827), p.119. The following year it appeared in the Delangle edition of Voltaire's work (xviii.311). The latter has been taken as the base text.

Chanson
composée pour la marquise de Boufflers

Pourquoi donc le Temps n'a-t-il pas
    Dans sa course rapide
Marqué la trace de ses pas
    Sur les charmes d'Armide?[3]
C'est qu'elle en jouit sans ennui,   5
    Sans regret, sans le craindre.
Fugitive encor plus que lui,
    Il ne saurait l'atteindre.

[1] On this poem see Maugras, p.333.

[2] Stanislas-Jean, chevalier de Boufflers (1737-1815), the son of the marquise, was a cavalry officer, a member of the French Academy (1788) and the author of light verse. Voltaire's *Epître à M. le chevalier de Boufflers* dates from 1765 (*OC*, vol.60).

[3] Sorceress in Tasso's *Gerusalemme liberata* (1580) who lures the crusaders away to her enchanted gardens (bk XVI).

BOUQUET À MME DE BOUFFLERS

This quatrain for Mme de Boufflers, with its theme of the flight of time, again recalls Ronsard, in particular the sonnet beginning 'Je vous envoye un bouquet que ma main' (*Continuation des amours*, no.35).

The poem was first printed in *Pièces inédites de Voltaire* (Paris 1820), p.91. There is one reading of the text.

Bouquet à madame de Boufflers

Ces fleurs dont je vous fais présent
Sont comme vous fraîches et belles,
Comme moi, simples, naturelles;
Mais le temps les fane aisément.

À MME DE B***

Bearing an anonymous addressee in some versions, this poem is addressed to Mme de Boufflers in the *Trésor du parnasse* (1770), and the *Pièces inédites de Voltaire* (1820). In w72p (1773) the poem is addressed to Mme E**. From its tone and content it can be inferred that it probably dates, as Gaston Maugras contends, from Voltaire's stay at the court of Stanislas in 1748 (or 1749).[1]

The poet speaks of experiences with kings and mistresses that prove less than ideal: we think in this connection of his unsatisfactory relationship with Louis XV and his turbulent moments with Mme Du Châtelet. He is, in a sense, a prisoner. But fond of his freedom, he values most highly the 'esprit' and 'caractère' of Mme de Boufflers which raise him above the greatness of kings and the beauty of lovers.

The text

First printed in 1770 in the *Almanach des muses*, p.141, the *Elite de poésies fugitives*, iv.18, and the *Trésor du parnasse*, vi.198, the poem entered Voltaire's works the following year (w72 [1771], iv.147). All versions of it give virtually the same text. As it does not appear in any of the editions in which Voltaire participated, and in the absence of a holograph, k (xiv.330) is reproduced here.

Manuscript: ms1: secondary manuscript in the hand of Henri Rieu, undated, entitled 'A Mme de ...' (St Petersburg, BV, Annexes manuscrites 45, f.3*v*).

Editions: am (1770), p.141; *Elite de poésies fugitives* (London 1770), iv.18 (ep); *Le Trésor du parnasse, ou le plus joli des recueils* (London 1770),

---

[1] Maugras, p.395.

vi.198 (TP); *Opuscules poétiques* (Amsterdam and Paris 1773), p.46; W72P
(1771), iv.147; W72P (1773), xv.296; K, xiv.330.

Base text: K. Collated texts: AM, EP, TP.

A madame de B***

Le nouveau Trajan des Lorrains, [2]
Comme roi n'a pas mon hommage;
Vos yeux seraient plus souverains,
Mais ce n'est pas ce qui m'engage.
Je crains les belles et les rois: 5
Ils abusent trop de leurs droits,
Ils exigent trop d'esclavage.
Amoureux de ma liberté,
Pourquoi donc me vois-je arrêté
Dans les chaînes qui m'ont su plaire?   10
Votre esprit, votre caractère
Font sur moi ce que n'ont pu faire
Ni la grandeur, ni la beauté.

a   TP: Vers à Mme de Boufflers
2   AM, TP: n'a point
4   TP: n'est point
10 AM, EP, TP: Dans des chaînes

[2] Voltaire liked to flatter rulers by equating them with Trajan. He is the hero of
Le Temple de la gloire (1745), after the performance of which Voltaire is said to have
asked Louis XV: 'Trajan est-il content?' (see M.i.229). Voltaire also compared
Frederick II to Trajan (D1243, D3951).

DU BEAU PALAIS DE LUNÉVILLE

This poem, with its references to the court of Stanislas and Voltaire's sojourn there, was written during the latter's prolonged stay in Lorraine, probably between February and December 1748, possibly in 1749. It is an admirable expression of another world. For at Lunéville, as at Cirey, Voltaire found a happy refuge away from the tumult of Paris – a happiness reflected in the correspondence of 1748. 'En vérité ce séjour ci est délicieux', he wrote to the comtesse d'Argental from Lunéville on 25 February, echoing the opening lines of the poem. 'On va tous les jours d'un palais dans une kiosk, ou d'un palais dans une cabane, et partout des fêtes, et de la liberté' (D3624). And on 5 November he remarked to Everard Fawkener: 'I am now my dear friend at the court of king Stanislas, where I have passed some months with all the ease and cheerfulness that I enjoyed once at Wandsworth' (D3803; cf. D3770).

The text

The three manuscripts are practically identical. MS1, a holograph with interlineal interpolations, has been taken as the base text; the poem is preceded by Voltaire's rough working copy partly struck out (MS1*) – clear proof of the poem's authenticity. The poem was first printed from MS2 by Theodore Besterman in his textual notes to D3985.

Manuscripts: MS1: holograph (Pierpont Morgan, MA 635 (4)). MS2: old copy D3985 (Voltaire's letter of c.August 1749 to the prince and princesse de Beauvau-Craon, where the text is preceded by the poem). [1] Besterman notes: 'The lines [of the poem] are much corrected, and may

---

[1] (BnF Bh, Rés.2031, f.153).

be supposed to have been transcribed from an original (on a separate leaf?) in that condition' (textual notes to D3985). The verse of MS2 may well have been transcribed from MS1. MS3: copy (BnF Bh, Rés.2025, f.94v); here the poem is addressed 'A Mr le Prince et Mme la p^{cesse} de Craon qui l'invitaient à venir chez eux', and dated 1749; however the figure 9, though clear and legible, seems to have been the object of some hesitation or of a correction.

Edition: D3985, textual notes.

Base text: MS1.

———————————

Du beau palais de Luneville
J'iray dans votre <paisible> aimable cour[.]
Les plaisirs ont plus d'un séjour[,]
Les vertus ont plus d'un azile[.]
Qu'ailleurs on cherche avec effort   5
↑A Parïs, et souvenir en vain↓
↑On cherche Des plaisirs bruiants et volages.
Je <reste en Lorraine> et mon <sort> destin
↑Les miens sont purs et↓
Est d'y voiager chez des sages[.]   10

3-4 MS1*:
     Je compte bien quelque jour
     Trouver un nouvel azile.

465

IMPROMPTU AU PRINCE DE BEAUVAU

Charles Just de Beauvau, prince de Beauvau-Craon (1720-1793), is remembered not only as a maréchal de France and a minister for war, but as a member of the Académie française and a patron of the philosophes. Born at Lunéville, he was made a colonel of the guards of King Stanislas at the age of twenty;[1] two years later (1742) he left to serve the maréchal de Belle-Isle, besieged at Prague.[2]

We are not sure when Voltaire met the prince de Beauvau. Mme Du Châtelet knew him by 1744 (D2972; 8 May 1744), and it is clear from her letter to Saint-Lambert, dated Cirey, 1 May 1748, that the prince was well acquainted with them. 'Vous me conaissez bien peu si vous croyez que pour avoir le plaisir de vous voir je voudrais vous empêcher de voyager avec le prince', she tells Saint-Lambert. 'D'ailleurs, quand je le pourais, vous partés avec le prince', she continues, 'et il n'est point sûr du tout qu'il voulût passer par ici en s'en allant, cela lui ferait perdre 2 ou 3 jours, qu'il aimera mieux passer de plus avec sa soeur.[3] S'il avait à me venir voir ce serait plutôt en allant en Loraine mais cela ne m'avancerait de rien' (D3644). In Voltaire's first surviving letter to the prince, dated c.August 1749 (D3985), he promises to visit him and his wife; thereafter the prince appears time and again in his correspondence.

This quatrain is, so far as we know, the only verse with which Voltaire honoured the prince de Beauvau. Its first editor plausibly observes that it turns on a specific incident, namely a public entertainment, to which a lady had instructed Voltaire to invite the

[1] See Maugras, *La Cour de Lunéville au XVIIIe siècle*, p.70-71.

[2] See *Précis du siècle de Louis XV*, end of ch.7, and *Epigramme sur le départ du maréchal de Belle-Isle de Prague* (W. Mangold, *Voltairiana inedita*, 1901, p.41).

[3] Marie-Françoise-Catherine de Beauvau-Craon, marquise de Boufflers-Remiencourt, to whom Voltaire sent several poems: see above, p.454-63.

466

prince.[4] This incident probably occurred during Voltaire's long stay at Lunéville in 1748, where he, along with Mme Du Châtelet and the prince's sister, Mme de Boufflers, enjoyed a variety of entertainment: masked balls, dinner-parties, theatricals.[5]

The text

The quatrain was first published in *Pièces inédites de Voltaire* (Paris 1820), p.91; this text is reproduced here.

Impromptu au prince de Beauvau

Votre présence est une fête
Que l'on doit célébrer dans peu;
Il en coûte un écu par tête,
Les grands plaisirs coûtent bien peu.

[4] *Pièces inédites de Voltaire* (Paris 1820), p.91, n.1.
[5] See Maugras, p.175-77, and Vaillot, p.540.

VERS POUR METTRE AU BAS DU
PORTRAIT DE M. LEIBNIZ

This quatrain was first printed in the *Mercure de France* of August 1748 (p.161) in a series of portraits by 'le Sieur Petit, Graveur, ruë S. Jacques, près les Mathurins, qui continue de graver avec succès la suite des hommes illustres du feu Sieur Desrochers, Graveur du Roi' (p.160). Voltaire's quatrain is printed below the portrait of Leibniz, above it is the heading: 'Godefroi-Guillaume Leibnitz, né à Leipsic le 3 Juillet 1646,[1] mort à Hanover le 14 Novembre 1716. Ces vers, qui sont au bas, sont de M. de Voltaire' (p.161). The poem was probably written for this occasion, in 1748 or shortly before.

Despite Mme Du Châtelet's enthusiasm for Leibniz,[2] Voltaire preferred the philosophy of Locke and Newton. His understanding of the German philosopher was in no way profound, nor was his opinion of him consistent. Indeed, this eulogy hardly accords with Voltaire's mockery of Leibniz in *Candide* and elsewhere. But on other occasions Voltaire was less polemic. No man of letters, he remarked in *Le Temple du goût*, had brought greater glory to Germany than had Leibniz; he was a more universal philosopher than Newton, though perhaps not so great a mathematician; like all system-builders, however, he seemed to go astray in metaphysics (*OC*, vol.9, p.147). 'C'était peut-être le savant le plus universel de l'Europe', Voltaire exclaimed in *Le Siècle de Louis XIV* (*OH*, p.1026). Writing to Condorcet years later, he called Leibniz a great man, though adding that unlike Newton and Locke he was a bit of a charlatan whose ideas were almost always confused (1 September 1772; D17896). In general

---

[1] Leibniz was born on 1 July (21 June, Old Style).
[2] See W. H. Barber, *Leibniz in France from Arnauld to Voltaire* (Oxford 1955), p.135-40.

Voltaire's respect for Leibniz's genius was overshadowed by his antagonism towards his metaphysics.[3]

The text

First printed in the *Mercure de France* of August 1748 (p.161), the poem entered Voltaire's works in 1761 in MP61 and TS61. There are two readings of the text: (1) that of the *Nouvelle anthologie française* and K, which invert the order of the verbs in line 3; (2) that of the other editions, which agree with the base text. W70L, the only authorised edition to contain the poem, is reproduced here.

Editions: *Le Mercure de France* (August 1748), p.161 (MF); PT, i.33; MP61, p.196; TS61, p.392; W64R, xvii.II.591; *L'Année littéraire* (1764), i.166; *Elite de poésies fugitives* (London 1764), iii.307; *Nouvelle anthologie française* (Paris 1769), ii.59; W70L (1772), xxiii.313; K, xiv.306.

Base text: W70L. Collated texts: MF, K.

---

[3] On Voltaire's general attitude towards Leibniz, see Barber, p.174-77.

Vers pour mettre au bas du portrait de monsieur Leibnitz

Il fut dans l'univers connu par ses ouvrages,[4]
Et dans son pays même il se fit respecter:[5]
Il instruisit les rois,[6] il éclaira les sages;[7]
Plus sage qu'eux, il sut douter.[8]

a-b MF: [absent]
   K: Vers mis au bas d'un portrait de Leibnitz
3 K: Il éclaira les rois, il instruisit les sages;

[4] Although Leibniz published only one extended philosophical work during his lifetime, the *Théodicée* (1710), he conducted a large correspondence and was regarded by his contemporaries as a universal genius. See Barber, p.4-9.

[5] A probable allusion to the fact that Christian Wolff, a pupil of Leibniz, was banished from Prussia in 1723.

[6] Leibniz had relations with several rulers. In 1672 he went on an unsuccessful mission to Paris with a view to inducing Louis XIV to attack Egypt, thereby lessening the French threat to Germany and Holland. During the last years of his life he received commissions from Peter the Great and Georg Ludwig, elector of Hanover. He also corresponded extensively with Queen Charlotte of Prussia; see *Correspondenz von Leibniz mit Sophie Charlotte, Königen von Preussen* (Hildesheim and New York 1970).

[7] The Berlin Society (later Academy) of Sciences was founded in 1700 with Leibniz as its first president; see E. J. Aiton, *Leibniz: a biography* (Bristol and Boston 1985), p.251-54.

[8] This praise for knowing the value of doubt does not characterise Voltaire's attitude to Leibniz, and, as W. H. Barber points out, it extends only to such matters as Leibniz's attitude to religion (p.175). Voltaire says the same thing about Newton (*OC*, vol.15, p.232) and Bayle (*Poème sur le désastre de Lisbonne*, M.ix.476).

IMPROMPTU SUR LE MARIAGE DE MME LA MARGRAVE DE BAIREUTH

Elizabeth Sophia Frederica Wilhelmina of Brandenburg-Bayreuth, duchess of Württemberg (born 1732) was the only daughter of Frederick's sister Wilhelmina. Voltaire had known her since her childhood (D18542, commentary), and would continue his friendship with her for many years (D18557; 22 September 1773).

This quatrain was first printed by Victor Advielle, entitled *Quatrain sur l'anniversaire du mariage de la margrave de Bareuth*.[1] Advielle tells us that he took the poem from a copy in the collections of Louisa Ulrica, queen of Sweden. In the Koser-Droysen *Nachträge*,[2] however, the poem bears the slightly different title of *Impromptu sur le mariage de Mme la margrave de Baireuth*; here it is indicated (in a note) that the addressee of the poem is indeed Elizabeth Sophia Frederica, daughter of margrave Frederick and margravine Wilhelmina of Bayreuth. (Elizabeth Sophia Frederica would also have been margravine of Bayreuth, since the title was hereditary.) From the content of the poem, it seems more likely that it was written for a marriage than for an anniversary ('Aujourd'hui l'hymen [...] a comblé les vœux', lines 1-2). Elizabeth Sophia Frederica was married on 26 September 1748 to Charles Eugene, duke of Württemberg, and the quatrain probably dates from this time.

The text

All versions of the poem give the same text.

---

[1] In *Voltaire: lettres et poésies inédites* (Paris 1872), p.49.

[2] Koser-Droysen, *Nachträge zu dem Briefwechsel Friedrichs des Grossen mit Maupertuis und Voltaire* (Leipzig 1917), p.106.

Manuscript: MS1: undated copy, entitled 'Sur l'anniversaire du mariage de la margrave de Bareith, par M. de Voltaire' (Stockholm, Royal Library, Drottningholm Library Catalogue, no.47, f.86).

Editions: Victor Advielle, *Voltaire: lettres et poésies inédites* (Paris 1872), p.49; Reinhold Koser and Hans Droysen, *Nachträge zu dem Briefwechsel Friedrichs des Grossen mit Maupertuis und Voltaire* (Leipzig 1917), p.106; M.xxxii.424.

Base text: Koser-Droysen.

Impromptu sur le mariage de madame la margrave de Baireuth

Aujourd'hui l'hymen le plus tendre
D'un mortel a comblé les vœux:
Qui peut vous voir et vous entendre,
Est après lui l'homme le plus heureux.

À M. LE PRÉSIDENT HÉNAULT

Charles-Jean-François Hénault (1685-1770), known as the *président* Hénault, met the young Arouet at the Temple, perhaps as early as 1715.[1] As a result of their long friendship Hénault's literary reputation was enhanced, for Voltaire praised Hénault's poetry highly (D3170) as well as his more substantial works, in particular his *Nouvel abrégé chronologique de l'histoire de France* (Paris 1744).[2] This epistle on the theme of envy was written towards the end of 1748 during Voltaire's stay at the court of Stanislas at Lunéville. In the *Mercure de France* of January 1749 (p.23) the poem is dated Lunéville, 20 November 1748. Charles Collé describes it as a letter dated Lunéville, 18 December 1748.[3] In all the collective editions up to and including w75G, the poem is dated 28 November 1748, the date that is probably the most accurate.

Hénault, a wealthy magistrate of the Paris *parlement* and a member of the French Academy, was well-known for his supper parties, for which reason Voltaire originally began his epistle: 'Hénault, fameux par vos soupers, / Et par votre chronologie.' Almost immediately manuscript copies began to circulate, one of which was soon printed in [Desforges], *Natilica, conte indien ou critique de Catilina* (Amsterdam 1749), p.19-22.[4] Hénault, who read the poem before he received a copy from Voltaire,[5] was offended to see his suppers placed before his chronology in order

[1] See Th. Besterman, *Voltaire* (Oxford 1976), p.63; R. Pomeau, *D'Arouet à Voltaire*, p.58. For an account of Voltaire and Hénault, see P. Gay, *Voltaire's politics; the poet as realist* (New York 1965), p.108, n.110.

[2] See D2983, D3205; also *A M. le président Hénault* (M.x.326-28).

[3] *Journal et mémoires*, i.35 (and see D3838, textual notes).

[4] The *Natilica* can conveniently be read in J. Vercruysse, *Les Voltairiens*, 2e série: *Voltaire jugé par les siens, 1719-1749* (New York 1983), vii.323-46.

[5] In a letter to Hénault of 3 January 1749 Voltaire implies definitely that he had not previously sent him the poem (D3838, textual notes).

of importance, and asked Voltaire to change the first two lines
(D3847, textual notes). Voltaire complied, and on 3 January 1749
sent him a revised version of the poem, which he published the
same month in the *Mercure de France*. He included a letter of
apology (see D3838 and commentary):

J'ai été très fâché qu'on ait envoyé des copies de ce petit ouvrage, avant
que je sçusse si le héros de la pièce était content, et pour comble de
disgrâce les copies avaient été faites par une espèce d'aide de camp qui
estropie terriblement les vers. Je ne suis pas encore tout à fait content de
ce commencement. Il est plus digne du public que les premiers vers qui
n'étaient que familiers, mais il me semble qu'il n'est pas frappé assez
fortement. J'ai bien à cœur que ce petit ouvrage soit bon, et qu'il fasse
aller un jour mon nom à côté du vôtre. Aureste les personnes qui ont
condamné les soupés, me paraissent indignes de souper. [...] Pour moi,
qui ne soupe plus, je retranche les soupés même en vers.

The following day Voltaire sent the first eight lines of the
revised version to Mme Denis with the remark: 'Je suis bien flatté
que mon épître vous plaise. Je l'ai corrigée depuis. Le commencement m'en paroit trop familier et trop petit' (D3840). A few days
later (*c*.15 January) he tried yet again to reassure Hénault, telling
him he was angry that 'des copies informes' of the first version of
the poem had been circulated, a version which, however, is
approved by all people of taste and good sense, he says. He is
moreover angrier and less surprised 'qu'il y ait des hommes assez
méchamment bêtes pour trouver à redire qu'on mette parmi les
agrémens de la vie de bons soupez qu'on donne à la bonne
compagnie dont on est les délices and le modèle' (D3847). 'La
seconde leçon vaut certainement mieux', he continues, 'mais à
votre place j'aurais laissé subsister la première pour punir les sots'.

A M. le président Hénault is philosophical in nature. In the
manner of Montaigne and the seventeenth-century French mor-
alist writers it turns on the ideas of envy and pride, happiness and
its vicissitudes. Happiness Voltaire defines as a modest life of
occupied leisure, enriched with friendships. La Fontaine would
have concurred. But life's success is uncertain, as attests the fate of

Socrates. Everything in fact depends upon external circumstances, on the historical moment: 'Les lieux, les temps, l'occasion, / Font votre gloire ou votre chute' (lines 49-50). As for envy, it is a necessary evil, an incentive to do better. In short, it quickens the soul. As a study of envy, the poem is particularly noteworthy, and invites comparison with the third *Discours en vers sur l'homme* ('De l'envie') (*OC*, vol.17, p.479-90), with chapter 4 of *Zadig* ('L'Envieux'), and with the article 'Envie' of the *Questions sur l'Encyclopédie* (M.xviii.557-58).

Finally, it is of interest to note that the epistle was translated into Portuguese by Francisco Manoel do Nascimento (1734-1819).[6]

The text

The epistle was first printed in 1749 and entered Voltaire's works in w50. There are five readings of the text: (1) NAT and OBS, which give the original printed version; (2) MS1 and MS4, which give only the first twelve lines of the verse; (3) MF, which gives, with variants, the final version, while omitting lines 37-48; (4) MS2 and MS3, which, while in the main consistent with NAT and OBS, agree with the base text (w75G) in a few minor details; Collé, though again slightly different in places (for example, it omits line 20), also falls into this tradition; (5) the remaining editions, all of which give the base text (except OC61, which reduces lines 64-69 to: 'Et l'on perd des jours qu'on regrette'). Since the holographs (MS1 and MS5) are limited respectively to the first twelve and eight lines, w75G has been taken as the base text.

Manuscripts: MS1: holograph of D3838, dated 'à Cirey 3 janvier 1748 [1749]', endorsed by Mme Du Châtelet 'Vuassy', giving the first twelve lines of the verse (Warsaw, Archiwum akt dawnych, Zbior Anny Branickief). MS2: contemporary copy of the complete original version

---

[6] See *Obras completas de Filinto Elysio* [pseud.], 11 vols (Paris 1817-1819), xi.231-34.

of the verse, dated 'A Lunéville ce 16 x^{bre} 1748' (Oxford, The Voltaire Foundation, Lespinasse i.163a-165). MS3: contemporary copy of the complete original version of the verse, dated 'de Lunéville dans la Relégation. En 1749' (Jussy, Micheli family archives). MS4: old copy of D3838, dated 'Cirey le 9 Janvier 1749', giving the first twelve lines of the verse (Oxford, The Voltaire Foundation, Graffigny, p.218-19). MS5: holograph of D3840, dated 'à Cirey ce 4 janvier [1749]', endorsed 'Vuassy', giving a variant of the first eight lines of the verse (New York, Pierpont Morgan Library, Autograph misc. French, MA 1901 (127)).

Editions: [Desforges], *Natilica, conte indien ou critique de Catilina* (Amsterdam 1749), p.19-22, the original version of the poem (NAT); [L. Mannory], *Observations sur la Sémiramis de M. de Voltaire, et sur la première critique de cette tragédie* (Aléthopolis 1749), p.75-77, the original version of the poem (OBS);[7] *Le Mercure de France* of January 1749, p.23-25, the final version of the poem (MF); W50, iii.113-16; W51, iii.96-99; W52, iii.223-25; W48D (1754), x.381-84; W56, ii.269-72; W57G1, ii.269-72; W57G2, ii.269-72; W57P, vi.249-51; OC61, p.158-61; W64G, ii.287-90; W70G, ii.287-90; W68 (1771), xviii.337-39; W72P (1771), iii.370-72; W70L (1772), xxiii.183-86; W72X, ii.216-18; W72P (1773), xiv.415-18; W71 (1774), xviii.286-88; W75G, xii.337-40; K, xiii.153-56. The epistle also appears in Collé's *Journal et mémoires* (Paris 1868), i.35-37.

Base text: W75G. Collated texts: MS1, MS5, NAT, OBS, MF, W51, W52, W48D, W56, W57G1, W57G2, W57P, W64G, W70G, W68, W70L, K.

---

[7] The *Observations* is reproduced in Vercruysse, *ibid.*, p.375-451.

À M. LE PRÉSIDENT HÉNAULT

à Lunéville ce 28 novembre 1748
Vous, qui de la chronologie
Avez réformé les erreurs:[8]
Vous dont la main cueillit les fleurs
De la plus belle poésie;[9]
Vous qui de la philosophie   5

[a]   β: Au même
      MF: Epître
      NAT: [adds] sur l'envie
      OBS: [absent]
b   MS1: à Cirey 3 janvier 1748
      MF: à Lunéville, le 20 novembre 1748
      NAT, OBS: [absent]
      K: Lunéville, novembre 1748
1-16 NAT, OBS:
          Henault fameux par vos soupers
          Et par votre chronologie,
          Par des vers au bon coin frappés
          Pleins de douceur et d'harmonie; [OBS: d'énergie,]
          Vous qui dans l'étude occupez
          L'heureux loisir de votre vie,
          Daignez m'apprendre, je vous prie,
          Par quel secret vous échappez
          Aux malignités de l'envie;
          Tandis que moi placé plus bas
          Qui devrait être inconnu d'elle
          Je vois que sa rage éternelle
          Répand son poison sur mes pas.
4-8   MS5:
          De la plus tendre poésie,
          Henaut dites moy je vous prie,
          Par quel art, par quelle magie
          Avec tant de succez flatteurs
          Vous avez désarmé l'envie.

[8] In the 'Catalogue des écrivains' Voltaire describes Hénault's *Nouvel abrégé chronologique* as 'la plus courte et la meilleure histoire de France, et peut-être la seule manière dont il faudra désormais écrire toutes les grandes histoires' (*OH*, p.1168).
[9] On Hénault's poetry, see Henri Lion, *Le Président Hénault* (Paris 1903), p.161-91.

Avez sondé les profondeurs,[10]
Malgré les plaisirs séducteurs
Qui partagèrent votre vie;[11]
Hénault, dites-moi, je vous prie,
Par quel art, par quelle magie,   10
Parmi tant de succès flatteurs,[12]
Vous avez désarmé l'envie;
Tandis que moi, placé plus bas,
Qui devrais être inconnu d'elle,
Je vois chaque jour la cruelle   15
Verser ses poisons sur mes pas?
Il ne faut point s'en faire accroire;
J'eus l'air de vouloir m'afficher
Aux murs du temple de mémoire;
Aux sots vous sûtes vous cacher.   20
Je parus trop chercher la gloire,
Et la gloire vint vous chercher.
Qu'un chêne, l'honneur d'un bocage,
Domine sur mille arbrisseaux,
On respecte ses verts rameaux,   25
Et l'on danse sous son ombrage:

6   MSI: Avez connu les
9   MF: ** Dites-moi,
11 MSI: Avec tant
12 MSI, MS5: l'envie.//
18 NAT, OBS: J'eus tort de
23 NAT, OBS: du bocage
24 NAT, OBS: S'élève au-dessus des ormeaux
25 NAT, OBS: On en respecte les rameaux

[10] Hénault did not compose formal works of philosophy; his writings consist of poetry, dramatic works, the *Nouvel abrégé chronologique*, memoirs, opuscules, and correspondence; see Lion, p.161f.

[11] Hénault was involved emotionally with Mme de Castelmoron, Mme Du Deffand, and Marie Leszczynska: see Lion, p.22-25, 51-54.

[12] The *Nouvel abrégé chronologique* was a great success; see Lion, p.268-72.

Mais que du tapis d'un gazon
Quelque brin d'herbe ou de fougère
S'élève un peu sur l'horizon,
On l'en arrache avec colère.   30
Je plains le sort de tout auteur,
Que les autres ne plaignent guère,
Si dans ses travaux littéraires
Il veut goûter quelque douceur,
Que des beaux esprits serviteur   35
Il évite ses chers confrères.
Montagne, cet auteur charmant,
Tour à tour profond et frivole,
Dans son château paisiblement,
Loin de tout frondeur malévole,   40
Doutait de tout impunément,
Et se moquait très librement
Des bavards fourrés de l'école. [13]
Mais quand son élève Charon,
Plus retenu, plus méthodique,   45
De sagesse donna leçon,
Il fut près de périr, dit-on,

27   MF: du gazon
     NAT, OBS: Mais quand du milieu du gazon
33   NAT, OBS: dans les travaux
35-36   NAT, OBS, MF:
        Il doit fuir, comme un grand malheur,
        Tous les beaux esprits ses confrères.
37-48   MF: [absent]
38-40   NAT, OBS:
        Loin de tout docteur malévole
        Tour à tour profond et frivole
42   NAT, OBS: Ou se

[13] On Montaigne's rejection of scholasticism, see 'De l'institution des enfants'
and 'De la præsumption', *Essais* I.xxvi; II.xvii; ed. Pierre Villey (Paris 1965),
p.150, 660.

Par la haine théologique. [14]
Les lieux, les temps, l'occasion,
Font votre gloire ou votre chute.   50
Hier on aimait votre nom,
Aujourd'hui l'on vous persécute.
La Grèce à l'insensé Pyrrhon
Fait élever une statue; [15]
Socrate prêche la raison,   55
Et Socrate boit la ciguë.
    Heureux qui dans d'obscurs travaux
A soi-même se rend utile!
Il faudrait, pour vivre tranquille,
Des amis et point de rivaux.   60
La gloire est toujours inquiète,
Le bel esprit est un tourment;
On est dupe de son talent:
C'est comme une épouse coquette,
Il lui faut toujours quelque amant.   65
Sa vanité qui vous obsède,
S'expose à tout imprudemment;
Elle est des autres l'agrément
Et le mal de qui la possède.
    Mais finissons ce triste ton,   70

50   NAT, OBS: gloire et votre
54   NAT, OBS: fait ériger une
59   NAT, OBS: pour être tranquille
62   NAT, OBS: esprit n'est qu'un
65-67   NAT, OBS:
     Elle est fêtée incessamment;
     Mais son caprice nous obsède

[14] Pierre Charron's *De la sagesse* (1601), a sceptical work which owed much to Montaigne, was violently attacked on religious grounds.

[15] In *Le Pyrrhonisme de l'histoire*, ch.1, Voltaire wrote: 'je ne veux ni un pyrrhonisme outré, ni une crédulité ridicule' (M.xxvii.235). The Athenians erected a statue in honour of Pyrrho (see Pausanias, VI.xxiv.5).

Est-il si malheureux de plaire?
L'envie est un mal nécessaire,
C'est un petit coup d'aiguillon,
Qui vous force encor à mieux faire. [16]
Dans la carrière des vertus   75
L'âme noble en est excitée. [17]
Virgile avait son Mevius,
Hercule avait son Eurysthée, [18]
Que m'importent de vains discours,
Qui s'envolent et qu'on oublie?   80
Je coule ici mes heureux jours
Dans la plus tranquille des cours,
Sans intrigue, sans jalousie, [19]
Auprès d'un roi sans courtisans, (a)
Près de Boufflers et d'Emilie;   85
Je les vois et je les entends,
Il faut bien que je fasse envie.

(a) Le roi Stanislas.

72 NAT, OBS: [absent]
84 NAT, OBS: Près d'un grand roi
n.a NAT, OBS, MF, W51: [absent]

[16] Voltaire quotes in part lines 72-74 in his letter of c.30 March 1763 to Thiriot (D11137, n.1). He quotes them in full in the Lettre de M. de Voltaire à un de ses confrères à l'Académie (1772), adding: 'Il fallait dire: l'envie est un bien nécessaire, si pourtant ces messieurs ne connaissent d'autre envie que celle de perfectionner les arts et d'être utiles à l'univers' (M.xxviii.475-76).

[17] The marquis d'Adhémar quotes lines 75-76 in his letter of ?23 October 1754 to Voltaire (D5964a, n.1).

[18] The worthless poet Maevius was attacked by Virgil in his Third Eclogue. Eurystheus, sometimes represented as cowardly, was the taskmaster during the Twelve Labours of Hercules.

[19] As we have seen, there was, however, jealousy in 1748 at the court of Stanislas between Mme Du Châtelet and Mme de Boufflers.

À M. LE MARÉCHAL DUC DE RICHELIEU, À QUI LE SÉNAT DE GÊNES AVAIT ÉRIGÉ UNE STATUE

This octosyllabic epistle, in which Richelieu's gallantries as well as his military exploits are praised, was written, together with its brief prose conclusion, at Lunéville on 18 November 1748 (D3808). It bears this date in MS1 and MS2, in the first printing (OS) and in all editions up to and including W75G. Its occasion was the erection by the senate of Genoa of a statue to the duc de Richelieu, who in the last months of 1747 and the first months of 1748 had relieved the Austro-Piedmontese siege of that city, and on 11 October 1748 had at the request of the Genoese been made a maréchal de France.[1] Voltaire's praise of Richelieu also had tactical motives, for he wanted to induce him and others to suppress a parody of *Sémiramis* by the Italian players – a suppression which with the help of madame de Pompadour was achieved.[2]

Numerous copies of the epistle were sent out. 'Madame du Châtelet a envoyé trop de copies de la bagatelle de la statue', Voltaire tells us (D3817), and he too distributed the poem (D3815). He was no doubt pleased with it for its tone, in large part, is one of elegant badinage, *à la Marot*. This feature, which enhances the piece artistically, was not adequately accounted for in the reviews. At the beginning of December 1748 Charles Collé spoke of the poem's ease and elegance, but also of its exaggerated flattery and what to him was the inappropriate comparison of the two Richelieus (the duke and the cardinal):

---

[1] A week later (18 October) the treaty of Aix-la-Chapelle was signed. On Richelieu and Genoa, see the *Précis du siècle de Louis XV*, end of ch.21, and La Barre de Raillicourt, *Richelieu, le maréchal libertin* ([Paris] 1991), p.224-28.

[2] See D3764, D3778, D3800, D3846.

la louange et la familiarité n'y sont pas épargnées [...] il y a des flatteries si fortes, qu'on pourrait les prendre pour du persiflage, et la postérité pourrait bien s'y tromper. [...]³ Il y a dans cette pièce de très-beaux vers et cette facilité, et ce tour élégant qui font le charme et le caractère de la poésie de Voltaire. Ceci soit dit sans approbation de la comparaison du grand oncle avec M. de Richelieu; la tête du cardinal était bien une autre tête que celle de ce Monsieur-ci, tout à la mode qu'il a été et qu'il est encore.⁴

Entirely negative was Louis Mannory, who, after quoting the poem in his anonymous *Observations sur la Sémiramis de M. de Voltaire* (1749), asked: 'Est-il décidé, que nous ne verrons plus rien de bon de cet illustre poète?' (p.69).⁵ Others, too, opposed the poem. On *c.*15 January 1749 Voltaire told the président Hénault that some people had tried in vain to influence Richelieu against it. 'Les cailletes et les imbéciles du bel air [...] ont fait tout ce qu'ils ont pu pour que m^r de Richelieu trouvast mauvais que je lui écrivisse comme Voiture écrivait au prince de Condé,⁶ mais il n'a pas été leur duppe', he remarked (D3847). In a letter to Voltaire of 27 June 1770 the comtesse d'Egmont-Pignatelli compared the statue of Richelieu to Pigalle's bust of Voltaire, and quoted the first line of the poem (D16458).

Richelieu's reply, again in octosyllables, is reproduced in the commentary to D3808, a creditable effort, Besterman points out, for one who is not known as a poet.

The text

The epistle was first published (without the prose) in *Observations*

---

³ Collé here quotes the first seven lines of the poem.

⁴ Collé, *Journal et mémoires*, i.28-29.

⁵ The *Observations* is reproduced in J. Vercruysse, *Les Voltairiens*, 2ᵉ série: *Voltaire jugé par les siens, 1719-1749* (New York 1983), vii.375-451.

⁶ See Voiture's *Epître à monseigneur le Prince [de Condé] sur son retour d'Allemagne [en 1645]*, in *Œuvres de Voiture*, ed. A. Ubicini (Paris 1885), ii.390-99; here Voiture counsels prudence, and, like Voltaire, does so with a lightness of touch.

sur la Sémiramis de M. de Voltaire, et sur la première critique de cette tragédie (Aléthopolis 1749), p.66-69. All editions are limited to the verse, which entered Voltaire's works in w50. The manuscripts and editions all give virtually the same text; the slight differences among them constitute five readings: (1) MS1 and MS2; (2) *Observations sur la Sémiramis*; (3) w51-w48D; (4) the *Nouveau magasin français*, which mixes the above readings; (5) the other editions, which agree with the base text (w75G).

Manuscripts: MS1: an original of D3808, dated 'à Luneville ce 18 novembre 1748', with an alteration and the prose in Voltaire's hand (Bh, Rés.2028, f.11-12). MS2: an old copy of D3808, dated 'à Luneville ce 18 novembre 1748', limited to the verse (BnF 12947, f.330-31).

Editions: *Observations* (see above) (OS); w50, iii.278-80; w51, iii.238-40; w52, iii.226-27; w48D (1754), x.378-80; w56, ii.289-91; w57G1, ii.289-91; w57G2, ii.289-91; w57P, vi.267-68; w64G, ii.309-11; w70G,ii.309-11; w68 (1771), xviii.380-82; w72P (1771), iii.303-304; w70L (1772), xxiii.199-201; w72X, ii.270-72; w72P (1773), xiv.333-35; w71 (1774), xviii.323-24; w75G, xii.383-85; K, xiii.158-60. The poem also appears in *Le Nouveau magasin français ou bibliothèque instructive et amusante* (London May 1750), p.183-84.

Base text: w75G. Collated texts: MS1, OS, w51, w52, w48D, w56, w57G1, w57G2, w57P, w64G, w70G, w68, w70L, K.

A monsieur le maréchal duc de Richelieu,
à qui le sénat de Gènes avait érigé une statue

à Lunéville le 18 novembre 1748

Je la verrai cette statue,[7]
Que Gènes élève justement
Au héros qui l'a défendue.
Votre grand-oncle,[8] moins brillant,
Vit sa gloire moins étendue;   5
Il serait jaloux à la vue
De cet unique monument.
Dans l'âge frivole et charmant,
Où le plaisir seul est d'usage,
Où vous reçûtes en partage   10
L'art de tromper si tendrement,
Pour modeler ce beau visage,
Qui de Vénus ornait la cour,
On eût pris celui de l'amour,
Et surtout de l'amour volage;   15
Et quelques traits moins enfantins
Auraient été la vive image
Du dieu qui préside aux jardins.[9]

a-b MSI: A M. le m^al de Richelieu
     OS: [*absent*]
c   K: A Lunéville, novembre 1748
2   OS: élève si justement,
13   MSI: <paroit> V↑ornoit
     OS: paraît

[7] This line is quoted in D16458.
[8] The cardinal de Richelieu. On this comparison of the two Richelieus, see above, *Epître à M. le duc de Richelieu* ('Dans vos projets étudiés'). Voltaire compares them again in the concluding lines of [*A M. le maréchal duc de Richelieu,*] *sur la conquête de Mahon, en 1756* (M.x.368-69).
[9] Statues of Priapus, god of fertility, protector of gardens and herds, often placed in gardens or at doorways; he was an ugly figure with the phallic symbol.

Ce double et charmant avantage
Peut diminuer à la fin;   20
Mais la gloire augmente avec l'âge.
Du sculpteur la modeste main
Vous fera l'air moins libertin;
C'est de quoi mon héros enrage,
On ne peut filer tous ses jours   25
Sur le trône heureux des amours:
Tous les plaisirs sont de passage;
Mais vous saurez régner toujours
Par l'esprit et par le courage.
Les traits du Richelieu coquet,   30
De cette aimable créature,
Se trouveront en miniature
Dans mille boîtes à portrait,
Où Macé[10] mit votre figure.
Mais ceux du Richelieu vainqueur,   35
Du héros, soutien de nos armes,
Ceux du père, du défenseur
D'une république en alarmes,[11]
Ceux de Richelieu son vengeur,
Ont pour moi cent fois plus de charmes.   40
Pardon. Je sens tous les travers
De la morale où je m'engage:
Pardon; vous n'êtes pas si sage
Que je le prétends dans ces vers.
Je ne veux pas que l'univers   45
Vous croie un grave personnage.

41   MSI, OS, W51-W48D: tout le travers

[10] Jean-Baptiste Massé (1687-1767), a painter known for the elegance of his miniatures; Voltaire had already mentioned him in *L'Indiscret* (Act I, scene vi).

[11] The republic of Genoa, besieged by the Austro-Piedmontese army. See the *Précis du siècle de Louis XV*, end of ch.21, and the *Histoire de la guerre de 1741*, end of ch.23.

486

Après ce jour de Fontenoi,
Où couvert de sang et de poudre,
On vous vit ramener la foudre
Et la victoire à votre roi:[12]   50
Lorsque prodiguant votre vie,
Vous eûtes fait pâlir d'effroi,
Les Anglais, l'Autriche, et l'envie,[13]
Vous revîntes vite à Paris,
Mêler les myrthes de Cypris[14]   55
A tant de palmes immortelles.
Pour vous seul, à ce que je vois,
Le temps et l'amour n'ont point d'ailes;
Et vous servez encor les belles,
Comme la France et les Génois.   60

[12] The battle of Fontenoy (1745) was won, Voltaire maintained, as a result of the duc de Richelieu's decision to advance four pieces of cannon against the English column; see the *Précis du siècle de Louis XV*, ch.15 (*OH*, p.1385-86).

[13] The Anglo-allied army at Fontenoy included the Austrians and the Dutch.

[14] An epithet of Aphrodite.

ÉPIGRAMME SUR BOYER,
THÉATIN, ÉVÊQUE DE MIREPOIX,
QUI ASPIRAIT AU CARDINALAT

Jean-François Boyer (1675-1755), a Theatine who in 1730 became bishop of Mirepoix, incurred Voltaire's anger in 1736 by opposing *Le Mondain* (D4206, p.334), and again in 1743 when he opposed his candidature to the Académie française (D2741 and n.1; D2744).[1] Voltaire's animosity took the form of satire. After giving up his bishopric to become the tutor of the *dauphin* (1736) Boyer always signed his name 'anc. [ancien] évêque de Mirepoix', which Voltaire pretended to read as 'âne'.[2] In 1747 he attacked Boyer in *Zadig* under the anagram Yébor (ch.4 and 7). This was followed by the *Epigramme sur Boyer*. From Barbier's discussion of the poem, under the date of January 1749, we can infer that it was probably written towards the end of 1748. 'On parle d'un chapeau de cardinal pour M. Boyer, ancien évêque de Mirepoix', writes Barbier. 'Comme il est fort porté pour soutenir la Constitution, il n'est pas étonnant que le pape le récompense. Mais il faut convenir qu'il n'est aimé de personne, et cette nouvelle lui a attiré les vers suivants [the poem follows].'[3] Boyer did not, however, become a cardinal (D2771, n.3).

The text

The poem was first printed in 1784 by the Kehl editors. All versions give the same text, although only K gives the title.

---

[1] See also *Mémoires* (M.i.24) and *Commentaire historique* (M.i.84). Boyer did not oppose Voltaire's candidature in 1746 (D3373).

[2] See D2762, n.3, and *Mémoires* (M.i.25).

[3] *Chronique de la régence et du règne de Louis XV*, iv.343.

Editions: K (xiv.323); Raynal, *Nouvelles littéraires* (1747-1755), CL, i.262;
Barbier, *Chronique de la régence et du règne de Louis XV*, under January
1749 (iv.343).

Base text: K.

Epigramme sur Boyer, théatin, évêque de Mirepoix, qui aspirait au cardinalat

En vain la fortune s'apprête
A t'orner d'un lustre nouveau;
Plus ton destin deviendra beau,
Et plus tu nous paraîtras bête.
Benoît[4] donne bien un chapeau,   5
Mais il ne donne point de tête.

[4] Pope Benedict XIV (1675-1758).

WORKS CITED

Abdeljelil, Karoui, *La Dramaturgie de Voltaire* (Tunis 1992).

Aiton, E. J., *Leibniz: a biography* (Bristol and Boston 1985).

Aldington, R., *Voltaire* (London 1925).

Algarotti, Count Francesco, 'Qual reo destino a'miei desir nemico', *Opere del conte Algarotti*, new edn, 17 vols (Venice 1791-1794).

Bailey, Helen P., *Hamlet in France: from Voltaire to Laforgue* (Geneva 1964).

Balcou, Jean, *Fréron contre les philosophes* (Geneva 1975).

Barber, W. H., *Leibniz in France from Arnauld to Voltaire* (Oxford 1955).

Barbier, Edmond-Jean-François, *Chronique de la régence et du règne de Louis XV* (Paris 1857).

Bergson, Henri, 'Le Rire: essai sur la signification du comique', *Œuvres*, ed. A. Robinet and H. Gouhier, 2nd edn (Paris 1963).

Barrême, François, *Livre des comptes faits* (Paris 1682; 1742).

Besterman, Theodore, 'A provisional bibliography of Italian editions and translations of Voltaire', *SVEC* 18 (1961), p.297-398.

– 'A provisional bibliography of Scandinavian and Finnish editions and translations of Voltaire', *SVEC* 47 (1966), p.53-92.

– 'Bibliography of Portuguese editions of Voltaire', *SVEC* 76 (1970), p.14-25.

– *Some eighteenth-century Voltaire editions unknown to Bengesco, SVEC* 111 (1973).

– *Voltaire* (Oxford 1976).

– 'Voltaire on Shakespeare', *SVEC* 54 (1967).

Biggs, William, *The Military history of Europe*, 2nd edn (London 1756).

Bjurström, Per, 'Mises en scène de *Sémiramis* de Voltaire en 1748 et 1759', *Revue de la Société d'histoire du théâtre* 8.4 (1956), p.299-320.

Boileau-Despréaux, Nicolas, *Œuvres complètes* (Paris 1966).

Bowen, V. E., 'Voltaire and tragedy: theory and practice', *L'Esprit créateur* (1967).

Brenet, M., 'Destouches et son opéra *Issé*', *Le Courrier musical* 11 (1908).

Brice, G., *Description de la ville de Paris* (Paris 1752).

Brown, Andrew, 'Calendar of Voltaire manuscripts other than correspondence', *SVEC* 77 (1970), p.11-101.

Cailleau, A.-C., *Critique scène par scène sur Sémiramis, tragédie nouvelle de M. de Voltaire* (Paris 1748).

[Campbell, John], *The Present State of Europe, explaining the interests, connections, political and commercial views of its several powers* (London 1750).

Cardy, Michael, 'Le *nécessaire* et le *superflu*: antithèse des Lumières', *SVEC* 205 (1982), p.183-90.

Carlson, Marvin, *Voltaire and the theatre*

491

of the eighteenth century (Westport, Conn. 1998).

Cherpack, Clifton, *The Call of blood in French classical tragedy* (Baltimore, Md 1958).

Clairon, Mlle, *Essai sur la connaissance des théâtres français* (Paris 1751).

– *Mémoires* (Paris 1822).

Clément, Jean-Marie-Bernard, and Joseph de La Porte, *Anecdotes dramatiques* (Paris 1775).

Clément, Pierre, *Les Cinq années littéraires* (The Hague 1754).

Colardeau, Charles-Pierre, *Œuvres choisies* (Paris 1825).

Collé, Charles, *Journal et mémoires*, ed. H. Bonhomme (Paris 1868).

– *Journal historique, ou Mémoires critiques et littéraires sur les ouvrages dramatiques et les événements les plus mémorables, depuis 1748 jusqu'en 1751 inclusivement* (Paris 1805-1807).

Conlon, P. M., *Voltaire's literary career from 1728 to 1750*, SVEC 14 (1961).

Cronk, Nicholas, 'The Epicurean spirit: champagne and the defence of poetry in *Le Mondain*', SVEC 371 (1999), p.53-80.

Curtius, M. C., *Critische Abhandlungen und Gedichte* (Hanover 1760).

Danet, Etienne-Jean, *La Vie de Sémiramis* (London 1748).

Davies, Simon, *Paris and the provinces in eighteenth-century prose fiction*, SVEC 214 (1982).

Dejob, C., *Le Juif dans la comédie française et italienne au XVIIIᵉ siècle* (Paris 1899).

Dervient, H., 'J. F. Schönemann und seine Schauspielergesellschaft', *Theater-geschichtliche Forschungen*, vol.xi (Hamburg 1895), p.276.

Desfontaines, Pierre-François Guyot, *La Véritable Sémiramis, tragédie* (Paris 1647).

Desforges, *Lettre critique sur la tragédie de Sémiramis* (n.p.n.d.).

Desnoiresterres, G., *Les Cours galantes* (Paris 1860-1864).

– *Paris, Versailles et les provinces au XVIIIᵉ siècle* (Paris 1817).

– *Voltaire et la société au XVIIIᵉ siècle, 1871-1876*, 2nd edn (Paris 1871-1876).

Destouches, André Cardinal, *Issé, pastorale héroïque*, in *French opera in the seventeenth and eighteenth centuries*, vol.xiv (New York 1984).

– *Œuvres de théâtre* (Paris 1758).

Devoto, D., 'De la zarabanda à la sarabande', *Recherche sur la musique française classique* 6 (1966).

Dictionnaire de l'Académie Française, 3rd edn (Paris 1740).

Discorsi sopra diversi soggetti del Signor di Voltaire (Florence 1746).

Doucet, Camille (ed.), *Les Registres de l'Académie française* (Paris 1895-1906).

Du Bocage, Mme, *Recueil des œuvres de madame Du Bocage* (Lyons 1762).

Dubus, P. L., dit Préville, *Mémoires* (1812).

Dumesnil, Mlle, *Mémoires* (Paris 1823).

[Dupuy-Demportes, Jean-Baptiste], *Lettre sur la Sémiramis de M. de Voltaire* (Paris 1748).

– *Parallèle de la Sémiramis de M. de Voltaire et celle de M. Crébillon par M. D**** (Amsterdam and Paris 1748).

Durand, David, *L'Ami des muses* (Avignon 1758).

– *Connaissance des beautés et des défauts de la poésie et de l'éloquence dans la langue française* (London 1749).

Dutrait, Maurice, *Etude sur la vie et le*

théâtre de Crébillon, *1674-1762* (Bordeaux 1895; Geneva 1970).

Evans, H. B., 'A provisional bibliography of English editions and translations of Voltaire', *SVEC* 8 (1959), p.9-121.

Fagan, Barthelémy-Christophe, *L'Etourderie* (n.p. 1751).

Fahmy, J. M., *Voltaire et Paris*, *SVEC* 195 (1981).

Favier, J.-L., *Le Poète réformé ou apologie pour la Sémiramis de M. de Voltaire* (Amsterdam 1748).

Fiszer, Stanislaw, *L'Image de la Pologne dans l'œuvre de Voltaire*, *SVEC* 2001:05.

Flaubert, Gustave, *Le Théâtre de Voltaire*, ed. Theodore Besterman, *SVEC* 50-51 (1967).

Fletcher, D., 'Voltaire et l'opéra', *Centre Aixois d'études et de recherches sur le XVIIIᵉ siècle* 18 (1982).

Fréron, Elie Catherine, *L'Année littéraire* (Amsterdam and Paris 1768).

Galliani, Renato, *Rousseau, le luxe et l'idéologie nobilaire*, *SVEC* 268 (1989).

Gay, Peter, *Voltaire's politics: the poet as realist* (New York 1965).

Geoffroi, Julien Louis, *Cours de littérature dramatique*, ed. Blanchard, 2nd edn (Paris 1825).

Gill-Mark, G., *Une femme de lettres au XVIIIᵉ siècle. Anne-Marie Du Boccage* (Paris 1927).

Girardin, Saint-Marc, *Cours de littérature dramatique ou de l'usage des passions dans le drame* (Paris n.d.).

Gomez, Mme de, *Œuvres mêlées* (Paris 1724).

Grannis, V. B., *Dramatic parody in eighteenth-century France* (New York 1931).

Grimm, *Correspondance littéraire, philosophique et critique par Grimm, Diderot, Raynal, Meister, etc.*, ed. M. Tourneux (Paris 1877-1882).

Gunny, A., *Voltaire and English literature*, *SVEC* 177 (1979).

Haeringer, J., *L'Esthétique de l'opéra en France au temps de Jean-Philippe Rameau*, *SVEC* 279 (1990).

Henry, Charles, *Voltaire et le cardinal Quirini, d'après des documents nouveaux* (Paris 1887).

Hertzberg, A., *The French Enlightenment and the Jews: the origins of modern antisemitism* (New York 1968).

Hillairet, J., *Dictionnaire historique des rues de Paris*, 6th edn (Paris 1963).

Hyde, Thomas, *Historia religionis veterum Persarum* (1700).

Iotti, Gianni, *Virtù e identità nella tragedia di Voltaire* (Paris 1995).

Iverson, John R., 'Voltaire's militant defense of the French language', *Romance notes* 40 (2000), p.313-24.

Joannidès, A., *La Comédie-Française de 1680 à 1900* (Paris 1901; 1921; Geneva 1970).

Journal de Trévoux, June 1746.

Journal encyclopédique, September 1756; 1760.

Jullien, Adolphe, *Histoire du théâtre de Mme de Pompadour* (Geneva 1978).

Kennedy, E., *et al.*, *Theatre, opera, and audiences in revolutionary Paris: analysis and repertory* (Westport, Conn. 1996).

Koser-Droysen, *Nachträge zu dem Briefwechsel Friedrichs des Grossen mit Maupertuis und Voltaire* (Leipzig 1917).

Labouïsse-Rochefort, Auguste, *Voyage à Saint-Léger, campagne de M. le chevalier de Boufflers, suivi du Voyage à Charenton, et de notes contenant des particularités sur toute la famille Boufflers, des pièces inédites ou des lettres de Voltaire* (Paris 1827).

La Bruyère, Jean de, *Recueil des Harangues prononcées par Messieurs de l'Académie Française* (Amsterdam 1709).

Lafarga, Francisco, *Voltaire en Espagne (1734-1835)*, *SVEC* 261 (1989).

La Fizelière, M. de, *Variétés littéraires. Voltaire était-il complètement étranger à la publication des Mélanges publiés sous son nom?* (Paris [18–]).

Lagrave, Henri, *Le Théâtre et le public à Paris de 1715 à 1750* (Paris 1972).

La Harpe, Jean-François de, *Commentaire sur le Théâtre de Voltaire* (Paris 1814).

– *Cours de littérature ancienne et moderne* (Paris 1880).

Lancaster, Henry Carrington, *French tragedy in the time of Louis XV and Voltaire, 1715-1774* (Baltimore, Md 1950).

– *Les Tragédies et les théories dramatiques de Voltaire* (Paris 1895; Geneva 1970).

Lanson, Gustave, *Nivelle de La Chaussée et la comédie larmoyante*, 2nd edn (Paris 1903).

– *Voltaire* (Paris 1910).

Larthomas, Pierre, *Le Théâtre en France au XVIIIᵉ siècle* (Paris 1980).

Le Clerc, Paul O., *Voltaire and Crébillon*

père: history of an enmity, *SVEC* 115 (1973).

Leibniz, Gottfried Wilhelm von, *Correspondenz von Leibniz mit Sophie Charlotte, Königen von Preussen* (Hildesheim and New York 1970).

Leigh, John, 'Crossing the frontiers: Voltaire's *Discours de réception à l'Académie française*', *Das Achtzehnte Jahrhundert* 25 (2001), p.36-42.

Lekain, Henri, *Mémoires* (Paris 1801).

Lessing, G. E., *Hamburgische Dramaturgie*, 2 vols (1767), in *Werke*, ed. H. G. Göpfert *et al.*, vol.vi, ed. Karl Eibl (Munich 1985).

Lieudé de Sepmanville, C.-A., *Lettre de Mme Sémiramis à M. Catilina mise en vaudeville par un chansonnier de Paris* (Au Parnasse n.d. [1748]).

Lion, H., *Le Président Hénault* (Paris 1903).

– *Les Tragédies et les théories dramatiques de Voltaire* (Paris 1895).

Longchamp, S. G., and J. L. Wagnière, *Mémoires sur Voltaire et sur ses ouvrages* (Paris 1826).

Lough, J., *Paris theatre audiences in the seventeenth and eighteenth centuries* (London 1957).

Luynes, duc de, *Mémoires [...] sur la cour de Louis XV 1735-1758*, ed. L. Dussieux and E. Soulié (Paris 1860-1865).

Lyonnet, Henry, *Dictionnaire des comédiens français (ceux d'hier): biographie, bibliographie, iconographie* (Paris 1902-1908).

Mangold, W., *Voltairiana inedita* (1901).

Mannory, L., *Lettre à M. B*** sur la tragédie de Sémiramis, pièce nouvelle de M. de Voltaire* (Paris 1748).

– *Observations sur la Sémiramis de M. de Voltaire* (Aléthololis 1749).

Marmontel, Jean-François, *Œuvres complètes* (Paris 1818-1819).

Marot, Clément, *Les Epigrammes*, ed. C. A. Mayer (London 1970).

Mat-Hasquin, M., *Voltaire et l'antiquité grecque*, *SVEC* 197 (1981).

Maugras, Gaston, *La Cour de Lunéville au XVIIIᵉ siècle*, 5th edn (Paris 1904).

Mendelssohn, Moses, *Literatur briefe*, no.lxxiv, 14 February 1760, in *Gesammelte Schriften* (Leipzig 1843-1845).

Montaigne, Michel de, *Essais*, ed. Pierre Villey (Paris 1965).

Morelle, R., 'The rehabilitation of Metastasio', *Music and letters* 57.3 (July 1976).

Morelli, Emilia, *Le Lettere di Benedetto XIV al Card. de Tencin* (Rome 1955).

Moser, Monique, Catalogue of an exhibition organised by the Académie de France à Rome, *Piranèse et les Français, 1740-1790* (Paris 1976).

Nablow, R., *A study of Voltaire's lighter verse*, *SVEC* 126 (1974).

– 'Was Voltaire influenced by Rabelais in canto V of the *Pucelle?*', *Romance notes* 21 (1981).

Niklaus, R., 'Eriphyle et Sémiramis', *Essays on the age of Enlightenment, in honor of Ira O. Wade* (Geneva and Paris 1977).

– 'The significance of Voltaire's *Dissertations sur la tragédie ancienne et moderne* and its relevance to *Sémiramis*', *Enlightenment essays in memory of Robert Shackleton* (Oxford 1988).

Noverre, J.-G., *Lettres sur la danse et sur les ballets* (1760; Vienna 1767).

Obras completas de Filinto Elysio [pseud.], trans. Francisco Manoel do Nascimento, 11 vols (Paris 1817-1819).

Olivier, J.-J. (ed.), *Sémiramis* (Geneva 1946).

– *Voltaire et les comédiens interprètes de son théâtre* (Paris 1900).

Pitou, Spire, 'Voltaire's *Sémiramis* at Versailles in 1770', *Zeitschrift für französische Sprache und Literatur* 84, p.148-55.

Pluchon, P., *Nègres et juifs au XVIIIᵉ siècle: le racisme au siècle des Lumières* (Paris 1984).

Pomeau, R., *et al.*, *Voltaire en son temps*, 2nd edn (Oxford and Paris 1995).

Raaphorst, M. R., 'Voltaire et féminisme: un examen du théâtre et des contes', *SVEC* 89 (1972), p.1325-35.

Raccolta d'opuscoli scientifici e filologici 38 (Venice 1747).

Ridgway, R. S., *La Propagande philosophique dans les tragédies de Voltaire*, *SVEC* 15 (1961).

– *Voltaire and sensibility* (Montreal and London 1973).

– 'Voltairian bel canto: operatic adaptations of Voltaire's tragedies', *SVEC* 241 (1986).

Robertson, J. G., *Lessing's dramatic theory* (Cambridge 1965).

Robinove, P., 'Voltaire's theatre on the Parisian stage, 1789-1799', *French Review* 32 (1959).

Saint-Foix, Germain-François Poullain de, *Chefs-d'œuvres dramatiques de Saintfoix, Gresset, et Bret* (*Répertoire du théâtre français*) (Paris 1825).

Sales, St François de, *Entretiens spirituels*, (1629).

Schechter, R., 'The Jewish question in eighteenth-century France', *Eighteenth-century studies* 32 (1998).

Scheffer, Carl Fredrik, *Lettres particulières à Carl Gustaf Tessin 1744-1752*, ed. J. Heidner (Stockholm 1982).

Schwarzbach, B. E., 'Voltaire et les Juifs: bilan et plaidoyer', *SVEC* 358 (1998).

Shakespeare, William, *King Henry VIII*, ed. R. A. Foakes (n.p. 1957).

Souchal, François, *Les Slodtz. Sculpteurs et décorateurs du roi (1665-1764)* (Paris 1967).

Spiess, Otto, 'Voltaire und Basel', *Basler Zeitschrift zür Geschichte und Altertumskunde* 47 (1948).

Staszewski, J., *August III. Kurfürst von Sachsen und König von Polen. Eine Biographie* (Berlin 1996).

Stendhal, *Vie de Rossini*, ed. Henri Martineau (Paris 1929).

Taylor, Samuel, 'The definitive text of Voltaire's works: the Leningrad *encadrée*', *SVEC* 124 (1974).

Thou, Jacques Auguste de, *J.-A. Thuani historiarum sui temporis* (Paris 1604-1620).

Tissier, A., *Les Spectacles à Paris pendant la Révolution: répertoire analytique, chronologique et bibliographique* (Geneva 1992).

Topazio, Virgil, *Voltaire, a critical study of his major works* (New York 1967).

Trapnell, W. H., 'Survey and analysis of Voltaire's collective editions, 1728-1789', *SVEC* 77 (1970), p.103-99.

[Travenol, Louis], *Epître chagrinée du chevalier Pompon à la Babiole, contre le bon goût, ou apologie de Sémiramis, tragédie de M. de Voltaire* (n.p. 1748).

Travenol, Louis, and L. Mannory (eds), *Voltairiana ou éloges amphigouriques de Fr. Marie Arrouet Sr. de Voltaire* (1748).

Treat, I., *Un cosmopolite italien du XVIIIe siècle: Francesco Algarotti* (Trévoux 1913).

Trousson, R., 'Trois opéras de Voltaire', *Bulletin de l'Institut Voltaire de Belgique* 6.

Vaillot, René, *Avec Madame Du Châtelet, 1734-1749, Voltaire en son temps*, ed. R. Pomeau *et al.*, 2nd edn (Oxford and Paris 1995).

van Runset, Ute, 'Voltaire et l'Académie: émulation et instrument sociopolitique', *Voltaire en Europe. Hommage à Christiane Mervaud* (Oxford 2000).

Vercruysse, J., 'Bibliographie provisoire des traductions néerlandaises et flamandes de Voltaire', *SVEC* 116 (1973), p.19-64.

– *Les Editions encadrées des Œuvres de Voltaire de 1775*, *SVEC* 168 (1977).

– (ed.) *Voltairiana*, 2nd series: *Voltaire jugé par les siens 1719-1749* (New York 1983), vol.vii.

Voiture, Vincent de, *Epître à monseigneur le Prince [de Condé] sur son retour d'Allemagne [en 1645]*, in *Œuvres de Voiture*, ed. A. Ubicini (Paris 1885).

Voltaire, *Articles pour l'Encyclopédie, Œuvres alphabetiques*, ed. Jeroom Vercruysse *et al.*, *OC*, vol.33 (1987).

– *Brutus*, ed. John Renwick, *OC*, vol.5 (1998).

– *Commentaires sur Corneille*, ed. D. Williams, *OC*, vol.53-55 (1974-1975).

– *Correspondence and related documents*,

ed. Theodore Besterman, *OC*, vol.85-135 (1968-1977).

– *Dictionnaire philosophique*, ed. Christiane Mervaud, *OC*, vol.36 (1994).

– *Discours en vers sur l'homme*, ed. Haydn T. Mason, *OC*, vol.17 (1991).

– *L'Ecossaise*, ed. Colin Duckworth, *OC*, vol.50 (1986).

– *Eléments de la philosophie de Newton*, ed. R. L. Walters and W. H. Barber, *OC*, vol.15 (1992).

– *Eloge de M. de Crébillon*, ed. J. Vercruysse, *OC*, vol.56A (2001).

– *Les Embellissements de Paris; Les Embellissements de la ville de Cachemire*, ed. Mark Waddicor, *OC*, vol.31B (1994).

– *Eriphyle, tragédie* (1731), ed. R. Niklaus, *OC*, vol.5 (1998).

– *Essai sur les mœurs*, ed. R. Pomeau (Paris 1963).

– *La Guerre civile de Genève*, ed. John Renwick, *OC*, vol.63A (1990).

– *La Henriade*, ed. O. R. Taylor, *OC*, vol.2 (1970).

– *Histoire de la guerre de 1741*, ed. J. Maurens (Paris 1971).

– *Lettres et poésies inédites* (Paris 1872).

– *Lettres philosophiques*, ed. G. Lanson (Paris 1915-1917).

– *Lettres philosophiques*, ed. G. Lanson and A.-M. Rousseau (Paris 1964).

– *Mahomet*, ed. C. Todd, *OC*, vol.20B (2002).

– *Nanine*, ed. Marie-Rose de Labriolle and Colin Duckworth, *OC*, vol.31B (1994).

– *Notebooks*, ed. Theodore Besterman, *OC*, vol.81-82 (1968).

– *Nouveaux mélanges philosophiques, historiques, critiques, etc.* ([Geneva] 1765-1766).

– *Œuvres*, ed. Pallisot (1792).

– *Œuvres complètes de Voltaire* (Paris, Delangle frères, 1824-1832).

– *Œuvres historiques*, ed. R. Pomeau (Paris 1957).

– *Oreste*, ed. David Jory, *OC*, vol.31A (1992).

– *Le Philosophe ignorant*, ed. R. Mortier, *OC*, vol.62 (1987).

– *Pièces inédites* (Paris 1820).

– *La Princesse de Babylone*, ed. Jacqueline Hellegouarc'h, *OC*, vol.66 (1999).

– *Shorter verse of 1736*, ed. Ralph A. Nablow, *OC*, vol.16 (2003).

– *Shorter verse of 1739-1741*, ed. Ralph A. Nablow, *OC*, vol.20A (2003).

– *Le Siècle de Louis XIV, Œuvres historiques*, ed. R. Pomeau (Paris 1957).

– *Le Temple du goût*, ed. O. R. Taylor, *OC*, vol.9 (1999).

– *Vie de Molière*, ed. Samuel S. B. Taylor, *OC*, vol.9 (1999).

Wade, Ira O., *The Intellectual development of Voltaire* (Princeton, NJ 1969).

– *The Search for a new Voltaire* (Philadelphia 1958).

Willens, Lilian, *Voltaire's comic theatre: composition, conflict and critics*, *SVEC* 136 (1975).

William, H. Noël, *The Fascinating duc de Richelieu* (London 1910).

Williams, David, *Voltaire: literary critic*, *SVEC* 48 (1966).

VERSE INCIPITS

GENERAL INDEX

Académie française, 1-9 *passim*, 21-36
passim, 378, 399, 430, 431, 460n,
466, 473, 488
Académie royale de musique, 55
Acarq, Jean-Pierre d', 7n
Achilles, 431
Addison, Joseph, 98, 143
Adhémar, Alexandre d'Adhémar de
Monteil de Brunier, marquis d',
457n, 481n
Adville, Victor, 471
Aeschylus, 22, 53, 97; *The Persians*, 63,
100, 161
Aix-la-Chapelle, Treaty of, 35
Alcides, 412
Aldington, Richard, 457
Alembert, Jean Le Rond d', *Encyclopé-
die*, art. 'Genève', 275
Algarotti, Francesco, comte d', 84, 97-
98, 402-409; *Il Neutonianismo per le
dame*, 409n
Allainval,   Léonor-Jean-Christine
Soulas d', *L'Ecole des bourgeois*,
259n
Almanach des muses, 400, 462
Amsterdam, 88
Anacreon, 23, 399
Anguillara, Giovanni Andrea dell', 23n
L'Année littéraire, 281, 319n, 341n, 353n,
355n, 417n
Antonine emperors of Rome, 33
Aphrodite, 405n, 426n, 487n
Apollo, 441, 442n
Arboulin, 424
Argenson, René-Louis de Voyer de
Paulmy, marquis d', 8
Argental, Charles Augustin Feriol,

comte d', 436, 452; and *Sémiramis*,
40, 43, 44, 45, 50, 80, 81, 274;
Voltaire's letters to, 66, 172n,
193n, 227n, 232n, 239n, 240n,
243n, 248n, 258, 261, 275, 276,
277, 279, 281, 296n, 321n
Argental, Jeanne Bosc Grâce Du Bou-
chet, comtesse d', 45, 64, 257n, 435
Aristotle, 98, 101-102, 154
Arnaud,   François-Thomas-Marie   de
Baculard d', 44, 277
Auberval, d', actor, 68
Augustus, Roman emperor, 51
Augustus III, king of Poland, elector of
Saxony (Frederick Augustus II),
402, 405, 408n
Aumont, Louis Marie Auguste d'Au-
mont de La Rochebaron, duc, 43,
44, 51
Ayscouth. G. E., 47

Babylon, 39, 49, 54
Baculard d'Arnaud, *see* Arnaud
Baillet de Saint-Julien, Louis Guil-
laume, 9
Bar, duchy, 444
Barbier,   Edmond-Jean-François,   391,
488
Baron, Michel, actor, 65, 66
Barrême, François, 322n
Bassompierre, Charlotte de Beauvau-
Craon, marquise de, 450-51
Bassompierre, Léopold-Clément, mar-
quis de, 450
Bayle, Pierre, 53, 470n
Bayreuth, *Sémiramis* performed in, 47
Beaumarchais, Pierre-Augustin Caron

507

Malet Street, London WC1E 7HX
020-7631 6239
e-mail: library-renewals@bbk.ac.uk
Items should be returned or renewed by the latest date stamped below.
Please see Library Guide 1 or visit the Library website
http://www.bbk.ac.uk/lib/ for information about online renewals.

5.8.03